L'impossible État fédéral africain

Collection « Études africaines »

dirigée par Denis Pryen et son équipe

Forte de plus de mille titres publiés à ce jour, la collection « Études africaines » fait peau neuve. Elle présentera toujours les essais généraux qui ont fait son succès, mais se déclinera désormais également par séries thématiques : droit, économie, politique, sociologie, etc.

Dernières parutions

El Hadji Malick NDIAYE, *Ce que les GAFAM font aux médias africains. Enjeux socioéconomiques, éditoriaux et politiques de l'infomédiation*, 2022.

Yves-Alexandre CHOUALA, Patrice BIGOMBÉ LOGO et Delmas TSAFACK (dir.), *Le Cameroun et les grandes puissances. Trajectoires et dynamiques de coopération*, 2022.

Jean Christophe TSHIMPAKA BODUMBU, *Le numérique et l'enseignement en RDC, Appropriation des artefacts numériques par les enseignants*, 2022.

Axel Presnel AVERROES ACHOUR KORONDO, *L'échec du contrat social et le constat du chaos centrafricain,* 2022.

Laurent Falay LWANGA, *Histoire de l'éducation en Afrique subsaharienne. Cas de la RDC,* 2022.

Jean-Paul BALGA, *Le sens de la dot en pays* tupuri, 2022.

Mohamed HARAKAT (dir.), *Géopolitique et géoéconomie marocaines en Afrique*, 2022.

Sous la direction de MOUSSA II et Christian Théophile OBAMA BELINGA, *Voies de communication et espaces culturels en Afrique noire: hommage à Philippe Blaise Essomba*, 2022.

Gilbert NGUEMA ENDAMNE et Céline BILOGHE EKOUACHE, *La désillusion de l'école en milieu populaire au Gabon. Uniformisation ou diversification représentationnelle ?*, 2022.

Patrick KABOU, *Le droit de la guerre dans les religions et traditions d'Afrique noire,* 2021.

Mgr Léonard KASANDA LUMEMBU, *La sorcellerie chez les Baluba du Kasayi (RDC),* 2021.

Boubacar NIANG, *Le gouverneur Faidherbe à Saint-Louis et au Sénégal (1854-1861/1863-1865). Mythes et réalités dans l'œuvre du précurseur de la colonisation française en Afrique occidentale*, 2021.

Debeau MUNAYENO MUVOVA et Didier PIDIKA MUKAWA, *Covid-19 au Congo-Kinshasa, Représentations sociales et gestion publique au cœur d'une crise sanitaire*, 2021.

Safiatou DIALLO, *Politiques de santé en Guinée, de la colonisation au début du XXIe siècle*, 2021.

Léandre Serge Moyen

L'impossible État fédéral africain

Les droits fondamentaux à l'épreuve des identités culturelles nationales

L'Harmattan

5-7, rue de l'Ecole-Polytechnique, 75005 Paris

http://www.editions-harmattan.fr

ISBN : 978-2-343-25030-4
EAN : 9782343250304

Je dédie ce livre à mon épouse ***Sarah Bibiche MOYEN***, ainsi qu'à mes enfants qui m'ont soutenu durant le temps de sa rédaction.

J'ai aussi une pensée reconnaissante pour mon ami et frère ***Bienvenu Romuald GOBERT*** dont les réflexions intellectuelles ont contribué à faire avancer ma propre réflexion, et alimenté mon esprit critique. Je n'oublie pas son épouse ***Déborah Jennifer GOBERT*** qui, au milieu de la tempête, m'a toujours manifesté de l'amitié.

J'adresse mes remerciements à tous ceux qui m'ont soutenu et encouragé à poursuivre les efforts, et particulièrement à ***M. Évariste Jolly PEMOUSSO.***

TABLE DES ABRÉVIATIONS

AADH : *Annuaire Africain des Droits de l'Homme*

AEF : *Afrique Équatoriale Française*

AFDI : *Annuaire Français de Droit International*

AFJC : *Annuaire Français de Justice Constitutionnelle*

AFRI : *Annuaire français de relations internationales*

AJDA : *Actualité Juridique Droit Administratif*

AIJC : *Annuaire International de Justice Constitutionnelle*

AOF : *Afrique Occidentale Française*

APD : *Archives de philosophie du droit*

BADH : *Bulletin africain des droits de l'homme*
Bull. crim : *Bulletin Criminel*

CA : *Cour d'Appel*

CAA : *Cour Administrative d'Appel*

CADH : *Commission Africaine des Droits de l'Homme*, pour les décisions rendues avant 2013, ou *Cour Africaine des Droits de l'homme*, pour celles qui sont intervenues à partir de 2013

CE : *Conseil d'État français*

CEDH : *Cour Européenne des Droits de l'Homme*

CEMAC : *Communauté Économique et Monétaire de l'Afrique Centrale*

CIJ : *Cour Internationale de Justice*

CJUA : *Cour de Justice de l'Union Africaine*

CJUE : Cour de Justice de l'Union Européenne

CRDF : *Cahiers de la Recherche sur les Droits Fondamentaux*

CS : *Cour Suprême (des États-Unis, du Canada, etc.)*

D: *Recueil Dalloz*

JA : *Jeune Afrique*

JCP : *Jurisclasseur Périodique*

NCCC : *Les Nouveaux Cahiers du Conseil Constitutionnel*

NEPAD : Nouveau Partenariat Pour le Développement de l'Afrique

OUA : *Organisation de l'Unité Africaine ;* elle est devenue l'Union africaine

RADH : *Revue Africaine des Droits de l'Homme*

RCDIP : *Revue Critique de Droit International Privé*

RDP *: Revue de droit public et de la science politique*

REMI : *Revue Européenne des Migrations Internationales*
RFAS : *Revue Française des Affaires Sociales*

RFDA : *Revue Française de Droit Administratif*

RFDC : *Revue Française de Droit Constitutionnel*

RFHIP *: Revue Française d'Histoire des Idées Politiques*

RIS : *Revue Internationale et Stratégique*

RJPEF : *Revue Juridique et Politique des États Francophones*

RJPIC : *Revue juridique et politique indépendance et coopération* ; elle s'appelle RJPEF depuis 2004.

RIDC : *Revue Internationale de Droit Comparé*

RIDP : *Revue Internationale de Droit Pénal*

RIEJ : *Revue Interdisciplinaire d'Études Juridiques*
RIPC : *Revue internationale de politique comparée*
RISS : *Revue Internationale des Sciences sociales*

RQDI : *Revue Québécoise de droit international*

RSC : *Revue de Science criminelle*

RTDCiv. *: Revue Trimestrielle de droit civil*

RTDH : *Revue Trimestrielle des Droits de l'Homme*

UA : *Union Africaine* ; c'est l'ancienne OUA

UEMOA : *Union Économique et Monétaire Ouest Africaine*

INTRODUCTION GÉNÉRALE

L'État fédéral africain est l'un de ces projets dont on a beaucoup parlé sur le continent tout au long du 20è siècle, mais qui, à l'évidence, ne connaît aucune avancée significative sur le terrain, en dépit des dernières tentatives de relance initiées depuis la mise en place de l'Union africaine[1]. Une telle apathie sur une aussi longue période est inexplicable au regard des déclarations d'intention. Il est parfois à se demander si l'idée est réaliste et surtout réalisable. Comme beaucoup d'autres idées en Afrique qui sont devenues de véritables éléphants blancs, l'État fédéral africain, en dépit des apparences, restera pour plusieurs décennies encore au mieux un mirage, au pire un fantôme politico-juridique dont les apparitions furtives ne se rencontrent que dans des périodes troubles de l'évolution du continent.

Dans la conscience collective, la réalisation d'un État multinational est perçue avant tout comme un remède incontestable aux différents maux qui minent l'Afrique depuis qu'elle est confrontée au péril de l'invasion et de l'occupation qui l'a si souvent côtoyée ainsi qu'aux problèmes du développement interne. Pour beaucoup, elle ne sera réellement souveraine que dans l'unité[2]. On préfère ainsi mettre l'accent sur les avantages d'une communauté d'intérêts plutôt que de jeter le trouble, en brandissant le spectre d'un échec possible. L'unité et l'union des forces, affirme-t-on, sont les principaux atouts des faibles. Elles prônent la mobilisation des potentialités économiques et du potentiel humain disponibles, au service de cette cause commune. Comme l'écrit fort à propos le professeur Philippe Ardant, l'État fédéral « efface des frontières trop gênantes [...]. Il favorise l'apparition d'un vaste marché intérieur facilitant les échanges et le développement économique. Il substitue

1 M. Kadhafi, *Projet de création des États-Unis d'Afrique*, 1999 ; Delphine Lecoutre, « Vers un gouvernement de l'Union africaine ? Gradualisme et statu quo vs. immédiatisme », *Politique étrangère*, 2008/3, p. 629-639.

2 C. A. Diop, *Nations nègres et cultures*, éd. Présence africaine, 1953 ; *Les fondements économiques et culturels d'un État fédéral d'Afrique noire*, éd. Présence africaine, 1960 ; K. Nkrumah, *L'Afrique doit s'unir*, éd. Présence africaine, 1960, traduction de Lionel Jospin ; J. Nyerere, « L'unité africaine », *Présence africaine*, 1961/4, p. 5-11 ; Th. Obenga, *L'État fédéral d'Afrique noire, la seule issue*, éd. L'Harmattan, 2012.

dans la société internationale un partenaire de taille convenable à des entités trop petites et trop faibles pour jouer un rôle. »[3] C'est pour cette raison que la solution fédérale est apparue d'autant plus évidente que le morcellement a par le passé été fatal à l'Afrique. D'autres mettent en avant le déclin des États-nations face aux forces de la globalisation et de la mondialisation, qui prédisposeraient les États aux regroupements[4]. D'un côté, cette tendance doit être relativisée dans le cas de l'Europe où les États-nations apparus depuis fort longtemps ont certes connu des mutations, mais dans le sens d'un rétrécissement de leur rôle au profit des régions, dont l'autonomie est de plus en plus valorisée. Cette autonomie ne remet pas en cause le caractère intégrateur de l'État[5], qui renforce son unité. Il est donc peu probable que la mondialisation favorise en Afrique, dans le moyen terme, les conditions d'un nationalisme transnational ou postnational[6] . De l'autre côté, les expériences traumatisantes des fédéralismes soviétique, yougoslave[7], canadien et surtout belge doivent permettre de relativiser l'intérêt et les bénéfices que l'on est en droit d'attendre du fédéralisme, dont nul ne peut prédire l'issue. Voici, en effet, le sentiment que le professeur Francis Delpérée donne des Belges cent quatre vingts ans après la création de la Belgique : « Pour ce qui est du présent, ils parent au plus pressé, et réforment ce qui peut l'être. Ils espèrent ne pas être emportés, à l'avenir, par les vents de tempête qui soufflent parfois avec violence aux abords de la mer du Nord »[8]. Pour lui donc la nation belge n'existe plus, et son État, dans sa forme actuelle, est peut-être sur le point de « s'évaporer »[9] ; une « défédéralisation » de la Belgique est même sérieuse-

---

3 Ph. Ardant, *Institutions politiques et droit constitutionnel*, 13è éd., LGDJ, Paris, 2001, p. 40.

4 R. L. Watts, « Les principales tendances du fédéralisme au XXè siècle », *RIPC*, 2003/1, vol. 10, p. 11-18.

5 V. L. Vandelli, « La fin de l'État-nation ? », *RFAP*, 2003/1, n° 105-106, p. 183 à 192 ; P. Subra de Bieusses, « Un État unitaire ultra-fédéral », *Pouvoirs*, n° 124, 2008, p. 19 à 34.

6 Il convient d'ajouter qu'il n'existe nulle part trace d'une culture mondiale pouvant suppléer les cultures nationales actuelles, v. A. Dieckhoff et Ch. Jaffrelot, « Résilience du nationalisme face aux régionalismes et à la mondialisation », *Critique internationale*, 2004/2, n° 23, p. 125 à 139.

7 L'URSS et la Yougoslavie étaient considérées comme des États pseudo-fédéraux, en raison de leur mépris du droit et de la démocratie. Il va sans dire que l'absence de ces deux facteurs a empêché l'ébauche de ces nations, v. M. Gjidara, « La solution fédérale : bilan critique », *Pouvoirs*, n° 57, 1991, p. 93-112.

8 F. Delpérée, « La Belgique existe-t-elle ? », *Pouvoirs*, 2011/1, n° 136, p. 9-19.

9 *Ibid.*

ment envisagée[10]. Un autre auteur emboîte le pas à cette appréciation pour le moins apocalyptique, lorsqu'il affirme que les régimes fédéraux « ne sont en aucun cas une panacée pour tous les maux politiques de l'humanité, ni une voie efficace dans les pays où les conditions préalables nécessaires ne sont pas réunies »[11].

Pourtant, tout ce qui va dans le sens de l'affirmation et de la consolidation de la souveraineté africaine semble emporter la majorité des suffrages, comme si toutes les conditions étaient réunies. C'est dans cette perspective que la théorie du fédéralisme africain est née et s'est développée, sans pour cela que le peu d'intérêt que le fédéralisme suscite actuellement auprès de l'élite politique, le manque d'enthousiasme, ni même les ambiguïtés manifestées par certains dirigeants sur la crédibilité du projet soient questionnés. Le fétichisme fédéral dans le discours a toujours pris le dessus sur les autres alternatives envisageables. Mais on peut constater que la stagnation du projet fédéral africain , du fait de son rejet implicite, s'explique en grande partie par le fait que le débat repose sur un postulat et un paradigme anciens qui n'ont pas été renouvelés en dépit des bouleversements socio-économiques et politiques qui se sont produits sur le continent depuis au moins la fin de la colonisation. La théorie du fédéralisme africain repose sur le dogme de l'unité culturelle ; elle ne prend pas en compte la problématique des droits de l'homme. On se doute bien que la question des droits de l'homme apparaît dans le fédéralisme africain comme un boulet au regard des identités culturelles des États qui ne sont pas uniformes et semblent figées. Identités culturelles entendues au sens où l'Unesco définit la culture, comme « l'ensemble des traits distinctifs spirituels et matériels, intellectuels et affectifs qui caractérisent une société ou un groupe social et qu'elle englobe, outre les arts et les lettres, les modes de vie, les façons de vivre ensemble, les systèmes de valeurs, les traditions et les croyances ». On ne peut que souscrire au constat fait par l'Unesco dans sa Déclaration universelle sur la diversité culturelle, d'un pluralisme culturel qui est indissociable à la fois du cadre démocratique et des droits de l'homme et des libertés fondamentales. Il renvoie à l'intitulé de notre thème. Il convient donc de reformuler la problématique de l'État fédéral africain à la lumière des concepts de diversité culturelle et des droits fondamentaux de l'homme tels que le droit international les promeut aujourd'hui.

10 Ch. de Visscher et V. Laborderie, « Belgique : stop ou encore ? Entre fédéralisme, confédéralisme et séparatisme », *Politique étrangère*, 2013/4, p. 23-35.
11 R. L. Watts, « Les principales tendances du fédéralisme au XXe siècle », *op. cit.*

La question est : l'unité culturelle et politique de l'Afrique telle que formulée pourrait-elle garantir l'application uniforme et intégrale des règles juridiques en matière de protection des droits fondamentaux et de la démocratie sur l'ensemble du continent africain comme cela se fait dans les États fédéraux d'Europe ou d'Amérique ? Les particularités culturelles oubliées par les textes intégrateurs sont-elles compatibles avec les règles de la démocratie et la conception des droits de l'homme que porte l'Union africaine ?

Il faut s'interroger sur le point de savoir si les droits fondamentaux des personnes tels que la libre disposition de son corps, la liberté d'expression, la liberté de croyance, le droit à la vie, etc., si importants dans les régimes démocratiques, et si nécessaires à l'expression individuelle dans les États fédéraux, ignorés et minorés, voire contestés par les cultures communautaires sur le continent africain, ne vont pas entrer en conflit avec ces cultures, et empêcher, de fait, la construction fédérale. Plus généralement, on peut se demander si la mise en place d'un État fédéral au cœur de l'Afrique ne relève pas d'une révolution culturelle, dont les initiateurs du projet n'ont peut-être pas saisi la portée en termes de transformation des valeurs fondamentales de la société africaine. *A contrario*, il semble légitime de se demander si les cultures et les traditions des États peuvent être saisies par le droit de l'Union, alors même qu'existe un fossé entre celui-ci et les pratiques ayant cours dans les États qui, elles, relèvent de faits culturels. C'est là, nous semble-t-il, que se nichent toutes les difficultés de la construction d'un État fédéral sur le continent africain ; c'est aussi dans ce rapport du droit à la culture et aux traditions que les tentatives fédéralistes dans certains États tels que le Cameroun, le Nigeria ou le Kenya, ont échoué. Nous tenterons de montrer que la réception des droits fondamentaux en Afrique risque d'anéantir tous les acquis politiques et culturels que les anciens ont recensés, pour tenter de bâtir une fédération politique pérenne en Afrique et — pour être aussi tranchant que Pierre-François Gonidec — que « le succès du fédéralisme est lié à la destruction des sociétés africaines traditionnelles »[12]. Certes, « toute culture vit et prospère parce qu'elle est en contact avec d'autres. Ces multiples liens sont nécessaires à son enrichissement, car, repliée sur elle-même, elle ne pourrait que péricliter »[13], mais l'introduction aussi massive que spontanée de

12 P.-F. Gonidec, *L'État africain : Évolution – fédéralisme centralisation et décentralisation – panafricanisme*, Paris, LGDJ, 1970, cité par J. Djoli Eseng'Ekeli in *Le constitutionnalisme africain : entre la gestion des héritages et l'invention du futur. Contribution à l'émergence d'une théorie africaine de l'État*, Paris, éd. Connaissances et Savoirs, 2006, p. 371.

13 A. Dieckhoff, *La nation dans tous ses états : Les identités nationales en mouvement*, Paris, éd. Flammarion, Nouvelle édition, 2012, p. 38.

normes relatives aux droits fondamentaux forgées dans un autre contexte risque de perpétuer la fin des cultures africaines au lieu de les revitaliser. Dans cette hypothèse, l'État fédéral, dépouillé de son socle culturel propre, dessouché pour ainsi dire, ne pourra pas survivre à ce chambardement culturel inédit, et des résistances et tensions multiples se manifesteront, qui auront pour effet de renforcer les nationalismes au préjudice de la construction fédérale. Car, la culture n'est pas si malléable qu'on pourrait le penser, lorsqu'elle est intimement immergée dans des croyances religieuses. L'identité culturelle d'une nation ou d'un peuple a certes un caractère relatif ; elle est l'ensemble « des traits distinctifs d'une réalité humaine dans une séquence temporelle »[14]. Cependant, force est d'admettre que la conception des droits de l'homme telle qu'elle est portée par le droit de l'Union ne pourra pas être assimilée et digérée, dans un temps aussi court par l'ensemble des acteurs à la fois, dont les traditions, les habitudes, les croyances et les pratiques sont à l'opposée, étant donné les écarts et la diversité des situations auxquelles ils sont confrontés dans leurs territoires respectifs[15]. Cette problématique, à laquelle ce livre va tenter de répondre, a été oubliée, voire occultée par les précurseurs de l'unité africaine. Curieux oubli qui n'a à ce jour appelé aucune réparation, alors que la question est sérieusement débattue ailleurs[16], et commence à peine à germer dans les débats intellectuels sur le continent[17].

Les pères fondateurs du panafricanisme n'avaient pour seul horizon que l'affranchissement de l'Afrique des liens de l'esclavage et de la colonisation. Du reste, originaires des Amériques, ignorants des réalités culturelles africaines, ils étaient portés par la foi peut-être naïve qu'il suffirait de rassembler toute l'Afrique sous la bannière d'une fédération de type nord-américain pour régler tous les problèmes. La problématique de l'émancipation de l'Afrique

---

14 A. J. Mbem, *Mythes et réalités de l'identité culturelle africaine*, éd. L'Harmattan, Paris, 2006, p. 170.

15 D'aucuns ont noté le peu d'intérêt que certains pays accordent à la Constitution pour garantir les droits fondamentaux : v. F. Bankounda, « Congo Brazzaville, une septième Constitution pourquoi faire ? », *Politique africaine*, 2001, n° 81, p. 163-170. Il n'est pas l'utilité d'associer ces pays à la construction d'un État fédéral, puisque, pour leur part, ils ne remplissent pas les conditions minimales indispensables pour en faire partie.

16 F. Requejo, *Fédéralisme multinational et pluralisme de valeurs. Le cas espagnol*, éd. Peter Lang, Bruxelles, 2009 ; A. G. Gagnon, *L'âge des incertitudes. Essai sur le fédéralisme et la diversité nationale*, Presses de l'Université de Laval, 2011.

17 V. F. Nzé-Nguéma, « L'intégration régionale en quête d'identité et différences culturelles », in *L'intégration régionale en Afrique centrale : une mise en perspective, Actes de la Table ronde du CERGEP*, Université Omar Bongo, 13-15 octobre 1993, p. 55-62.

était donc contextualisée. Le panafricanisme s'identifiait ainsi à l'origine à un mouvement racial destiné à émanciper la race noire de la domination blanche[18]. Ce combat, s'il a largement contribué à la décolonisation de l'Afrique, n'aura pas pour autant permis de l'unifier. En effet, les pères fondateurs n'ont jamais réussi à analyser concrètement le contexte de l'avènement de la théorie panafricaine marqué à la fois par la désintégration des empires africains du XIX^{è} siècle[19], l'affaissement de l'autorité et l'absence d'une unité politique et sociologique pouvant constituer le soubassement de la construction fédérale. Le projet était donc marqué dès le départ par une sous-évaluation du contexte politique et une sous-estimation de l'analyse culturelle, dont la particularité, comme le souligne à juste titre M. Otayek, est de « décourager les meilleures volontés, d'autant que son opérationnalité se révèle aléatoire »[20]. La culture, cette donnée très abstraite, d'un abord difficile pour les non-spécialistes, était bannie du débat, car elle risquait d'égarer le projet fédérateur hors de son objectif immédiat.

Il va sans dire que la pensée panafricaine sera d'autant plus influencée par les théoriciens Nord-Américains que la plupart des panafricanistes ont peu ou prou fréquenté les pères américains du fédéralisme africain[21]. Il n'est que de citer Kwamé Nkroumah dont le projet défendu à la tribune de l'Organisation de l'unité africaine (OUA) en 1963 n'est qu'une version affinée des projets déjà avancés à l'époque coloniale. Aucun mot des réalités identitaires propres à chaque État, ni de l'ordre démocratique dans l'Afrique fédérale[22], ni moins encore de la forme du fédéralisme qui soit le mieux adapté pour concilier les objectifs du développement avec les intérêts des États et les droits individuels. La critique portée sur le caractère très vague, voire brumeux du projet panafricain, observé depuis les premières années de l'indé-

18 V. E. K. Kouassi, *Organisations internationales africaines*, Paris, éd. Berger-Levrault, 1987, p. 71-78.

19 V. J. F. Ade. Ajayi, « Conclusion : l'Afrique à la veille de la conquête européenne », in *Histoire générale de l'Afrique. Vol. VI : L'Afrique au XIXe siècle jusque vers les années 1880*, sous la direction de J. F. Ade Ajayi, éd. Unesco, 1996, p. 825.

20 R. Otayek, « Démocratie, culture politique, sociétés plurales. Une approche comparative à partir des situations africaines », *RFSP*, n° 6, 1997, p. 798-822.

21 V. *Le mouvement panafricaniste au vingtième siècle, Recueil des textes*, Contribution à la Conférence des intellectuels d'Afrique et de la diaspora (CIADI), organisée par l'Union africaine en partenariat avec le Sénégal, Dakar, 7-9 octobre 2004, 645 p.

22 M. D. Bourmaud montre combien la question démocratique était absente des débats politiques et même intellectuels, v. « Aux sources de l'autoritarisme en Afrique ; des idéologies et des hommes », *Revue internationale de politique comparée (RIPC)*, 2006/4, p. 625 à 641.

pendance[23], conserve encore aujourd'hui son actualité. Mais, nombreux sont ceux qui pensent encore plus de 50 ans après, que ce projet, dans sa version initiale, a encore de l'avenir[24]. Défendable sur les plans économique[25] ou monétaire[26], dont les échecs mettent en évidence les vertus du panafricanisme[27], il est discutable sur le terrain identitaire ou culturel. L'analyse juridique, très peu sollicitée, peut apporter une contribution précieuse à la compréhension de la question. Les clivages culturels et religieux rendent complexe la recherche d'une identité commune sur le continent. Ces clivages témoignent de l'existence des identités séparées dont il fallait tenir compte dans le processus de création d'un État fédéral. Si l'on y ajoute la question démocratique, tout au moins en termes de légitimité démocratique des unités fédérées et de dialogue entre celles-ci et l'État central[28], on réalise la complexité d'une question qu'il était hasardeux de régler de façon aussi superficielle et hâtive.

Les questions identitaires et démocratiques sont au cœur des crises institutionnelles et sociales que connaissent les vieilles fédérations[29]. Aucun État fédéral ne peut subsister s'il n'a pas au préalable réglé ces questions, qui se posent avec acuité, parce qu'elles conditionnent l'existence de cette forme

23 V. Ph. Decreane, « Pan-africanisme et grandes puissances », *Politique étrangère*, n° 4, 1959, p. 408-421.

24 V. par exemple Th. Obenga, *L'État fédéral d'Afrique noire, op. cit.* Il convient de mentionner aussi l'infatigable Djibril Gningue, auteur d'un livre (Dj. Gningue et E. Maurouard, *Les grandes figures du panafricanisme*, éd. Diaspora africaine, 2008) qui fait don de sa personne à la noble cause panafricaine. La présente contribution est destinée à lui permettre, ainsi qu'aux autres, de porter un regard plus lucide sur les événements, et de se demander si les idéaux des pères fondateurs ne reposaient pas, après tout, sur des pensées idéalistes engendrées par des esprits humains faillibles. Même les théories les plus érudites, les mieux élaborées peuvent être déjouées par la politique, qui opère des choix non pas toujours en vertu de ce qui est vrai et juste, mais en fonction des circonstances du moment. Notre génération doit chercher sa propre voie en maniant avec prudence les utopies dogmatiques. Nous nous proposons de déconstruire les thèses panafricanistes de l'unité politique.

25 B. Békolo-Ébé et G. Ngango, « Crise économique et impératif d'unité en Afrique », *Présence africaine*, n° 149-150, 1989, p. 51.

26 V. N. Agbohou, *Le franc CFA et l'Euro contre l'Afrique*, éd. Menaibuc, Paris, 2000.

27 V. par exemple F. Saudubray, « Les vertus de l'intégration régionale en Afrique », *Afrique contemporaine*, 2008/3, n° 227, p. 175-185.

28 V. J. Cagiao y Conde, « Autorité et conflits d'autorités en droit fédératif », *L'Europe en formation*, 2012/1, n° 363, p. 121-142.

29 J.- M. Huon de Kernadec, « La persistance de la crise du fédéralisme canadien », *RDP* 1982, p. 1601 ; N. Thibaut-Portier, « Le fédéralisme au Canada : perspectives d'évolution », *RIDC*, Vol 20, 1968, p. 703.

d'organisation étatique. Même l'Union européenne qui n'en est encore qu'au stade de communauté d'États a posé depuis longtemps le problème des fondements identitaires de son organisation politique[30] ; et la question est sans cesse renouvelée, car non seulement, elle est susceptible de s'orienter vers l'organisation fédérale, mais encore elle doit s'efforcer de concilier les valeurs dont elle s'enrichit en permanence par le biais des migrations avec les valeurs communes aux États qui la composent, ce qui du reste n'est pas chose aisée[31]. La culture et l'histoire sont mises à contribution pour justifier l'existence d'un fond culturel commun[32], dont la démocratie et les droits fondamentaux seraient des émanations.

En Afrique, au contraire, la question de l'unité peut donner lieu à des tiraillements, à des conflits, parce que historiquement l'unité ne s'est pas toujours réalisée autour des valeurs démocratiques, ou d'un socle de valeurs unanimement partagées. Même lorsqu'elles sont affirmées, elles sont littéralement dévoyées de façon ostentatoire. Ceci explique peut-être pourquoi l'articulation entre l'État fédéral, les identités culturelles, les droits de l'homme et la démocratie participative n'a été prise en compte dans le débat africain que tardivement. La construction d'un État fédéral sur le continent se fait donc avec un sérieux handicap au départ, l'absence de valeurs consensuelles dont les études récentes ont montré la rareté et la très grande généralité, pour pouvoir correspondre à la diversité des situations particulières[33]. La reconnaissance juridique des identités et des traditions nationales en droit européen en dit long sur l'absence d'unanimité autour d'un code de valeurs communes[34]. *A fortiori* en Afrique où les traditions et les identités nationales ne

30 M. Croisat, *Le fédéralisme dans la construction européenne*, IEP de Grenoble, Barcelone 1996.

31 La Cour européenne des droits de l'homme, pour parer à la complexité, s'emploie à écarter systématiquement les principes qui s'éloignent un tant soit peu du socle identitaire européen : v M. Lévinet, « La convention européenne des droits de l'homme socle de la protection des droits de l'homme dans le droit constitutionnel européen », *RFDC*, n° 86, 2011, p. 227-263.

32 V. D. Rochat, « L'identité européenne : du déterminisme historique à une objectivité culturelle », *Études internationales*, vol. 32, n° 3, 2001, p. 455-473.

33 Ni l'Europe comme État post-national en devenir, ni les États pris individuellement ne peuvent échapper à l'observation qu'il n'existe pas un corps de règles constitutives de ce qu'il est convenu d'appeler les valeurs communes, v. C. Le Bris, « La contribution du droit à la construction d'un "vivre-ensemble" : entre valeurs partagées et diversité culturelle », *Droit et société*, 2016/1 n° 92, p. 75-98.

34 S. Martin, « L'identité de l'État dans l'Union européenne : entre "identité nationale" et "identité constitutionnelle" », *RFDC*, 2012/3, n° 91, p. 13-44 ; J. D., Mouton, « Réflexions sur la prise en considération de l'identité constitutionnelle des États

correspondent pas toujours à des concepts ou des principes opérationnels dans une démocratie moderne, et où existe même parfois une juxtaposition de plusieurs sources de normes contradictoires qui ne peuvent pas être insérées dans un même corpus de règles, le risque d'accentuation des spécificités juridiques et culturelles des États-nations au détriment de l'unité est réel[35]. La démocratie, parce qu'elle était perçue comme une valeur étrangère à l'univers culturel africain, n'avait été invoquée jusque là dans le débat que sous l'angle de la libération de l'homme et des peuples de la domination coloniale, et non pas sous celui de la participation des citoyens à la gestion publique et au choix des gouvernants par le biais des élections libres[36]. C'est pourtant la démocratie dans cette seconde acception qui est le facteur décisif dans la construction d'une citoyenneté républicaine, parce que précisément la citoyenneté est une identité qui se forme dans le débat démocratique[37]. La question démocratique, trop taboue pour l'avenir de la fédération dont elle était susceptible de révéler les fragilités, était bannie du débat africain relatif au fédéralisme, ou tout au moins son importance était minorée au profit des enjeux politiques et géostratégiques de l'après-guerre, et de l'exigence d'unité[38]. La question identitaire n'en est pas moins occultée. La réponse que lui donne l'écrasante majorité des auteurs prouve bien le peu d'intérêt qu'on lui a toujours accordé dans la construction de l'État fédéral[39].

---

membres de l'Union européenne », *Mélanges Philippe Manin, L'Union européenne : Union de droit, Union des droits*, Paris, Pedone, 2010, p. 145 et s.

35 En Europe, lesdits concepts conduisent au dialogue des juges européen et nationaux dans l'optique de l'harmonisation du droit supranational, v. J. D., Mouton, *op. cit.*

36 Il est même affirmé que les Africains se sont pendant longtemps accommodés de l'autoritarisme étatique aux dépens des libertés publiques, et que, finalement, seule une minorité d'entre eux a réellement revendiqué la mise en place des régimes démocratiques, v. A. Moyrand, « Réflexions sur l'introduction de l'État de droit en Afrique noire francophone », *RIDC*, vol. 43, n° 4, p. 853-878. Bien plus, le concept de démocratie, parce qu'il est né en Occident, « serait entaché du péché originel d'eurocentrisme, et ne pourrait être transplanté en Afrique », v. C. Coquery-Vidrovitch, « La politique en Afrique noire. Héritage et avenir », *Le genre humain*, 1992/3, n° 26, p. 119-140.

37 Pour J. Tully, « la citoyenneté est intersubjective et dialogique, c'est une forme d'identité que nous acquérons en dialoguant publiquement avec nos concitoyens » : v. « La conception républicaine de la citoyenneté dans les sociétés multiculturelles et multinationales », *Politique et sociétés*, n° 1, 2001, p. 123-146, http://id.erudit.org

38 D. Bourmaud, « Aux sources de l'autoritarisme en Afrique... », *op. cit.*

39 Il ressort de leurs travaux que l'unité culturelle africaine serait un fait d'évidence. Cheikh Anta Diop ne voit l'Afrique noire tout entière que comme une nation qui sommeille dans la conscience populaire et qui doit impérativement se doter d'un

Inédite à l'époque où l'entreprise panafricaine posait ses jalons, cette question a depuis quelques décennies commencé à être étudiée[40], mais certaines réponses qui lui sont données ne peuvent que susciter l'étonnement. Ainsi, il a été par exemple soutenu qu'il existerait une parenté culturelle naturelle entre les pays arabes et ceux d'Afrique noire qui s'expliquerait par le fait que l'islam, contrairement au christianisme, serait la religion africaine par excellence[41] ; l'islam serait porteur d'un humanisme universel qui aurait transcendé les frontières ethniques et culturelles[42]. De là à dire qu'il pourrait être le ciment de l'unité culturelle africaine, il n'y a qu'un pas que beaucoup ont franchi sans la moindre hésitation, en le créditant d'un rôle moteur dans l'émancipation du continent et de la diaspora issue de la matrice africaine. Ces conclusions bien hasardeuses, parfois fantaisistes[43] et non dénuées de fanatisme recèlent un fort contenu idéologique.

Le premier festival culturel panafricain d'Alger en 1969 a formulé pour la première fois le principe de l'unité africaine. Et Alger, symbole africain de la lutte anticolonialiste, carrefour des révolutionnaires africains et bastion de tous les mouvements de libération, va cristalliser toutes les émotions suscitées par la liberté recouvrée, et l'exaltation du patriotisme panafricain va y trouver un nouveau souffle après sa mise à mort au sommet de l'OUA en 1963. La fraternité des peuples d'Afrique n'a jamais été aussi réelle qu'à cette époque là, sous l'impulsion de l'Algérie. Dans la foulée le *Manifeste culturel panafricain*, adopté par le Symposium du premier Festival affirme sans aucune nuance le principe de l'unité culturelle de l'Afrique. L'appartenance de tous les pays africains à une même culture et à une même histoire est affir-

---

cadre juridique étatique. La construction étatique serait en quelque sorte l'habillage et la reconnaissance officielle d'une nation factuelle : C. A. Diop, *L'Afrique noire pré-coloniale*, éd. Présence africaine, 1960, p. 77 ; *Les fondements économiques...*, *op. cit.*, p. 28. Il élude toutefois un pan essentiel de la question identitaire en circonscrivant arbitrairement son État africain dans des limites géographiques bien précises. Et *quid* des nations arabes, qui ont destin lié avec l'Afrique noire dans le cadre de l'Union africaine, et qui, géographiquement, politiquement, culturellement et économiquement sont proches de l'Afrique noire avec laquelle elles entretiennent des liens privilégiés ?

40 V. *Les relations historiques et socioculturelles entre l'Afrique et le monde arabe de 1935 à nos jours*, Documents de travail et compte rendu des débats du colloque tenu à Paris du 25 au 27 juillet 1979, Études et documents, Unesco, éd. PUF, 1984.

41 V. H. M. Amiji, « La religion dans les relations afro-arabes : l'Islam et le changement culturel dans l'Afrique moderne », in *Les relations historiques, op. cit.*, p. 107.

42 Y. Elias, « Islam et vie culturelle en Afrique », *Ethiopiques*, n° 49, février 1982.

43 V. R. Otayek, « L'islam dans son miroir ou comment des journaux égyptiens voient l'islam en Afrique noire », *Politique africaine*, 1988, n° 30, p. 32-49.

mée dans ce texte qui souligne du reste l'africanité de l'ensemble de ces pays, qui se traduirait par « des similitudes profondes et des aspirations communes ». Ainsi, l'Africanité serait aussi « un destin partagé, la fraternité du combat libérateur et le même avenir à assumer de concert pour le maîtriser ». La découverte d'une « communauté de destin » après le constat d'un passé commun constitue une véritable introduction à l'unité politique du continent. Il va sans dire que la diversité des expressions de cette culture commune ne repose « sur aucune différence d'essence », dans la mesure où elle exprime la même universalité[44].

La Charte de la renaissance culturelle africaine, adoptée par la 6è Session ordinaire de la conférence de l'Union africaine tenue à Khartoum le 24 janvier 2006 réaffirme le principe de l'unité culturelle africaine, en lui apportant toutefois quelques nuances, qui, peut-être, traduisent subtilement un changement de cap par rapport à ce qui avait été annoncé à Alger en 1969, tout au moins elle pose le problème de la pertinence et même de la crédibilité des premières conclusions. Il ressort de ladite Charte que l'identité culturelle africaine réside dans la diversité des cultures, et que la diversité culturelle et l'unité africaine constituent un facteur d'équilibre. Le laconisme et l'ambiguïté de ces formules sont d'autant plus déplorables que cette charte semble percevoir la culture comme un facteur d'intégration africaine. Mais cela n'est pas étonnant, parce que, en définitive, l'identité culturelle est un phénomène complexe qui ne se laisse pas appréhender facilement[45]. Elle mêle aussi bien l'histoire, la langue, la religion, que la littérature, l'art ou la politique. Tenter donc de bâtir un État fédéral d'Afrique sur la base d'un concept non défini et mal circonscrit peut se révéler irréaliste, d'autant plus qu'il n'a pas été procédé à un inventaire exhaustif des principes tirés des valeurs culturelles supposées communes. Juridiquement donc l'identité culturelle africaine est indéfinissable,— si tant est qu'on puisse la définir[46] — sauf en référence à des normes importées par le biais des traités internationaux. Ainsi, pour l'essentiel, la Charte africaine des droits de l'homme et des peuples se contente d'insérer les normes démocratiques occidentales dans le système de protection des droits de l'homme en Afrique. Elle rappelle les engagements pris par les États africains de se conformer à la Charte des nations-unies et à la Déclara-

44 On reconnaît là l'influence de Léopold Sédar Senghor, dont la pensée était tout imprégnée des références à la construction de l'État fédéral.

45 V. J.-M. Pontier, « Les données juridiques de l'identité culturelle », *RDP* 2000, p. 1271.

46 J.-M. Pontier, « Les données juridiques de l'identité culturelle », *op. cit.*

tion universelle des droits de l'homme[47], ce qui prouve que, implicitement, les Africains s'accordent à construire leurs systèmes politiques sur la base du socle démocratique admis par toutes les nations démocratiques de la planète, et qu'il n'y aurait pas de spécificité africaine en la matière[48]. En ce sens, les évolutions récentes du droit africain des droits de l'homme s'inscrivent dans le droit fil du principe de l'universalité de la culture africaine affirmé dans le Manifeste culturel d'Alger, confirmant ainsi la naissance d'un principe universel de légitimité démocratique[49], largement intégré par les Constitutions des États africains[50]. Mais cela n'est pas suffisant pour prétendre mettre en place une fédération pérenne sur le continent africain, pas plus qu'il n'a été possible d'implanter durablement la démocratie par la force des lois[51]. Encore faut-il que ces principes démocratiques soient compatibles avec les cultures et la mentalité africaines[52], et qu'ils ne soient pas en conflit avec les principes propres à l'Afrique ou qu'ils s'adaptent à la diversité des situations concrètes. Cette compatibilité n'est pas avérée[53], et la locomotive de l'unité

47 V. La Charte de l'Organisation de l'unité africaine du 25 mai 1963 et l'Acte constitutif de l'Union africaine du 11 juillet 2000.

48 S. Kowouvih, « La Cour africaine des droits de l'homme et des peuples : une rectification institutionnelle du concept de "spécificité africaine" en matière des droits de l'homme », *Revue trimestrielle des droits de l'homme (RTDH)*, 2004, p. 757 ; A. D. Olinga, « Les emprunts normatifs de la Commission africaine des droits de l'homme et des peuples aux systèmes européen et interaméricain de garantie des droits de l'homme », *RTDH* 2005, p. 499.

49 V. Huet, « Vers l'émergence d'un principe de légitimité démocratique en droit international », *RTDH* 2006, p. 547 ; V. Natale, « Le droit à des élections libres ou la construction d'un véritable ordre démocratique européen », *RTDH* 2006, p. 939.

50 L. Sindjoun, « Les nouvelles constitutions africaines et la politique internationale : contribution à une économie internationale des biens politico-constitutionnels », Études *internationales*, 1995, vol. 26, n° 2, p. 329-345.

51 V. V. Foucher, « Difficiles successions en Afrique subsaharienne : persistance et reconstruction du pouvoir personnel », *Pouvoirs*, n° 129, 2009, p. 127.

52 J.-F. Bayart, « La démocratie à l'épreuve de la tradition en Afrique subsaharienne », *Pouvoirs* 2009, n° 129, p. 27.

53 S'il est défendable comme le soutient M. Otayek que la transformation et le changement affectent nécessairement chaque culture politique, et que de ce fait, la démocratie occidentale pourrait parfaitement s'adapter et s'acclimater hors de l'Occident (R. Otayek, « Démocratie, culture politique, sociétés plurales... », *op. cit.*), il est difficilement soutenable, au rythme où se font ces transformations sur le continent, mêlant avancées et retours en arrière, que la culture africaine ne soit pas totalement anti-démocratique. L'auteur finit par admettre après analyse que « la construction de la démocratie se révèle des plus problématiques dans les sociétés caractérisées par la prévalence des solidarités particularistes et la confusion du politique et du reli-

ne prend pas toujours en compte les aspirations des peuples concernés ; la construction fédérale se fait par le haut, et l'unité — fruit de compromis politiques — est plus émotionnelle que réelle[54]. Construire un État fédéral dans le respect des principes élémentaires de la démocratie peut donner à certains le sentiment de renoncer à leurs idéaux culturels et à leurs croyances au profit de règles qui contrarient l'expression de leur religiosité[55].

L'Afrique fait fi de la complexité[56] et de la perplexité[57] — voire la fragilité[58] — des montages institutionnels fédéraux, toujours contestés[59], à l'épreuve des spécificités culturelles et politiques nationales qui ailleurs ont entraîné le délitement factuel d'une unité nationale de façade, en dépit de leur raffinement et de leur perfectionnement[60]. Cette complexité qu'il était impossible de prévoir à l'heure des indépendances, n'a jamais donné lieu à une analyse approfondie. L'article 3 de l'Acte constitutif de l'Union africaine adopté le 11 juillet 2000 se borne à faire de l'intégration politique et socio-économique un objectif à atteindre, sans fournir plus de précisions sur les moyens et les échéances arrêtés pour sa réalisation. L'affirmation de la « vision com-

gieux ».

54 Cela est vrai de l'État continental comme des États nationaux, qui ont tenté l'expérience fédérale. Les résultats ont souvent été décevants, les conflits culturels à forte tonalité religieuse ayant eu raison de l'État. Pour l'exemple camerounais, v. É. Ch. Lekene Donfack, *L'expérience du fédéralisme camerounais. Les causes et les enseignements d'un échec*, Thèse droit, Université de Clermont I, 1979.

55 V. par exemple C. Coquery-Vidrovitch, « Histoire et historiographie du politique en Afrique. La nécessité d'une relecture critique (à propos de la démocratie) », *Politique africaine*, n° 46, 1992, p. 31-32.

56 F. Delpérée, « La complexité fédérale » in *L'esprit des institutions, l'équilibre des pouvoirs, Mélanges en l'honneur de Pierre Pactet*, Dalloz 2003, p. 117. Les juristes européens du XIX[è] siècle ont été confrontés à cette complexité, notamment en ce qui regarde le partage de la souveraineté entre la fédération et les États membres, Léon Duguit allant jusqu'à soutenir qu'il est impossible que les populations soient soumises à ces deux souverainetés à la fois : v. L. Duguit, *Traité de droit constitutionnel. Le problème de l'État*, tome 2, 3[è] éd., éd. Paris de Boccard, 1928, p. 142-150.

57 Ainsi, les fédéralismes belge ou canadien entretiennent des ambiguïtés institutionnelles fondamentales qui peuvent déboucher sur la scission. Pour l'exemple canadien, v. N. Thiébaut-Portier, « Le fédéralisme au Canada... », *op. cit.*

58 N. Schmitt, « Le fédéralisme : plus fragile et plus nécessaire que jamais. Quelques réflexions illustrées par la Suisse et les pays d'Afrique », *L'Europe en formation*, 2012/1, n° 363, p. 143-168.

59 Pour l'exemple belge, v. V. Coorebyter, « La Belgique entre compromis et ambiguïté », *Pouvoirs*, 11/1, n° 136, p. 87-96.

60 V. par exemple J. Stengers, « La déconstruction de l'État-nation le cas Belge », *Vingtième siècle, revue d'histoire*, n° 50, avril-juin 1996, p. 36-54.

mune d'une Afrique unie et forte » fait l'impasse sur le modèle de fédération que l'on souhaite. Seuls apparaissent les objectifs communs, à charge pour les États d'adhérer aux valeurs et principes universels de la démocratie, au respect des droits de l'homme et au respect des principes de l'État de droit[61]. Elle opte ainsi pour un fédéralisme au rythme des avancées démocratiques consistant à associer étroitement les États à sa réalisation. Mais deux principes contradictoires en apparence semblent naviguer à contre-courant de son objectif d'unité politique continentale et empêchent toutes réflexions sur le type d'organisation et de montage institutionnel qui soit compatible avec les libertés étatiques et les libertés des peuples : les droits politiques fondamentaux des États, dont l'Union africaine a contribué à préciser et à légitimer le cadre de leur expression, et les droits fondamentaux des individus, proclamés par l'Union en référence à des normes et règles qui sont éloignées des cultures, de l'histoire et des traditions propres aux peuples africains.

Le problème se pose à deux niveaux. Dans un premier temps, il se pose au niveau des États. Il est acquis aujourd'hui que les droits fondamentaux peuvent être revendiqués par les personnes morales[62]. Au sens où les définissent la doctrine et la jurisprudence, ils semblent inconciliables avec la nature des personnes morales de droit public, et au premier chef l'État. En effet, les droits fondamentaux sont toujours définis en référence à l'individu ou l'homme. Ce sont des libertés et droits essentiels attachés à la nature de la personne humaine qui sont inscrits dans les conventions internationales et les constitutions des États, et dont la garantie est assurée par le législateur sous le contrôle du juge constitutionnel[63]. Par suite, supposer que l'État puisse en revendiquer la jouissance est proprement aberrant, y compris dans les rapports entre les États fédérés et l'État central dans le système fédéral, au motif qu'il ne pourrait pas tout à la fois être créancier et débiteur des droits fonda-

---

61 V. Articles 2 et suivants de la Charte africaine de la démocratie, des élections et de la gouvernance adoptée par la 8e session ordinaire de la conférence tenue à Addis Abeba le 30 janvier 2007.

62 K. H. Koki, *Les droits fondamentaux des personnes morales dans la convention européenne des droits de l'homme*, Thèse droit, La Rochelle, 2012 ; J.-D. Mouton, « Vers la reconnaissance de droits fondamentaux aux États dans le système communautaire ? », *Mélanges Jean-Claude Gautron, Les dynamiques du droit européen en début de siècle*, éd Pedone, Paris, 2004, p. 466 et s.

63 Sur la définition des droits fondamentaux, v V. Champeil-Desplats, « La notion de droit « fondamental » et le droit constitutionnel français », *D.* 1995, p. 323 ; M.-L. Pavia, « Éléments de réflexion sur la notion de droit fondamental », *LPA* n° 54, 6 mai 1994, p. 6.

mentaux[64]. Si l'État peut revendiquer des droits fondamentaux, ce ne peut être que des droits d'une autre nature, car, en effet, dans les rapports internationaux, l'État est titulaire des droits fondamentaux opposables aux autres sujets du droit international. Ces droits sont qualifiés de fondamentaux, parce qu'ils constituent l'essence même de l'État, sa raison d'être[65] ; ils « résultent de la force des choses, de la seule coexistence d'États civilisés »[66]. Au nombre de ces droits, on cite le droit de conservation, le droit au respect, le droit d'égalité ou le droit d'indépendance[67]. Les droits fondamentaux des États s'exercent donc dans un cadre où coexistent plusieurs entités dans des rapports conflictuels ou pacifiques, qui revendiquent leurs particularismes, leur autonomie et leur existence séparée. Or, le cadre fédéral, et même certains États régionaux tels que l'Espagne, présentent des similitudes avec la scène internationale, dans la mesure où coexistent de véritables nations qui affirment leurs propres personnalités, leurs identités culturelles, et finalement leurs autonomies au nom de leur antériorité par rapport à la nation[68]. Ces entités, partout où elles existent, obtiennent la reconnaissance des droits fondamentaux tels que l'autonomie, qui sont opposables à l'État central[69]. En Afrique, il semble bien que l'État fédéral achoppe sur la question du transfert de la souveraineté à l'Union africaine ; un tel transfert ne peut se faire sans menacer les conditions essentielles d'exercice de leur autonomie par les autorités locales, sinon leur existence. En tous les cas, les droits fondamentaux des États sont des garanties indispensables à l'exercice par eux de leurs libertés et droits en compensation de l'abandon de leur souveraineté. Or, à ce ni-

64 C'est le cas de la Cour constitutionnelle allemande qui dénie aux personnes publiques la capacité d'en jouir : v. Ch. Autexier, Chapitre 13 : La protection des droits de l'individu contre l'administration, *Introduction au droit public allemand*, PUF, 1997; Reprint Revue générale du droit : Revue générale du droit *on line*, 2015, numéro 22402 (www.revuegeneraledudroit.eu/?p=22402)

65 V. A. Pillet, *Recherches sur les droits fondamentaux des États dans l'ordre des rapports internationaux et sur la solution des conflits qu'ils font naître*, Paris, éd. Pedone, 1899.

66 *Ibid*, § 1, p. 2.

67 *Ibid*, p. 3 à 11.

68 V. J. M. Eguiagaray Ucelay, « Espagne : l'État des autonomies », *Confluences méditerranée*, n° 36, Hiver 2000-2001, p. 109 à 124.

69 M. A. Presno Linera, « Chronique de droit constitutionnel espagnol 2005 », *RFDC*, 2006/3, n° 67, p. 627-637 ; B.-.P. Vantol, « Autonomie politique et réforme statutaire en Espagne : regard sur le "blindage des compétences" autonomes dans le nouveau statut de la Catalogne », *RFDC*, 2010/1, n° 81, p. 67 à 103 ; F. Vergniolles de Chantal, « Les revendications locales et le système fédéral américain », *Fédéralisme*, vol. 9, 2009, n° 1, p. 1-17.

veau, un constat s'impose : les droits fondamentaux des États eux-mêmes immergés dans la culture nationale et nourris par une pratique politique plus ou moins longue qui a façonné une culture, des habitus et traditions, et finalement une identité propre à chaque entité nationale, révèlent leur incompatibilité avec les principes de l'unité africaine. Ils sont à l'opposé des buts de la construction d'un État central (PREMIÈRE PARTIE).

A un second niveau, on constate que, c'est du fait des États que l'incompatibilité des libertés qu'ils revendiquent s'affiche face aux objectifs de l'État fédéral que défend l'Union. Cela est très perceptible en matière des droits fondamentaux de l'homme où l'Union défend un anthropocentrisme très libéral importé de l'Occident, tandis que les États s'arc-boutent sur des conceptions communautaristes des droits de l'homme qui amoindrissent les effets des instruments africains et internationaux des droits de l'homme dans le chef des entités étatiques. Ces conceptions communautaires du reste sont selon les situations et les régions favorablement accueillies ou rejetées par les peuples. Il en résulte une mise en échec du projet de l'État fédéral africain à cause de l'incompatibilité entre les droits fondamentaux des individus proclamés dans le cadre de l'Union africaine et les identités culturelles nationales, qui sont supposées refléter les valeurs de l'écrasante majorité de la population (SECONDE PARTIE).

PREMIÈRE PARTIE

L'INCOMPATIBILITÉ ENTRE LES DROITS FONDAMENTAUX DES ÉTATS ET LE PRINCIPE DE L'UNITÉ AFRICAINE

L'incompatibilité entre les droits fondamentaux des États et le principe de l'unité africaine est incontestable. Elle s'explique par l'histoire et par la culture. La thèse de l'unité historique du continent n'est plus guère pertinente, puisque les trajectoires séparées imposées par la colonisation et entérinées, après la décolonisation, par la consécration du principe de l'intangibilité des frontières issues de la colonisation ont eu raison de l'unité. L'identité culturelle présumée est à construire. De plus, certains éléments communs à la culture, tels que le tribalisme ou l'ethnicisme, au lieu de favoriser l'unité africaine, ont généré des comportements hostiles, et ont plus contribué à séparer les peuples au lieu de les rapprocher. L'unité dans tous les États fédéraux s'est, il est vrai, construite progressivement ; elle a été souvent l'œuvre des juridictions fédérales qui, par une interprétation audacieuse des textes constitutionnels, ont réussi, non sans difficultés, à imposer la souveraineté du droit de l'État fédéral sur celui des États fédérés[70]. Ces évolutions en dents de scie, pour ne citer que le cas des États-Unis d'Amérique, n'ont pu aboutir à l'unité de l'État que parce que les conflits entre l'Union et les États se sont déroulés sur le terrain pacifié de la justice et dans le respect des règles de droit et de la démocratie. La démocratie est apparue, dans les termes de la soumission à l'autorité des décisions des cours suprêmes, comme un cadre culturel *a priori* indispensable à la réalisation de l'État. Sur cette base du respect des formes démocratiques, l'État peut opérer une mutation consensuelle interne vers la structure unitaire ou, lorsqu'il est unitaire, se transformer en fédération, en accordant plus d'autonomie à ses composantes ou à ses démembrements. La stabilité institutionnelle n'en sera pas plus achevée pour autant[71], puisqu'elle est tributaire du pragmatisme des cours, qui font preuve de réalisme et de flexibilité dans le partage des compétences[72]. En Afrique, l'équation est encore plus complexe. Non seulement elle se pose avant même la formation de l'État — et on se demande à juste titre si la construction de cet État est possible dès lors que les États-nations qui existent ne sont pas parvenus à leur maturité et qu'au contraire nombre d'entre eux sont précaires.

70 J. Beauté, « Le partage des compétences entre les États et la fédération », *Pouvoirs*, 1991, n° 59, p. 85.
71 P. Juillard, « Le mythe de la stabilité constitutionnelle aux États-Unis », *Pouvoirs*, n° 29, 1984, p. 5.
72 M. Rosenfeld, « Les décisions constitutionnelles de la Cour suprême américaine pour la session 1998-1999 : redéfinir les limites du fédéralisme au détriment des droits individuels », *RDP* 2000, p. 1329-1342.

voire déliquescents et en voie de décomposition plus ou moins permanente[73], mais en outre la culture démocratique fait cruellement défaut[74]. Cela peut se vérifier assez aisément au regard de certains principes de répartition des compétences nécessaires à l'existence d'une fédération, comme la libre administration, l'autonomie financière des États, la péréquation fiscale, la répartition des ressources naturelles, l'indépendance de la justice, la bonne gouvernance ou le contrôle politique, administratif et juridictionnel de la gestion des affaires d'intérêt local par l'État fédéral. La perspective de devoir abandonner une partie importante des prérogatives nationales au profit d'un État central, dont l'impartialité peut bien masquer un nationalisme ostracisant, a été perçue comme une confiscation de leurs libertés par les États. C'est pour cette raison que la construction panafricaine achoppe sur deux principes érigés en droits fondamentaux par les États : le principe d'égalité et le principe de liberté. De la défunte OUA jusqu'à l'Union africaine, l'affirmation de l'égalité des États a toujours été assortie de l'affirmation de leur souveraineté, preuve que l'égalité des États dans le cadre d'un ensemble plus vaste qui absorbe leur souveraineté est une fiction à laquelle ils ne croient pas (TITRE I). Cela est si vrai que l'expression de leur liberté politique s'affirme au besoin contre des dispositions continentales destinées à encadrer les excès de la liberté préjudiciables à l'avenir de l'Union, dans la perspective de la réalisation de l'État fédéral (TITRE II).

73 J.-F. Médard, « La spécificité des pouvoirs africains », *Pouvoirs*, n° 25, 1983, p. 5-22.

74 V. P.-F. Gonidec, « L'État de droit en Afrique. Le sens des mots », *RJPIC*, n° 1, 1998, p. 3.

TITRE I

LA FICTION DE L'ÉGALITÉ OU LES INFORTUNES DE LA SOLIDARITÉ

Le principe d'égalité, dans les rapports entre les États fédérés et la fédération ou l'Union, signifie que tous les États partie à la Fédération ont droit aux mêmes prestations et aux mêmes avantages économiques et sociaux quelles que soient leurs ressources et leur niveau de développement. Cela suppose que les nantis doivent faire des efforts financiers importants pour permettre aux plus pauvres de parvenir au même niveau de développement qu'eux, afin que sur l'ensemble du territoire de la Fédération les conditions de vie des populations soient équivalentes. C'est la seule façon de parvenir à un développement équilibré de l'ensemble de l'État, si toutefois cet objectif est prévu par les textes fondamentaux. De tous les principes qui gouvernent les États démocratiques modernes, celui de l'égalité est sans aucun doute celui qui est le plus malmené. Il en est ainsi, parce que l'égalité réelle entre plusieurs personnes physiques ou morales est difficile à réaliser. Cela est particulièrement vrai entre les entités à caractère étatique ou régional, en raison des disparités naturelles que l'on peut observer d'un État à l'autre. A certains d'entre eux, la nature a offert de meilleures dispositions pour avoir un ascendant sur le plan économique ou militaire ; à d'autres l'avantage est démographique, mais il peut se transformer en un handicap si les potentialités économiques ne suivent pas la courbe démographique ; d'autres enfin ont un avantage territorial. A côté de ceux là, il est des États qui sont totalement démunis, ou trop exigus pour s'en sortir sans la solidarité des nantis. Un éventail de disparités saisissantes qu'offre l'Afrique sur la voie de l'unification. Si le but de toute association, comme le reconnaît l'Acte constitutif de l'Union africaine, consiste à assurer le bien-être des peuples par l'exploitation des ressources naturelles et humaines au service du progrès général des peuples, cette aspiration ne peut pas se réaliser dans le cadre d'une organisation fédérale sans la volonté et la détermination de niveler les inégalités. Cela implique une répartition des ressources sur l'ensemble du territoire fédéral sur la base du principe d'égalité. Sauf l'hypothèse où les États optent pour un fédéralisme asymétrique[75],— ce qui ne semble pas être l'option choisie par les Africains — il

75 V. P. Pactet et F. Mélin-Soucramanien, *Droit constitutionnel,* 25e éd. Sirey, 2006, p. 52. Ce fédéralisme consiste à traiter différemment des collectivités qui ne se trouvent pas dans la même situation : v. M. Croisat, « Le fédéralisme asymétrique »,

ne fait pas de doute que le principe d'égalité est la colonne vertébrale de l'État fédéral, car lui seul permet un développement harmonieux de l'ensemble du territoire, en corrigeant les déséquilibres entre territoires et en jugulant les tensions toujours possibles entre les États. Dans le sillage des fédérations multiséculaires, l'Union africaine a posé les bases juridiques de l'égalité des États candidats à la future organisation (Chapitre I). Mais ce principe s'est toujours heurté à de farouches résistances culturelles et sociologiques sur le continent. Il est même certain qu'il sera privé d'effets, parce que les États africains sont par principe hostiles à cette forme d'égalité (Chapitre II).

RFDC 1999, p. 49.

CHAPITRE I.

L'AFFIRMATION PROGRESSIVE DE LA RÈGLE DE L'ÉGALITÉ

En Afrique, les ingrédients d'une union fédérale se mettent progressivement en place. Les textes sont largement en avance par rapport aux mentalités qui, elles, portent encore les tares des coutumes nationalistes et mêmes tribales. On peut s'en féliciter ou s'en inquiéter, les faits sont indiscutables. Timidement avancée comme un objectif à atteindre par l'Organisation de l'unité africaine, la marche vers l'unité a connu une extraordinaire accélération depuis la création de l'Union africaine. L'affirmation du principe d'égalité entre les États par l'Acte constitutif de l'Union africaine et les textes subséquents en constitue une preuve certaine. C'est en effet dans les constitutions fédérales que l'égalité entre les États fédérés se trouve constamment affirmée, dans la mesure où elle exprime l'existence de différences qu'il convient de traiter, au risque de compromettre l'unité en construction. Dans les États unitaires en revanche, l'égalité entre les collectivités territoriales n'a pas lieu d'être affirmée, car l'unité est par définition acquise[76]. L'Union africaine, dans la mesure où elle ne fonctionne pas encore comme un État fédéral disposant d'une Constitution formelle, n'a pas encore mis en pratique le principe d'égalité entre les États, même si celui-ci est affirmé. Le principe d'égalité bénéficie tout de même d'un fondement textuel qu'il est possible d'exploiter de façon optimale comme dans un État fédéral existant (Section 2). Néanmoins, ce principe est limité en amont par l'impossibilité d'asseoir la souveraineté de l'Union du fait que, historiquement et culturellement, elle n'a pas de précédent. La réunion de ces deux facteurs fait obstacle, non seulement à l'égalité entre les États, mais aussi à la souveraineté de l'Union (Section 1).

76 La réalité dans les États unitaires est parfois plus complexe qu'il n'y paraît, et la question de la structure de l'État se pose souvent au-delà des textes et des pratiques, parce que la nation juridique ne correspond pas toujours nécessairement à la nation sociologique ou culturelle. Aussi, la multiplication des législations spéciales dérogatoires au droit commun peut distendre le lien d'indivisibilité : v. T. Michalon, « La République française, une fédération qui s'ignore ? », *RDP* 1982, p. 625 ; M-N Fabre, « L'unité et l'indivisibilité de la République, réalité ? Fiction ? », *RDP* 1982, p. 603 ; G. Marcou, « Le principe d'indivisibilité de la République », *Pouvoirs*, n° 100, 2002, p. 46 ; F. Lemaire, « L'Outre-mer, l'unité et l'indivisibilité de la République », *NCCC*, n° 35, Dossier La Constitution et l'Outre-mer, avril 2012.

Section 1. Le rejet du principe de la souveraineté de l'Union africaine : les obstacles culturels

La question de la souveraineté de l'État central africain n'est pas seulement politique ; elle constitue bien un défi au regard de l'histoire et même de la culture, tant aucun des États africains qui se sont proclamés comme souverains au lendemain des indépendances n'a jamais pu réaliser en son sein l'unité au moyen de la souveraineté, ni s'imposer comme souverain vis-à-vis des entités étatiques extérieures. Le facteur économique seul ne suffit pas à expliquer la défaillance des souverainetés africaines. Il faut donc se demander si, et de quelle manière, l'État central africain une fois mis en place peut réussir à imposer son autorité là où les États existants n'ont pas réussi, et si le principe de la souveraineté lui même, en tant construction occidentale, associé à la formation des États-nations de cette aire géographique et culturelle ne se trouve pas en conflit avec les réalités culturelles africaines. La question s'est posée chez nombre de juristes français de savoir si l'apparition de la notion de souveraineté sous l'empire des contingences historiques ne condamne pas la souveraineté à n'être qu'un attribut des seules nations européennes organisées en États[77]. On a le sentiment que le caractère transparent voire factice de la souveraineté des États africains constitue un vestige de l'époque précoloniale marquée par l'existence de nations ethniques dépourvues d'États au sens moderne et de souveraineté. Ceci pourrait expliquer en partie le dénuement dans lequel se trouve l'Union africaine, qui a délibérément été vidée de la puissance étatique par les dirigeants des États, qu'on peut volontiers suspecter d'être habités par une absurde nostalgie pour les anciens empires africains — une sorte d'altération de la conscience historique de leur responsabilité dans le devenir de l'Afrique dans le concert des nations — qui, les faisant se regarder comme les héritiers des monarques de l'ancienne Afrique qu'ils ne sont en réalité que de façon éphémère, les conduit à toujours s'opposer à toutes les tentatives de création d'un État supranational disposant d'une souveraineté suffisamment large pour pouvoir éclipser leur autorité et même leur existence. La conséquence de cet état de fait, c'est qu'en dépit des mutations qui touchent la planète au plan politique, ils peuvent bien se contenter des souverainetés étriquées dans une Afrique morcelée dont la réalité politique reste aussi figée qu'avant le Congrès de Berlin[78], lorsque les pouvoirs tribaux, même exerçant des attributions régaliennes, ne percevaient

77 R. Carré de Malberg, *Contribution à la théorie générale de l'État*, tome 1, Paris, Librairie de la Société du Recueil Sirey, 1920, p. 73.
78 On a ainsi parlé d'États stationnaires : v. F. Éboko et P. Awondo, « L'État stationnaire, entre chaos et renaissance », *Politique africaine*, 2018/2, n° 150, p. 5-27.

pas encore toutes les virtualités que recèle la souveraineté[79]. La question du modèle de souveraineté se posera comme elle s'est posée dans d'autres États fédéraux, d'autant plus que tous les pays occidentaux n'en partagent pas une conception univoque (§1). L'Afrique fédérale ne parviendra pas à s'accorder sur une conception uniforme de la souveraineté qui soit conforme à l'histoire politique et à la culture des différents territoires (§2).

§1. Les conceptions occidentales de la souveraineté

Il ne s'agit pas de discuter de la définition de la notion de souveraineté. Celle-ci a été abondamment précisée[80]. Pour Carré de Malberg, « la souveraineté, c'est le caractère suprême d'un pouvoir : suprême, en ce que ce pouvoir n'en admet aucun autre ni au-dessus de lui, ni en concurrence avec lui. Quand donc on dit que l'État est souverain, il faut entendre par là que, dans la sphère où son autorité est appelée à s'exercer, il détient une puissance qui ne relève d'aucun autre pouvoir et qui ne peut être égalée par aucun autre pouvoir »[81]. Plus radical dans la terminologie, Léon Duguit la définit comme « la négation de toute entrave ou subordination »[82] ; « elle est illimitée ou absolue, car, si elle ne l'était pas, elle dépendrait d'une autre volonté qui la limiterait et, par conséquent, elle cesserait de se déterminer exclusivement par elle-même »[83]. Ce qui est ici questionné c'est la représentation que les États se font de la souveraineté. A ce niveau, il n'y a pas unanimité dans les pratiques des États. C'est parce que la souveraineté détermine le lieu de l'exercice réel du pouvoir, pour le distinguer de la périphérie, qui en est écartée de fait, que sa dévolution est source de conflits. Qu'elle appartienne à la nation comme l'ont affirmée la Déclaration d'indépendance américaine

79 C'est la perception et la méconnaissance, par les dirigeants africains actuels, du rôle des États précoloniaux sur la scène internationale dans le passé lointain qui est ici en cause, et non l'existence d'États souverains africains, même si cette notion doit être prise avec le maximum de précautions. Les États tels que l'Algérie, la Tunisie ou le Maroc avaient conclu de nombreux traités avec les puissances occidentales dans des domaines comme la fiscalité, le commerce international ou la diplomatie : v. P. Diagne, « Les structures politiques, économiques et sociales africaines durant la période considérée », in *Histoire générale de l'Afrique, vol V, du XIe au XVIe siècle*, Unesco, éd. Imprimerie Hénssey, 1999, p. 43 et s.

80 E. Zoller, « L'américanisation du droit constitutionnel : préjugés et ignorances », *Archives de philosophie du droit*, n° 45, 2001, p. 77-87.

81 Carré de Malberg, *Contribution à la théorie générale de l'État, op. cit.*, p. 70.

82 L. Duguit, *Manuel de droit constitutionnel*, 1ère éd. p. 134.

83 L. Duguit, *Souveraineté et liberté : Leçons faites à l'Université de Colombia (New York) 1920-1921*, éd. Librairie Félix Alcan, Paris, 1922, p. 76-77.

et la Déclaration française des droits de l'homme et du citoyen de 1789, ou qu'elle appartienne à l'État selon l'école allemande de droit représentée par Laband et Jellinek, la souveraineté pose au futur État fédéral africain des questions pratiques très complexes. Comme le déclare très justement Duguit, « la conception de la souveraineté nationale comprend en elle-même deux éléments, qui assurément se pénètrent intimement, mais qui cependant se distinguent [...] : d'abord la nation, et ensuite la souveraineté conçue comme puissance commandante »[84]. Le premier de ces éléments fait défaut à l'Afrique. En effet, l'Afrique ne saurait être tenue pour une nation au même titre que les nations américaine et française du XVIII[è] siècle et celles de maintenant ; il en résulte l'impossibilité d'attribuer la souveraineté à la masse des citoyens, qui ne forment pas une nation. A supposer même qu'on considère l'Afrique comme une nation, par une fiction juridique, pour en inférer le droit pour elle d'être titulaire de la souveraineté, il est impossible d'affirmer que les conditions minimums de la démocratie sont réunies à l'heure actuelle, pour considérer que chaque volonté individuelle est libre et concourt pleinement à l'exercice de la souveraineté. Dans cette hypothèse, la souveraineté semble devoir appartenir aux nations existantes et non à une hypothétique nation africaine, qui en transférerait « la puissance commandante » à l'État central dont la légitimité ne peut procéder que des nations qui composent l'Union. C'est en ce sens qu'il faut interpréter le rejet quasi-unanime opposé par les nations représentées par leurs États respectifs au concert des nations de l'Union africaine du principe de la création d'un État central qu'elles ont renvoyé aux calendes grecques, et conséquemment celui du partage de la souveraineté. Agrégat des nations encore en voie de formation, l'Union africaine n'aura pas d'autre alternative à l'avenir que de chercher son équilibre entre les deux conceptions occidentales de la souveraineté dont aucune ne semble convenir à ses attentes, ni se mouler dans la diversité de ses cultures : la souveraineté une et indivisible qui confère à l'État central indépendance et liberté au détriment des États (A) ; la souveraineté divisée, dont la particularité est de conférer l'essentiel du pouvoir politique aux États (B).

84 Léon Duguit, *Souveraineté et liberté, … op. cit.*, p. 10.

A. LA SOUVERAINETÉ UNE ET INDIVISIBLE

Le principe de l'unicité et de l'indivisibilité de la souveraineté qui se trouve formulé dans la Déclaration des droits de l'homme et du citoyen de 1789 a une origine fort ancienne. En France, il est associé à la monarchie absolue de droit divin ; il est une pure invention de la monarchie française, qui voulait marquer à la fois son indépendance externe vis-à-vis de l'Empire et de la Papauté, et sa supériorité au plan interne par rapport à la féodalité. Une fois acquise, la souveraineté a été associée à la personne du Roi en tant que personnification du pouvoir, de l'État et de la nation. En 1789, la révolution opère un transfert de la souveraineté au profit de la nation. Aux termes de l'article 3 de la Déclaration des droits de l'homme et du citoyen, « le principe de toute souveraineté réside essentiellement dans la Nation. Nul corps, nul individu ne peut exercer d'autorité qui n'en émane expressément ». La Constitution du 3 septembre 1791 proclame que « la souveraineté est une, indivisible, inaliénable et imprescriptible. Elle appartient à la nation ; aucune section du peuple, ni aucun individu ne peut s'en attribuer l'exercice ». C'est cette formule qui sera reprise successivement par la quasi-totalité des constitutions françaises. La souveraineté exprime donc l'idée d'autorité, ou celle de puissance exercée par la nation directement ou par délégation de celle-ci. Ainsi définie, la notion de souveraineté est intimement associée aux puissances occidentales dans la défense de leur intégrité territoriale, de leurs nations et de leurs ressources. Et les règles de droit régissant les rapports entre les États occidentaux établies depuis le traité de Westphalie du 24 octobre 1648 ont tout naturellement contribué à façonner le droit international moderne à telle enseigne que, pour beaucoup, le droit international a incontestablement une saveur coloniale[85]. Parmi ces règles, la souveraineté est sans doute celle qui, à l'épreuve des réalités politiques et économiques, a montré le plus de difficultés à s'adapter au contexte africain[86] en dépit de sa réception et de son appropriation par les États, qui l'ont aussitôt opposée aux anciennes puissances coloniales. L'Assemblé générale de l'ONU au § 5 de sa Résolution 2131 du 21 décembre 1965, portant Déclaration sur l'admissibilité de l'intervention dans les affaires intérieures des États énonçait que « tout État a le droit de choisir son système politique, économique, social et cultu-

85 I. Duplessis, « Le droit international a-t-il une saveur coloniale ? L'héritage des institutions internationales multilatérales », *Revue juridique Thémis*, n° 42, 2008, p. 311 et s.

86 V. par exemple A. Pellet, *Le droit international du développement*, éd. PUF, Paris, 1987, p. 107 et s.

rel sans aucune forme d'ingérence de la part de n'importe quel État »[87]. L'article 2 de la Charte des droits et devoirs économiques des États proclame le principe de la souveraineté entière et permanente sur toutes leurs richesses, ressources naturelles et activités économiques, y compris la possession et le droit d'en disposer. Le droit international consacre ainsi, par la proclamation des libertés étatiques, la juxtaposition formelle d'États souverains inconciliable avec les ingérences dans les affaires intérieures des États[88].

Pour les États africains, le principe de la souveraineté dans la formulation consacrée par le droit international constituait une aubaine. Ayant à choisir entre l'abandon de leur souveraineté nationale au profit d'un État central appelé à concentrer entre ses mains la puissance politique africaine et à incarner l'unité politique du continent, entendu comme une nation, et la consécration des souverainetés étatiques, elles n'hésitèrent pas à sacrifier l'unité africaine sur l'autel de ces dernières. Ce choix s'expliquait par l'antériorité des États issus de la colonisation par rapport à l'intégration continentale. Construire l'unité politique du continent aussitôt après l'indépendance (par agrégation des États) équivalait pour eux à renoncer aux souverainetés nationales conquises contre les anciennes métropoles, parfois au prix des luttes et du sang. Les textes constitutionnels nationaux arboraient fièrement le principe de la souveraineté comme un trophée qu'il n'était pas permis d'abandonner sans courir le risque de trahir les luttes nationales, l'histoire et les idéaux de la patrie. Il est vrai que tous les États et tous les peuples n'étaient pas égaux devant la colonisation et devant les luttes de libération nationale. Il était par exemple inimaginable que le peuple algérien qui avait chèrement conquis sa liberté au prix d'une guerre effroyable qui l'a meurtri en même temps qu'elle a renforcé le sentiment national chez les citoyens, renonçât à ses valeurs, une conception idoine de la nation et à son identité pour lesquelles il s'est battu, au profit d'une communauté supranationale dont la souveraineté pouvait remettre en cause ses acquis. Cela est compréhensible *a posteriori* quand on considère le spectacle politique que donnent à voir la plupart des républiques bananières d'Afrique noire, qui ne savent pas quoi faire de leurs souverainetés, qu'elles bazardent parfois sans réelle contrepartie.

87 V. Aussi la CIJ, dans son arrêt du 27 juin 1986, Nicaragua vs United states of America décidant dans le même sens.

88 V. Dodzi Kokoroko, « Souveraineté étatique et principe de légitimité démocratique », *RQDI*, vol. 16-1, 2003, p. 37-59.

Dans une certaine mesure, le caractère révolutionnaire des indépendances rappelait 1789, en ce sens que la souveraineté changeait de titulaire : le nouvel État, alors qu'antérieurement elle appartenait à l'ancienne puissance coloniale. Derrière l'État, apparaissait, non pas la nation, mais le peuple, véritable titulaire de la souveraineté au nom duquel le nouvel État parlait. Il y a dans les constitutions des États africains depuis les indépendances, une parfaite identification du peuple à la nation[89]. L'article 2 de la Constitution camerounaise du 18 janvier 1996 modifiant la Constitution du 2 juin 1972 affirme que « la souveraineté nationale appartient au peuple camerounais [...] Aucune fraction du peuple ni aucun individu ne peut s'en attribuer l'exercice ». Il en est de même de l'article 3 de la Constitution sénégalaise. La légitimité des peuples ne faisait guère de doute, et l'Afrique devait supporter le sort de la séparation et du morcellement que lui imposait l'histoire, parce que chaque peuple avait un passé, une communauté de valeurs, un destin et un projet propres. La Charte de l'OUA devait constater, dans son Préambule, le caractère inaliénable du droit des peuples à déterminer leur propre destin. A la différence des Constitutions américaine et allemande qui visent un seul peuple (américain et allemand), elle faisait alors référence à une pluralité des peuples établis sur le continent africain, pour justifier l'abandon du projet fédéral avec sa tentative d'instituer le principe de la souveraineté une et indivisible au profit de l'État central. Les États avaient convenu que la souveraineté devait échoir aux États, pour leur permettre de bâtir leurs nations et s'atteler aux difficiles tâches qu'impliquait le développement national, la sécurité et le bien-être des populations. Et l'expérience a montré que les États afri-

89 A l'instar du droit africain, le droit français entretient aussi une confusion conceptuelle entre la nation et le peuple. En effet, selon le juge constitutionnel français, il ne peut pas y avoir plusieurs peuples dans une nation. Dès lors, « la mention faite par le législateur du "peuple corse, composante du peuple français" est contraire à la Constitution, laquelle ne connaît que le peuple français, composé de tous les citoyens français sans distinction d'origine, de race ou de religion », Cons. Const., Décision n° 91-290 DC, 9 mai 1991, Loi portant statut de la collectivité territoriale de Corse, cons. 13. M. Stéphane Pierré-Caps en conclut que « le peuple ou la nation, c'est l'universalité des citoyens, ceci valant aussi bien pour la souveraineté nationale que pour la souveraineté populaire. Nation et peuple, en effet, sont faits du même matériau, le citoyen, même si, au sein de la première, le citoyen s'abîme dans un corps abstrait et transcendant, tandis que dans le second il figure l'irréductible unité d'un atome » : « Karl Renner et l'État multinational. Contribution juridique à la solution d'imbroglios politiques contemporains », *Droit et société*, n° 27, 1994, p. 421-441.

cains ont une préférence pour l'État unitaire centralisé et fort[90]. Il sont même très hostiles au principe fédératif ; la question de la souveraineté est au cœur de cette aversion, pour une raison au moins, c'est qu'ils n'ont pas une longue pratique et une expérience éprouvée du fédéralisme. Le principe de la souveraineté partagée lui aussi se trouve *ipso facto* condamné[91].

B. LA SOUVERAINETÉ PARTAGÉE

On l'appelle aussi la souveraineté divisée. Les États-Unis, l'Allemagne ou la Suisse constituent les exemples les plus connus de souveraineté partagée. Il est d'autant plus intéressant de voir de plus près ces modèles pour en tirer des enseignements pour l'Afrique que ces États procèdent du fédéralisme par agrégation que l'Afrique projette de mettre en place. Dans ce modèle de fédération, le privilège de l'antériorité par rapport à l'État fédéral qu'ils ont contribué à créer confère aux États fédérés des droits souverains inaliénables. États souverains avant leur fusion dans une communauté politique plus large, ils entendent le rester, et le restent après. L'article 3 de la Constitution suisse du 18 avril 1999 déclare que « les cantons sont souverains en tant que leur souveraineté n'est pas limitée par la Constitution fédérale et exercent tous les droits qui ne sont pas délégués à la confédération ». Le partage du pouvoir entre l'État central et les Landër par la Loi fondamentale procède de la même logique en Allemagne. Comme le suggère M. Félicien Lemaire, la notion de souveraineté partagée comporterait deux sens : elle désignerait dans un premier temps l'exercice de la souveraineté par deux ou plusieurs États sur un même territoire ; et dans un second temps, elle se caractériserait par la reconnaissance d'une parcelle de souveraineté au profit d'une ou plusieurs collectivités[92]. Certains auteurs enseignent même que seul

---

90 V. J.-M. Breton, « De la tutelle à la République unie : réflexions sur la dynamique unitaire dans l'évolution institutionnelle du Cameroun indépendant », *RJPIC*, vol. 33, 1979 ; M. Aboya Endong, « Le parlementarisme sous tutelle de l'État fédéral (1961-1972) : une construction politique par le droit de l'État unitaire du Cameroun », *RFDC*, 2014/1, n° 97, p. 1 à 9. Le Nigeria constitue l'exemple type d'un État fédéral que le présidentialisme fort, institué par la Constitution (v. C. Engelsen, « Système institutionnel et exercice du pouvoir au Nigeria », *Afrique contemporaine*, 2011/3, n° 239, p. 136-139) a transformé de fait en État unitaire.

91 Au Cameroun fédéral sous Ahmadou Ahidjo, le président aurait déclaré : « Il est impossible de gouverner, il est impossible d'agir s'il y a dualité des pouvoirs », cité par Aboya Endong, « Le parlementarisme sous tutelle... », *op. cit.*

92 V. F. Lemaire, « Propos sur la notion de "souveraineté partagée" ou sur l'apparente remise en cause du paradigme de la souveraineté », *RFDC*, n° 92, 2012, p. 821-851.

l'État fédéral est souverain sur le plan international et sur le plan interne, tandis que les États fédérés n'auraient que la souveraineté interne. C'est dans une décision rendue par la Cour suprême américaine, *Us Term Limits, Inc v. Thornton* en 1995, que le juge Kennedy a affirmé que « les constituants ont procédé à la fission de l'atome de la souveraineté »[93]. Les Américains ont ainsi « fait des constitutions où, partout, le pouvoir est morcelé, divisé en des branches qui ne peuvent rien faire sans le concours des autres et qui se surveillent réciproquement »[94] ; et la question de la souveraineté oppose constamment l'État central aux États fédérés[95]. Cette conception de la souveraineté se situe culturellement à l'opposée de ce qu'est la conception française, qui ne la conçoit qu'une et indivisible. Lorsque les auteurs français parlent de la souveraineté, c'est à l'État central qu'ils l'associent, et non à ses démembrements. Ainsi, depuis Loyseau au moins, « la souveraineté est du tout inséparable de l'État. La souveraineté est la forme qui donne l'être à l'État : même l'État et la souveraineté prise *in concreto* sont synonymes »[96]. Et Carré de Malberg de renchérir : « A coup sûr, si le critérium de l'État est la souveraineté, les collectivités membres d'un État fédéral ne sont pas des États, car elles ne sont pas souveraines »[97].

La notion de souveraineté partagée est formellement contestée dans son principe et dans la pratique sans qu'il soit besoin de convoquer l'histoire. En effet, un État qui accepte d'intégrer une communauté politique dans le cadre d'un État fédéral aliène *de facto* et *de jure* sa souveraineté au profit de ce dernier, même si par ailleurs l'essentiel de ses compétences est préservé par la Constitution de l'État fédéral. Il perd la qualité d'État au sens du droit international en devenant une entité infra étatique dépourvue de toute personnalité internationale. Lorsque donc on qualifie les États fédérés de souverains, cela ne peut signifier ni plus ni moins que l'indépendance ou l'autonomie dont ils jouissent à l'intérieur de la fédération. Pour M. Lemaire, ce qu'on entend par souveraineté partagée « s'inscrit dans la plus totale subjectivité normative des États »[98]. Autrement dit, les États fédérés ne peuvent opposer leur

93 Cité par E. Zoller, « L'américanisation du droit constitutionnel... », *op. cit.*

94 E. Zoller, « L'américanisation du droit constitutionnel... », *op. cit.*

95 V. E. Zoller, « Le sens d'une Constitution vu par les États-Unis. Le point de vue des juristes », *NCCC*, n° 1, 2018 : https://www.conseil-constitutionnel.fr/publications/titre-vii/.

96 Ch. Loyseau, cité par Carré de Malberg, *Contribution à la théorie générale de l'État, op. cit.*, p. 72.

97 R. Carré de Malberg, *Contribution à la théorie générale de l'État, op. cit.*, t 1, Dalloz 2004, p. 123.

98 F. Lemaire, « Propos sur la notion de "souveraineté partagée" ... », *op. cit.*

souveraineté qu'à l'État central et aux autres États fédérés ; en aucun cas leur souveraineté n'a de valeur hors des limites de l'État dont ils sont membres[99]. Les USA constitue l'exemple parfait de souveraineté partagée dans lequel les compétences de l'Union sont limitativement énumérées par la Constitution, tandis que les États fédérés disposent de larges attributions. Mais il s'agit, en réalité, d'une pure question de droit interne. L'histoire et le contexte politique propre à cet État lui ont inspiré ce type d'organisation qu'il n'est pas possible de transférer autre part. Il serait plus juste de dire avec Léon Duguit que le terme même de souveraineté n'est applicable que dans les rapports internationaux. C'est par pure commodité de langage ou par stratégie politique qu'il est employé dans les rapports internes à l'État. Il convient par conséquent de se demander si les réticences des États africains pour le transfert de souveraineté peuvent être surmontées par l'adoption d'un modèle de fédération qui octroie aux États de larges compétences qui leur garantissent une autonomie telle qu'ils peuvent traiter à armes égales avec l'État central. En d'autres termes, les États africains actuels peuvent-ils accepter d'intégrer un État supranational sans formuler la moindre réserve au sujet de la souveraineté internationale de l'État central ? Mais peut-il y avoir transfert de compétences sans transfert de souveraineté ? La question se pose dans les mêmes termes à l'Union européenne, et il apparaît que l'Europe constitue encore une fédération d'États souverains[100]. La culture de l'État-nation qui ne le conçoit pas détaché de la souveraineté, son attribut essentiel, a bien entendu influencé l'organisation politique actuelle de l'Union européenne. On mesure toute la difficulté de convaincre des nations qui ont façonné leurs identités, leur unité territoriale et même culturelle, parfois contre leurs voisins immédiats, de renoncer au principe de la souveraineté qui les a élevées à la dignité de grandes nations et a fait de leurs États des puissances internationales. La souveraineté en Europe devient certainement un élément de l'identité constitutionnelle des États. En Afrique, l'équation se pose différemment, c'est-à-dire en termes de légitimité politique des dirigeants à choisir pour les peuples une orientation qui soit conforme à l'identité et aux valeurs propres aux peuples.

99 Même chez les champions de la souveraineté partagée que sont les USA, la Cour suprême a reconnu, dans un arrêt de 1936, United States v. Curtiss-Wright Export Corporation, 299 U.S. 304, 319 (1936), que « Dans le domaine des relations extérieures avec ses problèmes importants, compliqués, délicats et multiples, seul le Président a le pouvoir de parler et d'écouter en tant que représentant de la nation », cité par E Zoller in *Les grands arrêt de la Cour suprême des États-Unis*, éd. Dalloz, Paris, 2010, p. 222 ; « Le sens d'une Constitution vu par les États-Unis... ».

100 V. J.-M. Ferry, *La question de l'État européen*, éd. Gallimard, Paris, 2000.

Il s'agit d'une question culturelle, parce que les raisons qui rendent les États africains réfractaires à la souveraineté de l'Union africaine sont d'ordre historique et culturel.

§2. Les motifs culturels de l'opposition des États au principe de la souveraineté de l'Union africaine

Il est toujours difficile pour le chercheur d'interpréter la position des représentants du peuple, lorsqu'elle n'est pas étayée par des comptes-rendus ou des rapports qui rendent publiques les délibérations des réunions de l'assemblée générale de l'Union africaine, ou même lorsque cette position s'appuie sur une argumentation obscure ou lacunaire qui dissimule les réelles préoccupations des États. Néanmoins, il existe une forte probabilité, au regard de l'identité, de la culture, de l'histoire nationale, de l'idéologie ou de l'économie, de comprendre les raisons qui expliquent les choix étatiques. La démarche consiste à analyser les conventions et traités qui lient les États du point de vue des citoyens. Cela revient à confronter les instruments à l'environnement sociologique et culturel dans lequel ils sont censés prospérer. A dire vrai, les décisions gouvernementales en matière de construction fédérale, ne peuvent pas faire abstraction de ces différents facteurs qui sont intimement liés au patrimoine et à la personnalité des nations sans courir le risque d'être réprouvées pour incompatibilité notoire avec les valeurs fondamentales des États et leurs identités constitutionnelles. Pour ce qui est de la souveraineté de l'État central africain, il y a notoirement deux types d'obstacles rédhibitoires à son accueil : un obstacle religieux (A) un obstacle politique de représentativité (B).

A. L'OBSTACLE RELIGIEUX

Si le principe de laïcité sur lequel nous reviendrons abondamment, avait été admis comme une valeur commune aux États de l'Union africaine, une partie du problème serait résolue. Mais tel n'est pas le cas. On est bien obligé de poser la question que les dirigeants africains n'ont jamais soulevée officiellement, celle de la compatibilité de la souveraineté de l'État central avec les États théocratiques du continent africain, et subséquemment, celle de sa coexistence avec les monarchies de droit divin qui existent sur le continent. Les constitutions des États musulmans — car ce sont les seuls États théocratiques sur le continent — ne font pas mystère de l'attachement de leurs peuples respectifs à la religion musulmane. Et l'approbation par le peuple souverain de ses représentants et des constitutions issues des printemps arabes constitue bien la preuve irréfutable de cet attachement. La Constitution tunisienne de 2014, pour ne s'en tenir qu'à celle-là, parce qu'elle est vraiment le reflet de la volonté du peuple souverain,— même si l'insertion de certains principes de l'islam dans le corpus de la Constitution n'a été obtenue qu'après des débats intenses au cours desquels les partis séculiers ont exprimé leur hostilité à ces principes[101] — comporte un certain nombre de dispositions qui montrent bien que le peuple tunisien ne peut pas s'enraciner dans son identité musulmane, avec toutes les conséquences politiques qu'elle emporte, et donner en même temps mandat à ses élus pour opérer un transfert de souveraineté au profit de l'Union africaine. Aux termes de l'article 3 de ladite Constitution, le peuple tunisien est le véritable détenteur de la souveraineté, qui est la source des pouvoirs qu'il exerce à travers ses représentants élus ou par voie de référendum. C'est donc ce peuple souverain qui, après avoir exprimé son attachement aux enseignements de l'islam dès le préambule, décide à l'article 74 que le président de la République doit être de confession musulmane. Comme pour appuyer l'idée sous-jacente qui est que le peuple tient sa souveraineté de Dieu et qu'il agit par délégation de son créateur, il lie le président élu par le serment de jurer « par le Tout-puissant de sauvegarder l'indépendance de la patrie et l'intégrité du territoire... » (article 76). Le serment n'a pas la même force pour le croyant que pour le non-croyant, parce que, pour le premier c'est le châtiment divin qui sanctionne toute transgression, tandis que le second doit faire constater la violation du serment par un tribunal, qui ne pourra pas sanctionner avant de statuer sur la nature juridique du serment. D'un autre côté, si Dieu est la source de la volonté populaire, la Constitution en ses deux dispositions précitées n'a plus seulement une valeur contractuelle ; elle a aussi force de prescription divine à l'égard du président. Il y a quelque chose d'immuable dans ces dispositions et dans le serment qui en découle en ce sens que Dieu est partie intégrante du contrat. Dès lors, les élus du peuple ne peuvent pas modifier la Constitution afin de transférer la puissance souveraine issue du peuple à l'Union africaine sans violer la divine volonté. Et par quelle aberration la souveraineté déléguée par le peuple à un État théocratique peut-elle passer aux mains d'un État central laïc dirigé par un président laïc ? Des croyants dans un État croyant, qui sont dirigés par des autorités laïques, est-ce conforme aux principes de l'islam ? Il faut bien comprendre que les notions de gouvernement, d'autorité et de pouvoir en islam sont intimement liées à la foi musulmane ; et l'islam n'est pas seulement une religion qui se borne à entretenir par les enseignements coraniques et la stricte observation de ses prescriptions la foi des croyants ; il est le système politique, culturel et social de l'État. Il s'ensuit

101 V. J.-Ph. Bras, « Un État "civil" peut-il être religieux ? Débats tunisien », *Pouvoirs*, 2016/1, n° 156, p. 55-70.

que les dispositions de la Constitution tunisienne relatives au président de la République, dont certaines ont leur équivalent dans les constitutions de tous les États musulmans, constituent la transcription juridique et la consécration constitutionnelle des principes de la loi islamique. Le choix d'un gouvernement musulman à la tête de l'État n'a pas qu'une valeur symbolique. Il est chargé d'œuvrer pour la justice et le bien-être des musulmans et de l'humanité[102] . « Pour réaliser cet objectif, il est impératif d'œuvrer pour l'établissement d'une société islamique sur la foi authentique. Les gouvernants ont pour ultime mission de préserver cette foi ainsi que les préceptes, principes et valeurs qu'elle implique, et ce pour le bien de l'homme ». Parmi les fonctions du gouvernant figurent donc celle d'appliquer les lois divines dans le pays et celle de protéger la foi musulmane. Il est responsable pour cela devant Dieu et devant la communauté musulmane[103]. La foi commune en Dieu et l'application des prescriptions de l'islam établit entre les gouvernants et les gouvernés une relation de confiance qui garantit à la *oumma* la justice, l'équité, l'intégrité et la probité dans la direction des affaires publiques. Ce gouvernant là ne peut pas être un non-musulman qui, par définition, ignore la loi de Dieu, et ne peut pas, de fait, faire le bien. Voilà la principale raison culturelle qui explique les réticences voire l'hostilité des pays musulmans à l'endroit de l'État fédéral africain. La communauté culturelle et spirituelle qui s'établit entre les gouvernants et la *oumma* les empêche d'agir avec légèreté en violant la loi islamique sur des questions aussi importantes qui engagent l'avenir de la nation mais aussi celui de l'islam, au risque d'être voués aux gémonies et bannis. La souveraineté qui est de droit divin ne saurait en aucune manière être déléguée à des États et des gouvernants laïcs[104]. L'indépendance et la souveraineté, pour les pays musulmans ne peuvent se réaliser que dans le cadre de la nation arabe, par le regroupement des forces et la mise en commun des richesses naturelles de leur sol et de leur sous-sol[105]. Même si cette union arabe est en définitive idéalisée, il n'en demeure pas moins qu'elle s'inscrit dans le droit fil des recommandations faites par la Dé-

102 A. Boutaleb, « Le pouvoir, l'autorité et l'État dans l'islam », *Horizons maghrébins – Le droit à la mémoire*, n° 14-15, 1989, p. 138-151.

103 V. A. Boutaleb, « Le pouvoir, l'autorité... », *op. cit.*

104 Cette question du pouvoir et de l'autorité agite aussi des sociétés d'Afrique subsaharienne, où certaines confréries islamiques sont prêtes à se mobiliser et à se politiser, le cas échéant, pour s'opposer à l'autorité au cas où le pouvoir venait à tomber aux mains de ceux qu'ils considèrent comme des impies : v. Mame-Penda Bâ, « La diversité du fondamentalisme sénégalais. Éléments pour une sociologie de la connaissance », *Cahiers d'études africaines*, 2012, n° 206-207, p. 575-602.

105 V. M. Colombe, « Indépendance et tentatives de regroupement des pays arabes du Moyen-Orient », *RFSP*, 1960, p. 826-840.

claration islamique universelle des droits de l'homme du Caire, de 1981 qui invite les musulmans à établir un ordre islamique. L'Union africaine n'ignore pas l'existence de ce projet des États Maghrébins d'une union arabe, mais elle veut croire à un improbable revirement de ces États qui défierait la logique.

Le problème se complexifie davantage si l'on y ajoute la question de la monarchie de droit divin telle que celle du royaume chérifien. Le Roi du Maroc est doté d'attributions politiques et spirituelles qui sont intimement liées selon la Constitution. C'est en sa qualité de chef de l'État que l'article 41 de la Constitution lui confie la charge de veiller au respect de l'islam. L'article 42 qui fait du Roi le représentant suprême de l'État, le symbole de l'unité de la nation, le garant de la pérennité et de la continuité de l'État a fait débat quant à savoir si le Roi était ou non un pouvoir constitué soumis aux dispositions constitutionnelles qui régissent l'exercice de ses fonctions. Sous l'empire des constitutions antérieures à 2011, le Roi n'était pas tenu par la Constitution[106]. L'ambiguïté de l'article 42, qui figurait déjà dans la Constitution de 1996, n'aboutira pas à une interprétation royale différente de celle qui était admise auparavant. En vérité, la qualité de représentant suprême en vertu de laquelle le Roi peut se situer au-dessus de la Constitution et de tous les pouvoirs constitués est inhérente à l'origine divine avouée ou non de sa royauté. A ce titre, il est le véritable souverain, comparable aux souverains français de l'Ancien régime, qui étaient originaires, antérieurs et même extérieurs à toute légalité[107]. Il est donc improbable que de la position où il se trouve placé sur les plans spirituel et constitutionnel il approuve et ratifie les conventions et traités qui contredisent l'identité marocaine, les principes de l'islam[108] ou ceux qui portent atteinte à l'intégrité de l'institution royale, en tentant de limiter son pouvoir et son autorité par le droit ou en subordonnant sa souveraineté à celle supérieure d'un État supranational. Un monarque qui n'incarne pas la souveraineté ne l'est plus tout à fait en islam ; il ne règne plus. Dès l'instant où il cède la souveraineté, il perd ses titres de noblesse, pour se fondre dans la masse des citoyens de l'État fédéral. Devenue un vulgaire ornement, la monarchie s'efface du paysage politique, pour rejoindre le musée de l'histoire politique et culturelle du Maroc. Le souverain panafricain qui lui succédera ne se fera pas prier pour le dépouiller ultérieurement de la part de souveraineté qu'il lui aura consentie en contrepartie de son adhésion, dès que

---

106 V. O. Bendourou, « La nouvelle Constitution marocaine du 29 juillet 2011 », *RFDC*, 2012/3, n° 91, p. 511-535.

107 J. Combacau, « Pas une puissance, une liberté : la souveraineté internationale de l'État », *Pouvoirs*, 1993, n° 67, p. 47-58.

108 O. Bendourou, « La nouvelle Constitution marocaine ... », *op. cit.*

cette part commencerait à faire ombrage à la puissance de l'État central. Personne n'imagine le peuple marocain mettre en balance l'institution royale, autour de laquelle s'est construite son unité, avec la construction de l'État africain.

Telles sont les questions culturelles, dont la résolution n'est pas chose aisée, que l'Union africaine va devoir affronter sans détours dans ses rapports avec les pays du Maghreb. Son échec est prévisible. Mais l'Union court vainement après un partenaire volatile et insaisissable qu'elle ne parviendra jamais à domestiquer, parce qu'il ne voit ni son intérêt ni sa raison dans ce mariage forcé qui risque de le dénaturer en l'éloignant de ce qui le caractérise comme une communauté spirituelle et morale unie par des valeurs transcendantes. Sur un autre front, l'Union doit aussi faire face au problème culturel de la représentativité politique qui fait obstacle à sa souveraineté.

B. L'OBSTACLE POLITIQUE DE LA REPRÉSENTATIVITÉ

L'exigence démocratique en termes de choix des représentants par le biais des élections est plus accentuée dans un État fédéral que dans l'État unitaire. L'Afrique dès le départ a entrepris de mettre en place un État fédéral, mais elle ne s'est pas attardée sur la faisabilité de cet État au regard du faible ancrage de la démocratie sur le continent. En définitive, il est apparu que l'absence de démocratie pouvait se révéler être un réel problème culturel. Non pas que la démocratie soit naturellement impropre au contexte africain, mais l'histoire et les institutions ont habitué les Africains à se passer du jeu démocratique, à telle enseigne que l'absence de démocratie est devenue un élément identitaire caractéristique de ce continent[109]. Le mode électif n'a jamais été l'apanage des Africains. Aussi loin que l'on remonte dans le passé ancestral, l'histoire africaine n'offre pas d'exemples du choix des gouvernants pas les citoyens par le biais des élections libres. La période phare de la splendeur de l'Afrique entre le XI^è^ et le XVI^è^ siècle n'a semble-t-il permis aux historiens de ne recenser que des régimes autocratiques ou aristocratiques à la tête des royaumes, des empires, des clans et des chefferies traditionnelles. Les structures féodales communautaires qui sous-tendaient l'organisation poli-

109 C'est par un excès de langage que des dirigeants politiques de premier plan qui sont très écoutés, comme Nelson Mandela, ont prétendu que, dans l'Afrique traditionnelle, l'égalité de tous les hommes et le libre choix des gouvernants étaient le fondement de tout gouvernement , cité par G. Ayittey, in « La démocratie en Afrique précoloniale », *Afrique 2000*, n° 2, juillet 1990, p. 39. L'ironie de l'histoire c'est que l'un des dictateurs les plus féroces de l'histoire politique du continent était Chaka, le roi des Zoulou, sud-africain comme lui.

tique précoloniale n'étaient pas faites pour permettre à chacun des membres de la communauté d'exprimer librement son choix. Le mode délibératif très prisé dans cette Afrique-là était exclusif pour ne pas dire sélectif[110]. Il va sans dire que, c'est la communauté qui décidait de la nature de l'État et de la forme du pouvoir ; l'individu n'avait pas des droits propres, distincts de ceux de la communauté. Les États étaient des États unitaires centralisés ; on y trouvait aussi des confédérations, mais pas d'États fédéraux. Le système colonial qui s'installe dans la deuxième moitié du 19è siècle pérennise le morcellement existant, en maintenant des structures unitaires centralisées, dépendant de la métropole.

L'État unitaire actuel procède d'une double culture précoloniale et coloniale ; il semble y avoir une continuité institutionnelle depuis l'époque précoloniale. Le modèle d'État unitaire que représentait la métropole paraissait d'autant plus adapté aux pays africains qu'il leur rappelait le passé impérial du continent. Le nouvel État issu de la colonisation, devenu multiethnique par la volonté coloniale entérinée par l'OUA, devait, à l'instar des puissances coloniales, réaliser l'unité. L'inclination pour l'État unitaire s'explique donc par le fait qu'il facilite la pérennisation de toutes les formes de monarchie, le pouvoir personnel et les tyrannies, dont les démocraties actuelles ont engendré quelques avatars. Lieu par excellence d'expression du narcissisme politique, avec son corollaire le pouvoir absolu, l'État unitaire entretient la culture autocratique, à laquelle il assure le confort et la sécurité. En cela il est l'irréductible ennemi du fédéralisme. L'État fédéral, avec son système de représentation démocratique, est donc culturellement étranger à l'imaginaire collectif africain et à la culture politique du continent qui est par tradition hostile aux pactes constitutionnels. Le Fédéralisme, du reste, est un pur produit de la culture occidentale hérité du christianisme, qui lui a inspiré les notions de pacte, d'alliance et de conventions entre différentes entités constituées en États, pour la gestion des affaires communes[111].

Si l'on s'en tient au caractère segmentaire des formes d'organisation sociale en Afrique précoloniale en s'appuyant sur l'hypothèse de M. Jean-Loup Amselle, on peut conclure très naturellement que toute recherche sur les racines culturelles du fédéralisme en Afrique est vaine. En effet, selon l'anthropologue, les formes d'organisation que comportait l'Afrique résultaient des processus de composition, de décomposition et de recomposition qu'il ap-

110 V. J.-F. Bayart, « La problématique de la démocratie en Afrique noire : "La Baule, et puis après ?" », *Politique africaine*, n° 43, 1991, p. 5-20.
111 V. D. J. Elazar, « Diversité religieuse et fédéralisme », *Revue internationale des sciences sociales* (RISS), 2001/1, n° 167, p. 65-69.

pelle « phénomènes de diastole et de systole »[112]. Or, le fédéralisme, à l'évidence, est inconciliable avec l'instabilité politique. Il exige au contraire la pérennité, la stabilité et la continuité des institutions. L'apparition du fédéralisme sur le continent est récente. Son évocation, comme option politique en 1963, est une nouveauté, voire une singularité, même si cette proposition avait été précédée en amont d'un long travail théorique et des pourparlers interétatiques[113]. Cela peut se vérifier facilement du point de vue de la méthode. En effet, contrairement aux anciens États fédéraux existants (les États-Unis, l'Allemagne ou la Suisse), où le fédéralisme a été adopté pour défendre les libertés et la propriété, le fédéralisme africain n'a jamais fait de la défense des libertés la condition fondamentale de l'État fédéral. A l'origine tout au moins, la forme du gouvernement relevait du droit interne des États. Aussi, la question du choix des gouvernants par le peuple ne s'est-elle pas posée comme elle se pose dans tous les États fédéraux. Ce fédéralisme là n'aurait pas pu prospérer du fait que les dirigeants qui avaient entrepris de le mettre en chantier n'avaient pas tous reçu leur mandat du peuple souverain. N'ayant pas de légitimité, il leur était impossible de parler au nom des peuples ; ils ne pouvaient pas davantage défendre leur droit à la liberté. Comme le dit fort justement Carré de Malberg, on ne peut être souverain à l'extérieur si on ne l'est pas à l'intérieur[114]. L'observation vaut aussi bien pour les États que pour l'Union. Le déficit de légitimité qui affecte les représentants des peuples ne peut qu'affaiblir la souveraineté de l'Union. Le projet fédéral n'émanera véritablement des peuples que lorsqu'ils auront les mains libres pour choisir les élus et participer effectivement aux décisions qui engagent leur destin. On voudrait qu'ils délèguent la souveraineté au futur État central africain, alors qu'à l'intérieur des frontières de leurs États respectifs, les peuples sont privés de la liberté d'élire leurs représentants, et que les résultats des élections sont, dans l'écrasante majorité des cas, trafiqués. Ce sont des démocraties de façade où les dirigeants n'ont pas intérêt à changer les règles du jeu, pour donner une chance à la démocratie[115]. La culture politique africaine a préparé les États à décider plutôt qu'à subir le pouvoir exercé de l'extérieur. Une souve-

112 V. J.-L. Amselle, « Ethnies et espaces : pour une anthropologie topologique », in *Au cœur de l'Ethnie : Ethnies, tribalisme et État en Afrique,* sous la direction de J.-L. Amselle et E. Mbokolo, éd. La Découverte, Paris, 1985, 2017.

113 V. P. Dramé, *L'Afrique postcoloniale en quête d'intégration. S'unir pour survivre et renaître*, éd. Presses de l'Université de Montréal, 2017, 190 p.

114 R. Carré de Malberg, *op. cit.*, p. 79.

115 V. P. Chabal et J.-P. Daloz, *L'Afrique est partie ! Du désordre comme instrument politique, Paris,* éd. Économica, 1999 ; A. Mbembé, « [Tribune] Au Cameroun, le changement ne viendra pas par les urnes » En ligne, Jeunes Afrique, 27 octobre 2018, https://www.jeuneafrique.com/654570, consulté le 5 novembre 2018.

raineté acquise dans ces conditions peut transformer l'Union africaine en un État sans envergure internationale, faute d'obtenir l'onction populaire ; un souverain sans nation. Incapables d'asseoir le principe de la souveraineté de l'Union africaine, faute d'assises démocratiques, les États se sont contentés de formuler le principe de l'égalité souveraine des États dont le fondement est pour le moins confus et la réalisation incertaine.

Section II. Le fondement juridique de l'égalité

Bien qu'elle ne soit pas encore parvenue au stade d'union économique de type Union européenne, qui lui inspire la quasi-totalité de ses modèles institutionnels, et encore moins à celui d'État fédéral de type américain, l'État africain a posé le principe d'égalité dans ses différents textes fondateurs. L'Acte constitutif de l'Union africaine, qui reprend les termes de l'ancienne Charte de l'OUA, affirme solennellement à son article 4 l'égalité souveraine et l'interdépendance de tous les États membres de l'Union. Cette formulation certes lapidaire est à peu près équivalente à celle de certains États qui se sont contentés de mentions elliptiques imprécises du principe d'égalité dans leurs textes constitutionnels, en laissant toute latitude aux cours constitutionnelles d'en préciser la portée, avec toutes les confusions qui peuvent en résulter dans le partage des compétences et des ressources si un effort de clarification n'est pas opéré. Mais l'Afrique, par égard pour la souveraineté des États, n'est pas allée au bout de la logique fédérale, comme a pu le faire l'Allemagne fédérale avec son système de péréquations fiscales verticale et horizontale qui institue une coopération solidaire entre les 16 États qui composent la fédération. Pour être plus précis, l'Afrique n'a jamais esquissé le moindre partage éventuel des compétences, même si par moment les États ont confié certaines missions politiques à l'Union. Quant à la gestion commune des ressources, elle reste une simple proclamation ; un vœu pieux. La question du partage des compétences n'a pas à être discutée ici, dans la mesure elle intervient à un stade avancé du projet fédéral, et notamment à partir du moment où le principe de l'intégration est acté. En revanche, rien n'interdit aux États africains de mettre en place les principes d'une gestion commune des ressources. Le contrôle de la gestion économique et financière des États qui a été adopté par l'Union constitue un pas dans cette direction. Mais la proclamation d'une hypothétique égalité n'apparaît que derrière l'affirmation imprécise de la solidarité et de l'interdépendance (§1). Cette carence compréhensible et largement justifiée, dans la mesure où les États ne sont tenus par aucune obligation juridique les uns envers les autres, est palliée par des tentatives sectorielles d'établissement des solidarités par l'aménagement intégré des territoires. Ces tentatives sous-régionales sont décidées à l'initiative de l'Union africaine. Le cas de l'UEMOA est particulièrement intéressant, puisqu'il permet d'avoir une idée de ce que pourrait être la réalité du principe d'égalité entre États, confronté aux réalités politiques, culturelles et économiques dans une Afrique unifiée (§2).

§1. L'affirmation imprécise de la solidarité et de l'interdépendance

En droit comparé, les États étrangers qui ont adopté le principe de solidarité et celui de l'interdépendance en matière économique et financière ont institué des péréquations financières verticales et horizontales. Dans les droits des États occidentaux, la péréquation est l'expression de la solidarité nationale, qui est son fondement juridique[116](A). En Afrique, il n'existe rien de pareil, parce qu'il n'existe pas de nation africaine (B).

A. LA TRADUCTION CONCRÈTE DE LA SOLIDARITÉ EN DROIT COMPARÉ : LES PÉRÉQUATIONS VERTICALES ET HORIZONTALES

La comparaison avec le système allemand peut paraître curieuse, dans la mesure où, d'une part la RFA présente un caractère unitaire très accentué[117] dû certainement à l'unité historique des peuples et de la nation germaniques, et d'autre part parce qu'elle est un État très développé, dont les Länder, très avancés, ont les moyens de leur autonomie financière. Enfin, il faut ajouter qu'à la différence de l'Afrique, l'Allemagne constitue une nation ; et les péréquation ne s'appliquent que dans un cadre national. Mais la comparaison n'est pas si étrange que cela depuis la réunification allemande qui a apporté à la Fédération les États de l'Est, dont la plupart n'avait pas atteint le même degré de développement que ceux de l'Ouest. En effet, « l'unité allemande a constitué, d'un point de vue économique, un choc sans précédent sur le fédéralisme allemand : l'accroissement des disparités Est-Ouest et le retard infrastructurel des Lander est-allemands exigent, pour répondre aux impératifs de la Loi fondamentale, des niveaux de redistribution élevés »[118] qui n'existaient pas avant la réunification et sans lesquels on assisterait au dépeuplement et à la désindustrialisation de la partie orientale de l'État. La réforme a donc

---

116 V Ch. Darbousset, *Recherches sur la notion de péréquation en droit public*, Thèse, La Rochelle, 2011, p. 69 et s.
117 V. M. Fromont, « La réforme du fédéralisme allemand de 2006 », *RFDC* 2007, p. 227-248.
118 L. Guihéry, « Fédéralisme fiscal en Allemagne. Quelle réforme de la péréquation financière allemande ? », *Économie publique*, 2001/2, p. 61-95.

consisté entre autre à apporter des aménagements au principe d'égalité, pour permettre à ces régions de rattraper leur retard économique et social. De ce point de vue la problématique de l'égalité des États se pose en Allemagne dans les mêmes termes que dans l'Union africaine, qui est confrontée au sous-développement du continent, avec des fortes disparités économiques et sociales entre les États nantis, les potentiellement nantis, les potentiellement pauvres, les pauvres et les très pauvres. Le modèle allemand de fédéralisme coopératif est celui qui convient d'autant mieux à l'Afrique qu'elle a opté pour la solidarité par l'interdépendance entre les différents membres de l'Union. Mais l'Afrique a proclamé le principe de solidarité et l'égalité des États sans lui fournir un cadre légal ou conventionnel d'existence. Si elle se considère comme une nation en devenir, elle doit pouvoir s'en donner un, à l'instar de tous les États qui lui inspirent ses modèles institutionnels. En France par exemple, le législateur a institutionnalisé la solidarité entre les différents territoires qui composent l'État. La loi du 4 février 1995 d'orientation pour l'aménagement et le développement du territoire dispose, à son article 1er que « la politique d'aménagement de développement du territoire concourt à l'unité et à la solidarité nationales. Elle constitue un objectif d'intérêt général. Elle a pour but d'assurer, à chaque citoyen, l'égalité des chances sur l'ensemble du territoire et de créer les conditions de leur égal accès au savoir. Elle a pour objet la mise en valeur et le développement équilibré du territoire de la République. A cet effet, elle corrige les inégalités des conditions de vie des citoyens liées à la situation géographique et à ses conséquences en matière démographique, économique et d'emploi. Elle vise à compenser les handicaps territoriaux [...] Elle tend enfin à réduire les écarts de ressources entre les collectivités territoriales en tenant compte de leurs charges ».

En Allemagne, il existe une série de mécanismes juridiques mis en place par la Loi fondamentale, permettant de garantir l'égalité entre les Länder. La loi fondamentale permet ainsi à la Fédération de : légiférer pour garantir l'équivalence des conditions de vie et la sauvegarde de l'unité juridique ou économique dans l'intérêt de l'ensemble de l'État[119] ; accorder des aides financières aux Länder, pour assurer l'équilibre global de l'économie lorsque celle-ci est en proie à des perturbations[120] ; compenser les inégalités de potentiel économique existant à l'intérieur du territoire fédéral[121] ou promouvoir

119 Articles 72-2°) ; 91a 1 de la Loi fondamentale.
120 Article 104b 1-1.
121 Article 104b 1-2.

la croissance économique[122] ; mettre en œuvre la péréquation financière[123]. L'article 107 alinéa 2 de la Loi fondamentale précise que « la loi doit assurer une compensation appropriée des inégalités de capacité financière entre les Länder, en tenant compte de la capacité et des besoins financiers des communes (ou groupements de communes) [...]. Elle peut également disposer que la Fédération sur ses ressources propres accorde aux Länder à faible capacité financière des dotations destinées à les aider à couvrir leurs besoins financiers généraux ». Ces dispositions qui introduisent des péréquations financières verticale et horizontale, qualifiées de courageuses pour une nation réputée unie, étaient pourtant destinées à répondre à l'objectif d'intérêt général qui est la réalisation de l'unité fédérale, ce qui est le passage obligé pour tous les territoires qui aspirent au regroupement politique et économique. Concrètement, 84% du montant global de la péréquation financière ont été versés aux nouveaux Länder de l'Est, en 1998, et « certains Länder de l'Ouest, jusqu'alors bénéficiaires de la péréquation financière, se sont transformés en contributeurs »[124]. Les oppositions qui se sont illustrées lors des débats sur l'adoption du principe de la péréquation sont à la mesure de la difficulté d'asseoir le principe d'égalité fiscale dans un État fédéral. L'absence de péréquations fiscales en Afrique peut s'expliquer par l'impossibilité de réaliser un partage équitable des ressources, qui risque à coup sûr de ruiner l'équilibre financier de plusieurs États.

B. L'ABSENCE DE PÉRÉQUATIONS FISCALES, TALON D'ACHILLE DE L'ÉGALITÉ RÉELLE

Les préoccupations exprimées dans les législations des deux pays précités ne diffèrent guère de celle que les États africains ont exprimées dans l'Acte instituant l'Union africaine. Mais le projet africain pèche par l'absence d'un système de péréquation fiscale équivalent qui constituerait le véritable acte fondateur de l'État fédéral, et qui au surplus serait de nature à donner au continent les moyens de mettre en œuvre une véritable solidarité et une éga-

122 Article104b 1-3.

123 Article 107 : La quote-part revenant aux Lander dans le produit de l'impôt sur le chiffre d'affaires est attribuée à chaque Land au prorata du nombre d'habitants à concurrence d'une fraction qui ne pourra dépasser le quart de la part revenant aux Lander, une loi fédérale requérant l'approbation du Bundesrat peut prévoir des quotes-parts complémentaires au bénéfice des Lander dont les recettes par tête d'habitant au titre des impôts de Land et au titre des impôts sur le revenu et sur les sociétés sont inférieures à la moyenne de l'ensemble des Lander ».

124 V. J. Hergenhan, *Le fédéralisme allemand et la construction européenne*, Problématiques européennes, n° 5, janvier 2000, p. 14.

lité réelle entre les États. Si elle entend fonctionner comme une entité fédérative, l'Afrique devra s'inspirer de l'Allemagne ou de la France, puisque le mécanisme mis en place par ces pays devrait permettre de réduire progressivement les inégalités économiques, sociales et toutes les formes de discrimination existant sur l'ensemble du continent (en matière sociale, de santé, d'instruction ou d'éducation, par exemple). Car, il est de la nature même de l'État, quelle que soit sa forme, d'instaurer les conditions de l'égalité à l'intérieur de ses frontières. Si cela est possible dans les unions économiques et monétaires[125], à plus forte raison, les États fédéraux doivent-ils en faire une obligation juridique. Du reste, elle a pris la mesure du problème depuis la création de l'OUA. A l'origine, la Charte de l'OUA considérait déjà comme un devoir « de mettre les ressources naturelles et humaines du continent au service du progrès général des peuples dans tous les domaines de l'activité humaine ». Le plan stratégique de la Commission de l'Union africaine adopte des conclusions qui vont dans le sens de ce objectif initial : « L'on ne peut, à l'arrivée, que se féliciter du fait que l'Afrique souhaitée par les fondateurs de l'Union africaine est une Afrique consciente de ses potentialités et déterminée à les exploiter, notamment par la mise en commun de ses moyens [...] »[126]. La référence aux notions de coopération, de fraternité et de solidarité intégrées au sein d'une unité plus vaste qui transcende les divergences ethniques et nationales, permet d'entrevoir la règle du partage et d'équité comme un moyen de contribuer à l'objectif du renforcement de l'unité et de la solidarité des États, prévu à l'article II de la Charte. Les fondateurs de l'OUA étaient donc bien conscients de l'importance du principe d'égalité dans la réalisation de l'unité politique du continent. Fidèle à ces idéaux, l'Acte constitutif de l'Union africaine va parachever l'évolution amorcée en ce domaine par l'OUA. La réaffirmation de la souveraineté des États, véritable pont-aux-ânes de l'intégration politique continentale, est tempérée par la formulation d'autres principes et objectifs dont l'interprétation par la future Cour de justice de l'Union va inévitablement dériver sur la consécration de l'égalité, en lui donnant un contenu identique à celui qui lui est accordé dans d'autres Fédérations. La Charte africaine des droits de l'homme et des peuples adoptée sous l'OUA affirme bien à son article 19 le droit des peuples à l'égalité et à la

125 V. par exemple J. Boulouis, R.-M. Chevallier, *Les grands arrêts de la Cour de justice des communautés européennes*, tome 1, éd. Dalloz, 1994, p. 82 et s. et tome 2, p. 130 et s.
126 *Le Plan stratégique de la Commission de l'Union africaine*, mai 2007, p. 7.

non-discrimination. Dans son esprit, les peuples désignent bel et bien les États-nations dont les signataires de la Charte entendaient assurer des droits équivalents[127] au développement économique et social, et à l'égale jouissance du patrimoine commun de l'humanité[128].

Qu'il s'agisse donc de l'objectif visant à accélérer l'intégration politique et socio-économique du continent, de l'autodépendance collective, de la justice sociale pour assurer le développement économique équilibré du continent, de la coordination et l'harmonisation des politiques entre les communautés régionales existantes, on est confronté au principe d'égalité, et l'accomplissement de l'ensemble de ces objectifs devrait faire appel aux instruments de mise en œuvre de l'égalité que sont par exemple l'équité, la parité ou les discriminations positives. Les principes ainsi affirmés induisent les mêmes conséquences qu'en Allemagne et surtout aux USA, où des politiques de justice sociale sont initiées depuis l'abolition des lois ségrégationnistes.

Dans des contextes et des environnements forts différents les uns des autres, l'égalité a été posée comme l'horizon à atteindre dans des domaines aussi variés comme l'alphabétisation, la réussite scolaire, l'accès à l'enseignement supérieur, l'allongement de l'espérance de vie d'un groupe racial, la réduction du chômage, l'accès aux emplois publics, l'égal accès aux marchés publics, le droit à un environnement sain, l'accès à un logement décent, la réduction des écarts de développement entre les territoires[129] ou, ce qui est plus étonnant mais intéressant pour répondre à la complexité de la société africaine, la protection de la culture et de l'histoire d'une communauté nationale[130]. Certains États préconisent des mesures finalistes, en mettant l'accent

---

127 V. M. Mubiala, « Les droits des peuples en Afrique », *RTDH*, 2004, p. 985.
128 Article 22 de la Charte.
129 F. Mélin-Soucramanien, « Les adaptations du principe d'égalité à la diversité des territoires », *RFDA* 1997, p. 906 ; B. Toulemonde, « La discrimination positive dans l'éducation : des ZEP à Science-Po », *Pouvoirs* 2004, n° 111, p. 87 ; Th. Kirszbaum, « La discrimination positive territoriale : de l'égalité des chances à la mixité urbaine », *Pouvoirs* 2004, n° 111, p. 101.
130 V. G. Hamel, « Situation des aborigènes australiens : inégalités sociales et réponses politiques », CNAF/*Informations sociales*, n° 171, 2012, p. 70-78. L'exemple canadien est très intéressant de ce point de vue, en ce que des lois particulières ont été adoptées, à la fois, pour protéger les spécificités culturelles et linguistiques du Québec, et pour préserver le multiculturalisme qui est un trait identitaire propre au fédéralisme canadien : v. D. Sabbagh, « Nationalisme et multiculturalisme », *Critique internationale*, 2004/2, n° 23, p. 113 à 124. Pour ce qui concerne spécifiquement l'Afrique, il existe des initiatives destinées à établir des discriminations posi-

sur l'équivalence des conditions de vie des populations ; d'autres cherchent à réaliser le développement équilibré et harmonieux des territoires. Dans les deux cas, l'objectif visé est la répartition équitable des ressources communes, en vue de favoriser le plein épanouissement de tous les membres de la société. Ces différentes mesures sont souvent utilisées dans des sociétés multiraciales et multiculturelles, pour permettre à des groupes défavorisés de surmonter leurs handicaps socio-économiques de départ, afin de pouvoir prétendre à l'égalité des chances et à l'équivalence des conditions de vie avec les autres groupes[131].

La plupart des sociétés qui ont expérimenté ces techniques dites de discriminations positives ne se caractérisent pas par des réalités sociologiques foncièrement insurmontables ; néanmoins ces discriminations se heurtent souvent à de farouches résistances, même dans des États unitaires comme la France, dont la culture juridique est hostile à la reconnaissance des groupes ethniques et du communautarisme. Si la position française prône la stricte égalité juridique entre les communautés, en revanche elle ne parvient pas à garantir l'égalité réelle entre les différentes collectivités territoriales qui composent la République, en dépit des efforts réalisés pour corriger les déséquilibres sectoriels[132].

La culture juridique française est par principe hostile à l'égalité entre territoires[133]. Seul un déséquilibre sérieux entre territoires peut justifier la mise en œuvre des mécanismes péréquateurs[134]. Il faut en déduire que l'effectivité du principe de solidarité, même dans une démocratie multiséculaire, dépend plus de la volonté politique que de sa consécration constitutionnelle. En té-

---

tives au profit des peuples autochtones, qui sont continuellement victimes des inégalités, v. *Rapport du Groupe de travail d'experts de la Commission africaine des droits de l'homme et des peuples sur les populations/communautés autochtones*, Imprimerie Eks/ Skolens Trykkeri, Copenhague, Danemark, p. 47 et s.

131 V. par exemple S. Choquet, *Identité nationale et multiculturalisme. Deux notions antagonistes ?*, Paris, éd. Classiques Garnier, 2015, 191 et s.

132 Le constat est particulièrement décevant : la différence de ressources entre les communes va de 1 à 8500. 1% des communes les mieux dotées ont une richesse fiscale 44 fois plus élevée que les 1% les moins bien dotées. En euros cela fait environ 7403€/hab pour les communes les plus riches contre seulement 168€ en moyenne pour les plus pauvres : v. *Pour une réelle péréquation des richesses entre collectivités*, Actes du Colloque organisé par G. Delfau Sénateur de l'Hérault avec la participation de Mairie-conseils, Caisse des dépôts et de l'Institut de la décentralisation, mardi 4 décembre 2007 à Paris, Caisse des dépôts, mars 2009.

133 V. Ch. Branquar, *Pour une réelle péréquation des richesses..., op. cit.*, p. 5.

134 C. Darbousset, *Recherches sur la notion de péréquation..., op. cit*, p. 97 et s.

moigne encore le cas des États-Unis, où la politique de *l'Affirmative Action* initiée par les autorités politiques dans les années soixante[135], pour combler le retard socio-économique des noirs et corriger leur déficit dans les universités n'a été validée pour la première fois par la Cour suprême des États-Unis qu'à la majorité d'une seule voie. Ce qui traduit à bien des égards l'absence d'unanimité, voire la division de la société sur cette conception de l'égalité, qui peut engendrer des « inégalités à rebours »[136], alors même que l'objectif était de les réduire. Le succès d'une telle entreprise est le choix d'un modèle de société et d'une conception de la justice sociale entre plusieurs modèles de société possibles. Les variations de la jurisprudence de la Cour suprême des États-Unis sont révélatrices du malaise social sur cette question controversée, car il s'agit de combattre les maux de la société par d'autres maux que sont les mesures préférentielles qui seraient moins pires pour la société[137]. La poursuite de l'égalité est, pour l'Union africaine, un objectif essentiel. Mais les moyens pour y parvenir sont développés aux échelons sous régionaux.

§2. Les tentatives sectorielles d'établissement des solidarités par l'aménagement intégré des territoires : L'UEMOA

On perçoit, sur l'ensemble du continent africain, les frémissements de l'aspiration à cette conception de la justice sociale qui s'impose à l'échelle planétaire comme le modèle de référence par excellence avec toutes les incertitudes et tous les paradoxes qu'elle est susceptible de receler. Il n'est que de citer ici le cas de l'Union Économique et Monétaire Ouest-Africaine (UEMOA) qui, sous l'impulsion des résolutions arrêtées par l'Union africaine, a institutionnalisé ce modèle. Les mesures prises dans le cadre de cette communauté s'attaquent aussi bien à la réduction des disparités et des inégalités de développement entre les territoires qu'au sort des populations les plus démunies de la sous-région dont elle entend améliorer les conditions de vie. Si l'Acte additionnel n° 03/2004 portant adoption de la Politique d'Aménagement du Territoire Communautaire de L'UEMOA s'inscrit dans cette logique, dans la mesure où il privilégie une approche globale du problème du développement, en revanche les directives n° 04/2005/CM/UEMOA portant procédure de passation, d'exécution et de règlement des marchés publics et de

135 V. S. Benetullière, « Justice sociale et espace public : l'exemple de l'affirmative action », *RFDC*, 2007, n° 69, p. 57.
136 V. O. Beaud, « L'Affirmative action aux États-Unis : une discrimination à rebours », *RIDC*, vol. 36, n° 3, 1984, p. 503-521.
137 S. Benetullière, « Justice sociale et espace public... », *op. cit.*

délégation de service public et n° 05/2005/CM/UEMOA portant contrôle et régulation des marchés publics et des délégations de service public ne tiennent aucun compte des inégalités de moyens et de potentiels entre les entreprises et les territoires dans les procédures d'attribution des marchés publics. En tout état de cause la communauté, comme le sera un jour l'État fédéral africain, est exposée au risque de faillite du mécanisme des discriminations positives (A) à cause des obstacles culturels (B).

A. LES RISQUES DE FAILLITE DU MÉCANISME DES DISCRIMINATIONS POSITIVES

Appliquer à la lettre le principe d'égalité dans un secteur hautement stratégique pour le développement de la région risque à très brève échéance de creuser encore davantage les écarts entre les entreprises les plus performantes qui appartiennent généralement aux pays les plus nantis et les entreprises les plus faibles. La manne générée par l'économie des marchés publics dans le marché intégré de l'UEMOA pourrait bien favoriser les économies les plus florissantes par le biais de leurs entreprises. Cela va à l'encontre des buts pour lesquels l'Union a été créée. C'est une réalité qui nous renvoie le souvenir des temps, non encore révolus, où les entreprises locales africaines, à cause de leurs faiblesses structurelles et conjoncturelles, subissaient, sans aucune possibilité de renverser la tendance, la concurrence des entreprises étrangères[138], à tel point que le développement exceptionnel de la part des marchés publics dans des économies dopées par la flambée des prix des matières premières n'a pas amélioré — c'est un euphémisme — la situation économique locale, en termes de création d'emplois, de pouvoir d'achat ou de compétitivité des entreprises. Il en résulte que les intérêts nationaux s'opposent d'autant plus facilement à l'intérêt sous-régional que son contenu est vaseux (1). L'imprécision de la norme communautaire ajoute à cette faillite (2).

138 Les entreprises des pays économiquement puissants bénéficient des privilèges indus dans l'attribution des marchés publics (v. F. Pigeaud, « Au Cameroun, Bolloré en disgrâce », *Le Monde diplomatique*, janvier 2021, p. 12). Les pressions politiques des puissances sous-régionales continueront de s'exercer au profit de leurs entreprises.

1. Les intérêts nationaux, obstacle à l'expression d'un intérêt sous-régional sociologiquement incertain

D'un côté, comme cela été observé, le principe de la préférence régionale qui sous-tend l'égalité risque d'être battu en brèche par la préférence nationale[139], qui est un ensemble d'actions destinées à prévenir et anticiper les tensions sociales occasionnées par ce qui peut apparaître à l'opinion nationale comme du favoritisme à l'égard des entreprises non nationales. Voilà à quoi pourrait vraisemblablement conduire l'application d'une égalité formelle sans considération des disparités réelles entre les niveaux économiques de chaque pays. De l'autre côté, entretenir des discriminations mêmes positives dans une union économique et politique, où les liens culturels et historiques entre les populations ne sont pas suffisamment formés pour que l'on pût parler d'une nation, peut donner aux plus riches la désagréable sensation de travailler sans contrepartie pour les autres, de porter le poids de la misère qui n'est pas la leur, d'être comptables de cette misère venue d'ailleurs, et surtout de ne pas bénéficier de leurs propres ressources. Si ces questions se posent dans les États unitaires et fédéraux où le sentiment national n'est plus contesté et où des lois fondamentales juridiquement sanctionnées garantissent à chaque citoyen le bien-être, à combien plus forte raison elles se poseront (et se posent déjà) en Afrique. On ne saurait soutenir que les plus hautes autorités de l'UEMOA n'ont pas perçu cette difficulté. Bien au contraire, elles l'ont éludée à coup sûr. Après avoir prétendu que l'Union tâcherait de combler les inégalités pour prévenir les tensions sociales, elles n'ont pas encore saisi les occasions qui se sont présentées à elles pour inscrire la règle de la discrimination positive ou de l'équité territoriale dans le corpus de sa réglementation[140], préférant s'en tenir à une plate consécration de l'égalité. On peut ima-

---

139 S.-J Priso-Essawe, « L'émergence d'un droit communautaire africain de la concurrence : "double variation sur une partition européenne" », *RIDC* 2004, p. 329.

140 Les termes employés par l'Acte additionnel n° 03/2004 portant adoption de la Politique d'Aménagement du Territoire Communautaire de l'UEMOA expriment très clairement les intentions de son auteur de mettre en place une politique volontariste d'édification d'une union plus forte et solidaire (article 2), dont la mise en œuvre implique non seulement la mise en place d'un marché régional dans lequel chaque État organise, dans la complémentarité, ses avantages comparatifs, mais aussi le renforcement de la solidarité par un soutien aux populations et aux zones les plus défavorisées (article 4) et par la répartition aux populations des bénéfices attendus de l'intégration (article 6-4). Mais ils sont loin de constituer des normes impératives ; encore faudra-t-il que des directives communautaires soient édictées dans divers domaines de la vie économique et sociale, pour rendre effectives ces dispositions purement proclamatoires.

giner le désarroi du juge communautaire, lorsqu'il lui sera demandé d'apaiser les tensions sociales par des décisions courageuses. Sur quelle norme de référence s'appuiera-t-il pour justifier la spoliation du patrimoine économique et financier d'un État au nom d'une prétendue solidarité communautaire et sur quelle technique reposera son raisonnement ? A quel contenu de l'égalité entre États se référera-t-il ? L'intérêt général de nature à justifier les discriminations positives peut-il être étendu aux questions d'intérêt communautaire ou sous-régional ? Existe-t-il un intérêt sous-régional sociologiquement pertinent et de nature à fonder une décision juridictionnelle faisant autorité ? Les nationalismes en matière économique s'expriment actuellement avec une force jamais égalée sur le continent à mesure que s'amenuisent les ressources, et il est dès lors difficile de faire prévaloir l'intérêt économique supranational aux dépens de ceux des nationaux qui non seulement lui sont antérieurs et structurels, mais ont toujours été confortés à toutes les époques au moins depuis les indépendances par toutes les politiques publiques[141]. Et pour cause, la solidarité en Afrique, comme le décrit si bien une auteure, devient liberticide, si elle ne s'inscrit pas comme « une forme de résistance aux agressions extérieures »[142] ; c'est dire qu'elle est vouée à être sélective. Du reste, la notion d'intérêt supranational ne bénéficie pas d'une assise normative incontestable.

2. Le caractère imprécis et obscur de la règle communautaire

Lorsque les principes dont l'observation est exigée n'instituent pas un droit ou une liberté opposable à l'État, ou comme en l'espèce, ne comportent pas un caractère impératif, le juge conventionnel ou constitutionnel refuse de leur donner des effets juridiques[143]. En outre, le juge ne peut pas se substituer

141 Ainsi, des pays ayant une longue tradition hospitalière tels que la Côte d'Ivoire ou le Gabon, ont fini par succomber au repli nationaliste : v. J.-P. Dozon, « La Côte d'Ivoire entre démocratie, nationalisme et ethnonationalisme », *Politique africaine*, 2002/2, n° 78, p. 45-62 ; v. *Jeune Afrique Économie*, 16 janvier 1995, n° 188.

142 T. Boni, « Solidarité et insécurité humaine : penser la solidarité depuis l'Afrique », *Diogène*, n° 235-236, p. 95-108.

143 Cons. Const., Décision n° 2011-130 du 20 mai 2011, *Rec.*, p. 242. Dans cette décision rendue par le Conseil constitutionnel français, les requérants s'appuyaient sur l'article 75-1 de la Constitution de 1958, selon lequel « Les langues régionales appartiennent au patrimoine de la France », pour demander l'annulation de l'article 312-10 du Code de l'éducation, qui fait de l'enseignement des langues régionales tout au long de la scolarité une faculté et non une obligation. Le Conseil décida qu'il n'y a, dans les termes de l'article 75-1 de la Constitution, aucun droit ou une liberté garantie par le texte fondamental.

au législateur sous-régional pour préciser le contenu d'une directive communautaire, dès lors que les droits institués par ce texte ne reposent pas sur des critères objectifs et rationnels[144], le principe d'intelligibilité et de clarté de la loi et le principe d'intelligibilité du droit[145] ou de la norme[146] ayant valeur constitutionnelle. Le moins que l'on puisse dire c'est que l'Acte additionnel n° 03/2004 portant adoption de la Politique d'Aménagement du Territoire Communautaire de L'UEMOA ne brille pas par une clarté et une précision exemplaires. Ainsi, dans une Afrique où le sous-développement et le sous-équipement touchent presque toutes les couches de la population et tous les pays, il est difficile de formuler des critères précis permettant une évaluation objective des potentiels économiques réels ou virtuels, financiers et fiscaux, à partir desquels on pourrait déduire le déséquilibre ou les inégalités entre les territoires et les différents degrés de pauvreté. Et on peut aisément comprendre pourquoi l'Acte additionnel susmentionné refuse de s'engager dans une évaluation chiffrée des données, qui ferait appel à des études économiques et sociologiques très techniques et détaillées. Car, rien n'est plus malaisé que de déterminer par une décision politique ou administrative, dans un espace économique où l'ensemble des pays est confronté au sous-développement, quelles zones géographiques et quelles populations peuvent être considérées comme plus pauvres que d'autres, ou inversement quel territoires sont plus ou moins riches que d'autres. Le problème s'est posé et se pose toujours dans les pays les plus avancés, et à plus forte raison il se pose dans les pays à revenu intermédiaire. En effet, dans son Rapport sur le développement de la région MENA (Moyen-Orient et Afrique du nord)[147], la Banque mondiale admet la complexité du problème. Elle explique par exemple que la réalité est souvent trompeuse, et que « dans les zones avancées, par exemple, les élites économiques gonflent les niveaux de consommation moyens, alors que la grande majorité des habitants peut avoir des conditions de vie similaires à celles des personnes vivant dans des zones défavorisées. Les niveaux de pauvreté et de développement humain dans les bidonvilles peuvent être similaires à ceux des zones rurales, voire pires […] Il importe également de tenir compte du nombre absolu de pauvres plutôt que des taux de pauvreté ». En mettant l'accent sur les chiffres, on risque d'ignorer le grand nombre de pauvres vivant dans les zones urbaines, qui sont censément peuplées. Il faut

144 Cons. const. Décision n° 2013-685 DC, 29 déc. 2013, *Rec.* 1127.

145 CE sect., 30 janv. 2019, req. n° 401681.

146 V. CE sect., 19 déc. 2018, req. n° 411554.

147 V. *Lieux pauvres, populations prospères : comment le Moyen-Orient et l'Afrique du Nord peuvent surmonter les disparités spatiales*, Rapport sur le développement de la région MENA, Banque mondiale, Washington, 2010, p. 6.

y ajouter les disparités chroniques qui existent entre les territoires en dépit des efforts d'aménagement[148] ; ces inégalités chroniques ne seront probablement jamais résorbées dans les pays pauvres[149]. En France, l'Observatoire national de la pauvreté juge celles-ci insaisissables par des critères imprécis, puisqu'elles se situent désormais aussi bien dans le centre des villes moyennes, la périphérie des grandes villes, que dans les zones rurales[150]. Sur ce point, les résolutions politiques de l'UEMOA risquent d'être réduites à l'impuissance à cause des réalités sociales et territoriales qui ne sont toujours pas bien maîtrisées et sur lesquelles on ne dispose que rarement des données actualisées. A notre sens, seuls les contrats de plan pluriannuels conclus entre l'organe communautaire et les États pris individuellement en vue du développement des zones défavorisées pourront permettre de fournir des évaluations fiables qui, sur le long terme, serviront d'indicateurs pour la réalisation de l'équité territoriale. Enfin, on peut s'apercevoir qu'au-delà de l'évidente atteinte qui est portée à la souveraineté des États, la règle des discriminations positives telle que formulée par l'UEMOA contrarie des principes juridiques constitutionnellement garantis par le droit des États, comme celui de la préférence nationale ou de l'égalité entre nationaux. Son application est suspendue à la modification des constitutions des États membres.

B. L'EXISTENCE DE CARCANS CULTURELS, OBSTACLE A LA RÉALISATION DE L'UNITÉ PAR LE DÉVELOPPEMENT INTÉGRÉ DES TERRITOIRES

Il s'agit d'une question politique non encore réglée. Mais on veut faire peser sur les épaules des juges, dont la timidité légendaire — en dépit de la démocratisation de la vie politique — est plus actuelle que jamais, le poids des questions politiques qui dépassent les limites de leur charge. Comme pour l'affirmative action aux USA ou les discriminations positives en Europe, la volonté politique est indispensable en Afrique pour se défaire des carcans culturels et nationalistes qui font barrage à la réalisation de l'égalité réelle sans laquelle il serait impossible de parler d'un sentiment national. Il serait superflu d'élever l'Afrique au rang combien glorieux de nation et de

148 V. A. Mboumba, « Gestion urbaine et équité socio-spatiale : les inégalités dans les services de base à Libreville (Gabon) », *L'Espace géographique*, 2007/2, t. 36, p. 131 à 140.
149 V. L. Kamara, « Intégration territoriale et conflits institutionnels en Afrique », *Tiers-Monde*, 1970, tome 11, n° 44, p. 701-732.
150 Observatoire nationale de la pauvreté et de l'exclusion sociale, *Rapport 2005-2006*, éd. La Documentation française, Paris, 2006, p. 114 à 122.

laisser se creuser des déséquilibres inacceptables entre les différents territoires. Les pères fondateurs du panafricanisme ne concevaient pas le fédéralisme sans répartition équitable ou, à tout le moins, sans gestion commune des ressources[151]. Mais le principe d'égalité n'a pas encore atteint, en Afrique, le degré de sacralité qu'on lui connaît dans les démocratie occidentales. C'est pour cette raison qu'il est plus facile aux Africains d'en formuler la règle que d'en préciser les modalités de sa mise en œuvre. L'Union africaine, l'UEMOA et la CEMAC ont buté sur la concrétisation de ce principe dans les rapports entre les États, parce que des réalités culturelles très tenaces empêchent de considérer les besoins des plus démunis comme étant ceux de l'ensemble de la communauté. Confrontée aux défis économiques et politiques des temps modernes qui nécessitent la mise en commun des ressources, pour prétendre survivre dans la compétition qui se déroule à l'échelle planétaire entre les États et qui détermine l'avenir des nations, la solidarité africaine révèle ses failles. Elle n'a pas encore atteint le stade de l'interdépendance, de la solidarité intégrée ou de l'auto dépendance collective pour reprendre la terminologie consacrée par les traités continentaux. La construction d'une nation ne peut en aucune façon dépendre des constructions prétoriennes, car les tribunaux se bornent à traduire concrètement les résolutions politiques. L'égalité concrète entre les États serait plus un instrument de mise en œuvre de la solidarité qui est l'une des valeurs fondatrices d'une nation. Cependant, en Afrique les discriminations imprègnent profondément la société et la culture. C'est probablement l'une des raisons qui explique le silence gardé par les dirigeants africains sur la fiscalité communautaire sous la forme de la péréquation, pour permettre aux États plus riches de contribuer financièrement au développement des plus pauvres, car la solidarité telle qu'elle est proclamée par les textes fondateurs de l'Union aboutit nécessairement à l'adoption du fédéralisme coopératif, tel qu'il se pratique en Allemagne, dont la péréquation financière est considérée comme « l'exemple le plus abouti de solidarité interrégionale en Europe »[152]. La référence à la fraternité et à l'unité dans le Préambule de la Charte de l'OUA comme les buts ultimes de l'action fédérale exclut définitivement que les concepteurs de l'unité africaine aient à aucun moment songé à mettre en place un fédéralisme concurrentiel de type nord américain, qui s'enracine dans la culture anglo-saxonne. Le fédéralisme coopératif qu'ils avaient en vue est en accord avec la sensibilité culturelle africaine, qui préconise l'entraide plutôt que l'affrontement. Mais ce modèle de fédéralisme coopératif, comme cela a été ob-

151 V. C. A. Diop, *Les fondements économiques et culturels, op. cit.* ; K. Nkrumah, *L'Afrique doit s'unir, op. cit.*

152 L. Guihéry, « Fédéralisme fiscal en Allemagne... », *op. cit.*

servé en Allemagne, est peut-être celui qui plombe le plus la solidarité et l'égalité, parce que d'un côté, il se révèle moins incitatif pour les États contributeurs, dont les recettes vont enregistrer des baisses significatives sans aucune compensation ; et de l'autre il va détruire la compétitivité des États face à la concurrence étrangère[153], car comme cela a été dit, « trop de solidarité pourrait tuer la poule aux œufs d'or »[154]. C'est une tare congénitale imputable à une philosophie de l'existence propre à l'Afrique qui va pérenniser un système d'assistanat permanent préjudiciable à la survie de l'Union dans un monde devenu hautement concurrentiel, sans compter l'inévitable risque qu'il va engendrer en termes de développement du clientélisme et de la corruption à l'échelle fédérale, comme cela se produit au Nigeria[155]. L'égalité posée par l'Union africaine est par conséquent questionnée dans ses fondements, dans son principe ainsi que dans ses modalités d'application. A moins que ce ne soit qu'une de ces nombreuses idéologies dont l'Afrique sait pertinemment la réalisation impossible, qui condamnerait l'unité à n'être qu'une utopie. Ne sachant ni la préciser, ni l'appliquer, les États africains assument ouvertement maintes discriminations socio-culturelles qui trahissent les idéaux panafricains.

---

153 Sur l'ensemble de la question, v. L. Guihéry, « Fédéralisme fiscal en Allemagne... », *op. cit.* ; I. Bourgeois, « Solidarité financière — L'expérience allemande », *Bulletin économique du CIRAC*, 102/2011, p. 15-28.

154 Laurent Guihéry, *op.cit.*

155 V. J. Philippe, « Le fédéralisme et la question économique », *Politique africaine*, 1988, p. 31-43.

CHAPITRE II.

L'ASSOMPTION DES DISCRIMINATIONS SOCIO-CULTURELLES RÉCURRENTES

C'est un truisme d'affirmer que le décalage entre les textes et la réalité est rédhibitoire en Afrique. Ceci a été amplement démontré par les auteurs, qui ont toujours mis l'accent sur le poids de la culture comme obstacle à l'effectivité de la loi. A l'observation, la société africaine est porteuse d'une culture discriminatoire ; elle produit et cultive à souhait la discrimination. Elle est foncièrement inégalitaire. Cette affirmation n'aurait aucune pertinence si elle se limitait à la simple constatation de cette réalité plus qu'évidente, dans la mesure où toutes les sociétés humaines comportent leur lot de discriminations, d'inégalités voire d'injustices. La particularité dans le cas africain, c'est que les discriminations sont culturellement et même politiquement assumées. Cette réalité, admise par tous les auteurs, est littéralement minimisée, voire occultée par les textes qui sont censés poser les fondations de l'unité africaine. Ce qui caractérise les traités africains depuis au moins la création de l'OUA c'est cette forme de simplification des choses par les mots, qui contraste avec la complexité d'une réalité très douloureuse. L'unité semble se faire au mépris de la réalité[156]. L'égalité, si elle doit exister dans l'Afrique fédérale, doit reposer sur les valeurs qui constituent le soubassement de l'unité culturelle et qui sont supposées lui avoir donné forme et consistance. Si l'on s'en tient aux travaux scientifiques, dont les conclusions ont inspiré l'orientation politique en faveur de la construction de l'unité africaine, il se dégage au moins deux principes qui apparaissent comme des valeurs sûres de l'identité culturelle africaine, si tant est qu'on puisse intégrer à la culture, comme le fait la Charte de la renaissance culturelle africaine de 2006, « les modes de vie, les manières de vivre ensemble » : ce sont la solidarité et la fraternité ;

156 Affirmer par exemple l'unicité de l'identité culturelle africaine comme le font certains auteurs (v. C. A. Diop., *L'unité culturelle de l'Afrique noire*, éd. Présence africaine ; *Nations nègres et culture*, éd. Présence africaine, 1954 ; T. Olawale Elias, *La nature du droit coutumier africain*, éd. Présence africaine, 1961, p. 124 et s. ; Th. Obenga, *La philosophie africaine de la période pharaonique : 2780-330 avant notre ère*, éd. L'Harmattan, 1996, p. 510), relève du fétichisme discursif. Il en est de même lorsqu'on envisage de construire l'unité politique en se référant à des systèmes politiques précoloniaux fort divers : v. J.-F. Médard, « La spécificité des pouvoirs africains », *Pouvoirs*, n° 25, 1983, p. 5-22.

l'une ne va pas sans l'autre[157]. L'égalité, elle, n'en est que la manifestation ou l'application conséquente[158]. En Afrique, historiens et hommes politiques sont parvenus à la conclusion que la fraternité serait une réalité sociologique qui implique un devoir de solidarité, et que cette solidarité existerait bel et bien[159]. Pour eux, la solidarité et la fraternité font partie de l'humanisme africain auquel il faut ajouter la justice et l'entraide mutuelle[160]. Leur inobservation serait de nature à rompre l'équilibre social[161]. La Charte de l'OUA et les traités subséquents consacrent ces principes. Il existe au moins deux facteurs culturels ; deux institutions ancrées dans l'ADN culturel africain qui minent l'Union africaine, en réduisant à leur plus simple expression ces valeurs et principes essentiels sur lesquels elle était censée bâtir son unité. Ce sont l'ethnicisme et le tribalisme (Section 1), et le nationalisme (Section 2).

Section 1. L'ethnicisme et le tribalisme, antithèse de l'État fédéral

La solidarité et la fraternité africaines au soutien de l'unité politique ne rencontrent pas plus d'échos dans la réalité d'aujourd'hui que dans celle des indépendances. En effet, l'Afrique d'aujourd'hui, malgré le discours officiel, semble divisée voire éclatée. Les solidarités interétatiques concernent les domaines qui ne présentent pas un intérêt stratégique ou politique pour les États. Mais dès que les intérêts économiques nationaux, le pouvoir d'achat des nationaux et leur emploi sont menacés, la solidarité africaine s'effrite et tombe en défaillance. De plus en plus, se manifestent des tendances au repli dans une Afrique en proie aux multiples incertitudes, qui rendent incertaine l'intégration[162]. La plus grande difficulté pour l'Afrique consiste précisément

---

157 M. Borgetto, *La notion de fraternité en droit public français. Le passé, le présent et l'avenir de la solidarité*, éd. LGDJ, Paris, 1993, 690 p.

158 M. Borgetto, « Les enjeux de la décentralisation en matière sociale. L'égalité, la solidarité », *Informations sociales*, 2005/1, n° 121, p. 6-16.

159 C'est dans ce sens qu'il convient de comprendre le socialisme africain de J. Nyerere ou celui de L. S. Senghor, v. J. Nyerere, *Socialisme, démocratie et unité africaine*, éd. Présence africaine, 1964 ; L. S. Senghor, *Nation et voie africaine du socialisme*, Liberté, Tome 2, éd. Du Seuil, 1971.

160 B. Charles, « Le socialisme africain ; mythes et réalités », *RFSP*, n° 5, 1965, p. 856-884.

161 J. Ki-Zerbo, *A quand l'Afrique ? Entretien avec René Holenstein*, éd. de l'aube, 2003, p. 113.

162 P. Hugon, G. Pourcet et S. Quiers-Valette, *L'Afrique des incertitudes*, Paris, PUF, 1995, p. 277 ; E. Mbokolo, « L'Afrique et le XXe : dépossession, renaissance, incertitudes », *Politique étrangère*, n° 34, 2000, p. 717-719 ; R. Pourtier, « Introduc-

à choisir sa voie au milieu de ces incertitudes. La culture africaine est productrice des anti-valeurs qui ont miné les nations et ont empêché l'unité nationale. Au nombre de celles-ci, figurent tout naturellement le tribalisme, l'ethnicisme, le communautarisme, le nationalisme ainsi que d'autres phénomènes d'exclusion induits par la modernité, qui, à cause de la pauvreté, se sont installés durablement, engendrant de graves inégalités dans la répartition des ressources nationales. Aucun projet fédérateur sérieux ne saurait faire l'économie de cette question sans courir le risque d'échouer. C'est ainsi que les libertés ethniques sont sérieusement encadrées tant au niveau des États qu'à celui de l'Union africaine (§1). Malgré tout, les résultats sont décevants (§2).

§1. Le contrôle des libertés ethniques

L'un des plus graves dangers qui guette l'État fédéral africain est sans aucun doute possible le tribalisme. Le passage des États-nations à la structure fédérale n'effacera pas pour autant l'organisation tribale de la société. L'ethnicisme et le tribalisme, — deux termes considérés par les spécialistes de l'anthropologie et de l'ethnologie comme analogues[163] — en tant que manifestations discriminatoires de l'appartenance communautaire, et se manifestant par l'exclusion de ceux qui n'en font pas partie, sont interdits tant par les textes nationaux (A) que par l'Union africaine (B).

A. L'INTERDICTION DU TRIBALISME ET DE L'ETHNICISME PAR LES DROITS NATIONAUX DES ÉTATS

A défaut d'être intégrée à l'organisation administrative de l'État, la tribu n'en constitue pas moins un pouvoir qui, à ce titre, pèse d'un poids considérable sur la vie politique de l'État[164]. Elle peut, en effet, affecter l'équilibre des pouvoirs, entraver même l'effectivité de la loi, fausser les règles du jeu démocratique[165] et, à plus forte raison, elle engendre le favoritisme, les in-

tion thématique. L'Afrique centrale entre incertitudes et renouveau », *Afrique contemporaine*, 2005/3, n° 215, p. 21-27.

163 J.-L. Amselle, « Ethnies et espaces… », *op. cit.*

164 J.-F. Bayart, P. Geschiene et F. Nyamnjoh, « Autochtonie, démocratie et citoyenneté en Afrique », *Critique internationale*, n° 10, 2001, p. 177-194 ; A. Cutolo, « Populations, citoyennetés et territoires : autochtonie et gouvernementalité en Afrique », *Politique africaine* n° 112, déc. 2008, p. 5.

165 V. P. Yengo, « Congo-Brazzaville : le processus électoral confisqué », *Politique africaine*, 2002, n° 85, p. 110-122 ; S. Bonzon, « Modernisation et conflits tribaux en Afrique noire », *RFSP*, 1967, p. 862 ; s. H., Faust Kakai, *Le vote ethnique au Bé-*

égalités et les discriminations là où l'égalité est indispensable pour favoriser le vivre-ensemble ou le vouloir-vivre collectif. La tribu, ou l'ethnie, n'est pas décriée en tant qu'organisation sociologique et culturelle, vecteur culturel et linguistique et porteuse de la mémoire d'un peuple qui est une composante de la nation. C'est à ce titre qu'elle bénéficie d'une protection internationale par le biais des traités internationaux qui favorisent la diversité culturelle et linguistique ou qui promeuvent l'autochtonie[166]. Nonobstant cette prise en charge par le droit international, le fédéralisme africain aujourd'hui, comme hier le fédéralisme nord-américain[167], est confronté au défi du tribalisme quel que soit l'habillage qu'on lui donne[168], parce que le tribalisme, l'ethnicisme, catégories « réductrices » par définition comme l'écrit M. Elikia Mbokolo, constituent des « fraternités d'exclusion »[169]. Exclusion, infériorisation voire négation de l'humanité de l'autre qui ne répond pas aux caractères admis par le groupe, que sont la langue, la culture et le sang, par le seul fait qu'il est différent. C'est donc à juste raison que les efforts des États africains en vue de la réalisation de l'unité nationale ont consisté prioritairement à endiguer le phénomène tribal par une réglementation très stricte interdisant, dans tous les domaines de la vie publique, toutes les pratiques tribales ou assimilées. Les Constitutions de la quasi-totalité des États africains, lorsqu'elles ne proscrivent pas expressément les discriminations fondées sur l'origine ethnique, la race, la culture ou la religion[170], renvoient aux instru-

nin : contribution à une étude socio-politique de l'élection, Thèse Science politique, Université d'Abomey-Calavi, 2011, p. 316 et s.

166 V. *Rapport du groupe de travail d'experts de la Commission africaine des droits de l'homme et des peuples sur les populations/communautés autochtones*, Commission africaine, 28è session, éd. EKS/Skolens Trikkery, Copenhague, Danemark, 2005, 135 p. ; S.-P. Zogo Nkada, « Le nouveau constitutionnalisme africain et la garantie des droits sociaux culturels des citoyens : cas du Cameroun et du Sénégal », *RFDC* 2012/', n° 92, p. 1 à 17.

167 F. Morin, « De l'ethnie à l'autochtonie [stratégies politiques amérindiennes] », *Caravelle*, n° 63, 1994, 501 plus tard : Amérique indienne 93, 1994, p. 161-173 ; J. Rostkowski, « Les Indiens des États-Unis : hérauts de l'autochtonie sur la scène internationale », *Journal de la Société des Américanistes*, Tome 84, n° 1, 1998, p. 264-273.

168 Pour certains auteurs, les termes « autochtonie », « tribalisme » ou « ethnicisme » désignent à peu près des réalités proches : v. A. Cutelo et P. Geschière, « Populations, citoyennetés et territoires... », *op. cit.*

169 E. Mbokolo, « L'Afrique et le XXè... », *op. cit.*

170 V. L'article 8 de la Constitution de la République du Congo (Brazzaville) qui conforte l'égalité devant la loi par l'interdiction de « toute discrimination fondée sur l'origine, la situation sociale ou matérielle, l'appartenance raciale, ethnique ou départementale, le sexe, l'instruction, la langue, la religion [...] ». Le Constituant béninois,

ments internationaux de protection des droits de l'homme, que sont la Déclaration universelle des droits de l'homme de 1948, la Charte africaine des droits de l'homme et des peuples, et parfois même à la Déclaration des droits de l'homme et du citoyen de 1789. La Constitution malgache de la IV[è] République adoptée le 11 décembre 2010 est certainement la plus originale en ce domaine, Madagascar étant le champ par excellence d'expérimentation du multiculturalisme. Son préambule affirme la résolution du peuple malgache « à promouvoir et à développer son héritage de société vivant en harmonie et respectueuse de l'altérité, de la richesse et du dynamisme de ses valeurs culturelles et spirituelles[...] », et privilégie « un cadre de vie permettant un "vivre ensemble" sans distinction de région, d'origine, d'ethnie, de religion, d'opinion politique, ni de sexe ». Toutes les constitutions africaines formulent le principe d'égalité de tous les citoyens devant la loi . Ce principe est consacré au détriment du tribalisme, qui, au prisme des textes constitutionnels, est perçu négativement comme l'ennemi à abattre[171], celui qui contrecarre l'unité et l'indivisibilité de République.

B. LA LUTTE CONTRE LE TRIBALISME ET L'ETHNICISME A L'ÉCHELON CONTINENTAL

Le combat contre les discriminations ethniques a été relayé à l'échelon continental par l'adoption de politiques communes de lutte contre les discriminations. Des secteurs comme la fonction publique ou les entreprises d'État, qui sont souvent des instruments de domination ethnique et d'expression de la suprématie de l'ethnie au pouvoir sur les autres ethnies, et qui, jusqu'à présent sont, dans la plupart des pays noirs africains, minés par des problèmes récurrents de tribalisme en matière de recrutement, de promotion, de

en plus de réaffirmer son attachement à la Charte africaine des droits de l'homme et des peuples et à la Déclaration universelle des droits de l'homme (article 7), à laquelle il accorde une valeur constitutionnelle, marque son « opposition fondamentale à tout régime politique fondé sur l'arbitraire, la dictature, l'injustice, la corruption, la concussion, le régionalisme, le népotisme, la confiscation du pouvoir et le pouvoir personnel ». Même la Constitution tunisienne de 2014, qui conforte la nature théocratique de l'État dont le destin est lié aux valeurs islamiques, ce qui est de nature à empêcher toute autre forme de religiosité et toutes les valeurs contraires aux valeurs arabo-musulmanes, entend néanmoins lutter contre « toutes les formes de discrimination et de racisme ». Son article 21 proclame l'égalité de tous les citoyens et citoyennes devant la loi sans aucune discrimination.

171 V. R. Manangou, « L'ethnie dans les constitutions de troisième génération des États de l'Afrique francophone », *Revue africaine et malgache de recherche en science*, n° 1, 2020, p. 268-299.

carrière, de traitement, de gestion et de gouvernance[172], commencent à être encadrés par les instances de l'Union africaine. La Charte africaine sur les valeurs et les principes du service public et de l'Administration préconise l'égalité entre les hommes et les femmes, ainsi que l'égalité devant le service public et dans l'administration[173]. Son article 3 prescrit aux États de mettre en œuvre la Charte conformément aux principes d'égalité des usagers devant le service public et l'administration. Les États parties sont invités à intégrer dans les lois et règlements nationaux l'égalité d'accès et de non discrimination dans le service public. Une Charte de la Fonction publique en Afrique est même adoptée. Sensiblement proche de la Charte sur les valeurs, elle rappelle aux États l'obligation d'observer les trois principes cardinaux indispensables dans une fonction publique moderne : l'égalité, la neutralité et la légalité.

A défaut d'innover, la réglementation communautaire présente au moins deux avantages. Le premier est d'affirmer l'autorité du futur gouvernement central, dont l'actuelle Union africaine ne serait qu'un embryon. Le but est de familiariser les populations à l'existence d'un pouvoir central délocalisé dans une organisation verticale des pouvoirs, car jusqu'à présent, elles ne connaissent que l'Afrique des souverainetés où chaque État peut faire ce qu'il veut, y compris donner une coloration ethnique à la totalité de l'administration, sans tenir compte des critères de compétence et de mérite. L'investissement par l'Union africaine de ces pans de l'activité publique peut être perçue comme un gage de saine application des normes et de la bonne gouvernance. Après tout, il revient tout de même au pouvoir central de s'assurer que les engagements pris par les États en ratifiant les traités communautaires sont bien respectés. Le second avantage porte sur la perception par l'Union africaine du caractère stratégique de l'ethnie comme facteur d'intégration ou de désintégration ; de stabilisation ou de déstabilisation de l'unité africaine. La raison est simple : le tribalisme et le communautarisme ont affaibli maints

172 V. J.-M. Breton, *Droit de la fonction publique des États d'Afrique francophone*, éd. EDICEF, 1990 ; El Hadji Faye, *Le gouvernement de l'entreprise publique africaine et les relations de pouvoir*, Thèse Paris 12, 1998 ; G. Madzou, *Le pouvoir ethnique en Afrique : autopsie de la violence hiérarchique*, éd. L'Harmattan, 2005 ; B. Ossombo, *Le pouvoir hiérarchique dans la fonction publique congolaise*, Thèse, Aix-Marseille 3, 2007, 369 p ; I. Chitou, « Éthique et pratique managériale dans les entreprises publiques en Afrique subsaharienne : pourquoi tant de difficultés ? Le cas du Togo », *Gestion et Management public*, 2013/2, vol. 1 n° 4, p. 23-35 ; A. Aya, *La fonction publique congolaise. Procédures et pratiques*, éd. L'Harmattan, Paris, 2011, 252 p.

173 Article 2.

États du continent, en amenuisant drastiquement les moyens de leurs souverainetés, même si le premier n'est qu'un « produit de l'État et un mode de partage et d'appropriation de celui-ci, plutôt que sa négation ou sa subversion »[174]. Sans en donner une liste exhaustive, on peut se contenter de mentionner le dernier exemple qui est celui de la République centrafricaine, obligée qu'elle est de mendier l'aide extérieure pour reconstruire son unité. Dans la mesure où les mêmes causes produisent les mêmes effets, il existe une forte probabilité que le tribalisme marque d'une tâche d'huile l'identité culturelle du continent, et produise ses effets dévastateurs sur l'unité africaine. Oublié et occulté par les textes fondateurs de l'Union africaine, il continue de défier ostensiblement la souveraineté de l'Union africaine après avoir littéralement ruiné la stabilité des États-nations[175]. Même les auteurs qui défendent la thèse selon laquelle les conflits ethniques n'ont pas entraîné une remise en cause de l'idée de la nation, reconnaissent son évanescence partielle qui, sans aller jusqu'à la partition, laisse place à une incertitude sur l'avenir de la nation[176], si tant est qu'elle existe en Afrique. Il est inutile de nier l'existence de « brèches ethniques » ou de fractures qui sont responsables de la fragilisation de l'État[177]. Les diverses expressions de l'ethnicisme ou du tribalisme sont en contradiction avec le droit international africain de l'Union. En effet, il s'oppose aux nations que consacrent la Charte de l'OUA et celle de l'Union africaine. A ce titre, il est l'antithèse de la nation[178] ; il est antagonique de la démocratie[179] ; il sème le trouble et la violence en flagrante contradiction avec les dispositions de l'Acte constitutif de l'Union africaine et du protocole relatif à la création du Conseil de paix et de sécurité de l'Union africaine de

---

174 J.-F. Bayart, P. Geschière et F. Nyamnjoh, « Autochtonie, ... », *op. cit.*

175 Symptomatique de cet état de fait est la Mauritanie, dont un auteur a pu écrire qu'elle n'existe pas : v. B. Étienne, « L'État, le savant et le politique », in CRESM, *Enjeux sahariens*, éd. du CNRS, 1984, p. 36. v. aussi G. Presbey, « Bâtir une "culture nationale interethnique" et intergénérationnelle au Kenya », *Diogène*, 2011/3, n° 235-236, p. 60-77.

176 V. R. Otayek, « Pluralisme culturel et régime(s) politique(s) : un essai de comparaison Afrique/monde arabe », *RIPC*, 2013/2, vol. 20, p. 101 à 123.

177 V. F. Roubaud, « La crise vue d'en bas à Abidjan : ethnicité, gouvernance et démocratie », *Afrique contemporaine*, 2003, p. 57 à 86.

178 V. Th. Bossuroy, « Déterminants de l'identification ethnique en Afrique de l'Ouest », *Afrique contemporaine*, 2006/4, n° 220, p. 119 ; E. Miguel et D. N. Posner, « Political competition and ethnic identification in Africa », *American journal of political science*, Vol. 54, April 2010, p. 494-510 ; J. Lombard, « Tribalisme et intégration nationale en Afrique noire », *Sociologie et tiers-monde*, n° 12, 1969, p. 69

179 V. M. Cahen, « L'État ne crée pas la nation : la nationalisation du monde », *Autrepart*, n° 10, 1999, p. 151-170.

2004 ; il modifie l'équilibre électoral et entache parfois la sincérité des scrutins, ce que condamne la Charte africaine de la démocratie, des élections et de la gouvernance. Le futur État fédéral sera condamné à composer avec les ethnies, fût-ce au prix d'un infléchissement de sa propre réglementation. Ce qui ne fera qu'alimenter son impuissance actuelle face au pouvoir ethnique.

§2. L'impuissance de l'Union face au pouvoir ethnique

La persistance des conflits ethniques est une réalité incontestable sur l'ensemble du continent ; elle se manifeste aussi bien sur le terrain politique, administratif que religieux et social. L'unité sociale est mise à l'épreuve par cette réalité douloureuse qui se développe dans la plupart des pays (A). Les conflits sont plus ardus dans les États fédéraux du continent où le communautarisme a empêché l'unité nationale (B).

A. LA PERSISTANCE DES CONFLITS ETHNIQUES SUR LE THÉÂTRE POLITIQUE

Nombre d'États africains, qui ont adopté la structure fédérale font ainsi l'expérience de ce qui a été appelé « le fédéralisme ethnique »[180], avec toutes les incohérences institutionnelles et les marchandages politiques qui en constituent les inévitables dérives. Ce type de fédéralisme débouche souvent sur des conflits identitaires, comme en Éthiopie au sujet du choix de la langue fédérale[181]. Ces conflits peuvent être aussi politiques, comme en Afrique du sud où le groupe politique le plus puissant, l'ANC, soutenu par une base électorale ethnique et communautariste largement acquise à sa cause, est en passe d'asphyxier la démocratie sud-africaine, en instituant un monopartisme de fait[182]. C'est du reste un phénomène qui s'est généralisé très vite sur l'ensemble du continent, où les anciens partis uniques ont connu une forme de résurrection après le naufrage démocratique de l'Afrique[183].

180 S. Vaughan et F. Le Marcis, « Identité ethnique et fédéralisme en Éthiopie du Sud », *Politique africaine*, 2005/3, n° 99, p. 22-42 ; T. Hagmann et al., « La région somali d'Éthiopie : Entre intégration, indépendance et irrédentisme », *Politique africaine*, 2005/3, n° 99, p. 43-62.
181 S. Vaughan et F. Le Marcis, « Identité ethnique et fédéralisme... », *op. cit.*
182 V. X. Philippe, « La démocratie constitutionnelle sud-africaine : un modèle ? », *Pouvoirs*, n° 129, 2009, p. 157.
183 V. D. Dia, *Les dynamiques de démocratisation en Afrique noire francophone*, Thèse droit, Université de Lyon III, 2010, p. 206 à 215.

Les conflits économiques sont les plus âpres, car leur enjeu principal consiste, au-delà de l'appropriation ethnique des ressources nationales, à conférer à l'ethnie la maîtrise du pouvoir politique absolu, le chef de l'État étant lui-même l'homme de l'ethnie, de son ethnie[184], et non un arbitre neutre. « Le pouvoir, écrit-on, ne se partage pas, il exclut »[185]. Une ethnie qui gouverne, c'est l'assurance de la sécurité matérielle pour au moins ses membres les plus en vue : la haute administration, la fonction publique, l'armée et l'université sont investies par l'élite ethnique, qui s'adjuge les postes les plus juteux au mépris du droit et de toute moralité[186]. La puissance économique lui permet de perpétuer son règne sur plusieurs générations. Comme l'écrit M. Otayek, « parlant à l'affect », l'ethnie « est facilement et directement mobilisable dans le cadre des stratégies de conquête, de conservation ou de contestation du pouvoir, dans une situation de contrôle politique accentué et de forclusion des canaux institutionnels de participation et de revendication »[187]. A cette fin, l'une des stratégies les plus éprouvées consiste à réduire les autres ethnies, les ethnies périphériques, au rang de simples spectatrices ou de faire-valoir, voire de valets, qui n'ont plus d'autre choix que d'espérer un coup d'État ou une improbable révolution, pour tenter de s'affranchir de cette mise à l'écart prolongée qui a toutes les allures d'une damnation. Pratique courante, voire naturelle, dans la plupart des États unitaires du continent[188], elle touche aussi les États fédéraux. Le plus inquiétant dans ce dernier cas, c'est que l'injustifiable trouve sa raison d'être dans la règle de droit. En Afrique du Sud, la mise en œuvre de *l'affirmative action* dans la fonction publique, dans le but de modifier la composition raciale du marché du travail au profit des noirs, qui y ont été longtemps exclus, a abouti à l'institution d'un apartheid à rebours. En trois ans seulement, entre 1994 et 1997, le pour-

184 G. Conac, « Portrait du chef de l'État », *Pouvoirs*, n° 25, 1983, p. 121.

185 H.-Ph. Cart, « Guerres africaines en perspective : refondation ardue d'États en plein désarroi », *Cités*, 2005/4, n° 24, p. 63 à 84.

186 V. par exemple R. Bazenguissa-Nganga, *Les voies du politique au Congo : essai de sociologie historique*, éd. Karthala, 1997 ; J.-P. Dozon, « La Côte d'Ivoire entre démocratie, nationalisme et ethnonationalisme », *Politique africaine*, 2002/2, n° 78, p. 45-62 ; Ph. Marchésin, *Tribus, ethnies et pouvoir en Mauritanie*, éd. Karthala, 2010.

187 R. Otayek, « Pluralisme culturel et régime(s) politique(s)... », *op. cit.* v. aussi Y. Bédzigui, « Les conflits en Afrique : une résolution improbable », *AFRI*, 2008, vol. IX, p. 161 à 176.

188 Cette pratique est accentuée dans la quasi-totalité des États, et notamment au Congo Brazzaville, Gabon, Cameroun, République démocratique du Congo, Centrafrique, Togo, Côte d'Ivoire, Guinée Conakry, Mauritanie, Soudan, Rwanda, Burundi, Kenya, etc.

centage des Blancs dans la fonction publique a diminué de 87 à 21%[189], ce qui ne peut pas aller sans créer des crises et des tensions sociales sur le long terme, surtout que cette politique redistributive est d'une efficacité douteuse[190]. Madame Calvès a noté très justement que l'injonction de représentativité, à raison de l'origine ethnique dans la fonction publique est éminemment paradoxale, dans la mesure où elle viole le caractère impersonnel et objectif des règles de recrutement des agents, et accroît, de ce fait, le racisme[191], voire la xénophobie.

B. ETHNICISME, COMMUNAUTARISME ET ÉCLATEMENT DE L'UNITÉ DANS LES ÉTATS FÉDÉRAUX

Au Nigeria ce problème est très complexe. En effet, aux difficultés susmentionnées, s'ajoute le problème religieux, qui entraîne un discrédit de la règle de droit aux dépens des règles du jeu démocratique dans un État de droit. Sans l'existence d'un minimum de règles juridiques communes applicables à tous, on ne saurait parler d'un État fédéral. Les circonstances qui ont conduit à la réintroduction de la charia intégrale dans les codes criminels des États du Nord, en lieu et place de du Code pénal du Nigeria, ont révélé le caractère tentaculaire des revendications religieuses, en l'occurrence celles de l'islam, qui essaie, avec succès, d'imposer la législation islamique au mépris des principes juridiques et démocratiques adoptés par l'État central[192], et ceux, comme la laïcité, la liberté de conscience et de religion ou la libre disposition de son corps, qui sont consacrés par le droit de l'Union africaine. La Charia ne peut pas devenir la norme de l'État fédéral nigérian sans porter atteinte à la liberté d'autrui ; elle ne peut pas davantage être la loi applicable dans un État composé majoritairement de musulmans sans remettre en cause

189 V. L'article de G. Martin, « L'affirmative action dans la fonction publique sud-africaine », *Tiers-monde*, juil-sept 1999, p. 625.

190 V. L. Bucaille, « Une Afrique du Sud réconciliée ? », *Après-demain*, n° 31-32, octobre 2014, p. 19-20.

191 G. Calvès, « Refléter la diversité dans la société française : naissance et développement d'un objectif flou », *RISS*, 2005/1, n° 183, p. 177-186.

192 D. C. Bach, « Application et implications de la charia : fin de partie au Nigeria », *Pouvoirs*, 2003/1, n° 104, p. 121-133 ; « Fédéralisme et modèle consociatif : l'expérience nigériane », in *États d'Afrique noire : formation, mécanismes et crise*, sous la direction de Jean-François Médard, éd. Karthala, 1991, p. 117-140 ; M. Last, « La charia dans le nord-nigérian », *Politique africaine*, oct. 2000, p. 141-152 ; S. M. O'Brien et E. Smith, « La charia contestée : démocratie, débat et diversité musulmane dans les "États charia" du Nigeria », *Politique africaine*, 2007/2, n° 106, p. 46-68.

les droits fondamentaux des minorités et, à plus forte raison, elle ne peut pas être imposée à l'ensemble de l'État sans remettre en cause le principe même de l'existence de l'État nigérian. C'est pourquoi l'application des peines distinctes aux populations établies sur le même territoire, en fonction de leur appartenance ethnique ou religieuse est aussi insolite que la généralisation des règles pénales tirées d'une même religion fût-elle dominante dans l'État impliqué[193]. L'éventuelle création de l'État fédéral africain aura sans aucun doute des conséquences épouvantables au niveau local. Au travers des luttes intestines au Nigeria, on peut s'apercevoir que l'aspiration à l'unité africaine n'est certainement pas sa priorité. État « en dépression politique »[194], voire en déliquescence, du fait de l'apparition de la charia dans l'espace public, le Nigeria doit, avant toute chose, s'accorder sur la législation applicable aux populations établies sur l'ensemble du territoire, et instaurer une véritable nation respectueuse de la différence et de la dignité d'autrui. C'est à cette seule condition que ce pays peut durablement s'intégrer dans un ensemble plus vaste. La modernité occidentale introduite dans le droit de l'Union africaine par la vertu de l'universalité du principe démocratique sera perçue au niveau local, dans ces conditions, comme une agression culturelle extérieure. Il y a là, en effet, une conception des droits fondamentaux culturellement distincte de celle que propose l'Union africaine. Il serait surprenant que cette culture de la discrimination s'accommode de l'égalité et de la fraternité avec les non-nationaux. Car, l'égalité et la non-discrimination sont aussi vaincues par le nationalisme qui, à l'échelle continentale, produit les mêmes effets que le tribalisme et le communautarisme au niveau national.

Section 2. Le nationalisme et les atteintes aux devoirs qu'impliquent la solidarité et la fraternité entre les États

Le principal adversaire de la construction fédérale en Afrique est le nationalisme. La Charte de l'OUA a fait deux choses qu'elle a cru pouvoir concilier au service de l'unité, mais qui se sont révélées contradictoires : elle a posé le principe de la souveraineté des États comme préalable à toute construction fédérale, alors que l'existence juridique d'une souveraineté partagée, considérée comme un oxymore, est contestée juridiquement même dans les États qui ont opté pour le fédéralisme par agrégation[195] ; elle a aussi fixé la

193 D. C. Bach, *op. cit.* ; M. Last, « La charia dans le nord-nigérian », *op. cit.*
194 H. Souley, « Le Nigeria, entre la sharī'a et la démocratie », in *Islam, sociétés et politique en Afrique subsaharienne : Les exemples du Sénégal, du Niger et du Nigeria*, Présentation de J.-L. Triaud, éd. Rivages des Xantons, 2007, p. 75.
195 V. F. Lemaire, « Propos sur la notion de « souveraineté partagée »... », *op. cit.*

construction de la nation africaine comme un objectif à atteindre. Les États ne sont certes pas devenus des nations, mais le sentiment national ou le nationalisme, lui, s'est développé, souvent au détriment de l'objectif commun. Les manifestations souvent virulentes des nationalismes en divers points du continent (§1) alimentent volontiers la méfiance collective à l'égard de l'État fédéral (§2).

§1. L'expression violente des nationalismes contre l'identité africaine

Les constitutions des États membres de l'Union témoignent de l'attachement de ceux-ci à leur souveraineté ; et l'indivisibilité de la souveraineté nationale est liée à l'objectif de la construction nationale[196], auquel les nouveaux États n'ont jamais renoncé, en dépit des échecs qu'ils endurent depuis les indépendances. De façon tout à fait consciente, ni l'Union africaine, ni les États n'ont jamais imaginé que la nation africaine se substituerait aux nations en voie d'édification. L'idée qui semble prédominer est celle d'une superposition des deux nations. L'histoire, les circonstances politiques, les luttes communes, etc. on façonné des identités nationales, que certains dirigeant n'accepteraient pas de fondre dans une hypothétique identité africaine. Les populations se reconnaissent comme des ressortissant de tel ou tel État[197], mais certainement pas comme « frères » africains unis par un même destin. Cette perception de l'autre ne laisse pas de place pour l'égalité entre les États ou entre les ressortissants de tous les États sans distinction. Les preuves sont formelles : l'unité africaine appartient au registre de la rhétorique, puisque, dès les indépendances, chaque État, devenu souverain par la volonté concertée des Chefs d'État réunis à Addis-Abeba, a cherché à afficher sa différence, en défendant ses intérêts au demeurant contre ceux de ses « frères ». Comme l'écrit fort justement M. Pourtier, « se dire Ivoirien, Malien, Sénégalais ou Tchadien a du sens »[198], pour une raison simple, c'est que « la conscience

---

196 A. Ondoua, « La population en droit constitutionnel : le cas des pays d'Afrique francophone », *Afrique contemporaine*, 2012/2, n° 242, p. 87-97.

197 Comme l'a très justement rappelé le professeur G. Rossatanga-Rignault, « un Congolais n'est pas un Sénégalais, et un Malien n'est pas un Éthiopien », parce que « en Afrique comme ailleurs, la frontière produit de l'identité..., », v. « Identités et démocratie en Afrique : entre hypocrisie et faits têtus », *Afrique contemporaine*, 2012, n° 12, p. 59-71.

198 R. Pourtier, « État et nation : la mémoire des territoires (state and nation : the memory of territories) », *Bulletin de l'Association de géographes français*, 2010-2011, p. 145-158.

d'appartenir à un même ensemble tant spatial que mental, d'être embarqué dans une même histoire et d'en accepter les souffrances a fait son chemin. Les représentations du territoire, l'effet cumulatif de trajectoires historiques distinctives [...] se conjuguent pour produire des identités singulières à l'échelle des États »[199]. La conscience nationale tend à s'affirmer de plus en plus[200], tant à l'égard des expressions identitaires locales ou communautaires à l'intérieur des frontières nationales qu'à l'égard des États voisins, qui sont parfois traités avec agressivité. Les nombreux conflits territoriaux mus par le désir d'hégémonie et la prédation (A), et les conflits raciaux, qui portent atteinte à la fraternité (B) constituent les expressions les plus courantes des nationalismes.

A. CONFLITS TERRITORIAUX, DÉSIR D'HÉGÉMONIE ET PRÉDATION

Les multiples conflits territoriaux nés de la défense du principe juridique de l'*Uti possidetis* en constituent la preuve. Ces conflits, en soi, ne constituent pas une entorse aux règles de la fraternité et de la solidarité, mais en l'occurrence, la plupart d'entre eux sont mus par des mobiles scélérats et égoïstes consistant soit à déposséder l'État voisin d'une partie de son territoire dans le but d'amenuiser les moyens de sa souveraineté, soit à faire main basse sur ses ressources naturelles pour l'empêcher de répondre aux besoins socio-économiques et alimentaires de sa population[201]. De fait, entre les États voisins, la lutte s'est révélée âpre pour l'occupation du sol, et surtout des espaces maritimes[202]. On se demande à juste titre où peut bien se trouver la solidarité et l'équité lorsqu'un État demande à la Cour Internationale de Justice de ne pas accéder à la demande de son voisin, qui lui sollicite l'attribution d'une partie de son territoire maritime, pour assurer le complément alimentaire dont il a besoin pour lutter contre la pauvreté dans son pays[203].

199 R. Pourtier, *op. cit.*

200 V. R. Pourtier, « Reconstruire le territoire pour reconstruire l'État : La RDC à la croisée des chemins », *Politique africaine*, 2008/3, n° 227, p. 23-52.

201 V. T. Thiaw, *La protection internationale des droits de l'homme dans les situations de crise en Afrique : le droit à l'épreuve des faits*, Paris, éd. L'Harmattan, 2014, p. 59 et s.

202 P. N'Gouah-Beaud, « Les accords de délimitation des espaces maritimes africains, leur partage et leurs typologies : vers une reconnaissance internationale », *Présence africaine*, n° 161-162, 2000, p. 104.

203 C'est ce qui s'est passé dans le conflit frontalier qui a opposé la Tunisie à la Libye. Dans cette affaire, la Libye estimait qu'un tel argument de nature purement économique n'était pas objectivement pertinent au regard du droit international. La Cour

Dans d'autres cas, certains États se trouvent confrontés à la prédation pure, à l'exemple de l'occupation, sans aucune base juridique incontestable de l'enclave du Cabinda par l'Angola[204], qui y exploite 70% de son pétrole destiné à l'exportation[205]. Le bellicisme de l'Angola — l'expression n'est pas plus malheureuse que celle de diplomatie militaire qui a été utilisée pour caractériser l'emprise de ce pays sur ses voisins qu'il considère parfois comme son arrière-cour[206] — le pousse même à exploiter sans vergogne les ressources pétrolières sur le territoire de la République démocratique du Congo[207] et à occuper militairement — heureusement pour un temps très bref, mais au prix de nombreuses violations des droits fondamentaux et du traumatisme des populations vivant sur le sol conquis — le territoire terrestre du Congo Brazzaville sur plusieurs kilomètres, pour en revendiquer la propriété. L'occupation de la péninsule camerounaise de Bakassi, riche en ressources halieutiques et pétrolières[208], par le Nigeria et sa rétrocession bien tardive aux autorités légitimes, en dépit de la confirmation par la Cour internationale de justice de la souveraineté camerounaise sur le territoire litigieux, est la preuve que ce qui anime chaque État africain c'est plus l'auto-affirmation de soi et de ses ambitions (surtout hégémoniques pour les puis-

---

lui donna raison. Le droit de l'Union africaine est un droit qui en appelle à l'équité ; il est certain que si le conflit avait été réglé selon les règles du droit international africain, le résultat n'aurait pas été le même. La preuve en est que, même en appliquant le droit international, la Cour a dû faire face à des opinions dissidentes, notamment celles du juge Evensen, qui proposait la gestion commune des ressources minérales sur le plateau continental, ce qui eût été conforme à l'esprit de la Charte de l'OUA, v. sur l'ensemble de la question, P. N'Gouah-Beaud, *op. cit.*

204 V. A. Monday Kouango, *Cabinda, un Koweït africain*, éd. L'Harmattan, 2003.

205 « Cabinda Angola, De guerre lasse », *Jeune Afrique* 6 août 2006.

206 Ph. Le Billon, A. V., A. Malaquias, I. Ndzesop, « Au-delà du pétro-militarisme : La stratégie extérieure angolaise d'après-guerre », *Politique africaine*, 2008/2, n° 110, p. 102-121. On peut aussi, hélas !, mentionner le cas de l'île Darak sur le lac Tchad qui a donné lieu a un conflit entre le Cameroun et le Nigeria, deux pays qui en revendiquent la propriété, v. M. Douryang Domga, « Le rapport dual de l'État africain à sa périphérie transfrontalière : cas de l'île de Darak au lac Tchad », in *L'État ailleurs : entre logiques de case et dynamiques du village global, Hommage à Luc Sindjoun*, sous la direction de P. E. Batchom, éd. L'Harmattan, Paris, 2018, p. 21-40 ; H. Abdouraman, « Le conflit frontalier Cameroun-Nigeria dans le lac Tchad : les enjeux de l'île de Darak, disputée et partagée », *Cultures et conflits* [En ligne] n° 72, mise en ligne le 19 mai 2009, http:/conflit.revue.org/17311, 2008.

207 V. J. Nzau-Matuta, *Droit congolais des hydrocarbures : reconnaissance, exploration et production*, éd. ICES, Corbeil-Essonnes, 2013.

208 « Le Nigeria rétrocède la péninsule de Bakassi, zone riche en poisson et en pétrole, au Cameroun », *Le Monde*, 15 août 2008.

sances continentales), que la recherche d'un quelconque équilibre avec ses voisins, et moins encore la réalisation de la solidarité par l'égalité. La théorie officielle d'une communauté culturelle et d'une identité africaine forgée par la communauté du combat libérateur, esquissée dans le *Manifeste culturel panafricain d'Alger* et reprise par la Charte culturelle africaine a été mise à mal dans plusieurs conflits interafricains, et notamment celui qui a opposé la Libye au Tchad à propos de la bande d'Aozou, où a été évoqué le risque d'effritement de la solidarité anticolonialiste[209]. La typologie des conflits africains montre, quel que soit le cas de figure — conflits frontaliers, sécessionnistes, identitaires ou de pouvoir[210] — que la solidarité africaine en sort très affaiblie pour ne pas dire laminée. Car, une guerre, par définition, se résume en la conquête et l'annexion au moyen de la violence armée d'un territoire physique par un groupe armé ou une communauté ethnique, dans le but d'y exercer son influence et d'imposer sa domination et ses valeurs au peuple conquis ou à conquérir. Pour le peuple agressé, il est question de défendre sa souveraineté, sa liberté et sa dignité. Il en résulte fatalement une crise de confiance durable entre les belligérants, que l'on se retrouve dans un conflit interne ou interétatique. En Afrique, ces conflits sont tellement nombreux et mus par des mobiles égoïstes, se situant à l'opposé des devoirs qu'implique la solidarité[211] qu'il est permis de s'interroger sur cette dernière.

B. CONFLITS RACIAUX ET ATTEINTE A L'ÉGALITÉ FRATERNELLE ET A LA DIGNITÉ HUMAINE

C'est peu de dire que cette solidarité s'est définitivement ébranlée avec la récente découverte par les médias occidentaux de la traite des esclaves noirs africains — avec les nombreux crimes contre l'humanité que redoutent l'ONU[212] — par certains pays de l'Afrique du nord tel que la Libye, ce qui ne devrait étonner personne, puisqu'il s'agit d'une pratique ancienne largement répandue dans les pays du Maghreb, et dont les noirs sont à peu près les seuls victimes[213]. La Mauritanie la pratique ouvertement, les autorités, quand bien même elles la condamnent, ne semblent pas disposées à incriminer cette

---

209 V. M. Koskenniemi, « L'affaire du différent territorial Tchad/Libye (arrêt de la Cour internationale de justice du 3 février 1994 », *AFDI*, vol. 40, 1994, p. 442-464.

210 Cette typologie est retenue notamment par M. A.-D. Ndimina-Mougala, « Les conflits africains au XX^{è}. Essai de typologie », *Guerres mondiales et conflits contemporains*, 2007/1, n° 225, p. 121 à 131.

211 V. A.-D. Ndimina-Mougala, « Les conflits africains au XX^{è}... », *op. cit* ; E. Méric, « Le conflit algéro-marocain », *RFSP*, n° 4, 1965, p. 743 à 752.

212V I. Urbina, « La Libye, garde-chiourme de l'Europe face aux migrants », *Le Monde diplomatique*, n° 814, janv. 2022.

pratique largement réprouvée aujourd'hui[214] ; et la référence à des « groupes d'origine servile » pour désigner les noirs et les distinguer des « groupes nobles »[215] montre, par la violence même des termes, le fossé qui existe entre le droit et la morale admis dans ce pays et les principes de la solidarité et de fraternité africaines. Pour toutes les nations civilisées, il s'agit bien d'un pays aux mœurs étranges. Pour les autres pays, si les choses ne sont pas officialisées, les faits sont là, irrépressibles et propres à contredire tout langage diplomatique pouvant prétendre le contraire[216]. Par suite, une intégration politique est radicalement impossible si le principe d'égalité entre les citoyens et entre les humains est à ce point bafoué par certains pays. En définitive, la solidarité ou ce qui en tenait lieu, ou le masque de la solidarité et de la fraternité pour être plus précis, a volé en éclats dès l'obtention des indépendances, en lassant s'installer entre les États une compétition ouverte et cruelle où tous les coups sont permis, y compris l'utilisation de traitements humiliants et dégradants à l'encontre des ressortissants des États voisins appelés pourtant à devenir des concitoyens dans la perspective de l'unification du continent. Personne n'ignore que les blessures infligées par des pratiques inspirées ou non par des législations souvent hostiles à l'accueil des concitoyens africains sur le sol national[217] ne sauraient être guéries comme par enchantement, par

213 V. I. Mrad Dali, « De l'esclavage à la servitude : Le cas des noirs de Tunisie », *Cahiers d'études africaines* [En ligne], n° 179-180, 2005, mis en ligne le 1er juillet 2014, mis en ligne le 1er janv. 2007, http://journals.openedition.org/etudesafricaines/15058.

214 V. H. Ramdan, « L'éradication des séquelles de l'esclavage en Mauritanie », *RJPEF*, 2007, n° 2, p. 211-229 ; K. K. Saïdou, « Histoire de l'esclavage et des luttes anti-esclavagistes en Mauritanie », Association internationale de recherche sur les crimes contre l'humanité et les génocides. *Colloque sur l'esclavage et le racisme d'État en Mauritanie et au Soudan*, La Sorbonne, les 31 mai et 1er juin 2002, p. 1 et s.

215 O. Leservoisier, « Démocratisation et renégociations sociales. Les enjeux de la participation politique des groupes d'origine servile haalpulaaren en Mauritanie », *Politique africaine*, 2009/2, n° 114, p. 24-43.

216 A l'exemple du Niger qui, en dépit de l'adoption des lois répressives pour endiguer l'esclavage (v. Loi modificative de la loi n° 61-27 du 15 juillet 1961 portant institution du Code pénal), est confronté à des réalités discriminatoires millénaires tenaces et irrépressibles, v. Roger Botte, « Le droit contre l'esclavage au Niger », *Politique africaine*, 2003/2, n° 90, p. 127-143.

217 Les recherches de Bronwen Manby (*Les lois sur la nationalité en Afrique, une étude comparée*, éd. Open Society Institute, 2009) sont très édifiantes de ce point de vue. Elles révèlent les nombreuses discriminations qui sont entretenues sur le continent entre les nationaux et les étrangers même en situation régulière. La régularité du séjour ne garantit pas toujours à nombre d'étrangers l'absolue jouissance des

l'adhésion politique spontanée des dirigeants à l'État fédéral. Le sentiment de dominant et de dominé, de bourreau et de victime est ce qui reste longtemps après que les causes politiques ou juridiques à l'origine des maltraitances auront disparu.

Ainsi, l'ivoirité, doctrine nationaliste s'il en est, s'est concrétisée par l'exclusion des étrangers, et de certains compatriotes typés comme ayant des gênes étrangers[218]. Certains Ivoiriens d'origine étrangère se sont vu retirer leurs cartes d'identité par simple mesure administrative au motif qu'ils les auraient obtenus par pure faveur[219], ce qui ne se peut comprendre sur le strict plan juridique où est privilégiée la possession d'état de national à travers un faisceau d'indices relativement facile à établir, non par voie de circulaire, mais par le biais d'une mesure à caractère réglementaire. En Afrique du sud, les violences xénophobes contre les ressortissants des États voisins, allant jusqu'au meurtre pour des motifs somme toute insignifiants, comme l'attribution d'un logement social à un étranger, se sont enracinées profondément dans le comportement social des citoyens[220]. Elles s'exercent parfois avec la caution des autorités, qui ne les condamnent pas avec toute la rigueur qui est attendue d'elles ; elles ne sanctionnent pas non plus les coupables à la hauteur de la gravité de leurs crimes[221].

Qu'il s'agisse de la Côte d'Ivoire, de l'Afrique du sud, de l'Angola ou récemment du Congo Brazzaville, qui a procédé à des expulsions punitives massives et irrégulières des ressortissants du Congo voisin, dans des conditions particulièrement inhumaines[222], le point commun entre ces différents

---

droits civils, sociaux et politiques.

218 V. L. Bazin, « L'idéologie de l'identité nationale, un facteur de désagrégation de la société : éclairages à partir de la Côte d'Ivoire », *Savoir/Agir*, 2007/2, n° 2, p. 61-69.

219 O. Dembélé, « Côte d'Ivoire : la fracture communautaire », *Politique africaine*, 2003, n° 89, p. 34 ; J.-P. Dozon, « La Côte d'Ivoire entre démocratie, nationalisme et ethnonationalisme », *Politique africaine*, 2000, n° 78, p. 45-62 ; C. Tiémoko, « Lente décomposition en Côte d'Ivoire », *Le Monde diplomatique*, novembre 2002

220 L'Afrique du sud, comme certains l'ont noté à juste titre, est une société intrinsèquement violente (v. M. Houssay-Holzchhuch, « La violence sud-africaine : essai d'interprétation », *Études*, 2002/7, tome 397, p. 43-52). La violence contre les étrangers n'est en somme qu'une des multiples facettes d'une violence plus générale qui est historiquement structurelle.

221 V. A. Wa Kabwe-Segatti, « Violences xénophobes en Afrique du sud : retour sur un désastre annoncé », *Politique africaine*, 2008/4, n° 112, p. 99-118.

222 Le rapport d'Amnesty International (*République du Congo . Les expulsions collectives des ressortissants de la RDC pourraient constituer des crimes contre l'humanité, Rapport Amnesty International, http//www.amnesty.fr*) fournit une descrip-

incidents est l'existence d'une haine viscérale et d'un mépris à l'égard des étrangers, qui excluent toute perspective de construire un « vouloir vivre collectif » entre africains au moins dans le moyen terme. De même que la construction des États-nations a échoué à cause des haines inter-ethniques, de même l'État fédéral africain échouera du fait des tensions entre les États (et entre les populations), qui seront obligés de se replier sur eux-mêmes. La méfiance à l'égard du fédéralisme n'en sera que plus prononcée.

§2. La méfiance à l'égard de la construction fédérale

Les nationalismes africains peuvent alimenter toutes sortes de spéculations à l'endroit du modèle fédéral. L'un des reproches qu'on peut lui adresser en ce ce qui concerne spécifiquement l'Afrique est qu'il est loin d'être une garantie infaillible en faveur de la démocratie et des droits de l'homme. En effet, il présente un premier risque qui est sans doute la tendance centralisatrice de l'État fédéral, qui concentre entre ses mains l'essentiel des moyens économiques et financiers (A). Dans le contexte africain, cette tendance sera aggravée par des facteurs culturels tels que le nationalisme ou le tribalisme que nous avons abordés plus haut, et qui vont inéluctablement dériver sur un nationalisme ostracisant dont les effets sur l'arbitrage équitable des intérêts sera à redouter (B).

A. LA TENDANCE CENTRALISATRICE DE L'ÉTAT ET LE RISQUE D'ACCAPAREMENT DES RESSOURCES AU NIVEAU FÉDÉRAL

Cette problématique a été à l'origine de nombreuses difficultés, toujours actuelles, qui ont amené certains États après l'indépendance à décliner toute offre d'intégrer les organisations fédérales en construction. C'est le cas du Gabon, en Afrique centrale, qui avait gardé (et garde encore) un amer souvenir de la fédération de l'Afrique Équatoriale Française (AEF), qui avait fait de lui la vache à lait de la fédération, alors qu'il n'a pas bénéficié en retour des infrastructures de développement. Ce souvenir expliquerait en partie sa réserve actuelle à l'égard de l'unité africaine[223]. La méfiance gabonaise à l'égard du fédéralisme s'est tout naturellement poursuivie au lendemain des

---

tion étayée des violations massives des droits de l'homme particulièrement embarrassantes pour les autorités de Brazzaville. Il y est fait mention de : xénophobie, persécutions (l'expression pourrait bien englober les actes de torture et de barbarie étant donné la violence de cette expédition), violences policières, détentions arbitraires, usage excessif de la force, extorsion des sommes d'argent et des effets personnels, destruction des biens, viols. On peut y ajouter, à la lumière du rapport, les traitements inhumains et dégradants à l'encontre de personnes vulnérables.

indépendances, avec l'éclatement de l'Union des Républiques d'Afrique centrale suite au retrait du Gabon. En Afrique de l'ouest, le cas de la prospère Côte d'Ivoire mérite d'être mentionné. Selon toute vraisemblance, Houphouët-Boigny se serait opposé à l'intégration africaine par crainte de partager les ressources de son pays avec les autres États africains[224]. Il aurait déclaré en décembre 1958 : « Jamais la Côte d'Ivoire n'acceptera d'entrer dans une quelconque fédération »[225]. Précisément la particularité de la structure fédérale consiste, comme l'écrit M. Chantebout, dans la concentration de l'essentiel des moyens financiers entre les mains de l'État central, en « ne laissant aux États fédérés que des recettes sans commune mesure avec leurs besoins réels »[226]. Il va sans dire qu'en poursuivant l'intérêt général, l'État fédéral, sera amené à opérer des discriminations, au détriment des pays nantis, pour favoriser le développement des plus pauvres, en vue d'atteindre l'objectif du développement équilibré, les discriminations ne pouvant cesser qu'une fois l'objectif atteint, quand bien même elles devraient être raisonnables et être limitées dans le temps[227]. Ce qui est souvent observé c'est que finalement ces discriminations s'installent dans un provisoire qui dure[228]. Il peut en résulter des dérives de deux ordres : d'abord, une tendance centralisatrice qui risquerait de faire basculer la structure fédérale dans le despotisme que les théoriciens du fédéralisme ont décelé[229] ; ensuite, une rupture de l'égalité devant les charges publiques au détriment de ceux des États fédérés qui sont appelés à supporter seuls le coût de la construction fédérale. Dans le cas de l'Afrique où le sentiment ethnique est très fort, il peut déboucher sur un na-

---

223 A ce sujet, on peut lire Édzodzomo-Éla, *Mon projet pour le Gabon : comment redresser un pays ruiné par trois décennies de mauvaise gestion*, éd. Karthala, 2000, p. 179 et s ; A. Pourtier, *Le Gabon : État et développement*, tome 2, éd. L'Harmattan, 1989, p. 127 et s.

224 P.-F. Gonidec, « L'AOF, amorce d'un État fédéral ? », in *AOF, réalité et héritages : sociétés ouest-africaines et ordre colonial 1895-1960*, sous la direction de Ch. B., S. M'Baye, I. Thioub, Direction des Archives du Sénégal, 1997, p. 28-35.

225 P.-F. Gonidec, « L'AOF, … *op. cit.*

226 B. Chantebout, *Droit constitutionnel*, 29è éd., Sirey, 2012, p. 66.

227 F. Mélin-Soucramanien, « Les adaptations du principe d'égalité... », *op. cit.*.

228 G. Calvès, *La discrimination positive*, 2è éd. PUF, Coll. Que sais-je ?, 2008, p. 103.

229 V. D. Karmis, « Pourquoi lire Proudhon aujourd'hui ? Le fédéralisme et le défi de la solidarité dans les sociétés divisées », *Politique et sociétés*, vol. 21, 2002, p. 43-65.

tionalisme ou un chauvinisme dans l'arbitrage des intérêts aux dépens des États moins représentés, sans compter le risque d'affaiblissement de l'autonomie financière des États qu'on a observé au Nigeria, ayant eu pour effet de transformer l'État fédéral en un État unitaire de fait[230].

B. LE CHAUVINISME ET LE NATIONALISME ETHNIQUE DANS L'ARBITRAGE DES INTÉRÊTS

En Afrique, nul ne peut garantir avec une absolue certitude que l'État central sera bien au service de l'intérêt général. Rien n'est moins sûr, car non seulement les États fédéraux ont des tendances centralisatrices[231], mais encore, en ce qui concerne spécifiquement l'Afrique, les dirigeants ont la particularité de mettre les intérêts de leurs ethnies avant ceux de l'État, comme pour confirmer l'affirmation selon laquelle les identités ethniques « sont imperméables aux arguments rationnels »[232]. Cette donnée qui affectera indubitablement la gestion dans le futur État fédéral, sera source d'opacité et de graves injustices dans le transfert et l'affectation des dotations aux États. A l'intérieur de la plupart des États actuels le facteur ethnique conditionne toutes les politiques d'aménagement du territoire. Beaucoup de territoires et d'espaces géographiques sont ainsi volontairement laissés à l'abandon par les pouvoirs en place, pour « délit d'appartenance ethnique » des populations y habitant. Le « chauvinisme ethnique et tribal »[233] a abouti ça et là à une exploitation sélective des territoires. Le cas du Sud Soudan, alors sous l'administration du Soudan, illustre de façon fort éloquente cette réalité. Région abritant l'essentiel des ressources pétrolières du pays, son pétrole a été exploité pour le seul profit du nord, dont les infrastructures de développement se sont modernisées, pendant que le sud vit dans une misère millénaire, avec une population analphabète et décimée par des épidémies, et des conditions

---

230 D. c. Bach, « Les effets pervers du fédéralisme nigérian », *Politique africaine*, 1988, p. 22-30.

231 V. N. Schmitt, « Le fédéralisme : plus fragile et plus nécessaire que jamais. Quelques réflexions illustrées par la Suisse et les pays d'Afrique », *op. cit.* ; La tendance centralisatrice du fédéralisme allemand a été aussi pointée du doigt, malgré son efficacité, v. J. Hergenhan, *Le fédéralisme allemand et la construction européenne*, Problématiques européennes, n° 5, 2000, p. 17, https://institutdelors.ue/wp-content

232 Th. Fleiner, J. Th. Hottinger, « La pertinence du fédéralisme dans la gestion des diversités nationales », *RIPC*, 2003/1, vol. 10, p. 79-90.

233 D. c. Bach, « Les dynamiques paradoxales de l'intégration en Afrique subsaharienne : le mythe du hors-jeu », *RFSP*, n° 6, 1995, p. 23-1038.

économiques et sociales dignes du moyen-âge[234]. Excepté quelques rares cas, la répartition des ressources de l'État est toujours à l'avantage des ethnies au pouvoir[235]. C'est une réalité que l'on rencontre aussi, avec moins d'ampleur, dans les vieilles fédérations comme la Belgique ou le Canada. En Belgique notamment, l'attribution des aides publiques aux entreprises ou la répartition des commandes publiques ou des retombées économiques est l'objet de tensions inter-communautaires[236]. Mais c'est par la vertu du débat démocratique que les possibles injustices sont tirées de l'ombre pour être exposées à la lumière avant qu'elles n'engendrent des conséquences irréparables, à la fois sur le développement des régions défavorisées et sur l'équilibre des structures politiques fédérales. En Afrique au contraire, subsistent des communautés et des territoires dont l'abandon et le délaissement ne seront pas médiatisés à cause du faible implantation de la démocratie sur le continent. Il serait intéressant d'observer comment l'Afrique unifiée s'organisera pour corriger cette donnée culturelle qui lui colle comme son ombre, et que d'aucuns ont dénoncée au niveau des instances scientifiques universitaires continentales d'évaluation telles que le CAMES, comme reflétant les nationalismes africains, d'où il résulterait des avantages indus pour les candidats originaires des mêmes pays qui sont toujours fortement représentés dans les jurys et dans les structures de direction. Il s'y déroulerait comme une reproduction des schémas discriminatoires nationaux à l'échelle continentale. Si cette accusation s'avérait fondée, il en résulterait un malaise profond dans les relations interétatiques au sein de l'Union, à moins de soutenir que l'inégalité serait une fatalité contre laquelle les pays sous-développés ne pourront pas lutter, au motif que la conception de l'égalité ne serait pas la même partout[237].

Dans tous les cas, de telles discriminations, si elles existent, représentent le symbole le plus emblématique du faible enracinement — ou même de l'absence — de la nation africaine, d'où une superbe indifférence à l'égard de ce qu'il convient d'appeler la solidarité territoriale[238]. Dans le domaine de l'aménagement du territoire qui nous intéresse ici, ces rapports ont par le passé été concurrentiels, voire conflictuels, à cause notamment du manque

---

234 « Soudan du Sud, Le pays maudit », *L'Obs*, 9 nov. 2017 ; « Soudan : la scission du Sud fragilisera l'économie du nord », *L'express*, 5 janvier 2011.

235 R. Pourtier, « État et nation : la mémoire des territoires... », *op. cit.*

236 V. A. Leton, « Les conflits communautaires : facteurs de tensions et facteurs d'apaisement », *Pouvoirs*, n° 54, 1990, p. 73 et s.

237 J. Robert, « Le principe d'égalité dans le droit constitutionnel francophone », *NCCC*, n° 3, 1997.

238 J.-M. Pontier, « Solidarité nationale et indemnisation », *RDP*, 2013, n° 5, p. 1099.

des politiques interétatiques concertées au moment où la complémentarité aurait dû être privilégiée[239]. L'orientation qui semble avoir été retenue par les communautés sous-régionales dans la perspective de l'intégration africaine est la concertation et la mutualisation des moyens pour la réalisation des projets communs d'infrastructures qui sont validés en accord avec les objectifs du NEPAD[240]. Mais cela ne garantit nullement que l'intérêt général sera toujours le seul critère déterminant les choix et les stratégies d'aménagement en direction des territoires, et que la lutte contre la pauvreté, l'accès à l'éducation ou aux soins les plus élémentaires, la construction des infrastructures de communication, pour faciliter les échanges économiques et sociaux, seront toujours guidés par le souci de la construction nationale et non plus par l'appartenance du territoire considéré à une communauté nationale ou ethnique définie. Pour qu'il en soit ainsi, il faudra bien une révolution des mentalités, car la prise en compte de l'intérêt général ne se décrète pas, et sur ce terrain, les pratiques se sont révélées décevantes jusqu'à présent ; les logiques politiques, économiques et sociologiques n'ont que rarement convergé. Il faut ajouter que le problème récurrent de l'inadéquation entre les objectifs et les moyens peut aussi donner lieu à des arbitrages discriminatoires, préjudiciables aux régions traditionnellement sous-représentées aux échelons national et communautaire[241].

A l'évidence, les États africains ne se sont jamais préparés à ces situations. En se lançant dans l'aventure fédérale sans associer les populations, ils prendraient le risque de provoquer des tensions sociales, comme on le voit aujourd'hui en Europe. Les inégalités et les discriminations entre États ont encore des beaux jours en Afrique. C'est certainement pour cette raison, que l'Union africaine,— tout comme l'OUA sa devancière —, a cru raisonnable de mettre en place une organisation de transition qui laisse aux États plus de liberté en les exhortant par des recommandations fermes, à se soumettre à des règles communes dans divers domaines comme la démocratie, les élections transparentes, la lutte contre la corruption et l'adoption des règles de

239 V. Ch. Alvergne, « Quelles politiques territoriales pour inscrire l'Afrique dans la mondialisation ? L'aménagement du territoire en Afrique subsaharienne », *Les Cahiers d'Outre-Mer*, n° 238, 2007, p. 203-216.
240 Ch. Alvergne, « Quelles politiques territoriales... », *op. cit.*
241 V. R. Pourtier, « Reconstruire le territoire pour reconstruire l'État :... », *op. cit.* Le fédéralisme ethnique inventé par l'Éthiopie après le renversement de la dictature militaire d'obédience soviétique, préserve les prérogatives politiques et économiques du groupe ethnique dominant : v. E. Ficquet, « Fonder un régime sur le recensement ethnique : le fédéralisme éthiopien », *Critique internationale*, 2009/4, n° 45, p. 37-57.

transparence dans le secteur public. Le respect de ces règles, qui sont indispensables à la cohésion de l'Union sera la preuve que, non seulement les États auront fait un bon usage de leur liberté, mais encore ils auront acquis la pleine maturité, pour pouvoir accepter en connaissance de cause les contraintes inhérentes à tout État fédéral. Car la liberté, principe par excellence de l'organisation administrative fédérale, ne peut pas exister sans les devoirs. C'est donc la libre acceptation de ces règles qui fonde la fédération. La liberté des États ne connaît que très peu de limites à l'intérieur de leurs frontières. Il s'ensuit que, culturellement et politiquement, les États ne sont pas au diapason des exigences de l'Union qu'ils bafouent ostensiblement, donnant ainsi l'impression que la probabilité que l'unité africaine se réalise dans un avenir proche est très faible sinon nulle.

TITRE II

UN USAGE EXCESSIF DE LA LIBERTÉ PRÉJUDICIABLE A L'UNION

De manière générale, les États disposent, dans le fédéralisme, d'une très large autonomie dans l'exercice des compétences qui sont de leur ressort. L'État central ne s'en mêle qu'à des conditions très limitées ; et les Cours suprêmes sont souvent sollicitées pour rappeler à ce dernier les limites de sa propre compétence en cas d'empiétements manifestes sur les affaires du ressorts des États. Dans les États unitaires, un contrôle administratif et financier est exercé par l'État sur les collectivités territoriales lorsque ce n'est pas une tutelle plus ou moins souple qui leur est imposée[242]. Néanmoins, elles disposent de droits et libertés constitutionnellement garantis[243]. En apparence, le système africain se trouve à mi-chemin entre l'État unitaire décentralisé et l'État fédéral ; il ne se confond pourtant pas avec les deux. Mais en définitive, les États africains bénéficient d'une liberté absolue vis-à-vis de l'Union africaine. Cette liberté contrarie d'autant plus facilement les perspectives de construction fédérale qu'aucun mécanisme d'encadrement de la toute-puissance des États, hormis la bonne foi des dirigeants (qui elle-même ne saurait se voir opposer le principe de la continuité de l'État en cas de changement politique au sommet de l'État), n'est prévu, et que, tout en transférant une infime partie de leurs compétences à l'échelon fédéral, il ont pris le plus grand soin de ne pas doter l'Union africaine de la personnalité juridique[244]. Celle-ci est seulement déduite de la pratique internationale de l'Union, et sa compétence dans la plupart des matières est exceptionnelle, tandis que celle des États constitue la règle[245]. Cette faiblesse institutionnelle congénitale condamne l'Union africaine à ne jouer qu'un rôle périphérique tant à l'inté-

242 J.-M. Pontier, *L'État et les collectivités locales. La répartition des compétences*, éd. LGDJ, Paris 1978 ; S. Regourd, *L'acte de tutelle en droit administratif*, Thèse, éd. LGDJ, Paris, 1982.

243 V. C. Bacoyannis, *Le principe constitutionnel de la libre administration des collectivités territoriales*, Thèse, PUAM Economica, 1993 ; A. Roux, « Le principe constitutionnel de la libre administration des collectivités territoriales », *RFDA*, 1992, p. 435-452 ; A. M. Pourthiet (sous la direction de), *Égalité et liberté locale dans la constitution*, éd. Economica PUAM, 1999.

244 V. B. Tchikaya, *Le droit de l'Union africaine : Principes, institutions et jurisprudence*, éd. Berger-Levrault, 2014 p. 46 et s.

245 B. Tchikaya, *Le droit de l'Union africaine..., op. cit.*, p. 49.

rieur du continent qu'à l'extérieur où elle est incapable de compenser ou de corriger les faiblesses chroniques des États face aux grandes puissances et aux grands ensembles[246]. Là se trouve certainement l'obstacle le plus redoutable à l'implantation et à la pérennité d'un État fédéral continental. En effet, le principe de la souveraineté des États dans un régime fédéral soulève plusieurs questions, dont celle complexe de la répartition des compétences et celle de la gestion des diversités ou des spécificités nationales[247]. Aucune norme ne saurait les régler de façon satisfaisante[248]. Le fédéralisme dualiste américain procède de cette complexité[249], en sorte que la souveraineté se trouve limitée voire divisée[250]. Et le fédéralisme américain a été menacé de disparition toutes les fois que la souveraineté des États se réduisait comme une peau de chagrin[251]. C'est en dernière analyse la Cour suprême qui, d'âge en age, a construit le fédéralisme et l'a affermi[252], palliant tant bien que mal les ambiguïtés institutionnelles originelles que les pères fondateurs n'avaient

246 V. S. Nguembock, « L'Union africaine : une puissance diplomatique ? », *Après-demain*, 2014/3, n° 31-31, p. 13-14.

247 On sait toutes les difficultés que connaissent les vieilles fédérations comme le Canada, la Belgique ou les États-Unis, pour aménager un espace de liberté pour l'État central sans dépouiller les fédérations, qui tiennent à leur liberté comme à la prunelle de leurs yeux. Sur l'exemple canadien, v. M. Croisat, *Le fédéralisme canadien et la question du Québec*, ed. Anthropos, 1979, p. 7-11. L'auteur emploie même l'expression d'« animosité ethnique », pour décrire les tensions inter-communautaires entre les « deux races » (A. Siegfried, *Le Canada, les 2 races*, éd. A. Colin, Paris, 1906).

248 A un point où les organes destinés à réguler les pouvoirs, tel que la Cour suprême des États-Unis, par un mouvement du balancier, renforce tantôt les pouvoirs de l'Union au détriment des États, tantôt ceux de ces derniers au détriment de l'Union ; et dans cette dernière hypothèse, elle rappelle fermement l'immunité souveraine des États, pour empêcher le Congrès de légiférer dans des domaines où la compétence de l'Union ne paraît pourtant pas faire de doute : v. M. Rosenfeld, « Les décisions constitutionnelles de la Cour suprême américaine... », *op. cit.*

249 V. E. Zoller, « Cour suprême des États-Unis : Session d'octobre 2017 », *RDP*, n° 6, p. 1761.

250 V. E. Zoller, « L'américanisation du droit constitutionnel : préjugés et ignorances », *APD*, 2001, vol. 45, p. 77-87.

251 Certains auteurs ont même insinué que le prétendu « fédéralisme coopératif » américain ne le distinguait en rien d'un État unitaire, v. M.-F. Toinet et H. Kempf, « La fin du fédéralisme aux États-Unis ? », *RFSP*, n° 4, 1980, p. 735-775.

252 V. G. L. Neuman, « Fédéralisme et citoyenneté aux États-Unis et dans l'Union européenne », *Critique internationale*, 2003/4, n° 21, p. 151-169.

certainement pas l'intention ni la capacité de régler[253]. Les « solutions bancales » qu'ils « bricolèrent »[254] n'étaient assurément pas crédibles pour maintenir l'équilibre des institutions[255].

Au regard de la réalité américaine, ou celle du Canada[256], on peut se rendre compte de la difficulté de la tâche en Afrique sur le plan strictement culturel. Sans qu'il soit besoin de s'interroger sur la capacité d'une juridiction fédérale africaine à réguler les questions de compétence entre les États fédérés et le pouvoir central et à mettre en place une politique jurisprudentielle propre à régler les conflits culturels et ethniques, dont les implications juridiques n'ont plus lieu d'être démontrées, on note à l'observation, que les hésitations de l'Union africaine à faire triompher le fédéralisme constituent indubitablement la preuve qu'elle se trouve face à un problème insoluble ; elle essaie maladroitement de gagner du temps en adoptant des mesures programmatoires ayant pour objet d'amener progressivement les États à adhérer à

---

253 *Ibid.*

254 La question de la citoyenneté fédérale, celle de l'égalité entre les citoyens américains, celle des équilibres institutionnels dont elle reste dans une large mesure la garante, celle des politiques sociales ou celle de l'existence de la fédération américaine comme une nation unifiée sont de celles dont la Cour apporta des solutions là où existait un vide juridique : v. Th. Kousser, « « La dévolution » : une reformulation du fédéralisme américain », Texte traduit de l'anglais par L. Géant, *RFSP*, 2014/2, vol. 64, p. 265 à 287.

255 Cela s'est particulièrement manifesté sous la présidence du président Georges Walker Bush dans un contexte marqué par une extrême tension entre les trois pouvoirs que sont le président, le congrès et la Cour suprême : v. V. Michelot, « La Cour suprême des États-Unis durant la présidence de Georges W. Bush. Un nouvel équilibre des pouvoirs ? », in *Vingtième siècle. Revue d'histoire*, 2008/1, (n° 97), p. 117 à 129, mais aussi durant toute l'histoire de la Cour suprême où des juges fédéralistes tels que le *Chief Justice* Marshall conçurent et affermirent le principe de la souveraineté de l'État fédéral, au détriment de celle des États de l'Union qui la revendiquaient, v. J. Beauté, « Le partage des compétences entre les États et la fédération », *Pouvoirs*, 1991, n° 59, p. 85.

256 Sur l'évolution du fédéralisme canadien, on peut lire : G. A. Beaudouin, « Réflexions sur la crise constitutionnelle canadienne », *Revue générale de droit*, vol. 8, 1977, p. 237-247 ; M. Croisat, *Le fédéralisme canadien et la question du Québec*, *op. cit.* ; G. Remillard, *Le fédéralisme canadien, éléments constitutionnels de formation et d'évolution*, Québec/Amérique, 1980 ; J.-M. Huon de Kernadec, « La persistance de la crise du fédéralisme canadien », *RDP* 1982, p. 1601 ; N. Thibaut-Portier, « Le fédéralisme au Canada : perspectives d'évolution », *RIDC*, Vol 20, 1968, p. 703 ; V. Mayer, « La Cour suprême du Canada et le processus démocratique : redéfinition et impact », *Pouvoirs*, n° 59, 1991, p. 143-157.

l'État de droit au sens occidental du terme, mais elle sait au fond que les valeurs de l'État de droit ne se concilient pas avec des cultures et des traditions très liberticides, qui ont développé des habitudes et des mentalités qui ne se prêtent pas aux changements de cette nature. Elle fait ouvertement face à deux mouvements frondeurs profondément enracinés dans la culture. Le premier, dont nul ne saurait parier qu'il pût être dompté dans un avenir proche est le repli identitaire des pays arabo-musulmans. Félonie, fourberie, indifférence, ou refus courtois de l'offre panafricaine, il constitue un véritable camouflet à l'endroit de la projection fédérale (CHAPITRE I). Le second est la résurgence de mœurs anti-démocratiques indifférentes à la bonne gouvernance dont l'Afrique noire constitue le théâtre d'élection (CHAPITRE II).

CHAPITRE I.

LE REPLI IDENTITAIRE DES PAYS ARABO-MUSULMANS

Les diversités culturelles sont reconnues comme des éléments diviseurs quasi-insolubles dans les États unitaires. La question consiste, dès lors, à se demander si le système fédéral est le seul qui pourrait permettre de les résoudre, soit par l'assimilation ou l'intégration, soit par l'acceptation « de compromis pour assurer la coexistence pacifique des différentes communautés ethniques »[257] . Le compromis peut se révéler juridiquement inacceptable, parce qu'il implique de troquer des principes juridiques unanimement admis et reconnus comme universels contre des traditions culturelles qui ne supportent pas la moindre entorse. Quels droits peut-on, dans ces conditions, faire valoir au bénéfice des minorités culturelles sans remettre en cause la citoyenneté nationale ? Et quelles valeurs de référence doivent constituer la fondation de l'édifice culturel fédéral ? Telles sont les questions que soulève l'intégration du Maghreb islamique au projet fédéral panafricain. Et on peut comprendre assez facilement que certains auteurs, devant la difficulté de la tâche, se soient résignés à soustraire l'intégralité du Maghreb de cette entreprise titanesque, passant ainsi sous silence la contribution historique des leaders arabo-berbères à la cause panafricaine. Certains ont perçu, dans l'intégration du Maghreb à l'État fédéral, un vecteur de l'islamisation rampante de l'Afrique subsaharienne par le biais des fonds générés par le pétrole[258]. Véritable nœud gordien, des procédés d'unification du continent ont été proposés depuis les origines du mouvement panafricain, au nombre desquels l'idéologie de l'africanité qui a tenté de bâtir une identité commune autour des valeurs qui étaient données pour réaliser l'unité au-delà des différences culturelles (Section 1). Mais, il ne fait pas de doute que cette idéologie ne pouvait pas faire l'unanimité. Sans qu'il soit besoin de prendre en considération les différences culturelles et politiques entre les différents pays de l'aire négro-africaine, la spécificité culturelle des pays arabo-musulmans est une réalité indiscutable (Section 2).

---

257 Th. Fleiner, J. Th. Hottinger, « La pertinence du fédéralisme... », *op. cit.*
258 E. Kodjo, D. Chanaiwa, « Panafricanisme et libération », *Histoire générale de l'Afrique. L'Afrique depuis 1935*, Vol. VIII, sous la direction de A. A. Mazrui, éd. UNESCO, 1998, p. 779.

Section 1. Tentative d'intégration culturelle par l'idéologie de l'africanité

L'Africanité, idéologie senghorienne, s'est voulue une tentative d'expliquer et de justifier l'unité culturelle naturelle et historique des peuples d'Afrique par divers éléments objectifs et subjectifs tels que la race, la culture, l'histoire, la géographie, etc. Certaines valeurs sont mises en avant qui sont supposées être communes à l'ensemble des pays africains et qui devraient justifier l'unité politique de l'Afrique (§1). Mais loin de prouver l'existence d'une nation africaine factuelle, elles relèvent d'un constructivisme intellectuel qui met en lumière le caractère foncièrement artificiel de l'État en devenir (§2).

§1. L'africanité, productrice de valeurs communes et d'une culture unique

Au sein même de l'Afrique noire, le facteur religieux empêche la formation d'une nation fondée sur des valeurs communément partagées. Le Nigeria, le Niger ou le Tchad,par exemple, constituent des cas où le facteur religieux a détruit l'identité nationale. L'influence arabo-musulmane, comme l'avait montré Maître Doudou Thiam à la fin des années soixante, n'était pas étrangère à ce désordre sociologique qui rendait le projet fédéral impraticable en Afrique[259]. Même si, en définitive, les pays africains répudièrent le projet du président Nkrumah d'unifier l'Afrique, les inquiétudes de Doudou Thiam ne furent pas prises en compte dans les débats. Au contraire l'idéologie de l'unité culturelle avait prévalu — et prévaut encore aujourd'hui — sur toutes les autres, comme s'il s'agit d'une vérité absolue, quand bien même elle est accusée, à juste titre, de céder à « l'illusion unanimiste » et à l'essentialisme[260]. L'Union africaine doit à l'esprit fertile de Léopold Sédar Senghor et d'autres intellectuels africanistes[261], l'élaboration du concept de l'africanité, pour justifier l'unité culturelle africaine qui serait le soubassement de l'unité

---

259 V. D. Thiam, *Le fédéralisme africain. Ses principes et ses règles*, éd. Présence africaine, 1971, pp. 18-20.

260 V. F.-X. Fauvelle-Aymar, « Cheikh Anta Diop, ou l'africaniste malgré lui. Retour sur son influence dans les études africaines », in *Afrocentrisme : l'histoire des Africains entre Égypte et Amérique*, sous la direction de Cl. H. Perrot, F.-X. Fauvelle-Aymar et J.-P. Chrétien, éd. Karthala, 2010, p. 27 et s.

261 K. Nkrumah, l'un des pères du panafricanisme, était de ceux qui croyaient à cette conception de l'africanité, même si selon toute vraisemblance il n'en aurait pas abusé, v. « Africanisme et culture », *Présence africaine*, 1963/1, n° XLV, p. 5-18.

politique. Il leur paraissait impérieux de « donner une boussole culturelle à l'Afrique »[262]. L'entreprise consistant à donner de la cohérence dans le système africain des valeurs est une œuvre humaine et non pas forcément la consécration des réalités séculaires exhumées du fonds culturel africain. On a parlé à juste titre d'un « conditionnement psychologique et culturel »[263]. Certes, sans une unité culturelle minimum, il est quasiment impossible d'ériger un État fédéral durable[264]. Mais le concept d'Africanité ne rend pas tout à fait compte de la réalité ; il est plus le résultat des divagations poétiques de l'homme d'État que la traduction d'une vérité scientifique incontestable[265]. Au surplus, l'africanité, concept proprement réducteur, emprisonnait l'Afrique dans une conception ethnique de la nation, qui est fortement récusée à travers le monde et difficilement réalisable[266], avec toutes les difficultés qu'elle peut engendrer en termes de gestion des identités plurielles. En effet, pour Senghor, l'africanité est un communauté culturelle qui ambitionne de forger une communauté d'âme[267]. Elle est en tout cas à l'image de ce que projettent la Belgique ou le Canada[268]. Senghor était convaincu que l'affirmation de l'africanité permettrait, en effaçant les notions de culture arabo-berbère et de culture négro-africaine — qui aux yeux de beaucoup n'étaient que des abstractions[269], voire des absurdités —, d'unifier l'ensemble de la culture afri-

262 B. T. Kossou, *La dimension culturelle du développement en vue d'intégrer les facteurs socio-culturels dans le plan d'action de Lagos*, Organisation de l'unité africaine, Rapport technique, Unesco, Paris, 1985, p. 5, n° 21.

263 B. T. Kossou, *op. cit.*, n° 25.

264 V. J. Stengers, « La déconstruction de l'État-nation le cas Belge », *op. cit.* ; C. Andrew, *Dislocation et permanence : l'invention du Canada au quotidien*, éd. Les Presses universitaires d'Ottawa, 1999, 357 p.

265 L'unité culturelle historique des États africains est sérieusement contestée par d'autres auteurs qui n'y voient que « la congruence partielle de représentations culturelles, produite par plusieurs siècles d'échanges historiques, et qu'il conviendrait d'exposer analytiquement, au lieu de la postuler » : J.-F. Bayart, « Les sociétés africaines face à l'État », *Pouvoirs*, n° 25, 1983, p. 23-39.

266 D. Sabbagh, « Nationalisme et multiculturalisme », *Critique internationale*, 2004/2, n° 23, p. 113 à 124.

267 V. Discours du président Senghor à la Conférence de l'OUA en mai 1963, in *Le mouvement panafricaniste au vingtième siècle, Recueil des textes*, Contribution à la Conférence des intellectuels d'Afrique et de la diaspora (CIADI), organisée par l'Union africaine en partenariat avec le Sénégal, Dakar, 7-9 octobre 2004, p. 377 et s.

268 Pour l'exemple, v. S. Crépon, « La lutte pour la reconnaissance des signes religieux à l'école : une étude comparative France-Belgique », *Politique européenne*, 2008/1, n° 24, p. 83-101.

269 V. Alpha I. Sow, « Prolégomènes », in *Introduction à la culture africaine*, sous la direction de O. Balogun, H. Aguessy et P. Diagne, éd. 10/18, Unesco, 1977, p. 9.

caine en recherchant les points de convergence. Il déclare au Caire en 1967 : « Si nous voulons bâtir une Afrique unie, nous devons la faire solidement et, pour cela, la fonder sur nos convergences culturelles, et non sur nos divergences politiques »[270]. On retrouve là l'esprit qui a inspiré la rédaction du Préambule de la Constitution sénégalaise du 26 août 1960, qui concevait l'unité culturelle africaine non pas comme un fait réel acquis, mais comme une nécessité, une quête au même titre que l'unité politique, économique et sociale. Cette unité indispensable à l'affirmation de la personnalité africaine, c'est-à-dire l'africanité, Senghor va la considérer quelques années plus tard comme accomplie au Sénégal. La conférence intergouvernementale sur les politiques culturelles en Afrique retiendra que « l'Afrique entière constitue une seule famille culturelle et qu'il n'y a pas lieu de créer une dichotomie qui constituerait un obstacle sur la route de l'unité africaine »[271]. Il est certes vrai que les identités « sont le résultat de constructions historiques, politiques, et sociales, qui d'ailleurs ont également été ou sont encore parfois dirigées de manière intentionnelle et stratégique »[272]. C'est le cas en l'occurrence, car Senghor apparaît bien ici comme l'homme des concessions et du « compromis dynamique »[273] dont il a fait une stratégie en vue de « bâtir son œuvre d'ambassadeur des peuples noirs auprès du monde et de père fondateur de l'État africain »[274]. Il fait reposer cette unité culturelle africaine sur des éléments aussi bien objectifs que subjectifs tels que les métissages culturel et linguistique fort anciens entre l'Afrique blanche et l'Afrique noire, la raison intuitive, la religion traditionnelle, l'art ou l'humanisme[275]. Mais l'Africanité de Senghor comme démarche intellectuelle est tombée dans le piège que redoutait M. Jean-Loup Amselle d'une réécriture de l'histoire, en voulant à tout prix « fonder une origine en fonction du but que l'on a atteint ou que l'on se propose d'atteindre »[276]. Ce constructivisme aboutit inévitablement à un État artificiel.

---

270 Conférence prononcée à l'université du Caire, le 16 février 1967, sous le titre : *Les fondements de l'africanité ou Négritude et Arabité*, Présence africaine, 1967, p. 103.

271 Rapport final de la Conférence intergouvernementale sur les politiques culturelles en Afrique, Paris, Unesco, 1975, p. 8 § 38, cité par Alpha I. Sow, *op. cit.*

272 D. Sindic, E. Castano et S. Reicher, « Les dynamiques identitaires et le processus d'intégration européenne », *Études internationales*, vol. 32, n° 3, 2001, p. 425-454.

273 V. P. Diagne, *L. S. Senghor ou la Négritude Servante de la Francophonie au Festival Panafricain d'Alger 30 ans après*, éd. L'Harmattan, 2006, p. 43.

274 P. Diagne, *L. S. Senghor ou la Négritude..., op. cit.*, p. 43.

275 V. Léopold Sédar Senghor, « La culture africaine », *Revue des sciences morales et politiques*, 1983, p. 1 à 13.

§2. *L'Africanité, constructivisme et artifice de l'État fédéral africain*

Les déclarations pour le moins pédantes[277] et ambiguës de Senghor, occultent volontairement les divergences culturelles, qui sont peut-être plus prégnantes que les divergences politiques qui, elles, sont souvent conjoncturelles et contingentes[278]. Les particularismes culturels continuent de se manifester avec d'autant plus de violence qu'elles inspirent de légitimes inquiétudes. Cette difficulté n'avait pas échappé à Senghor, mais il envisageait de l'aplanir politiquement, en prétendant que la culture négro-africaine et la culture arabo-berbère participaient de la même universalité ; elles seraient donc complémentaires. Ce qui nous paraît largement tiré par les cheveux. Pour reprendre l'image qui est donnée par certains auteurs, il est difficilement imaginable qu'une nation africaine incluant toutes les Afriques, noires et maghrébine (dans toutes leurs diversités), puisse être considérée comme « un corps social qui se déplace tel un bloc à travers le temps »[279], disposant d'une volonté propre et ayant, comme l'écrivait Léon Duguit, la conscience du sentiment d'interdépendance entre tous les membres[280]. Cette conscience, c'est le sentiment national. Il nous semble difficile de défendre aujourd'hui l'idée que, même par la vertu de la mondialisation, l'Afrique noire et le Maghreb pourraient, même dans un avenir lointain, appartenir à une même aire culturelle homogène partageant des valeurs identiques, et qu'un éventuel État fédéral aurait la capacité de consolider ; de même entre le Congo et le Niger, par exemple, le facteur religieux a certainement façonné deux cultures éloignées l'une et l'autre. L'utopie est consubstantielle à la pensée de Senghor. « Le métissage culturel »[281] qu'il appelait de ses vœux au soutien de l'unité africaine, n'était qu'une utopie entretenue contre les évidences cultu-

276 J.-L. Amselle, « De la déconstruction de l'ethnie au branchement des cultures : un itinéraire intellectuel », *Actes de la recherches en sciences sociales*, 2010/5, n° 85, p. 96 à 113.

277 V. la critique de Y. Benot, in « L'histoire socialiste de la Révolution française de Jean Jaurès », *La pensée*, décembre 1968, n° 142, p. 139-140.

278 La preuve en est que les affrontements idéologiques des années soixante et soixante dix entre les modérés et les progressistes autour de l'État fédéral africain n'ont pas survécu aux mutations politiques et économiques survenues sur le continent ; elles se sont évaporées aujourd'hui sans laisser aucune trace. v. Y. Zerbo, « La problématique de l'unité africaine (1958-1963 », *Guerres mondiales et conflits contemporains*, 2003/4, n° 212, p. 113-127.

279 D. Sindic, E. Castano et S. Reicher, « Les dynamiques identitaires... », *op. cit.*

280 Léon Duguit, *Souveraineté et liberté...*, *op. cit.*, p. 33.

281 V. K. C. Mabana, « Léopold Sédar Senghor et la civilisation de l'universel », *Diogène*, 2011/3, n° 235-236, p. 3-13.

relles. Dans une large mesure, le président-poète transposait dans le champ politique ses méditations littéraires[282]. Mais entre l'art et la politique, la césure est plus profonde qu'il n'y paraît. Au fond, c'était la méthode usuelle au lendemain des indépendances. Les divergences culturelles et politiques pouvaient et devaient s'éteindre dans de vastes ensembles qui opèrent une synthèse harmonieuse entre les différentes positions.

L'africanité véhicule ainsi une conception singulière de l'État propre à l'Afrique qui est fondamentalement mythologique. M. Djoli Eseng'Ekeli la théorise dans son ouvrage sur *Le constitutionnalisme africain*[283]. L'auteur explique que la vision africaine de l'État est circulaire, en ce sens qu'elle « postule l'inclusion plutôt que l'exclusion des contraires, l'harmonie des diversités plutôt que leur opposition »[284]. Elle s'emploie à « agencer l'État [...] comme une grande famille étendue, constituée des frères et sœurs de toutes les ethnies et tribus [...] »[285]. Cette conception de l'État est affectée d'un contenu affectif. En effet, dans cette représentation, tous les citoyens sont unis par des liens fraternels et se considèrent comme les membres d'une même organisation familiale, et se doivent respect et considération les uns envers les autres[286]. Djoli Eseng'Ekeli ne croit pas aux chances de succès d'un État fédéral en Afrique hors de cette vision qui lui est propre. Les modèles importés n'ont aucune chance de prospérer faute d'assises culturelles et mythologiques, voire métaphysiques. Il n'y a pas fondamentalement de différences profondes entre l'africanité défendue par Senghor et la conception de l'État africain telle que développée par M. Djoli Eseng'Ekeli. Elles sont toutes deux porteuses d'un essentialisme culturel et politique ; elles postulent un lien entre l'ethnie, la race et la culture ; les valeurs seraient idoines à l'ethnie sinon à la race, dont elles seraient le produit. Djoli Eseng'Ekeli pérennise ainsi la négritude senghorienne qu'il intègre au patrimoine juridique africain comme fondement et comme critère de validation de toutes les institutions politiques. Mais l'extension aux pays du Maghreb d'une vision étatique et culturelle censée être historiquement circonscrite à l'Afrique noire suscite bien des interrogations, car il semble même impossible de concilier l'État au

282 V. J.-L. Joubert, « De Joal à Carthage : Le Maghreb dans l'œuvre littéraire de Senghor », in *Dialogue Maghreb/Afrique noire, I. Au de là du désert,* éd. Notre Librairie, n° 95, octobre-décembre 1988, p. 47.

283 J. Djoli Eseng'Ekeli, *Le constitutionnalisme africain : entre la gestion des héritages et l'invention du futur. Contribution à l'émergence d'une théorie africaine de l'État,* Paris, éd. Connaissances et Savoirs, 2006, p. 370 et s.

284 *Ibid.* p. 375.

285 *Ibid.*, p. 375.

286 *Ibid.*, p. 380.

sens où le conçoit l'islam avec l'État noir africain. N'a-t-on jamais proclamé au Maghreb que l'État « s'identifie avec le corps même de l'islam qui forme sa raison d'être »[287] ? De même, les droits et les devoirs qu'un citoyen noir africain a envers l'État ne sauraient être ni équivalents, ni de même nature que ceux que pourrait avoir ou revendiquer un citoyen maghrébin vis-à-vis de l'État dont il relève[288]. Par sa prétention totalisante, l'africanité de Senghor apparaît ainsi comme une idéologie militante qui masque le problème identitaire en Afrique. Elle dissimule le caractère construit de la nation, et tout comme dans la pensée de Cheikh Anta Diop, l'histoire est le meilleur des refuges, parce qu'elle permet d'asseoir « l'idée que la nation possède une identité inaltérée tout au long de l'histoire, et donc que cette identité constitue une réalité et une essence qui ne peuvent être changées »[289]. L'histoire est ici un facteur légitimant qui donne à la nation son intemporalité et même son immortalité, et justifie par cela même son existence. La « complaisance narcissique », pour reprendre les termes utilisés par M. Mbem[290] pour dénoncer les falsifications africaines de l'histoire, ne permet pas de faire clairement la part entre le mythe et la réalité d'une identité africaine construite au fil des âges. La démonstration très élaborée de Senghor sur l'existence et l'historicité d'une unité culturelle africaine, incluant sans aucune nuance ni réserve l'ensemble des États du continent, du Cap à l'Atlas, a certainement consisté à contourner l'équation de l'impossibilité pour l'État de créer la nation[291]. L'artifice est cousu de fil blanc, et le constat de nations ethniques insolubles dans une citoyenneté post-étatique est aussi cinglant que l'impossibilité d'unifier des cultures façonnées et immergées dans des croyances parfois opposées[292].

---

287 V. Parti communiste marocain, *Un procès d'inquisition*, Casablanca, 1960, p. 167, cité par Y. Belal, in « L'islam politique au Maroc », *Pouvoirs*, n° 145, 2013, p. 71-81 ; K. Moshen-Finan, « Maroc : l'émergence de l'islamisme sur la scène politique », *Politique étrangère*, 2005/1, p. 73-84.

288 V. par exemple, T. Aclimandos, « L'islam politique égyptien », *Confluences méditerranée*, 201/4/, n° 75, p. 167-179.

289 D. Sindic, E. Castano et S. Reicher, « Les dynamiques identitaires... », *op. cit.*

290 A. J. Mbem, *Mythes et réalités de l'identité culturelle africaine*, éd. L'Harmattan, Paris, 2006, p. 30-31.

291 V. M. Cahen, « L'État ne crée pas la nation : la nationalisation du monde », *Autrepart*, n° 10, 1999, p. 151-170. Les intellectuels africains, de même que les élites politiques soutiennent que l'État peut engendrer la nation tout comme la nation engendre l'État : v. les développements de P. Ogo Seck, *L'idée de nation en Afrique*, Thèse Paris X Nanterre, 1994.

292 « L'ethnie, dit Touere Elenga, peut être vue comme l'expression de la nation en Afrique » : v. *Fait ethnique, droit public et gouvernance de l'État en Afrique subsaharienne francophone. Contribution à la théorie de l'État africain*, éd. L'harmattan,

Cette nation là n'a jamais existé que dans l'imaginaire senghorien, et pérennise la confusion, souvent entretenue par l'élite africaine, entre État et nation[293]. Or l'identité africaine est de plus en plus questionnée[294], surtout à l'épreuve de la mondialisation[295], à cause de la fusion de cette identité dans les grandes valeurs de l'espèce humaine. Il serait peut-être plus judicieux de repenser les valeurs constitutives de l'identité africaine au contact des autres cultures. L'Afrique a du reste déjà perdu sa symbiose présumée sur laquelle le panafricanisme espérait bâtir l'unité politique. Maints États du continent ont officiellement pris acte de la diversité culturelle non seulement entre les différents États mais aussi à l'intérieur des espaces nationaux[296] ; ce qui ne peut être perçu que comme une avancée[297]. Ce panafricanisme tourné vers une unité passéiste et fondé sur une identité "essentialisée" ne rend pas service à l'intégration africaine. Au contraire, il la retarde, dans le processus de rédemption qu'elle a engagé par le biais de la démocratisation de l'espace politique et la promotion des libertés publiques.

Les résultats de la pensée unique comme méthode d'intégration politique ont été catastrophiques dans la construction des États-nations. Les partis uniques appelés à résorber les tensions ethniques les ont souvent aggravées. L'État fédéral devait se réaliser au besoin en fermant les yeux sur les graves divergences culturelles et même civilisationnelles[298] existant entre les deux

---

Paris, 2021, p. 33 et s.

293 Michel Cahen, *op. cit.*

294 A. Bathily, « Quelle identité aujourd'hui ? », *Présence africaine*, n° 175-176-177, 2007-1er semestre 2008, p. 23.

295 L. Aka-Evy, « Présence Africaine : de la Société Africaine de Culture à la Communauté Africaine de Culture », *Présence africaine*, n° 175-176-177, 2007-1er semestre 2008, p. 234 et s.

296 Il en est ainsi de la République démocratique du Congo, dont la Constitution dispose à l'article 46 al. 3 et 4 que « L'État tient compte, dans l'accomplissement de ses tâches, de la diversité culturelle du pays ». De même, la Constitution sénégalaise, dans son Préambule, entend respecter « les spécificités culturelles de toutes les composantes de la nation ».

297 A. Ondoua, « La population en droit constitutionnel : le cas des pays d'Afrique francophone », *op. cit.*

298 L'expression n'est pas à prendre au pied de la lettre, car, d'aucuns récusent l'idée que l'aire arabo-musulmane ait pu fournir les éléments d'une civilisation propre. Nous prenons le mot civilisation dans le sens que lui donne M. M. Chebel (v. « Civilisation islamique et stratégies identitaires », *Confluences Méditerranée*, n° 41, 2002, p. 123 à 134) pour qui « le croisement du monde arabe avec la propagation de l'islam a entraîné l'émergence d'une civilisation spécifique : la civilisation arabo-islamique ». Il existe par conséquent dans cette civilisation des éléments propres qui la

mondes. Comme l'écrit fort justement M. Luc Aka-Evy, « Que de difficultés, que de drames et de tragédies cachent cette uniformité de surface »[299]. Cynisme ou naïveté, pour mettre un comble à cette cacophonie, l'architecture juridique communautaire inspirée du droit occidental pourrait aboutir à une mise aux pas des pays du Maghreb, à l'image de celle que la Cour européenne des droits de l'homme à imposée à la Turquie, dont les valeurs culturelles théocratiques, considérées comme nocives pour les droits de l'homme, ont été purement et simplement abolies, pour ne laisser subsister que celles de la démocratie occidentale, le choc culturel ayant été fatal — ou salutaire selon les points de vue — à ce pays riche d'une culture multiséculaire. Les pays du Maghreb en particulier, et l'ensemble des pays musulmans d'Afrique, continuent de résister à cet impérialisme de la mondialisation, importé par le droit de l'Union africaine, en affichant ouvertement leur différence culturelle.

Section 2. L'Affirmation de la différence culturelle des pays arabo-musulmans

Deux choses dans la quête identitaire des pays musulmans contredisent ouvertement les objectifs qui concourent à la création de l'État fédéral africain : la consécration constitutionnelle de la culture islamique comme le référentiel dominant, sinon unique, des pays concernés (§1), et la portée des règles juridiques qu'elle engendre en termes de violations de l'ordre constitutionnel et démocratique que l'Union africaine tente d'imposer sur l'ensemble du continent (§2).

§1. La culture islamique comme référentiel et ciment de la nation arabo-musulmane

Les pays du Maghreb, ainsi que l'ensemble des Républiques islamiques africaines, ne sont pas laissés entraîner dans l'orientation proposée par l'Union africaine qui, en définitive, se révèle être le cimetière de leur culture, de leur foi et peut-être de leur identité. C'est à peu près du bout des lèvres que certains d'entre eux se sont prononcés par le passé en faveur de l'unité africaine. Mais à l'intérieur de leurs frontières, ils ont érigé des barrières juridiques à la libre expression d'une citoyenneté panafricaine. Il n'y a guère que Mouammar Kadhafi qui, défiant toute logique, avait décidé de naviguer à contre-sens. Mêlant stratégie et émotion, le chef de la Jamahiriya arabe li-

---

différencient profondément de la civilisation noire africaine.

299 L. Aka-Evy, *op. cit.*

byenne s'est approprié l'histoire noire africaine et le leadership continental, pour justifier le regroupement des États africains. Ses louables intentions s'inscrivaient pourtant en faux contre les droits fondamentaux[300]. La méthode directive rappelle à peu de choses près celle tout autant curieuse de Kwamé Nkroumah[301], qui ne se souciait ni des droits des citoyens, ni de la dimension culturelle de ces droits. Kadhafi élude volontairement la question religieuse, lui qui quelques décennies auparavant avait fermement soutenu que, ce qui caractérise une nation est son unité religieuse, parce que le facteur religieux pouvait agir sur l'unité d'une communauté, tout comme la diversité des croyances pouvait représenter une source d'instabilité[302] : « La règle juste, écrivait-il, veut que chaque nation ait sa religion : c'est le contraire qui est anormal. De cette anomalie naît une situation malsaine, origine de graves différends au sein de la communauté nationale »[303]. Le chantre de l'unité africaine ne défendait donc pas le principe de la laïcité, mais un embrigadement idéologique et culturel d'un peuple, en emprisonnant la conscience dans une croyance, ce au mépris de toutes les spécificités culturelles des uns ou des autres. La Libye a été le champ expérimental de la foi islamique au service de la construction d'une nation arabe[304]. On se demande à juste titre pourquoi il n'en tire aucune conséquence pour l'unité africaine, alors qu'il tient l'Afrique entière pour une nation. L'explication de ce comportement étrange se trouve peut-être dans les visées expansionnistes attribuées à certaines puissances arabes qui considèrent l'Afrique comme une terre à islamiser, une nation musulmane en devenir. Cette démarche constitue précisément l'in-

300 Ce qu'il est convenu d'appeler la « conversion » subite du dirigeant libyen au panafricaine constitue la dernière phase d'une évolution politique qui est dictée par l'échec de ses nombreuses tentatives avortées d'unifier les pays du Maghreb, pour en faire un bloc puissant et une nation arabe. Il va sans dire que la passion panafricaine qu'on a pu observer chez Kadhafi n'est née que sur le tard (v. Pierre Berthelot, « Les relations entre les États du Maghreb arabe et l'Union africaine : coopération ou confrontation ? », *Géostratégiques*, n° 32, 3e trimestre 2011, p. 119 et s).

301 La parenté entre la pensée de Nkrumah et celle de Kadhafi est tellement évidente qu'il a même été soutenu que ce dernier a incarné les aspirations du premier : F. Sassou Attisso, *De l'Unité africaine de Nkrumah à l'Union africaine de Kadhafi*, éd. L'Harmattan, 2008, p. 195-196. Tout comme Nkrumah, Kadhafi était hostile aux élections démocratiques, et encourageait ses pairs à ne pas organiser les élections, pour demeurer indéfiniment au pouvoir : v. *Jeune Afrique*, n° 2527, du 14 au 20 juin 2009.

302 M. Kadhafi, *Le Livre vert*, p. 45.

303 *Idem*.

304 N. Clinchamps, « L'échec du pluralisme politique dans le monde arabe », *RJPEF*, 2010, n° 4, p. 391 à 409.

verse de ce qu'envisage l'Union africaine : elle vise la construction d'un nationalisme transnational déterritorialisé[305] dont la religion serait l'instrument de sa réalisation, avant la reterritorialisation de la nation africaine unifiée au moyen du patriotisme fondé sur la foi, par l'appropriation du projet fédéral ; les institutions continentales pourraient, lorsque les circonstances le permettront, devenir pour ce nationalisme « une source de droit et de légitimité » et son « support »[306]. Cette démarche peut parfaitement s'accorder avec le caractère totalisant du nationalisme islamique qui, historiquement, dépasse les frontières de l'arabité pour intégrer toutes les communautés qui partagent la même foi[307]. Quelles que furent les réelles intentions du leader libyen, sa démarche recèle de réelles ambiguïtés. C'est contre ces ambiguïtés identitaires que les États arabes, tout en revendiquant une coopération fraternelle avec l'Union africaine, ont affirmé leur attachement à la nation arabe. Ils ont toujours été portés à privilégier la proximité culturelle et les liens historiques avec les États arabes à la proximité géographique avec l'Afrique noire[308]. Il est certes vrai que les relations entre les États noirs africains et la nation arabe sont foncièrement fraternelles, cela est démontré historiquement, mais dans la pratique la coopération n'a pas toujours été satisfaisante ; elle a été parfois qualifiée de « lente, difficile et décevante »[309]. La construction de l'Union maghrébine et de la nation arabe comme objectif est solennellement affirmée par les différents textes constitutionnels des États nord-africains. Symbole de cet ancrage dans la culture et la civilisation arabes, la Constitution tunisienne de 2014, expression de l'attachement aux valeurs démocratiques, exprime dans son préambule, l'attachement du peuple aux enseignements de l'islam et à l'identité arabo-musulmane[310]. Elle entend consolider

305 Le XXIe siècle est celui où s'expriment de nombreuses revendications à travers le monde en faveur de nations sans territoires, mais unies par des liens culturels, linguistiques et religieux : v. R. Kastoryano, « Vers un nationalisme transnational : Redéfinir la nation, le nationalisme et le territoire », *RFSP*, 2006/4, vol. 56, p. 533-553.
306 V. L'analyse de R. Kastoryano, « Vers un nationalisme... », *op. cit.*
307 V. J. Dakhilia, « Islam et nationalisme : la fin des états de grâce » », *Le Genre humain*, 1991, n° 23, p. 19-32.
308 V. O. Silla, « L'Afrique, le Maghreb, le Proche-Orient », *Études internationales*, vol.1, n° 4, 1970, p. 35-49.
309 B. Boutros-Ghali, « Les relations entre la Ligue arabe et l'OUA », *AFDI*, vol. 23, 1977, p. 175-186.
310 En cela la Tunisie post-révolutionnaire poursuit les mêmes objectifs que le régime de Ben Ali. Sous l'ère du président déchu, les autorités tunisiennes avaient adressé à l'Union africaine un rapport dans lequel il était bien spécifié que l'identité arabo-musulmane est le ciment de la société et même le fondement de tout engagement politique. Il était notamment écrit que le parti politique doit respecter et dé-

l'appartenance de la Tunisie « à la culture et à la civilisation de la nation arabe et musulmane ». Même si elle entend œuvrer pour la complémentarité entre les peuples musulmans et les peuples africains, elle veut soutenir l'union maghrébine qui constitue une étape vers l'union arabe. De même, la Constitution marocaine du 20 juillet 2011 s'engage à œuvrer à la construction de l'Union du Maghreb comme option stratégique, et à approfondir les liens d'appartenance à la Oumma arabe et islamique.

Les valeurs fondamentales de l'identité culturelle maghrébine sont profondément ancrées dans les principes de l'islam. C'est donc tout naturellement que tous les États de l'aire maghrébine proclament dans leurs constitutions que l'islam est la religion de l'État, et qu'il n'est pas possible d'amender et de discuter cette règle[311]. Elle acquiert par cela même une valeur supra-constitutionnelle. En effet, l'islam est certainement le fondement prédominant de l'ordre public dans les pays musulmans[312]. Le repli identitaire des pays du Maghreb soulève un problème juridique au continent, celui de la difficulté d'adopter et de mettre en place une Constitution fédérale qui puisse développer une conception uniforme des droits fondamentaux[313] . Il n'est pas certain qu'une telle conception puisse être envisageable dans un proche avenir.

§2. La violation de l'ordre démocratique africain par le droit et la culture islamiques

Pour bien montrer le divorce qui existe entre l'identité culturelle maghrébine et les principes juridiques et politiques de l'Union africaine, il convient d'observer les évolutions culturelles de deux séries de pays dont la culture est profondément ancrée dans l'islam, et qui essaient de converger vers l'État de

---

fendre l'identité arabo-musulmane : v. *Rapport politique consolidé de la Tunisie aux termes de la Charte africaine des droits de l'homme et des peuples (1995-2006)*, p. 8. Concilier une telle identité avec un traité aussi libéral que la Charte africaine n'est pas une entreprise aisée. v. aussi B. Dupret, « Le juge et le jeu de la normalisation islamique du droit », *Journal of legal pluralism*, 1998, 42, p. 199-220.

311 Article 1er de la Constitution de la République fédérale des Comores du 1er octobre 1978 ; article 3 de la Constitution marocaine de 2011 ; Article 2 de la Constitution algérienne du 8 décembre 1996 modifiée.

312 V. J.-F. Rycx et Gilles Blanchi, « Références à l'islam dans le droit public positif en pays arabes », *Pouvoirs*, n° 12, 1983, p. 57.

313 Aux États-Unis, cette uniformité s'est faite progressivement : v. G. L. Neuman, « Fédéralisme et citoyenneté aux États-Unis et dans l'Union européenne », *op. cit.* ; F. Deloche G., F. Vigniolles de Chantal, « Citoyenneté et fédéralisme aux États-Unis et en Europe », *Critique internationale*, 2003/4, n° 21, p. 118-120.

droit et la démocratie : la Turquie et les pays du Maghreb. La première peut être qualifiée de modèle de mutation d'un État théocratique en une démocratie en voie de modernisation, dans laquelle l'Union africaine pourrait trouver un encouragement à poursuivre ses efforts en faveur de la construction fédérale si ce pays était situé en Afrique ou avait inspiré d'autres États africains ayant avec elle un fond culturel commun (A). Les seconds constituent au mieux un contre-exemple en matière de pratique de la culture démocratique par un pays de culture islamique, au pire des régimes théocratiques qui se sont drapés du manteau de la liberté et du droit (B).

A. UN MODÈLE DE MUTATION D'UN ÉTAT THÉOCRATIQUE EN DÉMOCRATIE : LA TURQUIE

Jusqu'en 1924, l'Islam est la religion de l'État turc ; cette référence théocratique a commencé à être abandonnée en 1928. La Constitution du 18 octobre 1982 fait clairement de ce pays une République laïque. Ce mouvement de laïcisation a connu une extraordinaire accélération, sous l'impulsion de la Cour européenne des droits de l'homme, qui a détruit des pans entiers de ce qui était naguère considéré comme l'identité turque. Aujourd'hui, la perspective d'intégrer l'Union européenne a entraîné une libération des mœurs, au point où les valeurs démocratiques, le respect des droits fondamentaux, et l'État de droit se sont implantés durablement dans ce pays. Même si pour beaucoup, ce pays est toujours le plus mauvais élève de la Cour européenne, il n'empêche que les avancées démocratiques y sont très significatives. L'une des évolutions les plus remarquables a porté sur la liberté d'expression, dans un pays où la majorité de la population est de confession musulmane. Une disposition du Code pénal turc, l'article 175, nostalgique de l'époque où le droit de l'État était irrigué par des principes juridiques tirés du coran, punit d'une peine de six mois d'emprisonnement « quiconque insulte Dieu, l'une des religions, l'un des prophètes, l'une des sectes ou l'un des livres sacrés […] ou bien vilipende ou outrage une personne en raison de ses croyances ou de l'accomplissement des obligations religieuses ». Sur ce fondement le procureur d'Istanbul inculpa le directeur d'une maison d'édition pour avoir, par voie de publication romanesque, injurié et outragé Dieu, la religion, le prophète et le livre sacré. Le Tribunal de grande instance d'Istanbul condamna l'infortuné à deux ans d'emprisonnement et au paiement d'une amende très modique. La Cour de cassation confirma la sentence, qu'elle ramena néanmoins à une amende symbolique. La Cour européenne des droits de l'homme appelée à régler ce conflit de valeurs dans ce pays où le legs culturel religieux est plus que jamais présent, admit la légitimité du droit du gouvernement turc, qui estimait que la condamnation du requérant « répondait à un besoin social impérieux dans la mesure où l'ouvrage litigieux constituait une attaque offensante contre l'islam et heurtait et outrageait les sentiments religieux », dans un pays où la majorité de la population est de confession musulmane. Mais la décision de la Cour fut assortie de nombreux rappels au respect des valeurs démocratiques ; elle rappelle tout d'abord que la liberté d'expression constitue l'un des fondements essentiels d'une société démocratique, l'une des conditions primordiales de son progrès et de l'épanouissement de chacun[314]. En conséquence de quoi, elle conclut que « ceux qui choisissent d'exercer la liberté de manifester leur religion, qu'ils appartiennent à une majorité ou à une minorité religieuse, ne peuvent raisonnablement s'attendre à le faire à l'abri de toute critique. Ils doivent tolérer et accepter le rejet par autrui de leurs croyances religieuses et même la propagation par autrui de doctrines hostiles à leur foi »[315]. Ce furent ensuite les opinions dissidentes des juges qui achevèrent de discréditer les valeurs théocratiques auxquelles se référait le gouvernement turc, pour endiguer la liberté d'expression. Les juges dissidents firent observer qu'une « société démocratique n'est pas une société théocratique », allusion ici, à l'article 175 précité qui fait du procureur de la république le défenseur des droits de Dieu, alors même qu'en démocratie les organes de l'État doivent observer une stricte neutralité vis-à-vis de la religion.

Dans d'autres espèces, c'est le gouvernement turc qui revendique le principe de la laïcité comme valeur fondamentale en démocratie. Pour convaincre la Cour européenne des droits de l'homme d'approuver sa décision de dissoudre un parti politique religieux extrémiste, il a fait valoir que « le principe de laïcité est une condition préliminaire d'une démocratie pluraliste libérale », et qu'un État qui adhère à ce principe « est une communauté politique qui refuse d'organiser la société selon les principes religieux »[316]. La Cour lui donne pleinement raison, en soulignant au passage le caractère révolutionnaire du processus qui a transformé un État théocratique en un État laïque. La décision de la Cour est donc une prime à la démocratisation accordée à l'État turc, pour l'encourager dans cette voie ; et les valeurs de la démocratie occidentale ont souvent été ces dernières années le fil conducteur des décisions politiques ou juridictionnelles en matière de droits fondamentaux. Cette volonté de tourner définitivement le dos aux valeurs culturelles

314 Ce sont des principes qu'elle rappelle invariablement dans sa jurisprudence : v. CEDH, 1976, Handyside c. Royaume-uni, série A., n° 24, p. 23.
315 CEDH, 13 sept. 2005, I. A. c. Turquie, Req. 42571/98, *Recueil des arrêts et décisions de la Cour de Strasbourg*, 2005-VIII, p. 235.
316 CEDH, 3è section, 31 juil. 2001, Refah partisi – parti de la prospérité c. Turquie, *RTDH*, 2002, p. 983 et s., note Stefan Sottiaux et Dajo de Prins.

musulmanes et d'épouser les valeurs démocratiques a pu être observée dans d'autres affaires, comme l'affaire *Leyla Sahin*, où la Cour européenne approuve la décision du gouvernement turc d'avoir exclu de la faculté de médecine d'Istanbul une étudiante qui refusait d'ôter son voile, pour passer ses examens. La Cour a estimé qu'une telle décision n'est pas contraire à l'article 9 de la Convention européenne des droits de l'homme [317]. Au delà de la querelle doctrinale suscitée par cette décision, relative à son bien-fondé ou même à sa portée dans les pays qui sont confrontés à l' épineux problème du voile islamique[318], il y a un enjeu culturel et identitaire indéniable, car nul n'ignore aujourd'hui que la laïcité est non seulement une valeur démocratique, mais qu'elle est indissociable de la culture occidentale[319].

Il est donc incontestable que la Turquie a bien conscience que le carcan religieux qui imprègne son univers culturel est un obstacle à l'avènement d'une société démocratique respectueuse des droits et libertés fondamentaux. D'aucuns ont soutenu qu'elle serait à la croisée des chemins[320] ou même qu'elle fait le chemin inverse. A l'inverse de la Turquie, l'orientation prise par les pays du Maghreb ne nous paraît pas donner des assises démocratiques aux institutions politiques.

B. UN MODÈLE D'ÉTATS THÉOCRATIQUES ANTI-DÉMOCRATIQUES SOUS LE MANTEAU DU DROIT ET DES LIBERTÉS : LES ÉTATS DU MAGHREB

La violation des droits de la citoyenneté des non musulmans (1) et le statut privilégié accordé à l'islam (2) montrent que la garantie des droits fondamentaux des personnes dans une société démocratique est loin d'être acquise.

317 CEDH (Grande ch.), 10 nov. 2005, Leyla Sahin c. Turquie.
318 V. L. Burgorgue-Larsen et E. Dubot, « Le port du voile à l'université. Libres propos sur l'arrêt de la Grande chambre Leyla Sahin c. Turquie du 10 novembre 2005 », *RTDH*, 2006, p. 183.
319 A. Garay, « La laïcité, principe érigé en valeur de la Convention européenne des droits de l'homme », *D.* 2006, p. 103.
320 S. Bessis, E. Wrzoncki, « La Turquie à la croisée des chemins », *Confluences méditerranée*, 2005/1, n° 52, p. 113-128.

1. Islamisation de la société et violation des droits attachés à la citoyenneté

La prise de conscience que nous avons cru déceler dans le cas turc n'apparaît nulle part dans les constitutions des États d'Afrique du nord. Ils ne voient pas l'antinomie de principe entre les principes théocratiques inscrits dans leurs constitutions et ceux qui relèvent du droit de l'Union africaine. Aucun mécanisme de conciliation des deux sources de normes n'est prévu. Une décision mémorable rendue par la Commission africaine des droits de l'homme et des peuples dans une affaire qui opposait *Amnesty International* à l'État soudanais[321] permet d'envisager un avenir sombre pour les valeurs théocratiques érigées en normes juridiques dans la perspective de l'État fédéral africain. Le gouvernement soudanais avait coutume de tolérer, voire d'encourager les violations massives des droits et libertés des chrétiens relatifs à la pratique de leur culte, et même de faire appliquer les règles de la charia aux personnes qui ne pratiquent pas la religion musulmane. Les diplomates se sont même émus du fait que la politique d'islamisation et d'arabisation soit menée par les autorités, qui n'ont manifesté aucune commisération pour les non-musulmans[322]. Il va sans dire que même les athées n'ont pas droit de cité dans cette république islamique. La Commission décida que, « tout en respectant entièrement la liberté de confession des musulmans du Soudan, (elle) ne peut pas encourager l'application de lois qui causent la discrimination ». Elle ajoute, à propos de la charia, qu'il « est fondamentalement injuste que des lois religieuses s'appliquent contre des personnes qui ne pratiquent pas cette religion. Les tribunaux qui n'appliquent que la charia ne sont donc pas compétents pour juger des non musulmans et chacun devrait avoir le droit d'être jugé par un tribunal séculier s'il le désire ». La décision de la Commission, par les termes choisis, n'est pas loin de déclarer hors la loi la charia comme non conforme aux principes de l'État de droit. Il ne lui appartenait pas de prendre de telles libertés, dans la mesure où ses décisions n'ont pas la même portée que celle d'une Cour suprême fédérale. Autrement dit, un juge fédéral appelé à exercer le contrôle de constitutionnalité de la loi n'aurait eu aucun mal à déclarer inconstitutionnelle la charia.

---

321 CADHP, novembre 1999, Amnesty International et autres c. Soudan, *Recueil africain des décisions des droits humains (RADH)*, 2000, p. 323.
322 M. Rimbaud, « Le Soudan : combien de divisions ? », *Après-demain*, 2014/3, n°, 31-32, p. 15-17.

2. Favoritisme envers l'islam et discriminations à l'encontre des autres confessions

En Algérie, le gouvernement s'est donné beaucoup du mal pour endiguer l'expansion des églises évangéliques, par l'adoption d'une loi ouvertement discriminatoire. La préférence accordée à l'islam offre aux musulmans un statut privilégié, dont sont privés les adeptes des autres confessions religieuses. La foi non-musulmane est encadrée de façon drastique. L'ordonnance n° 06-03 du 29 février 2006 fixant les conditions et règles d'exercice des cultes autres que musulman, par son objet, impose aux non-musulmans seuls des contraintes qui ne s'appliquent pas aux musulmans. Ils ont l'obligation, sous peine de sanctions pénales, d'exercer leur foi dans des édifices ayant reçu l'homologation de la commission nationale de l'exercice des cultes, alors que le culte musulman peut se pratiquer librement même dans la rue, hors de tout édifice religieux. Est passible d'emprisonnement toute personne qui, par tout moyen, tente de convertir un musulman à une autre religion[323] ; les musulmans, eux, ont le droit de convertir les non-musulmans à l'islam[324]. Il est évident que les motivations des autorités algériennes n'ont aucun lien direct avec la préservation de l'ordre public, à moins que la défense de l'identité musulmane ne constitue un motif d'ordre public, ou ne revêt le caractère d'un objectif d'intérêt général. Le gouvernement algérien encourt la même critique que la Commission africaine adressa au Soudan, à savoir que le gouvernement de ce pays persécutait les chrétiens, dans le but de

---

323 Article 11-1 de l'ordonnance. La rédaction de l'article 220 du Code pénal marocain ne diffère en rien de celle de l'ordonnance algérienne. Il punit d'un emprisonnement de six mois à trois ans « quiconque emploie des moyens de séduction dans le but d'ébranler la foi d'un musulman ou de le convertir à une autre religion, soit en exploitant sa faiblesse ou ses besoins, soit en utilisant à ces fins des établissements d'enseignement, de santé, des asiles ou des orphelinats ».

324 C'est toute la vocation chrétienne, inscrite dans les Évangiles, de convertir les nations (Évangile selon Matthieu chap. 28 v 19), qui est ébranlée par cette ordonnance. Un chrétien dont le culte est cantonné à célébrer son Dieu dans un bâtiment à l'exclusion de l'enseignement de l'Évangile aux non-chrétiens, perd l'essentiel de sa mission. La preuve de cette volonté d'enfreindre l'exercice du culte chrétien, l'article 13 qui, par sa portée, interdit les campagnes publiques d'évangélisation qui, deviennent des infractions au regard de la législation algérienne. L'article 11-2 qui punit de peine d'emprisonnement et d'amende quiconque « fabrique, entrepose ou distribue des documents imprimés ou métrages audiovisuels ou par tout autre support ou moyen qui vise à ébranler la foi d'un musulman », comporte des termes très larges qui peuvent viser même les artistes, écrivains ou pamphlétaires qui seraient tentés de s'aventurer dans la sphère religieuse, même sans viser expressément l'islam, pour peu que leurs opinions violent peu ou prou les principes de l'islam.

les convertir à l'islam. Il apparaît donc sans l'ombre d'aucun doute qu'au mieux les États soudanais et algérien instituent une citoyenneté à deux vitesses, dans laquelle les citoyens musulmans bénéficient d'une absolue liberté d'expression et de culte ; au pire ils ne conçoivent pas de citoyenneté détachée de la culture musulmane et de la pratique de l'islam. C'est certainement cette seconde hypothèse qui semble la plus plausible au regard des préambules des constitutions maghrébines, qui magnifient une identité autarcique tournée vers le passé, et n'entrevoient aucune perspective d'évolution dans le sens du brassage des cultures, qui transformerait leur société en un réceptacle de cultures, condition nécessaire pour l'affirmation d'un nationalisme transnational[325]. La compétition des religions et l'émulation induites par la mondialisation[326] sont des facteurs qui favorisent la liberté d'expression des personnes, mais contre lesquelles les États du Maghreb tentent de se prémunir, pour maintenir les frontières religieuses en l'état. Or, la question que nous posons ici se ramène à une problématique simple : qu'est-ce qui fait que des individus puissent constituer un peuple, et qu'est-ce qui fait qu'un peuple soit considéré comme une nation ? En tout état de cause il ne peut y avoir de nation là où des lois injustes et discriminantes existent. C'est de la tyrannie théocratique de même teneur que les tyrannies tribales qui exercent le pouvoir ethnique en Afrique noire aux dépens des minorités, et même des majorités. Il est certes vrai que la tolérance est une vertu dont les lois se font l'écho dans tous les États de l'Afrique maghrébine, et cela peut se voir au travers de la liberté de fait dont jouissent les églises chrétiennes dans ces pays. Mais la tolérance est d'un maniement délicat, et l'expérience montre qu'elle est souvent circonstancielle ; elle dépend de la largesse et de la mansuétude des autorités si les circonstances politiques le permettent. Lorsque la cohabitation des religions ne perturbe pas les équilibres identitaires, les autorités se montrent très magnanimes, en laissant les cultes non musulmans prospérer, mais dès lors que la prolifération des autres confessions risque de compromettre l'existence du socle culturel religieux, la tolérance perd sa raison d'être et la loi reprend son empire[327]. En effet, la loi est, ici, l'instrument de

325 R. Kastoryano, « Vers un nationalisme transnational ... », *op. cit.* ; W. Kymlicka, « Le mythe de la citoyenneté transnationale », *Critique internationale*, 2004/2, n° 23, p. 97-111 ; J.-M. Ferry, « Face à la question européenne, quelle intégration postnationale ? », *Critique internationale*, n° 23, 2004, p. 81.

326 C. Mayrargue, « Pluralisation et compétition religieuse en Afrique subsaharienne. Pour une étude comparée des logiques sociales et politiques du christianisme et de l'islam », *RIPC*, 2009/1, vol. 16, p. 83-98.

327 L'Islam en Europe pose le même défi identitaire à l'Occident, qui s'emploie par des moyens différents de ceux qui sont employés au Maghreb à endiguer les revendications religieuses et culturelles qui sont particulièrement déstabilisantes : v. L.

construction, de consolidation et de préservation de l'identité culturelle et religieuse de ces nations, et la fin de la tolérance c'est la rigueur de la loi. La tolérance comporte aussi une facette négative qui consiste à stigmatiser les minorités religieuses comme n'ayant par principe aucun droit opposable en ce qui concerne l'exercice du culte, mais qu'elles bénéficient d'une simple faveur. Ce sont des citoyens de seconde zone ou des non-citoyens. Pour Mme Carole Dagher qui a étudié les rapports entre les chrétiens et les musulmans dans les pays arabes, « les chrétiens d'Orient se retrouvent au bout du compte [...] à bout de souffle, ayant perdu leurs illusions, impuissants et convaincus que quelle que soit la doctrine politique qu'ils embrasseraient, ils seraient toujours perdants. Ils sont fatigués d'avoir à prouver régulièrement leur loyauté à un environnement qui n'arrête pas de douter d'eux, fatigués d'être des Sisyphe modernes et d'avoir à grimper la montagne en poussant inlassablement le rocher jusqu'au sommet »[328]. Le statut religieux des chrétiens déteint sur leur citoyenneté, qui se trouve dépréciée, voire rejetée.

Dès lors, parler de laïcité dans ces pays relève quelque peu d'un abus de langage[329], bien que des tentatives de laïcisation de l'État ou à tout le moins de contrôle de l'islam par les pouvoirs politiques aient été expérimentées, notamment en Tunisie sous Bourguiba et en Égypte sous Nasser[330]. Mais elles n'eurent pas que des résultats positifs, au contraire, elles conduisirent parfois à la réislamisation de la société[331]. La laïcité « interdit de témoigner une préférence pour une religion ou une croyance déterminée »[332], ce qui est loin d'être le cas ici. Il est symptomatique que la Charte africaine des droits de l'homme et des peuples ne soit pas visée par les constitutions des États maghrébins. Cette attitude s'explique certainement par le fait que le moule

---

Burgorgue-Larsen, « Actualité de la Convention européenne des droits de l'homme (janvier – juillet 2014) », *AJDA*, 22 sept. 2014, p. 1768 et s.

328 Cité par P. Blanc, in « La place des chrétiens dans les sociétés arabes : histoire et actualité d'une longue quête », *Confluences Méditerranée*, 2008/3, n° 66, p. 9-25.

329 H. Sanson, « La laïcité dans l'Algérie d'aujourd'hui », *Revue de l'Occident musulman et de la Méditerranée*, 1980, vol. 29, pp. 55-68.

330 V. M. Zeghal, « État et marché des biens religieux. Les voies égyptienne et tunisienne », *Critique internationale*, Vol. 5, 1999, Mémoire, justice et réconciliation, p. 75-95.

331 *Ibid.*

332 M. Lévinet, « Droit constitutionnel et Convention européenne des droits de l'homme. L'incompatibilité entre l'État théocratique et la Convention européenne des droits de l'homme / A propos de l'arrêt rendu le 13 février 2003 par la Cour de Strasbourg dans l'Affaire Rafah Partisi et autres c/ Turquie », *RFDC*, 2004/1, n° 57, p. 207 à 221.

identitaire confectionné par la Charte n'est pas adapté à l'identité culturelle arabe. On comprend dès lors que le chemin qui reste à parcourir pour parvenir à l'unité culturelle est encore très long contrairement aux affirmations péremptoires de l'acte constitutif de l'Union africaine.

Une seconde catégorie de pays, dont la population est majoritairement musulmane et de culture islamique a bien compris la nécessité d'affirmer son identité culturelle dans le cadre de la construction africaine. Cette position aboutit à la laïcisation de l'État, en reléguant la religion dans la sphère privée. En affirmant, dans leurs constitutions, leur attachement à la Déclaration universelle des droits de l'homme et à la Charte africaine des droits de l'homme et des peuples, et en proclamant leur désir de participer à l'unité africaine, ces pays marquent leur adhésion aux valeurs universelles de la démocratie. C'est le cas du Niger ; c'est aussi, dans une moindre mesure, le cas de la Mauritanie, qui affirme son attachement aux principes de la démocratie tels qu'ils ont été définis par la Déclaration universelle et par la Charte africaine. L'évolution mérite d'être notée, même si, dans le cas de la Mauritanie, ou des Comores, l'attachement à l'islam est paradoxalement affirmé dans le même temps. Dans l'hypothèse la plus optimiste, on peut considérer ces constitutions comme étant des constitutions de transition vers la consécration d'institutions laïques et véritablement démocratiques[333]. En effet, quoiqu'on en pense, il y a clairement affirmation dans les mêmes textes de deux sources de valeurs contradictoires et irréconciliables, démocratiques et théocratiques, ces dernières ayant pour symbole l'article 306 du Code pénal mauritanien issu de l'ordonnance n° 83-162 du 9 juillet 1983, qui punit les outrages publics aux mœurs islamiques, consacre un crime d'apostasie, et institue la peine de mort pour des infractions au culte musulman qui, en démocratie, n'en sont pas, ou des peines corporelles que la Charte africaine et la Déclaration universelle assimilent à la torture et aux traitements inhumains et dégradants. Le fossé culturel qui sépare l'Union africaine des États musulmans est encore important, pour que l'on puisse parler d'une communauté de valeurs de nature à justifier la création d'une communauté politique harmonieuse. La législation mauritanienne est représentative d'un nationalisme identitaire rétrograde. Les États du Maghreb ne sont pas les seuls à former un îlot de ré-

333 Nous aurons l'occasion, dans la suite des développements, de montrer le divorce qui existe entre la législation pénale mauritanienne et la Charte africaine des droits de l'homme et des peuples, et la Déclaration universelle des droits de l'homme. La référence à ces traités est au mieux un souhait de voir ce pays, très englué dans des pratiques anti-démocratiques irrespectueuses des droits et libertés fondamentaux, s'engager dans la voie de la démocratisation et de l'État de droit, au pire une proclamation incantatoire des principes démocratiques dénuée d'effet.

sistance à la création de l'État fédéral africain. L'Afrique noire leur emboîte le pas ; elle développe des valeurs contraires à toutes les règles de bonne gouvernance en matière d'élection ou même de gestion financière et de lutte contre la corruption.

CHAPITRE II.

MŒURS ANTI-DÉMOCRATIQUES ET MAUVAISE GOUVERNANCE EN AFRIQUE NOIRE

A la différence des pays du Maghreb, dont le clivage avec l'Union africaine et son rêve fédéral se situe surtout au niveau de la différence des valeurs — car à ce point de la réflexion, il nous est quasiment impossible de recenser et d'énumérer les valeurs communes de nature à justifier l'adhésion des pays du Maghreb islamique à l'État fédéral africain —, les pays noirs africains, bien que ce ne soit une spécificité locale, se caractérisent par une résistance chronique à observer les règles de droit. Le droit n'a jamais été considéré par les pays d'Afrique noire comme une condition de l'existence de l'État et de sa pérennité ; il n'a jamais été davantage considéré comme le garant de la nation. C'est, en effet, le droit et principalement la Constitution qui fixe et qui détermine les valeurs fondatrices de la nation. Elle est, comme l'écrit M. Stéphane Pierré-Caps, au plan juridique « le lieu par excellence où la nation projette son devenir commun et où l'État affirme sa vocation à unifier le corps social »[334] . Pour M. Bertrand Mathieu, elle est le cadre et le miroir de la société[335]. A ce titre, elle constitue bien un contrat social par lequel gouvernants et gouvernés s'accordent sur les principes fondamentaux de l'État de droit et sur les valeurs fondatrices de la nation. L'idée d'un contrat social martelée dès l'invention des premières constitutions en Occident est certes apparue comme une pure fiction[336], mais une fiction nécessaire, comme toutes les fictions qui structurent le paysage normatif, par le fait qu'il constitue le texte fédérateur autour duquel l'accord se fait aussi bien sur l'unité de la structure étatique ou l'organisation des pouvoirs que sur les indispensables valeurs politiques et sociales qui fondent le corps social. Par suite la violation de la Constitution ou le mépris des valeurs sur lesquelles s'est fait le consensus national autour de l'acte fondamental fait de la nation une pure fiction comme on peut le constater aujourd'hui dans la plupart de ces États.

---

334 « Karl Renner et l'État multinational. Contribution juridique à la solution d'imbroglios politiques contemporains », *op. cit.*

335 V. B. Mathieu, « La Constitution cadre et miroir des mutations de la société », *RFDA*, 2014/4, n° 100, p. 1011 à 1019.

336 V. C.-M. Pimentel, « Du contrat social à la norme suprême : l'invention du pouvoir constituant », *Autour de la notion de constitution, Jus Politicum*, n° 3, 2009, p. 1-17.

En violant continuellement leurs constitutions, les pouvoirs publics africains fragilisent les États-nations. Les résistances des États à la règle de droit (Section 1) constituent un obstacle à la construction d'un État fédéral sur le continent ; elles expliquent aussi l'absence d'un encadrement supranational de la gestion économique et financière des États et des sanctions (Section 2).

Section 1. Résistances à l'autorité de la règle de droit

La construction des États-nations était un objectif très modeste comparé à celui qui consiste à mettre sur pied un État multinational ou une nation multiculturelle sur l'ensemble du continent, ce dernier nécessitant de définir des valeurs culturelles et des principes juridiques fondamentaux communs applicables uniformément à l'ensemble des citoyens au-delà des spécificités culturelles locales et des sensibilités propres à chaque État. C'est sans doute en considération de la taille des objectifs que la construction des États-nations a été privilégiée comme réalisable dans un délai raisonnable, avant la mise en place de l'édifice fédéral. L'exclusion ou la sous-estimation du droit comme instrument d'édification de la nation a en partie conduit à l'échec des États-nations africains. Ce comportement qui a incontestablement des fondements culturels est de nature à déjouer les pronostics les plus optimistes quant à la faisabilité de l'État fédéral africain. En effet, aucun État fédéral digne de ce nom ne peut réussir dans un univers qui ne fait aucun cas du droit. En Afrique, comme cela a déjà été observé par ailleurs dans les États fédéraux du continent, la construction de l'État fédéral sera confrontée à cette donnée propre au continent qui est l'ignorance du formalisme de la règle de droit (§1). Le renouveau du constitutionnalisme consécutif à la démocratisation des États africains n'a pas amélioré cette situation. En dépit de la profusion des normes juridiques destinées à encadrer les libertés politiques et l'État de droit, on continue d'observer la multiplication des pratiques anti-démocratiques qui confirment l'hostilité de la culture africaine au droit (§2).

§1. Le formalisme de la règle de droit, une valeur étrangère à la culture africaine

Ce phénomène est observable en matière électorale où les violations répétées des règles relatives au déroulement des scrutins ne sont pas sanctionnées, malgré l'existence de règles juridiques en la matière (A). Or, dans la mesure où la légitimité des représentants du peuple ne peut émaner que des urnes, l'existence d'un doute raisonnable sur la sincérité des élections ne peut que compromettre tout projet d'intégration politique, puisque seule la stricte observation des règles régissant le choix des gouvernants par les électeurs permet de maintenir la nécessaire confiance entre ceux-ci et leurs élus. Il en découle que la construction d'un État fédéral au cœur de l'Afrique ne peut procéder que d'un contrat social matérialisé par une constitution dont les termes doivent être strictement observés pour que demeure le lien de confiance entre le pouvoir central, les États et les citoyens (B).

A. L'ABSENCE DE SANCTIONS JURIDIQUES DES RÈGLES ÉLECTORALES

L'objectif de transparence et de sincérité des élections a littéralement échoué dans la quasi-totalité des États d'Afrique noire, du fait que le respect de la règle de droit dans son formalisme occidental est une valeur étrangère à l'Afrique postcoloniale, qui peine encore à l'acclimater[337]. Le terme très flatteur d'États « en gestation » utilisé par M. Christian Coulon[338] dans la décennie qui a suivi la décolonisation n'est peut-être plus d'actualité dans bien des cas. On comprend moins que les États se projettent vers une structure étatique fédérale fondée sur une légalité très complexe dont le succès dépendra en grande partie de la pleine collaboration des États et de leur entière adhésion aux principes qui fondent l'État de droit tant en matière de bonne gouvernance qu'en ce qui concerne la protection des libertés publiques, alors que respecter l'État de droit n'a jamais été auparavant leur préoccupation. L'obéissance ne peut procéder des transgresseurs. Il est certain que se posera — et se pose déjà — dans l'opinion la question de la confiance en termes de crédit à accorder à des leaders parmi les plus fervents défenseurs du fédéralisme qui, dans leurs pays respectifs, foulent aux pieds la règle de droit et refusent de se soumettre au verdict des urnes lorsqu'ils sont désapprouvés par les électeurs[339].

---

337 V. A. Bourgi, « L'évolution du constitutionnalisme en Afrique : du formalisme à l'effectivité », *RFDC*, 2002/4, n° 52, p. 721-748 ; C. Keutcha-Tchapnga, « Droit constitutionnel et conflits politiques dans les États francophones d'Afrique noire », *RFDC*, 2005/3, n° 63, p. 451 et s ; B. Guèye, « La démocratie en Afrique : succès et résistances », *Pouvoirs*, n° 129, 2009, p. 5.

338 Ch. Coulon, « Système politique et société dans les États d'Afrique noire », *RFSP*, n° 5, 1972, pp. 1049-1073.

339 Ce problème ne concerne pas que les élections. On a du mal à comprendre qu'un dirigeant comme Kadhafi ait pu s'ériger en leader du panafricanisme avec l'approbation et le soutien de la plupart de ses pairs, alors que dans son pays, des violations massives des droits de l'homme sont commises : v. S. Diffala, « Libye. Tortures, exécutions… La face sombre du régime Kadhafi », *L'Obs*, 29 août 2011 mis à jour le 30 août 2011.

Un État fondé sur le respect du droit ne peut *a priori* pas prospérer dans un univers où les gouvernants et les citoyens se méfient du droit qu'ils maîtrisent très mal. L'État fédéral africain ne peut apparaître dans ces conditions que comme une arnaque à la soviétique où Moscou s'adjugeait toujours la part du lion au détriment des petits États. Les beaux principes de la bonne gouvernance décidés par l'Union africaine qui préfigurent la sophistication juridique de l'État fédéral, ne font pas l'unanimité. Trop difficiles à appliquer, et perçus comme une ingérence, voire une intrusion extérieure intolérable dans les affaires intérieures des États, ils sont parfois transgressés quand ils ne sont pas purement et simplement bannis. L'Union africaine a d'ailleurs récemment montré son incapacité à faire observer les règles qu'elle a elle-même prescrites, pour permettre le bon déroulement des élections en Afrique. Les astuces mises en place par les gouvernants en Afrique pour contourner l'arsenal juridique panafricain, et obtenir le trucage des élections, pour rodées qu'elles puissent être, sont bien connues, pour qu'elles déjouent la vigilance des observateurs[340]. Et contrairement à la rhétorique convenue, le rejet des changements anticonstitutionnels de gouvernement est encore loin d'être une valeur partagée en Afrique[341]. Du reste, si les prétendues « valeurs partagées »[342] censées conduire le continent vers son intégration, doivent nécessairement tourner autour de la démocratie et de la bonne gouvernance, il faut bien se résoudre à reconnaître que ces valeurs n'existent pas encore. Pour preuve, le phénomène de la lente gestation du processus démocratique, que tous les observateurs de la vie institutionnelle et politique en Afrique ont noté[343] est quasi général sur le continent. Ce n'est pas la stricte observation ou non des règles du jeu électoral qui permet de mesurer les avancées de la démocratie, car ces pratiques existent depuis longtemps, et il n'est pas facile d'y mettre un terme par un coup de baguette magique. Ce qui permet de mesurer les avancées démocratiques c'est surtout la sanction juridictionnelle des règles régissant les élections censées être transparentes, et surtout son effectivité. La justice constitutionnelle est un facteur de maturation du processus démocratique. A un moment de l'histoire où le sentiment d'une régression du

---

340 D. Kokoroko, « Les élections disputées : réussites et échecs », *Pouvoirs*, n° 129, 2009, p. 115-125.

341 « Rejet collectif des changements anticonstitutionnels de gouvernement : une valeur partagée en Afrique », *Lettre d'information sur la gouvernance en Afrique*, vol. 1, n° 1, janvier-mars 2011, p. 17 ; A. K. Saïdou, « Modes d'alternances et consolidation démocratique en Afrique », Afrilex, 2017.

342 « Sur le chemin d'un sommet de valeurs partagées de l'Union africaine », *Lettre d'information sur la gouvernance en Afrique*, vol. 1, n° 1, janvier-mars 2011, p. 6.

343 V. par ex. C. Keutcha-Tchapnga, « Droit constitutionnel... », *op. cit.* ; D. F Meledje, « Le contentieux électoral en Afrique », *Pouvoirs*, n° 129, 2009, p. 139-155.

constitutionnalisme est non seulement redouté[344] mais réel, avec le risque de renouer avec les pratiques anciennes caractérisées par l'existence des constitutions formelles, ces « créatures momifiées conservées jusqu'en 1990 »[345], dépourvues de toute sanction, et au service du pouvoir exécutif[346], il semble naturel de s'interroger sur les avancées de la justice constitutionnelle en Afrique, et notamment sur leur uniformité sur l'ensemble du continent, pour pouvoir en déduire une pratique dominante en faveur de la démocratie et de l'État de droit, pouvant être considérée comme ayant donné naissance à une culture appelée à s'installer durablement sur la face du continent par la force de l'évidence. Car, autant les pratiques constitutionnelles antérieures étaient préjudiciables à la formation et à la consolidation des États-nations, autant leur retour signifierait sans contredit l'arrêt de mort du projet fédéral africain qui, dans les conditions de l'époque antérieure à la démocratisation, marquée par le déclin du constitutionnalisme, n'aurait pas pu prospérer dans cet univers marqué par l'hostilité à la règle de droit.

B. LA NÉCESSITE DE CRÉER LA NATION AFRICAINE PAR LE CONTRAT SOCIAL

C'est presque une chance pour l'Afrique que la naissance du juridisme sur le continent permette aujourd'hui de relancer le débat et d'en reformuler la problématique, qui avait été longtemps occultée par la perception collective foncièrement émotionnelle de la nation africaine. Cela permettra de dépasser le strict cadre des émotions pour affronter les questions du fédéralisme sous l'angle de la fidélité à la règle de droit, ce qui n'avait pas été le cas auparavant. On imagine mal, en effet, une fédération fondée sur une unité culturelle prétendue ou réelle, la solidarité ou la fraternité, sans que ces valeurs soient

344 K. Dosso, « Les pratiques constitutionnelles dans les pays d'Afrique noire francophone : cohérences et incohérences », *RFDC*, 2012/2 n° 90, p. 57-85.

345 L'expression est du professeur F. J. Aïvo dans, « La Cour constitutionnelle du Bénin », *RFDC*, 2014/3, n° 99, p. 715-740.

346 V. J. Owona, « L'essor du constitutionnalisme rédhibitoire en Afrique noire : étude de quelques constitutions Janus », *Mélanges P.-F. Gonidec, État moderne horizon 2000 : aspects interne et externe*, Paris, LGDJ, 1985, p. 235 ; J.-M. Breton, « Le sacré et le constitutionnalisme : De la légitimation à la disqualification du pouvoir », *Droit et cultures*, n° 12, 1986, p. 105 ; F. Bankounda, « Congo Brazzaville, une septième Constitution pourquoi faire ? », *Politique africaine*, 2001, n° 81, p. 163-170. Ces constitutions se résumaient en des techniques de domination politique du prince régnant sur ceux qui étaient exclus du pouvoir : v. Y. -A. Fauré, « Les constitutions et l'exercice du pouvoir en Afrique noire : pour une lecture différente des textes », *Politique africaine*, 1981, p. 34-52.

inscrites dans le corps de la Constitution comme des règles obligatoires pour les États, juridiquement sanctionnées, et, par eux acceptées et intériorisées le plus naturellement du monde. La culture seule ne peut être considérée comme un lien juridique de nature à garantir la pérennité d'une nation. Il faut un véritable contrat social, pour fédérer et uniformiser un conglomérat de systèmes politiques très hétéroclites, où des démocraties modernes prospèrent à côté des dictatures sanguinaires sorties d'un autre âge, et où le modèle anglophone très libéral s'associe au modèle francophone, dont les États, inféodés à l'ancienne métropole, dépendent de celle-ci pour le choix de leurs dirigeants. Cette question qui, pendant les premières décennies des indépendances, a empêché la constitution d'une majorité en faveur de l'État fédéral, continue de fausser les règles du jeu démocratique dans la quasi-totalité des pays concernés. Le fédéralisme que Kwamé Nkrumah voulait proposer à l'Afrique ne se souciait pas le moins du monde des conditions de la désignation des élus. S'il avait été adopté, il aurait abouti au choix des leaders dont la légitimité ne procéderait pas des urnes, mais de la force des armes ; et il aurait fermé les yeux sur les violations des droits fondamentaux des citoyens[347]. Dans son propre pays, le Ghana, le docteur Nkrumah régnait en maître absolu ; il avait reçu, écrit le juge Kéba Mbaye, « le pouvoir de réduire à néant toute décision judiciaire et de transformer un jugement d'ac-

347 Le Nkrumaïsme comme doctrine a toujours montré de l'hostilité pour le multipartisme, et Kwame Nkrumah lui-même a toujours éprouvé de la réticence à l'endroit des institutions démocratiques telles qu'elles existent en Occident, et notamment celles de la Grande Bretagne dont il avait pensé un moment importer le modèle de gouvernement. Selon cette doctrine, « la première justification est que le multipartisme et la reconnaissance d'une opposition sont une prime à la division des énergies et un luxe de pays riches, la seconde que l'opposition est trop souvent la façade derrière laquelle le colonialisme et l'impérialisme vaincus essaient de se maintenir et de poursuivre leur action dans le nouvel État » ; en outre Nkhrumah croyait en l'infaillibilité du parti gouvernemental : v. J. Boyon, « Une idéologie africaine : le Nkrumaïsme », *RFSP*, n° 1, 1963, p. 66 à 87. Il convient certes de replacer chaque idéologie dans son contexte, et celle de Nkrumah s'explique en grande partie par le contexte politique des premières années des indépendances, où les dirigeants africains étaient convaincus que seuls le socialisme comme doctrine et le parti unique étaient propres à permettre aux pays d'accomplir les efforts nécessaires au développement du continent. C'était un régime de confusion des pouvoirs dans lequel le gouvernement et le parlement devaient s'effacer derrière la figure du président. L'unité africaine devait elle aussi se faire sur sur ce modèle. On est tout de même surpris que la question des institutions politiques fédérales, celle du régime politique et celle des droits de l'homme ne furent pas abordées par les leaders politiques africains de l'époque.

quittement en jugement de condamnation »[348]. La logique du système s'expliquait ainsi par le fait que, comme en Guinée Conakry, la légalité formelle était dépendante de la légalité révolutionnaire[349]. Pour lui donc les droits de l'homme n'avaient pas une grande importance dans une Afrique unifiée ; il en avait une conception socialiste et communautaire, et soutenait, comme beaucoup de leaders panafricains de son époque qui partageaient avec lui cette vision proprement léniniste de la démocratie[350], que la démocratie devait réaliser les buts et objectifs socialistes[351].

C'est récemment que l'Union africaine a comblé ces lacunes très grossières pour une ambition panafricaine très compliquée à mettre en œuvre, en adoptant un certain nombre de traités permettant de garantir l'État de droit. Nonobstant cet arsenal juridique, l'Union africaine tombe dans les mêmes travers que les pères fondateurs, et on n'est pas loin d'affirmer qu'elle n'est ni plus ni moins que le prolongement de ce détestable syndicat des chefs d'État qu'était l'Organisation de l'unité africaine, puisque, dans cette dernière décennie elle a déployé son énergie à consolider des régimes désavoués au lieu de les pousser vers la sortie, en leur rappelant leurs engagements internationaux. Ce n'est pas seulement le manque de moyens de coercition qui explique cette apathie, c'est aussi la volonté de préserver les bonnes relations avec les partenaires qui ont une influence politique, diplomatique, économique, financière et militaire sur le continent et au-delà. C'est une erreur grave qui révèle au monde entier la préférence des africains pour les arrangements occultes en lieu et place de la règle de droit. De tels arrangements montrent bien que le fédéralisme est encore un luxe que les africains, tourmentés par le déficit du droit, écartelés entre tradition et modernité et habitués à violer les constitutions sans s'en émouvoir le moins du monde, ne peuvent pas s'octroyer. L'État fédéral n'est pas une communauté sentimentale portée par des émotions, et unie par un amour platonique, mais une communauté d'intérêts dont la mise en commun des patrimoines doit être garantie par le droit, et dans laquelle le juge de la loi joue un rôle fondamental dans

348 K. Mbaye, « L'Afrique et les droits de l'homme », *RJPIC*, 1994, p. 1-16.
349 V. G. Conac, « Le processus de démocratisation en Afrique », in *L'Afrique en transition vers le pluralisme politique*, Actes du Colloque de Paris Sorbonne des 12 et 13 décembre 1990, sous la direction de G. Conac, éd. Économica, Paris, 1993, p. 11-41.
350 Q. Patrick, « La démocratie en Afrique à la recherche d'un modèle », *Pouvoirs*, n° 129, 2009, p. 65-75.
351 K. Nkrumah, « Africanisme et culture », *Présence africaine*, 1963/1, n° XLV, p. 5-18.

l'arbitrage des intérêts en présence[352]. C'est pour cela que l'État fédéral est fondamentalement une structure juridique, matérialisée par la Constitution, qui exprime en termes de droit les choix politiques ainsi que les équilibres que les pouvoirs publics ont tenu à réaliser, pour préserver le système, et qui doit être observée sous peine de faire s'écrouler l'ensemble de l'édifice. La nature contractuelle de l'État ne saurait être reléguée au second plan que dans l'hypothèse où existe un ensemble de valeurs partagées par des peuples qui ont en commun des profondes affinités culturelles et des traditions communes dont la Constitution serait l'émanation[353]. Celles-ci sont garantes du caractère non-artificiel de l'État créé, et en ce sens, c'est la nation qui engendre la Constitution, de laquelle naît l'État et non l'inverse, ce qui prive l'État de toute autonomie vis-à-vis de la société civile. C'est en ce sens que l'on peut comprendre la position défendue par des panafricanistes tels que Nkroumah ou Cheikh Anta Diop, pour qui l'Afrique serait une nation unie avant même l'existence d'un État fédéral. Sauf que cette position est proprement intenable comme nous le montrerons tout au long de ce livre. On assiste dans le processus de création des États fédéraux au triomphe du juridisme sur la science politique. Comme l'a si bien montré M. Dominique Rousseau, « le juridisme est cette croyance en la constitution, et plus généralement dans le droit, comme moteur de la vie politique, sinon de l'histoire »[354]. Dans ces conditions, la perspective d'installer l'État fédéral en Afrique ne peut être au mieux qu'une utopie au pire un mirage. La plupart des théoriciens panafricains du fédéralisme reproduisent les mêmes erreurs d'appréciation que leurs devanciers qui avaient naïvement cru que la culture suffirait à forger un État supranational. Il est vrai qu'à l'époque où ces théories étaient avancées, la doctrine était convaincue que la sociologie seule était en mesure « de faire passer l'étude de l'État et des constitutions de l'âge

352 Il faut toujours se souvenir de l'exemple de l'Allemagne, qui ne s'est pas éternisée sur les considérations ethniques mais a plutôt choisi de mettre le fédéralisme sous la protection du droit, pour bâtir l'unité allemande. C'est la Cour constitutionnelle allemande qui, par le contrôle juridictionnel qu'elle exerce sur l'action politique des États et par la protection des libertés fondamentales, garantit la protection de cet édifice : Dr R. Arnold, « Le fédéralisme renforcé : la jurisprudence de la Cour constitutionnelle fédérale en 2004 », *RIDC*, n° 4, 2004, p. 917-927.
353 Ce débat a eu lieu notamment parmi les auteurs de la philosophie romantique allemande des 18è et 19è siècles à propos de l'unité allemande. Pour une synthèse v. A. Stanguennec, « A l'origine de l'idée allemande de nation : la philosophie romantique et la philosophie hégélienne de l'État », *RFHIP*, 2001/2, n° 14, p. 337 à 350.
354 D. Rousseau, *Droit du contentieux constitutionnel*, 7è éd. Montchrestien, 2006, p. 482.

métaphysique à l'âge positif »[355]. L'histoire montre que cette posture sociologique est ébranlée, car c'est bien aujourd'hui la justice constitutionnelle qui donne de la vitalité à l'État, en veillant à l'équilibre des pouvoirs, et qui est susceptible de corriger ce qu'on a appelé « les anachronismes sociologiques des constitutions africaines »[356] par la consolidation de la conscience de la culture de l'alternance[357], même si celle-ci se révèle irréalisable sur le moment, du fait du phénomène du pouvoir.

Il n'est que de se référer à l'exemple de l'Afrique du sud, pour s'en convaincre. C'est tout de même dans ce pays que les traumatismes occasionnés par les violences du régime de l'apartheid auraient pu compromettre le devenir de l'État fédéral, puisqu'ils ont contribué à séparer les différentes communautés déjà éloignées culturellement les unes des autres. Mais c'est la jeune Cour constitutionnelle qui, par ses décisions tant en matière de conflits politiques qu'en ce qui concerne la protection des droits fondamentaux, affermit chaque jour l'autorité de l'État fédéral[358]. C'est donc bien le droit qui fédère les différents États composant la fédération, et rapproche les différentes communautés, et l'instance constitutionnelle est de ce fait garante de l'observation du contrat social qu'est la Constitution.

Ce n'est pas seulement l'émergence d'une justice constitutionnelle en Afrique qui est en cause ; celle-ci est devenue une réalité incontestable[359], ayant même engendré quelques modèles sur le continent. Mais ces modèles, l'Afrique les doit plus à la témérité et à l'audace de ceux qui étaient en charge des juridictions constitutionnelles à un moment clé de l'histoire, et qui ont

---

355 M. Duverger, *Droit constitutionnel et institutions politiques*, 4è éd. PUF, vol 1, 1959, p. VII-VIII.

356 Y. -A. Fauré, « Les constitutions et l'exercice du pouvoir en Afrique noir ... », *op. cit.*

357 V. F. Luchaire, « Le Conseil constitutionnel et l'alternance politique », *RFDC*, 2004/1, n° 57, p. 9-21.

358 V. par exemple D. Ribes, « Le juge constitutionnel peut-il se faire législateur ? A propos de la décision de la Cour constitutionnelle d'Afrique du sud du 2 décembre 1999 », *Les cahiers du Conseil constitutionnel*, 2000, n° 9, p. 84, Dossier Afrique du sud.

359 V. J.-L. Atangana Amougou, « La constitutionnalisation du droit en Afrique : l'exemple de la création du Conseil constitutionnel camerounais », *AIJC*, XIX, 2003, p. 45-63 ; F. J. Aïvo, *Le juge constitutionnel et l'État de droit en Afrique : l'exemple du modèle béninois*, éd. L'Harmattan, 2006, 222 p ; Th. Holo, « Émergence de la justice constitutionnelle », *Pouvoirs*, n° 129, 2009, p. 101-114 ; L. Sindjoun, *Les grandes décisions de la justice constitutionnelle africaine. Droit constitutionnel jurisprudentiel et politiques constitutionnelles au prisme des systèmes politiques africains*, éd. Bruylant, Bruxelles, 2009, p. 10 et s.

tenu tête aux dirigeants en place, qui voulaient modifier les constitutions, pour briguer un mandat supplémentaire dont les Constitutions les privaient. C'est le cas au Bénin, où l'intégrité des juges a permis l'acclimatation du principe de l'alternance ; c'est aussi le cas au Niger où la Cour constitutionnelle dans sa décision devenue célèbre du 12 mai 2009 n° 04/CC/ME s'est farouchement opposée, dans des termes dépourvus de toute nuance, à la tentative du président de la République de briguer un troisième mandat, qui de toute évidence lui était interdit par la Constitution. Cependant l'émergence de la justice constitutionnelle est très fragile ; elle souffre du syndrome de « déconsolidation » de la démocratie par l'exercice politique du pouvoir[360].

§2. L'existence de pratiques anti-démocratiques

Les avancées démocratiques sur le continent masquent pourtant des pratiques anti-démocratiques graves, que l'Union africaine ne s'est pas donné la peine de condamner avec la plus grande fermeté. Depuis un peu plus d'une décennie déjà le phénomène des pouvoirs dynastiques s'est implanté en Afrique, sous le regard complice des instances panafricaines, comme pour montrer à l'humanité que l'Afrique n'est pas prête à en finir avec le pouvoir personnel et familial. Les procédures légales d'accession au pouvoir sont constamment et délibérément violées, pour permettre au pouvoir familial de se perpétuer, ce qui correspond bien à des coups d'État institutionnels (A). Cette situation se traduit sur le plan international par la perte de légitimité de l'Union africaine, qui n'est plus en situation de représenter les populations africaines (B).

A. COUPS D'ÉTAT INSTITUTIONNELS

Le cas gabonais est symptomatique de ce point de vue. Ici, la suspicion de fraude aux élections présidentielles peut s'appuyer sur le fait que le bilan du père de l'actuel président a été tellement médiocre que les Gabonais lassés par 41 ans de gestion clientéliste chaotique en termes de réalisations et préjudiciable à l'image du pays, ne souhaitaient surtout pas que le système mis en place par le vieux monarque se pérennisât à travers son fils inexpérimenté qui en est aussi un pur produit. Les cas de Faure Gnassingbé et de Joseph Kabila sont autant des coups d'État institutionnels qui sont passés par pertes et profits[361]. Le président togolais, après avoir été installé au pouvoir par l'ar-

360 V. M. Ndiaye, « La stabilité constitutionnelle, nouveau défi démocratique du juge africain », *AIJC*, XXXIII, 2017, p. 668-688.

361 Sur l'ensemble de la question, v. R. Likibi, *La charte africaine pour la démocratie, les élections et la gouvernance : "Analyse et commentaires"*, éd. Publibook,

mée, acquise à la cause de son défunt père, a seulement été prié de régulariser sa situation, quitte à utiliser des méthodes illégales, pour y parvenir, ce qu'il fera d'ailleurs sans la moindre décence, alors qu'il n'avait objectivement aucune chance de remporter le scrutin. L'Union africaine ne lui fit aucune remontrance, et l'Union européenne, qui ne voulait certainement pas être plus royaliste que le roi, ne reconnut la victoire du jeune président que du bout des lèvres[362]. Ainsi, dans les différentes instances de l'Union africaine les parjures, coupables de forfaiture et d'abus de pouvoir et les monarques de droit ou de fait (comme le président angolais Eduardo Dos Santos qui s'est refusé à organiser des élections libres pendant une quinzaine d'années et qui ne s'est décidé à le faire très récemment que de sa propre autorité, comme pour montrer qu'il est la seule source de la légalité) côtoient des démocrates immaculés, dans une atmosphère détendue, conviviale et sereine, comme si rien ne leur paraissait anormal. Les manipulations constitutionnelles, qui constituent, à l'heure actuelle, le procédé le plus courant et le plus raffiné — sans toutefois être pacifique — pour organiser les coups d'État institutionnels[363], ne rencontrent que l'indifférence au niveau de l'Union, au risque d'entacher son crédit déjà largement érodé.

B. PERTE DE LÉGITIMITÉ DE L'UNION AFRICAINE ET DISCRÉDIT SUR SES RÉSOLUTIONS

Les connivences entre l'Union africaine et les leaders défaits qui sont de toute évidence malvenues au moment où la démocratie et l'État de droit tendent à s'implanter sur l'ensemble du continent, la rendent coupable de complicité active et passive au regard de ces méfaits, et entachent la crédibilité de cette institution. A force de couvrir les fraudeurs, qui se multiplient chaque année, l'Union africaine ne fait pas que se décrédibiliser ; elle devient illégitime et antidémocratique, par le fait même que certains de ses représentants ne sont pas les véritables élus des peuples[364]. Cette situation la fragilise,

---

2012, p. 68 et s.

362 V. V. Darracq et V. Magnani, « Les élections en Afrique : un mirage démocratique ? », *Politique étrangère*, 2011/4, p. 839-850.

363 V. M. Fau-Nougaret, « Manipulations constitutionnelles et coup d'État constitutionnel en Afrique francophone », *Revue électronique Afrilex*,

364 Maints dirigeants que l'on croit avoir été élus de façon transparente et légale, ont, soit manipulé les urnes, soit passé des arrangements occultes avec leurs prédécesseurs, pour obtenir le siège présidentiel contre l'assurance de l'impunité pour ces derniers. Le cas le plus récent et, sans doute le plus symptomatique de cet état de fait est celui du Congo démocratique où, « chacun sait que les électeurs congolais ont rejeté le candidat qu'il [Kabila] avait désigné et accordé la majorité de leurs suffrages à

et la rend inapte à porter l'ambition panafricaniste d'un projet unificateur. Il n'est pas difficile de voir derrière cette complicité assumée l'amorce d'un suicide collectif de l'Afrique régnante qui prendra effet le jour où la colère qui fermente dans les cœurs se traduira concrètement par la défiance des peuples vis-à-vis de l'Union africaine et le rejet public de ses recommandations.

Cette complicité est renforcée par son incapacité congénitale à sanctionner les décisions abjectes et incompréhensibles rendues par les cours constitutionnelles nationales sous la pression des exécutifs nationaux, les obligeant à accorder un brevet de constitutionnalité aux initiatives présidentielles destinées à modifier les Constitutions voire même à les abroger, pour faire sauter le verrou concernant la limitation des mandats. C'est ainsi que des hauts magistrats ont perdu leur dignité en sacrifiant, sur l'autel des intérêts politiques, la rigueur du droit, la complexité et la délicatesse de l'argumentaire juridique ainsi que les techniques du contrôle de constitutionnalité. Le cas burundais en témoigne fort éloquemment. Après avoir affirmé que la Constitution du pays accordait seulement un mandat de cinq ans renouvelable une seule fois au président de la République, les juges ont néanmoins trouvé une pirouette, prétextant le flou de la Constitution, pour décider que, le chef d'État en exercice, dans la mesure où à son premier mandat il avait été élu au scrutin indirect, n'était pas concerné par l'interdiction de deux mandats, qui est applicable seulement aux candidats élus au scrutin direct, et qu'il pouvait légitimement briguer un troisième mandat[365] ; argument très facile emprunté au Conseil constitutionnel sénégalais[366] qui, quelques années auparavant, avait jugé conforme à la Constitution la candidature de M. Abdoulaye Wade pour un troisième mandat au préjudice de la démocratie sénégalaise, alors malmenée[367]. En d'autres termes le président burundais bénéficierait seul d'un privi-

Martin Fayulu, dont le président Kabila ne voulait à aucun prix » (B. Ben Yahmed, « Mauvaises manières », *JA*, n° 3029 du 27 janvier au 2 février 2019). Mais c'est Félix Tshisekedi, le candidat le moins hostile au président sortant qui sortit vainqueur du scrutin, au grand dam de l'Union africaine, qui essaya vainement d'obtenir l'invalidation de l'élection du nouveau président avant de se résigner à accepter les résultats frauduleux.

365 Cour const. du Burundi, *RCCB* 303, 5 mai 2015.

366 Il est intéressant de lire la décision du Conseil constitutionnel sénégalais en réponse aux arguments des différentes parties sur la non rétroactivité de la nouvelle Constitution et du principe de l'effet immédiat. Cette décision très laconique et insuffisamment motivée a d'autant plus largement inspiré le juge constitutionnel burundais que les deux situations sont similaires. v. Conseil const. Sénégalais, séance janvier 2012.

367 V. A. L. Coulibaly, *Une démocratie prise en otage par ses élites. Essai politique sur la pratique de la démocratie au Sénégal*, éd. L'Harmattan, 2006 ; A. Thiam,

lège électoral que ne pouvaient pas revendiquer les autres candidats. Une telle distinction entre scrutins indirect et direct, qui ne se trouve nulle part dans la Constitution, est le fruit d'un raisonnement très alambiqué. Nous ne voyons pas pour notre part en quoi la limitation des mandats aurait partie liée avec le mode de scrutin. Ce sont des artifices juridiques, ayant l'apparence de la vérité, utilisés pour donner une base constitutionnelle à une revendication politique illicite. Comme cela a par ailleurs été dit, c'est « le moyen de donner une vitrine de légalité à des pratiques politiques visant à fausser le jeu démocratique »[368] ; « une telle illégalité est commise à dessein pour asseoir un projet de conservation du pouvoir ou de règlement de compte politique. »[369] ; c'est-à-dire pour réaliser un *hold up* électoral comme seule l'Afrique est capable d'en organiser à grande échelle[370]. Au grand dam de l'Union africaine, le juge constitutionnel burundais s'est substitué au constituant primaire, au lieu de s'en tenir à une interprétation stricte de la Constitution, ce qui constitue une usurpation de pouvoir, qui a toujours partout suscité les réticences des constitutionnalistes[371]. En trahissant ainsi la volonté du constituant, le juge constitutionnel burundais a gagé à jamais sa légitimité. Comme le note très justement le professeur Favoreu, « normalement, la Cour constitutionnelle n'a pas le dernier mot et c'est un élément essentiel de sa légitimité »[372], au risque de tomber dans l'excès, qui confine à l'autoritarisme[373].

Ces pratiques qui font parfois sciemment l'économie de la démonstration juridique sur le continent, s'imposent à l'Union africaine, qui a été stratégiquement privée d'une Cour suprême fédérale destinée à réformer les déci-

---

« "Une constitution ça se révise !". Relativisme constitutionnel et État de droit au Sénégal », *Politique africaine*, 2007 n° 108, p. 145-153.

368 M. Ndiaye, « La stabilité constitutionnelle... », *op. cit.*

369 *Ibid.*

370 V. D. Kokoroko, « Souveraineté étatique et principe de légitimité démocratique », *RQDI*, vol. 16-1, 2003, p. 37-59.

371 V. A. Werner, « Le Conseil constitutionnel et l'appropriation du pouvoir constituant », *Pouvoirs*, 1993, p. 117.

372 L. Favoreu, « Les cours de Luxembourg et de Strasbourg ne sont pas des cours constitutionnelles », in *Au carrefour des droits. Mélanges en l'honneur de Louis Dubouis*, Paris, éd. Dalloz, 2002, p. 35-45.

373 Ce reproche a notamment été adressé à la Cour constitutionnelle du Bénin, considérée pourtant comme le modèle par excellence sur la scène démocratique africaine : v. D. Gnamou, « La Cour constitutionnelle du Bénin en fait-elle trop ? », *Revue béninoise des sciences juridiques et administratives*, 2013 ; F. J. Aïvo, *Le juge constitutionnel et l'État de droit en Afrique. L'exemple du modèle béninois*, éd. L'Harmattan, Paris, 2006, p. 193.

sions des juges nationaux, et qui est condamnée à entériner tous les scrutins frauduleux qui sont responsables des tensions sociales aux conséquences incalculables. Juridiction émasculée, la Cour africaine (et même la future Cour de justice de l'Union africaine, calquée sur le modèle de la Cour de justice de l'Union européenne) n'aura pas davantage le pouvoir de censurer les décisions des juridictions constitutionnelles nationales ; l'objectif visé par les pouvoirs publics était certainement de ne pas en faire une Cour de cassation ayant pouvoir de casser les décisions des juges nationaux quelles qu'elles soient. Sa saisine étant ouverte à des personnes limitativement énumérées aux articles 29 et 30 du Protocole du 1er juillet 2008 portant statut de la Cour africaine de justice et des droits de l'homme, exclut les personnes privées et publiques dont les recours ont été épuisés devant les juridictions nationales, et qui désireraient la saisir d'un recours en annulation, en interprétation ou en appréciation de validité en vue d'obtenir la censure d'une décision contestée d'une juridiction nationale[374]. Nul n'ignore pourtant que les juridictions nationales rendent rarement des décisions impartiales lorsqu'il s'agit des droits de l'homme ou en cas de contestation des résultats électoraux. C'est l'inconvénient majeur du modèle importé de l'Union européenne, dont la Cour de justice se borne à irriguer de son empreinte voire à inspirer les juridictions constitutionnelles, sans pouvoir leur imposer ses décisions, ce qui explique souvent les résistances de celles-ci à s'aligner sur sa jurisprudence[375]. D'un autre côté, l'institution d'une saisine directe de la Cour par les citoyens, aurait facilité d'autant plus le rapprochement de la Cour africaine avec la société civile que son rôle, et même son existence, passent parfois inaperçus auprès du grand public ; par ce biais, l'État de droit aurait connu des avancées notables, comme cela a été observé à l'étranger[376], et l'institution aurait gagné en visibilité et en prestige.

374 Une procédure de saisine de la Cour africaine par les personnes privées a été instituée par l'article 34 du Protocole relatif à la Charte africaine des droits de l'homme portant création d'une Cour africaine des droits des peuples. Mais elle est soumise à la faculté pour l'État requis de formuler une déclaration autorisant la saisine de la Cour. En outre très peu d'États, moins de dix, ont ratifié ce protocole, ce qui le rend quasiment inapplicable.

375 P. Delvolvé, « L'autonomie constitutionnelle des États dans les droits européens », *RFDC*, 2014, p. 887-906 ; C. Grewe, « Contrôle de constitutionnalité et contrôle de conventionalité : à la recherche d'une frontière introuvable », *RFDC*, n° 100, 2014, p. 961-970.

376 V. B. Mathieu, « La saisine du Conseil constitutionnel : l'exception d'inconstitutionnalité et l'État de droit », *Les petites affiches*, 4 mai 1992, n° 54, p. 50-52.

Dans les conditions actuelles, et jusqu'à preuve du contraire, l'Union africaine, dans la mesure où elle est incapable d'aplanir les conflits politiques et sociaux post-électoraux, et de donner des apaisements aux différents protagonistes ainsi qu'à la société civile, ne peut pas incarner un projet fédéral crédible pouvant s'inscrire dans la durée. Maints États multinationaux sur le continent et ailleurs ont échoué faute de s'appuyer sur un juridisme conséquent[377]. Tout indique que l'État multinational africain ne fera pas exception à la règle. Cette lacune n'est qu'un des multiples obstacles à la mise en place d'un État fédéral ; elle déteint aussi sur les règles communes régissant la gestion financière dans les États.

Section 2. L'indifférence de l'Union africaine à l'égard de la gestion économique et financière des États et l'absence des sanctions

La gestion économique et financière des États met en lumière, s'agissant de l'Afrique, des comportements singuliers, tels que la corruption, le gaspillage ou le clientélisme qui contrarient les objectifs de la bonne gouvernance. Pour les économistes, il n'existe pas le moindre doute sur le fait que ces comportements sont, au même titre que l'inobservation de la règle de droit, des facteurs culturels à prendre en compte dans l'analyse[378]. Il va sans dire que la gestion désastreuse des ressources que l'on observe un peu partout en Afrique serait liée à l'absence de rationalité. Pendant longtemps, l'Union africaine ne s'est pas préoccupée de la gestion économique des États, qui ont eu toute latitude pour gérer leur patrimoine et leurs finances comme bon leur semblait. Cette indifférence était conforme au principe de la souveraineté des États posé par la Charte de l'OUA dès l'origine, mais elle heurtait le principe d'une mise en commun des ressources naturelles du continent. L'institution d'un principe de transparence depuis la reprise en main du projet fédéral par l'Union africaine n'a pas fondamentalement changé la donne (§1). D'aucuns ont attribué les difficultés de contrôler la gestion économique et financière des États à des causes culturelles. Pour d'autres, c'est le déficit démocratique qui est en cause. De notre point de vue, la réussite du contrôle par l'Union africaine n'a de sens que si sa mise en œuvre se traduit par le renforcement de la justice continentale (§2).

---

377 V. Ch. Parent, *Le concept d'État fédéral multinational : essai sur l'union des peuples*, éditions scientifiques internationales, Bruxelles, 2011, p. 189.
378 J.-P. Kéza, *Valeurs culturelles et échec de l'aide publique au développement*, éd. L'Harmattan, Paris, 2005, p. 82 et s.

§1. L'institution d'un principe de transparence continentale dans la gestion du patrimoine national des États

L'Union africaine a entrepris de prévenir la corruption et de lutter contre elle depuis seulement 2005 avec l'entrée en vigueur de la Convention sur la prévention et la lutte contre la corruption adoptée à Maputo le 11 juillet 2003 (A). Mais ce texte nous paraît très limité par rapport aux ambitions continentales d'exercer un contrôle plus sourcilleux sur les économies nationales, dans un environnement caractérisé par des pratiques mafieuses impliquant les dirigeants politiques (B). Autant le dire franchement, ce texte n'offre pas à l'Union les moyens de son ambition ; son impuissance est inscrite *de facto* dans le contenu même de cette convention (C).

A. LA LUTTE CONTRE LA CORRUPTION

La méfiance vis-à-vis du projet d'unité continentale se nourrit aussi de l'indifférence manifestée par l'instance continentale à l'égard de la gestion économique et financière des États et de l'absence de sanction des pratiques de corruption. Les phénomènes de détournement des deniers publics, la confiscation du patrimoine national au profit du clan présidentiel ou la généralisation de la corruption sont devenus la règle dans maints États du continent, où l'opacité dans la gestion des finances publiques masque des faits délictueux très graves comme l'enrichissement sans cause ou le blanchiment de l'argent issu des détournements. Ce constat est fait aussi par l'Union africaine, qui reconnaît la faillite des États en ce domaine. La Convention de l'Union africaine sur la prévention et la lutte contre la corruption adoptée à Maputo le 11 juillet 2003 et entrée en vigueur le 5 août 2005, qui est le texte le plus abouti en la matière rappelle dans son préambule la préoccupation des dirigeants africains devant la généralisation de la corruption sur le continent et compte tenu des « effets négatifs de la corruption et de l'impunité sur la stabilité politique, économique, sociale et culturelle des pays africains, et ses conséquences néfastes sur le développement économique et social des peuples africains ».

Cette convention, dont nous reviendrons sur les dispositions essentielles, s'inscrit dans le droit fil de l'objectif continental de mise en commun des ressources du continent. A cet égard, la Charte de l'OUA entendait mettre « les ressources naturelles et humaines de notre continent au service du progrès général de nos peuples dans tous les domaines de l'activité humaine ». Cette préoccupation est à peu près la seule concession que l'organisation fit à Nkwamé Nkrumah, ce qui n'est pas étonnant car c'est la seule chose sur laquelle le consensus s'est fait sur le long terme. Les dispositions de ladite Convention constituent une étape importante dans la mise en œuvre de ce principe, dans la mesure où elle est le premier texte continental à instituer des moyens de contrôle fédéral de la gestion des ressources nationales et des deniers publics. Elle institue le principe de transparence continentale dans la gestion des ressources nationales et l'obligation de rendre compte de la gestion des affaires publiques là où il n'en existait pas. Elle constitue à cet égard l'amorce d'un Code pénal panafricain. Ce ne sont donc pas les normes de référence qui font défaut, ni du reste les organes juridictionnels ayant vocation à sanctionner les irrégularités et les abus qui sont commis par les États, les dépositaires de l'autorité publique et les personnes chargées des missions de service public. Sous le couvert de la répression de la corruption, le texte incrimine plusieurs faits qui constituent désormais des infractions pénales au regard du droit de l'Union africaine, et notamment de la Cour africaine, dont les attributions en matière de protection des droits de l'homme s'en trouvent désormais accrues.

Aux termes de l'article 4-1, la Convention s'applique à la corruption et aux infractions assimilées dont il donne une longue liste. On peut y retenir : la sollicitation ou l'acceptation, de manière directe ou indirecte, par un agent public ou par toute autre personne, de tout bien ayant une valeur monétaire, ou de tout autre avantage [...] en échange de l'accomplissement ou de l'omission d'un acte dans l'exercice de ses fonctions ; l'offre ou l'octroi à un agent public ou à toute autre personne, de tout bien ayant une valeur monétaire, ou de tout autre avantage, en échange de l'accomplissement ou de l'omission d'un acte dans l'exercice de ses fonctions, aux fins d'obtenir des avantages illicites pour lui ou pour un tiers ; le détournement par un agent public des biens appartenant à l'État ou à ses démembrements qu'il a reçus dans l'exercice de ses fonctions ; l'usage ou la dissimulation du produit des actes visés par les alinéas précédents. L'article précité punit aussi l'enrichissement illicite. Mais ce texte comporte des limites qui peuvent compromettre ses ambitions.

B. UN TEXTE LIMITÉ POUR UN PROJET AMBITIEUX

La liste des infractions est très générale et vague. C'est la raison pour laquelle l'Union africaine encourage les États parties à légiférer dans cette direction. On voit bien que certaines infractions qui caractérisent les atteintes à la probité, telles que le délit d'initié, la prise illégale d'intérêt, le trafic d'influence, la surfacturation de la commande publique, l'atteinte à l'égalité d'accès des candidats dans les marchés publics, le gonflement artificiel des crédits affectés aux services publics de l'État ou la confusion entre le patrimoine public et le patrimoine personnel ne sont pas expressément visées, et c'est le talon d'Achille de cette Convention qui comporte des dispositions très générales, dont l'effectivité dépendra de la volonté des États de doter leurs codes pénaux de dispositions très détaillées et très précises concernant la qualification des infractions visées par cette Convention. Sans doute, certains États disposent-ils déjà d'un arsenal répressif impressionnant visant à combattre toutes les formes de corruption qui retardent durablement le développement du contient[379]. Mais lorsqu'ils existent, ces textes ne sont pas ou sont très peu appliqués, parce que la corruption en Afrique est d'abord un phénomène politique de grande ampleur. Lutter contre la corruption, c'est lutter contre les pouvoirs politiques en place qui s'illustrent par des détournements de fonds publics. Associer les autorités nationales à la lutte contre la corruption, c'est leur demander de fragiliser le pouvoir sur lequel ils sont confortablement assis, car la plupart des régimes politiques africains subsistent par la corruption, qui touche des autorités très haut placées[380]. Ils seront moins enclins à légiférer en ce domaine pour cette raison. Il faut ajouter les cas où malgré les efforts fournis par certains États pour maîtriser, par des dispositions fermes, une corruption généralisée, les résultats ne sont pas toujours à la hauteur des attentes. La réalité de la corruption n'a pas beaucoup changé par rapport à l'époque où M. Decraene affirmait que l'État africain n'était qu'une abstraction contre laquelle on pouvait commettre impunément un vol[381]. Il y a là peut-être un phénomène dont les causes peuvent être aussi bien culturelles[382] que structurelles et conjoncturelles. Aujourd'hui comme par le passé, l'État et la Haute administration sont incarnés par le clan au pouvoir qui, dans la plupart des pays, est constitué par l'élite tribale ou familiale, qui peut disposer librement et indûment du patrimoine national, au mépris des règles régissant la comptabilité publique. Le laxisme a remplacé la rigueur budgétaire, les organes de contrôle comptable sont complètement neutralisés au mépris des principes essentiels en la matière[383]. Il est impos-

379 V. Ph. Decraene, « La corruption en Afrique noire », *Pouvoirs*, 1984, p. 95 et s.
380 V. C. Delavallade, « Lutte contre la corruption au Burkina Faso et réformes de la gestion budgétaire », *Afrique contemporaine*, n° 223-224, 2007/3, p. 271-288.
381 Ph. Decraene, *op. cit.*
382 C. M. Gueye, « Les réalités sociologique de l'Afrique : un terrain fertile pour la corruption ? », *Finance & Bien Commun*, 2007/3, n° 28-29, p. 65-69.
383 V. D. Zoure, *La modernisation du cadre budgétaire des pays de L'UEMOA*, Thèse Paris I, 2006, notamment les pages 188 et s, et 194 et s. ; *La gestion de la dépense publique dans les pays de l'Afrique francophone subsaharienne*, Rapport de la direction générale de la coopération internationale du développement, sous la direction de M. Bouvier, 2004.

sible de renouer avec la bonne gouvernance si des règles uniformes ne sont pas établies au niveau fédéral et des institutions crédibles mises en place s'inspirant de celles existant dans les démocraties occidentales[384]. On perçoit derrière la réglementation fédérale la volonté d'éviter avec le plus grand soin d'effaroucher le pouvoir politique, en ne visant que les fonctionnaires sans faire aucune mention du personnel politique, dont le comportement à l'égard de la chose publique frise souvent le scandale. Ce sont en général les sous-fifres qui payent en lieu et place de cette « caste des intouchables » aux mœurs particulièrement scélérates qui organise et fait exécuter les crimes économiques et financiers les plus crapuleux aux frais d'États moribonds inscrits dans un processus de privatisation irréversible.

C. L'IMPUISSANCE DE L'UNION AFRICAINE A LUTTER CONTRE LA CRIMINALISATION ET LA PRIVATISATION DES ÉTATS

C'est dans ce système néo patrimonial dont il a été écrit qu'il court-circuite les institutions et les administrations[385] que l'Union africaine place sa confiance et ses espoirs, alors que les buts qu'il poursuit sont privatifs et mercantiles. L'Union africaine est la seule entité qui continue de croire que des États dont le patrimoine est privatisé à la faveur de la mondialisation peuvent encore se donner les moyens de retirer à leurs élites l'impunité qu'elles leur ont extorquée par abus de faiblesse et usage de la violence ; elle croit encore pouvoir transférer la superpuissance continentale à une instance supranationale qui mettrait un terme à ce commerce qui a réussi, selon l'expression de M. Jean-François Bayart, à brouiller les frontières entre le licite et l'illicite[386]. Mais elle s'y prend manifestement mal. Car, elle refuse de voir en face cette gangrène, la criminalisation de l'État dénoncée depuis quelques décennies déjà[387], qui va progressivement réduire en cendre toutes les perspectives fédéralistes que l'Union tentera de mettre en place.

---

384 V. par exemple, N. Péhau et N. Hauptmann, « Chronique de jurisprudence de la Cour des comptes et de la Cour de discipline budgétaire et financière », *AJDA*, 25 décembre 2017, p. 2521 et s ; C. Michaut et J.-E Picard, « Le contrôle de la nature des dépenses publiques, comm. de la Cour des comptes, 30 janvier 2014, Commune de Bulgné-ville », *AJDA*, 2014, p. 2518 et s.

385 H.-Ph. Cart, « Guerres africaines en perspective : refondation ardue d'États en plein désarroi », *op. cit.*

386 J.-F. Bayart, « Le crime transnational et la formation de l'État », *Politique africaine*, 2004/1, n° p. 93 à 104.

387 V. J.-F. Bayart, S. Ellis et B. Hibou, *La criminalisation de l'État en Afrique*, Bruxelles, éd. Complexe, 1997, 167 p.

Le problème est global et systémique, et ses ramifications dépassent de loin les modestes ambitions de l'Union africaine. Il existe évidemment des raisons de regretter que la liste des incriminations ne soit pas exhaustive, et qu'elle ne vise pas expressément des faits courants dans le comportement du personnel politique qui sont déjà condamnés au niveau international, tels que le blanchiment de l'argent des détournements de fonds publics ou la manipulation des cours[388]. Il ne pouvait pas en être autrement, dans la mesure où, comme l'exprime encore M. Bayart, « la circulation des produits ou des capitaux illicites continue d'être tamisée par l'instance étatique à laquelle elle confère ici ou là une part de sa vigueur »[389]. Il est curieux que l'Union africaine refuse de voir le lien entre la corruption pratiquée par les dirigeants et la criminalité internationale et, partant, refuse d'examiner de près le problème, désormais pris en mains par les tribunaux européens, de la connivence entre les intérêts financiers des dictateurs déchus ou en activité et le capitalisme international[390]. L'Union africaine sait pertinemment qu'elle ne peut pas compter sur l'Occident sur ce terrain, parce que ce dernier est encouragé et contraint de privilégier ses intérêts économiques quitte à sacrifier une certaine conception morale des droits de l'homme[391] dont le monde entier pourtant lui sait gré. Il faut à l'Union défendre ses intérêts bec et ongle, pour assurer sa souveraineté, et pour cela, mettre en place des stratégies permettant de contrôler efficacement le maniement des finances publiques par les chefs d'État du continent. Mais cette manie qu'elle a de laisser la plus grande part de responsabilité aux États pour veiller sur l'application des résolutions continentales peut se révéler inefficace dans la lutte contre la corruption[392].

En définitive, la privatisation de l'État africain semble être un pas vers la privatisation de l'Union africaine. La corruption est présente partout ; elle « est rendue d'autant plus présente que les conditions de passation des mar-

---

388 V. N. Capus, « Le droit pénal et la souveraineté partagée », *RSC*, avril/juin 2005, p. 251.

389 J.-F. Bayart, « Le crime transnational et la formation de l'État », *op. cit.*

390 V. P. Conesa, « Comment récupérer l'argent des dictateurs déchus ? », *RIS*, 2012/1, n° 85, p. 61-70 ; L. Hamzi et E. Vernier, « Comment les dictateurs investissent leur argent ? », *RIS*, 2012/1, n° 85, p. 71-79.

391 Ph. Migault, « Vive l'argent des dictateurs ? Tribune pour une approche pragmatique de la corruption », *RIS*, 2012/1, n° 85, p. 109-116.

392 N'a-t-on d'ailleurs pas observé que la lutte contre la corruption comme instrument de lutte contre la mauvaise gouvernance a été détournée de son objectif, pour devenir un outil que les élites au pouvoir utilisent pour disqualifier des adversaires gênants pour leur soif de pouvoir et de prestige ?, v. P. Jacquemot, « Comprendre la corruption des élites en Afrique subsaharienne », *RIS*, 2012/1, n° 85, p. 125-130.

chés publics sont inadaptées et leur attribution opaque »[393]. Les États sont impliqués dans les circuits criminels internationaux très complexes de détournement et de blanchissement des fonds publics, dont il est avéré qu'ils garantissent la dissimulation des fonds et empêchent de les rattacher à une quelconque entreprise criminelle[394]. Le rapport de l'UEMOA fustige le défaut de transparence imputable à une défaillance de l'organisation institutionnelle des marchés publics à l'intérieur des frontières des États, mais aussi le manque de volonté politique des institutions en charge de la lutte contre la corruption[395]. Il est impossible à l'heure actuelle de combattre la corruption ainsi que toutes les pratiques qui lui sont voisines ou assimilées, à cause de la persistance de la crise économique avec la dégradation des conditions de vie et la pauvreté qui l'accompagne, mais surtout à cause de l'inexistence avérée de l'État de droit[396]. Cette situation profite aux dirigeants qui commettent les crimes économiques que nous dénonçons ; l'impunité dont ils bénéficient constitue la preuve de la patrimonialisation des États. Les efforts continentaux doivent en conséquence porter sur le renforcement du système juridictionnel fédéral.

§2. La nécessité de renforcer la justice supranationale

Le droit de l'Union africaine ne constitue pas encore un système juridique avec une architecture cohérente et une hiérarchie des normes bien coordonnées comme dans l'État classique. Il y a certes une volonté d'harmoniser l'ensemble en prenant le plus grand soin de faire du droit de l'Union un droit supérieur et obligatoire. Mais l'Union africaine n'est pas une organisation étatique. Il lui faut donc régler plusieurs points pour espérer faire respecter ses résolutions comme émanées d'un système juridique qui s'inscrit dans un processus d'unification et d'intégration dans lequel les décisions rendues par ses juridictions s'imposent aux États, et visent l'objectif de l'intégration. La question se pose aussi en Europe, lorsqu'il s'agit de s'interroger sur la nature fédérale de l'État européen, et plus particulièrement au sujet des transferts de

393 C. Delavallade, « Lutte contre la corruption au Burkina Faso et réformes de la gestion budgétaire », *op. cit.*

394 V. L. Hamzi et Eric Vernier, « Comment les dictateurs investissent leur argent ? », *RIS*, 2012/1, n° 85, p. 71-79.

395 V. Fonds africain de développement, *Projet d'appui à la réforme des systèmes des marchés publics dans l'espace UEMOA, Phase II*, Rapport d'évaluation, septembre 2006, p. 11 et s., www.afdb.org ; v. Commission économique pour l'Afrique, *Rapport sur la gouvernance en Afrique*, vol. II, Addis-Abeba, 2009.

396 V. Commission économique pour l'Afrique, *Rapport sur la gouvernance en Afrique, op. cit.*, p. 241.

compétences des États vers l'Union. On sait que dans un État comme l'Allemagne, le Bundestag, garant de la souveraineté allemande et du principe démocratique, « ne peut concevoir la politique européenne [de l'Allemagne] que dans le cadre du droit constitutionnel allemand »[397]. Aussi la Cour constitutionnelle allemande ne peut valider les décisions de l'Union européenne que si elles sont respectueuses de la légitimité démocratique émanée du peuple et de la souveraineté de l'État allemand ; ce qui implique leur approbation par le parlement fédéral et non par le parlement de l'Union qui, selon le juge allemand, est moins représentatif ou moins légitime[398]. Ce système, qui se rapproche à bien des égards de celui de l'Union africaine, s'oppose au modèle fédéral dans lequel les décisions politiques et juridictionnelles des autorités de l'Union sont applicables directement. En Afrique, la difficulté de faire observer les résolutions de l'Union africaine est multipliée à la fois par des limites d'ordre juridique tenant à l'insuffisance du droit supranational destiné à soutenir la construction fédérale, mais aussi par des obstacles strictement culturels. Dans l'ensemble, il convient d'innover dans au moins les quatre directions suivantes : pallier les carences de la justice fédérale (A) ; confier au juge panafricain le contrôle de la constitutionnalité ou de la conventionnalité des lois (B) ; clarifier l'orientation fédérale et dégager les principes qui en constituent les fondements essentiels (C) ; délivrer le juge fédéral de la tutelle politique et culturelle (D).

A. PALLIER LES CARENCES DE LA JUSTICE FÉDÉRALE

Il existe, à l'échelon continental, une multitude de principes juridiques jusque-là inappliqués, parce que les États ne se donnent pas la peine de prolonger les conventions interétatiques par des législations conséquentes permettant de rendre effectifs les principes juridiques communautaires à l'intérieur des frontières nationales. Songeons par exemple au principe du droit des peuples à disposer permanemment de leurs ressources naturelles posé par la Charte africaine des droits de l'homme et des peuples qui n'a servi, en pratique, qu'à affirmer la souveraineté des États sur leurs ressources, en excluant souvent les non-nationaux de l'exercice à titre principal d'une activité dans des secteurs comme le bois, le pétrole ou la pêche qui sont stratégiques pour l'économie nationale. Mais ce principe aurait pu être exploité dans une

397 N. Meyer-Landrut, « Le rôle de la Cour constitutionnelle fédérale allemande dans les décisions de politique européenne », *AJDA* 2016, p. 1617-1619.

398 V. M. Wendel, « La Cour constitutionnelle fédérale allemande et l'intégration européenne », *AIJC*, XXVIII, 2012, p. 627-650.

perspective communautaire — ce qui était certainement l'esprit de la Charte de l'OUA —, en adoptant des lois pénales qui préservent le patrimoine national africain, non seulement de la prédation des multinationales — ce qui existe déjà, notamment en matière de protection des ressources halieutiques avec des résultats fort médiocres —, mais aussi des détournements ou des mauvais choix de politique économique dont se rendent coupables les dirigeants politiques. Certains choix erronés ont été délibérément faits en méconnaissance de l'intérêt général et pour le seul profit d'une petite minorité[399], ou « pour satisfaire des intérêts sordides »[400]. Ces mauvais choix ne sont pas de simples erreurs révélant les hommes dans leur imperfection, sujets à l'erreur, mais bien des fautes délictuelles et même criminelles. Mais c'est la nature monarchique des pouvoirs africains héritée de la culture politique coloniale[401] et précoloniale, et leur caractère anti-démocratique qui ont affranchi les autorités politiques indélicates de leur responsabilité personnelle dans la gestion désastreuse de l'État et du patrimoine national. Sur le fondement de la Charte africaine, des lois peuvent donc être votées pour punir ceux des dirigeants qui font main basse sur le patrimoine national et continental[402]. Les tribunaux nationaux sont inaptes à sanctionner ces comportements, dans la mesure où ils ne sont le plus souvent que des instruments de répression au service des régimes politiques établis. Il faut de l'indépendance et de l'autorité à des magistrats à peine sortis de près de quarante années de dictature pour juger leurs dirigeants. Serviteurs des princes plus que de la loi, ils sont privés même des instruments légaux, pour condamner des faits que les législateurs nationaux ont refusé de qualifier pénalement. Il existe dans la Charte africaine des droits de l'homme et des peuples et dans les autres instruments pertinents une véritablement Constitution pénale que les États[403] refusent de prendre en compte. Celle-ci peut être puisée dans un

399 Pour ce qui est du Gabon, v. M. Edzodzomo-Ela, *Mon projet pour le Gabon : Comment redresser un pays ruiné par trois décennies de mauvaise gestion*, éd. Karthala, 2000.

400 P. Oumar D., « Quelle justice pour la démocratie en Afrique ? », *Pouvoirs*, 2009, p. 57.

401 V. Ch. Bidégaray, « Le principe de responsabilité fondement de la démocratie », *Pouvoirs*, n° 92, 2000, p. 5 à 16.

402 Ces situations sont parfaitement maîtrisées par le droit dans les vieilles démocraties. Songeons au scandale du Crédit Lyonnais en France, qui avait donné lieu au vote d'une loi, la loi du 28 novembre 1995 relative à l'action de l'État dans les plans de redressement du crédit lyonnais et du comptoir des entrepreneurs, dont l'article 21 incrimine les actes d'incompétence.

403 Nous entendons par constitution pénale un ensemble de normes répressives que les juridictions constitutionnelles se chargent de découvrir dans la Constitution, en

bloc qui va des normes conventionnelles de référence aux principes et objectifs de valeur constitutionnelle, que cette Cour, une fois devenue suprême, pourrait dégager[404]. Les carences de la justice panafricaine en termes d'absence de juridiction pouvant juger ce type de faits se sont révélées à l'occasion de l'affaire Hissen Habré qui a vu l'Union africaine créer, dans l'urgence, des chambres africaines au sein des juridictions nationales, pour permettre au Sénégal de juger l'ancien président tchadien accusé de crimes contre l'humanité[405]. Des tribunaux fédéraux, dans une Afrique unifiée — avant les cours internationales — seraient les mieux placés pour accomplir un tel office. La future Cour de justice de l'Union africaine par exemple pourrait se voir adjoindre cette mission, qui a un lien direct avec la protection des droits de l'homme et des peuples. Car, la dilapidation du patrimoine national qui conduit à priver les populations de nourriture, d'eau, de logements décents et d'une prise en charge médicale, dès lors qu'il est établi que les moyens de l'État peuvent lui permettre de satisfaire ces besoins, constituent des infractions dont la Cour pourrait se saisir, surtout que les privations que les gouvernants infligent aux populations entraînent la prolifération des vices comme la traite des êtres humains, le proxénétisme, la prostitution, le trafic des stupéfiants, l'analphabétisme, la pauvreté ou la mendicité, qui constituent des atteintes graves à la dignité humaine[406]. Dans les démocraties occidentales, des faits de grande pauvreté économique et sociale commencent timidement à être incriminés sous l'inculpation d'atteinte à la dignité humaine,

---

tant que source de toute légalité, pour plus d'efficacité dans la répression des infractions. Sur l'ensemble de la question, v. *Droit constitutionnel et grands principes du droit pénal*, Actes du Colloque organisé les 8 et 9 novembre 2012 par le CERCCLE et l'ISCJ de l'Université Montesquieu-Bordeaux IV, éd. Cujas 2013 ; A. Cappello, *La constitutionnalisation du droit pénal : pour une étude du droit pénal constitutionnel*, Thèse, LGDJ, 2014, 506 p. Les conventions internationales qui servent de normes de référence au juge africain des droits de l'homme offrent une palette importante de principes applicables au procès pénal tels que : la légalité des délits et des peines, la non-rétroactivité de la loi pénale, la nécessité des peines, le respect de la liberté individuelle, etc. Les juridictions constitutionnelles étrangères appliquent ces principes, et jouent à ce titre pleinement un rôle de premier plan en matière de politique criminelle : v. Ch. Lazerges, « Le rôle du Conseil constitutionnel en matière de politique criminelle », *NCCC*, n° 26, 2009, Dossier:*La Constitution et le droit pénal*.

404 A l'instar de la Cour constitutionnelle du Bénin : v. F. J. Aïvo dans, « La Cour constitutionnelle du Bénin », *op. cit.*

405 V. M. Mubiala, « Chronique de droit pénal de l'Union africaine. Vers une justice pénale régionale en Afrique », *RIDP*, 2012/3, vol. 83, p. 547 à 557.

406 CAA de Nantes, 2 février 2016, req. 14NT00839.

qui constitue un droit fondamental de la personne humaine [407]. La Cour européenne des droits de l'homme a commencé à consacrer le droit à un logement décent comme un droit fondamental pouvant entraîner la responsabilité de l'État en cas de manquement, en rapport avec l'article 8 de la convention européenne des droit de l'homme sur la protection de la vie familiale[408] ; la France en fait carrément un objectif de valeur constitutionnelle opposable à l'État, que le Conseil constitutionnel rappelle invariablement[409]. La Cour européenne a de même étendu la notion de traitements dégradants à des situations d'extrême pauvreté[410]. En Afrique, les articles 5 et 9 de la Charte africaine des droits de l'homme font directement référence à la dignité humaine. Rien n'interdit donc sur cette base de chercher à établir la responsabilité pénale des personnes physiques en plus de la responsabilité civile ou administrative des personnes morales de l'État.

B. ÉLEVER LA COUR AFRICAINE AU RANG DE COUR SUPRÊME CHARGÉE DU CONTRÔLE DE CONSTITUTIONNALITÉ DES LOIS DES ÉTATS

Dans notre hypothèse, la Cour de justice africaine, à la manière de la Cour suprême américaine dans la politique de l'*affirmative action*[411], pourrait et devrait jouer le rôle de co-législateur, en donnant dans ses sentences des directives et des recommandations aux législateurs nationaux, qui permettront de combler les lacunes entretenues sciemment par les systèmes juridiques nationaux. Une interprétation créatrice et audacieuse du traité instituant la Cour de justice de l'Union africaine[412] peut aboutir à conférer à cette

407 Sur l'ensemble de la question, on peut lire les analyses de B. Jorion (« La dignité de la personne humaine ou la difficile insertion d'une règle morale dans le droit positif », *RDP*, 1999, p. 197) qui du reste rejoignent les nôtres.

408 V. K. Garcia, « Le droit au logement décent et le respect de la vie familiale : Cour européenne des droits de l'homme (5è section) Wallovā et Walla c. République tchèque du 26 octobre 2006 », *RTDH*, 72/2007, p. 1221.

409 C. cons., déc. -359 DC, 19 janvier 1995, Diversité de l'habitat, p. 176 ; *D.* 1995, som., p. 299, obs. Favoreu ; C. cons., déc. n° 2004-503 DC, 12 août 2004, p. 14648 ; C. cons déc. N° 2009-578 DC, 18 mars 2009, Loi de 2009 de mobilisation pour le logement et la lutte contre l'exclusion, p. 5445.

410 CEDH, 12 juillet 2005, Moldovan et autres c. Roumanie, *JCP*, 2006, éd. G I 109, n° 1 obs. F. Sudre.

411 S. Bénétullière, « Justice sociale et espace public : l'exemple de l'affirmative action », *RFDC*, 2007, p. 57 ; M. Troper, « Justice constitutionnelle et démocratie », *RFDC*, 1990, p. 38 et s.

412Il s'agit précisément du protocole de Maputo du 11 juillet 2003 créant cette Cour. L'article 20 dudit protocole confère à la Cour de larges attributions au regard

dernière la fonction de contrôler la constitutionnalité des lois votées par les parlements nationaux au regard des textes fédéraux, dans la mesure où, à l'instar du droit de l'Union européenne, l'ensemble des traités conclus dans le cadre de l'Union africaine peut être qualifié de charte constitutionnelle de base, pour reprendre les termes de la Cour de justice de l'Union européenne[413]. La doctrine emprunte volontiers cette terminologie ou même celle de principes généraux de l'Union, pour désigner l'existence d'un ordre constitutionnel européen[414]. La Cour européenne des droits de l'homme quant à elle considère la convention européenne des droits de l'homme comme « l'instrument constitutionnel de l'ordre public européen »[415]. Ces textes correspondent certes encore à une Constitution matérielle inachevée, puisque n'ayant pas encore résolu le problème de l'éclatement de la souveraineté ou de son unification[416], qui seul permet au juge continental de porter une appréciation sur la constitutionnalité des décisions des Tribunaux nationaux. Toutefois, un texte tel que la Charte africaine des droits de l'homme bénéficie déjà de la part de certains auteurs de l'appellation de Constitution[417]. A moyen terme, il faut envisager l'hypothèse que le juge fédéral pourrait recourir également au contrôle du vice des incompétences négatives des législateurs nationaux, pour leur prescrire des orientations et des directives fermes et précises concernant les matières dans lesquelles des lois doivent intervenir, et qu'il pourrait même réécrire les lois nationales pour amener les législateurs nationaux à plus d'indépendance vis-à-vis des exécutifs[418]. Ce type de contrôle convient naturellement aux États fédéraux.

La Cour constitutionnelle allemande, la Cour suprême américaine[419], de même que la Cour italienne, en constituent des illustrations, car comme le remarque fort bien le doyen Favoreu, elles légifèrent à la place du législa-

des normes de référence qu'elle est chargée d'appliquer.

413 CJCE, 23 avril 1986, aff. 294/83, Parti écologiste « Les Verts ».

414 P. Delvolvé, « L'autonomie constitutionnelle des États dans les droits européens », *RFDC*, 2014, p. 887-906.

415 CEDH, 23 mars 1995, Loizidou c. Turquie, req. 15318/89.

416 V. P.-P. Van Gehuchten, « La question de l'État européen, le juriste et la ruse de la construction communautaire », *Droit et société*, 2003/1, n° 53, p. 73-87.

417 V. M. Glélé Ahanhanzo, « Introduction à la Charte africaine des droits de l'homme et des peuples », in *Organisation de l'Unité africaine, études offertes à Claude-Albert Colliard*, éd. Pedone, Paris, 1984, p. 517.

418 C'est le propre d'une Cour suprême fédérale de sanctionner les incompétences négatives des juridictions inférieures.

419 M. Troper, « Justice constitutionnelle et démocratie », *RFDC*, n° 1, 1990, p. 38.

teur, en enjoignant à celui-ci de reprendre son texte sur leurs directives[420]. Le juge fédéral devient un co-législateur. On assiste ainsi à une multiplication des sentences « manipulatives », addictives ou substitutives, ce qui est de nature à renforcer la protection des droits fondamentaux et à légitimer le juge fédéral.

La Convention sur la prévention et la répression de la corruption permet le recours à cette technique. En effet, le fait de solliciter l'intervention des parlements nationaux pour l'adoption des législations permettant de lutter efficacement contre la corruption, crée un droit pour l'Union africaine de contrôler, au moins par la voix juridictionnelle, l'efficacité et l'effectivité de ces législations. Et ce contrôle empiète nécessairement sur la compétence discrétionnaire du législateur. La technique du contrôle de l'incompétence négative des législateurs nationaux permet d'atteindre cet objectif. Tous les systèmes juridiques des sociétés modernes s'orientent vers ce mécanisme destiné à renforcer le pouvoir législatif là où il avait été affaibli par l'exécutif ; il consiste à obliger le parlement à exercer toutes l'étendue des compétences que la Constitution lui confère, et le juge constitutionnel sanctionnant les abstentions du législateur de légiférer dans les domaines qui sont de sa compétence. Ce qui est condamné, c'est le délaissement de sa propre compétence par le législateur au profit du gouvernement, ce qui rend pertinent le recours à cette technique pour donner aux parlements nationaux les moyens de lutter efficacement contre la corruption et les détournements publics.

Certaines cours constitutionnelles ont en définitive consacré une obligation de légiférer à la charge du parlement[421] qui s'applique même dans l'hypothèse d'une « amnésie opportune de ses compétences par le parlement, parfois pris en défaut de laisser à des autorités réglementaires ou autorités diverses la charge de préciser des mesures à peine évoquées dans le texte de loi, voire inexistantes dans celui-ci »[422]. Le juge met l'accent sur les carences des textes législatifs que le parlement produit[423]. Arme redoutable, son adoption par le juge fédéral dans les matières politiquement sensibles comme la lutte contre la corruption risque de ne pas laisser aux exécutifs nationaux de

420 L. Favoreu, « La légitimité du juge constitutionnel », *RIDC*, vol. 46, n° 2, 1994, p. 557-581.

421 F. Galletti, « Existe-t-il une obligation de légiférer ? Propos sur "l'incompétence négative du législateur" dans la jurisprudence du Conseil constitutionnel », *RFDC*, 2004/2, n° 58, p. 387-417 ; G. Schmitter, « L'incompétence négative du législateur et des autorités administratives », *AIJC*, vol. V, 1989, p. 137-176.

422 F. Galletti, « Existe-t-il une obligation de légiférer ... », *op. cit.*

423 V. D. Rousseau, *Droit du contentieux constitutionnel, op. cit.*, p. 139 et s.

grandes marges de manœuvre pour empêcher l'adoption de lois rigoureuses ; de plus, elle engendrera sans aucun doute un rééquilibrage institutionnel au profit des parlements souvent malmenés par des régimes présidentiels qui font la part belle au président de la République, l'exécutif pouvant perdre au final la maîtrise de l'élaboration des lois.

A notre sens, il n'existe pas meilleure technique de promotion de la démocratie dans un État fédéral, puisqu'elle se fonde sur une exigence démocratique, celle de la garantie de la légitimité du parlement en tant que représentant du peuple souverain[424].

Si le parlement est privé de la capacité de protéger les intérêts du peuple à qui il doit son mandat, comme cela arrive souvent en Afrique, c'est l'État fédéral dans sa globalité qui est délégitimé[425]. Mais une telle option ne peut être décidée si l'orientation fédérale de l'Union n'est pas clarifiée et précisée.

C. CLARIFIER L'ORIENTATION FÉDÉRALE ET DÉGAGER LES PRINCIPES FONDAMENTAUX DE L'ÉTAT FÉDÉRAL

La Cour africaine n'est pas une juridiction préparée pour contrôler la constitutionnalité des lois votées par les parlements nationaux. Ce contrôle bouscule les hiérarchies institutionnelles à l'intérieur des frontières des États. Les techniques du contrôle de l'incompétence négative et celle des réserves d'interprétation, marginalisent l'exécutif en faisant le procès de sa politique dans le face-à-face juge fédéral/législateur. Or la Cour africaine est frappée d'une incapacité congénitale dans le règlement des litiges ; elle n'a pas l'indépendance et l'autorité d'une Cour suprême fédérale comme celles des USA[426], parce qu'elle n'est ni plus moins que le résultat d'un compromis entre des

---

424 V. J. Arlettaz, « L'incompétence négative à l'étranger », *NCCC*, 2015/1, n° 46, p. 55-75.

425 C'est dans ce sens qu'il faut comprendre la revalorisation, par la Cour suprême des États-Unis, du rôle du Congrès américain dans des matières importantes, telle que la politique sociale, en ce sens qu'il constitue la branche du gouvernement « la plus sensible à la volonté populaire », CS, Industrial Union Department v. American Petroleum Institute Marshall, 448. U.S. 607, 2 juillet 1980, cité par Jordane Arlettaz, *op. cit.* Dans tous les cas, « le Congrès n'a pas la permission d'abdiquer ou de transférer à d'autres organes les fonctions législatives essentielles qui lui ont été conférées » : CS, A.L.A., Schechter Poultry Corp. v. United states, 295 U.S., 495, 25 mai 1935, v. Élisabeth Zoller, *Les grands arrêts de la Cour suprême des États-Unis*, Paris, éd. Dalloz, 2010, p. 176 et s.

États souverains, qui ne souhaitaient certainement pas donner trop de pouvoirs à des juges qui risqueraient à long terme d'échapper au contrôle de leurs géniteurs, dont les projets intégrateurs sont pour le moins confus. Elle ne se risquerait pas davantage à affirmer l'autorité et la souveraineté de l'État fédéral au détriment des États fédérés ou l'inverse, comme l'a fait la Cour suprême américaine tout au long de l'histoire[427] ; elle n'est pas un faiseur de souverains, ni moins encore un instrument fait pour répartir les compétences entre les différents niveaux de l'organisation de l'État fédéral. Cette audace là sied aux juridictions qui baignent dans une atmosphère démocratique, laquelle est un gage de liberté pour l'esprit des juges[428]. Les juges ne prendraient pas le risque de s'engager dans la voie fédérale sans avoir la certitude que cette orientation est clairement affirmée et pleinement assumée au regard du contenu des normes de référence auxquelles ils auront recours et de l'étendue et de la réelle portée de leurs compétences ; ils gageraient à jamais la légitimité de l'institution qu'ils incarnent en agissant autrement. En effet, comme l'écrit si justement le juge Aharon Barak, « lorsqu'il comble les lacunes existant entre le droit et la société, le juge doit tenir compte des limita-

426 Une Cour fédérale a nécessairement besoin de s'inscrire dans une démarche réaliste pour donner une orientation claire au projet fédéral et combler les lacunes de la loi fondamentale, lorsque celle-ci est muette sur certaines questions d'intérêt commun. Pour ne parler que de la Cour suprême américaine, qui peut servir de modèle à la justice fédérale africaine, il est vrai que c'est à des rares occasions que le juge fédéral a prôné le réalisme (v. E. Zoller, « Le réalisme dans la jurisprudence constitutionnelle de la Cour suprême des États-Unis », *Les Cahiers du Conseil constitutionnel*, n° 22, 2007, p. 216), mais toutes les fois qu'il l'a fait, il a mis en avant l'intérêt public, lors même que la Constitution était muette sur la question. C'est ce qu'elle a fait dans l'affaire Mc Culloch v Maryland (v. E. Zoller, *Les grands arrêts de la Cour suprême des États-Unis*, 1ère éd. Dalloz, 2010, p. 129 et 143), où, s'appuyant sur la notion de compétences implicites, elle approuva la décision du Congrès de créer une banque fédérale, alors qu'aucune disposition de la Constitution n'instituait un tel pouvoir au profit de l'Union. Or, l'intérêt public, qui renvoie à une notion très vague, fait appel à l'imagination du juge, qui pour répondre à la demande sociale qui se fait pressante, est parfois obligé de s'écarter de la lettre de la loi, de créer du droit plutôt que de laisser les choses en l'état lorsque.

427 V. J. Cagiao y Conde, « Autorité et conflits d'autorités en droit fédératif », *L'Europe en formation*, 2012/1, n° 363, p. 121-142.

428 Ici encore, la Cour suprême des États-Unis fait figure de modèle. Créée au départ pour garantir les équilibres fédéraux, elle a gagné en notoriété et en autorité, en s'érigeant en protectrice des droits et libertés et en menant son combat jusqu'à consacrer des droits nouveaux qui, initialement, n'étaient pas inscrits à son contrôle, v. E. Zoller, « Cour suprême des États-Unis : Session d'octobre 2017 », *RDP*, n° 6, p 1761.

tions institutionnelles du pouvoir judiciaire »[429]. En l'occurrence, la liberté créatrice du juge dans sa fonction d'interprète de la loi est limitée par la volonté politique qui redoute une révolution prétorienne qui obligerait les pouvoirs publics à s'engager dans une marche forcée vers un fédéralisme qui n'est pas celui qu'ils avaient en vue pour le continent, mais qui refléterait la propre vision du juge. Ce risque est d'autant plus réel que, si le rôle du juge est de combler « le clivage entre le droit et la société »[430], le droit de l'Union africaine dont il a la charge d'assurer l'inviolabilité, qui est tout juste un droit transitoire, à cheval entre le désir d'intégration et le *statu quo*, ne lui donne pas une vue claire des intentions des acteurs politiques à l'égard du fédéralisme, sauf en matière de protection des droits fondamentaux où la défaillance des mécanismes nationaux crée dans la conscience collective le besoin d'une justice fédérale suffisamment indépendante, impartiale et capable de plier les États au respect du droit supranational à l'élaboration duquel ils ont participé.

D. DÉLIVRER LE JUGE FÉDÉRAL DE LA TUTELLE POLITIQUE ET CULTURELLE

Il s'agit d'un risque bien réel, surtout quand les juges baignent dans une atmosphère culturelle et politique qui détermine leurs choix. En effet, il y a dans l'accomplissement de l'acte de juger une dimension culturelle et sociologique indéniable qui peut dangereusement infléchir la volonté des magistrats. Qu'on ne demande pas aux juges fédéraux africains de bâtir un État fédéral fort, en rendant des décisions courageuses qui s'appuieraient sur l'esprit des normes conventionnelles plutôt que sur leur lettre pour donner une assise juridique à l'intégration politique. Ils ne le feront pas, parce qu'ils sont timorés voire timides par culture, par éducation, ce qui est leur nature. Il leur a été reproché de n'être que de « simples ornements institutionnels des systèmes »[431]. Cette observation est plus que jamais actuelle, car le juge africain, cela a été souligné à l'envi, ne participe pas véritablement à la création du droit ; il se complaît, par une absurde révérence vis-à-vis des institutions, dans le rôle d'applicateur du droit, ce qui conduit logiquement certains praticiens du droit à lui dénier la qualité d'un véritable pouvoir d'État[432]. Les ex-

429 A. Barak, « L'exercice de la fonction juridictionnelle vu par un juge : le rôle de la Cour suprême dans une démocratie », *RFDC*, 2006/2, n° 66, p. 227-302.

430 Aharon Barak, *op. cit.*

431 A. S. Ould Bouboutt, « Les juridictions constitutionnelles en Afrique. Évolution et enjeux », *AIJC*, 1997, p. 41.

432 J.-M. Breton, « Légalité et État de droit. Statut et perception du juge de l'administration (contribution à une réflexion transversale) », *Revue électronique Afrilex*,

ceptions sont très rares ; elles se rencontrent dans les pays où la conjonction des facteurs historiques, politiques et sociaux a rendu la justice constitutionnelle et l'État de droit indispensables à la cohésion nationale[433], encore que la justice constitutionnelle en Afrique — y compris dans des pays comme l'Afrique du sud — a été largement politisée[434] et, à cause de cela, elle est discréditée.

Cela dit, malgré la vague démocratique qui s'est installée sur le continent, la justice constitutionnelle est loin d'offrir aux citoyens et à l'opposition politique toutes les garanties qu'ils sont en droit d'attendre d'une justice indépendante. Aussi les hommages — o combien précoces voire cyniques — qu'elle reçoit sont-ils très mesurés[435]. Nombre de juges ont montré leur incapacité à juger les actions politiques émanées des chefs d'États qui leur font ombrage ; ils n'en ont d'ailleurs pas les moyens. Le mélange des genres entre la rhétorique démocratique et l'utilisation arrogante de la force armée dans l'arène politique, l'intimidation et la manipulation, qui frise parfois le ridicule[436], engendrent la terreur, et compliquent davantage la situation déjà chaotique des juges. L'infantilisation des magistrats une fois acquise au moyen d'une démonstration aussi inutile que démesurée de la puissance, on peut leur faire avaler toutes les pilules mêmes les plus amères. Ce ne sont plus des hommes de loi ou des hommes tout court ; mais, aux yeux du pouvoir politique, ils représentent tout ce qu'il y a de plus méprisable : la conscience puritaine de la légalité et la rectitude des valeurs immuables et éternelles de justice et de vérité auxquelles ils sont attachés ; et la nature politique engluée qu'elle est dans l'abîme de la corruption et et de la volupté ne saurait se mesurer à ces valeurs, pût-elle oser. Voilà pourquoi le seul châtiment qu'ils méritent est l'infamie et le déshonneur d'être mis en porte-à-faux avec les valeurs que défend leur corps. Ainsi disqualifiés, réprouvés pour connivence présumée ou

---

n° 03, p. 69. M. M. Ndiaye abonde dans le même sens que M. Breton lorsqu'il déclare « qu'il est regrettable de constater que le juge africain, souvent, s'autocensure pour se faire le serviteur des gouvernants. Cette auto restriction est un des obstacles majeurs à l'essor du juge constitutionnel dans sa fonction de gardien de la Constitution » ; v. M. Ndiaye, « La stabilité constitutionnelle, ... », *op. cit.*

433 Didier Ribes, « Le juge constitutionnel peut-il se faire législateur ? A propos de la décision de la Cour constitutionnelle d'Afrique du Sud du 2 décembre 1999 », *Les Cahiers du Conseil constitutionnel*, n° 9, 2000, p. 84.

434 D. Dia, *Les dynamiques de démocratisation en Afrique …*, *op. cit.*, p. 219 et s.

435 D. Emmanuel Adouki, « Contribution à l'étude de l'autorité des décisions du juge constitutionnel en Afrique », *RFDC*, 2013 n° 95, p 611-638.

436 V. M. Gazibo, « Pour une réhabilitation de l'analyse des partis en Afrique », *Politique africaine*, 2006/4, n° 104, p. 5-17.

avérée avec le pouvoir, et soumis malgré eux au jugement sommaire du peuple auquel ils sont livrés en pâture, ils tombent implacablement en disgrâce sans aucune possibilité de rédemption. C'est ainsi que, dans certains pays, confrontés à ce type de pesanteurs, comme la Côte d'Ivoire où MM. Laurent Gbagbo et Alassane Dramane Ouattara s'affrontaient sur le terrain juridique, la variation soudaine de la jurisprudence constitutionnelle sur la même question à quelques mois d'intervalle seulement, a eu pour cause le changement du rapport de force en faveur du second. Le raisonnement « saugrenu » voire « déroutant et incompréhensible » pour le constitutionnaliste[437], fait de la décision du Conseil constitutionnel ivoirien une véritable curiosité juridique dans laquelle le juge soumet ses décisions à l'autorité des accords conclus par les protagonistes à l'élection présidentielle qualifiés abusivement de droit international plutôt qu'à la volonté du constituant interne. Les juridictions constitutionnelles africaines sont toujours confrontées à des questions politiques juridiquement insolubles[438] comme celle de la mutation du conventionnalisme des accords de paix en constitutionnalisme[439].

Il n'est donc pas certain que la donne change à l'échelle continentale si les mentalités et les pratiques politiques ne changent pas fondamentalement. En vérité, au regard des éléments développés, la Cour africaine a très peu de chance de sortir de ce guêpier dans lequel l'ont placée les pouvoirs publics, lorsqu'elle sera confrontée aux grandes questions qui non seulement divisent la société mais font apparaître des clivages culturels béants, telles que l'euthanasie, la laïcité, les rapports entre les religions et l'État, l'interruption vo-

---

437 F. De Paul Tétang, « De quelques bizarreries constitutionnelles relatives à la primauté du droit international dans l'ordre juridique interne : La Côte d'Ivoire et "l'affaire de l'élection présidentielle" », *RFDC*, 2012/3, n° 91, p. 45 à 66. Une révision de la Constitution ivoirienne paraissait inévitable, pour prendre en compte, à la fois, les choix politiques et la volonté du constituant. En tout état de cause, seule la Constitution aurait due être appliquée par le juge constitutionnel en l'absence d'un référendum ou de l'accord du parlement sur l'accord incriminé : v. J. du Bois de Gaudusson, « L'Accord de Marcoussis, entre droit et politique », *Afrique contemporaine*, 2003/2, n° 206, p. 41-55 ; S. Doumbia, « Le Conseil constitutionnel ivoirien, un juge électoral entre contraintes politiques et exigences constitutionnelles : essai d'analyse de la Décision n° CI-2011-EP-036/04/CC/SG du 4 mai 2011 portant proclamation de Monsieur Alassane Ouattara en qualité de président de la République de Côte d'Ivoire », *Revue Afrilex*, 2013 .

438 Sur la décision du juge ivoirien, v. G.-F. Ntwari, « La décision du Conseil constitutionnel ivoirien n° CI 2011-036 du 4 mai 2011 », *RQDI*, vol. 24/1, 2011, p. 407-411.

439 V. B. M. Métou, « Existe-t-il une hiérarchie entre les normes constitutionnelles des États africains ? », *Afrilex*

lontaire de grossesse, l'esclavage (qui existe encore en divers endroits du continent et qui est profondément enraciné dans la culture de certains peuples), l'égalité de tous devant la loi. Ces questions qui ont largement contribué à l'affermissement de la légitimité et au renforcement de l'autorité de la Cour suprême des États-Unis outre-atlantique, malgré les critiques politiques et les intimidations qu'elle a dû affronter au cours de son histoire[440], se poseront avec la même acuité devant les juges panafricains. Il n'est pas certain que la Cour africaine fasse preuve de la même audace que son illustre homologue américaine. A cause des clivages culturels et sociologiques qui sont parfois irréconciliables entre les différentes aires géographiques et culturelles, elle aura de la peine à construire une jurisprudence uniforme et qui serait sans concession envers certaines spécificités culturelles. Le tempérament du juge africain le conduit par habitude à reprendre *in abstracto* le raisonnement des Cours européenne et américaine sans tenir compte de la subtilité des conflits relatifs aux droits de l'homme dans le contexte africain. En outre, et contrairement aux juges américains, ils ne pourra pas, sans fil conducteur, « légiférer » ou suppléer les autorités politiques sur ces questions, dans la mesure où sur les points susmentionnés, les conventions internationales et interafricaines se bornent à poser des normes de portée générale dont l'application aux situations concrètes nécessite des prises de position qui peuvent être de nature à contredire les choix politiques.

En vue de mieux contrôler les futurs juges fédéraux, les États se sont employés en amont à leur retirer toute capacité de nuisance en réduisant au maximum leurs attributions. L'exemple de la Commission africaine en est une parfaite illustration, étant entièrement subordonnée aux États. Un autre exemple est le fait curieux que la compétence de la Cour africaine soit reconnue pour recevoir des recours en interprétation et en appréciation de validité, alors qu'elle n'a pas qualité pour examiner les requêtes des justiciables ordinaires dont les litiges sont pendants devant les tribunaux nationaux. Il est absurde de détacher ces deux recours de la notion de partie au procès. D'un autre côté, le dialogue des juges si nécessaire dans les relations interéta-

440 V. G. Scoffoni, « La légitimité du juge constitutionnel en droit comparé : les enseignements de l'expérience américaine », *RIDC*, n° 2, 1999, p. 245 à 280.

tiques[441], et *a fortiori* dans les structures confédérales[442] et fédérales[443], réclamé à juste titre par les juges de la Cour africaine depuis des années[444], n'est pas promu dans le droit de l'Union africaine. Aucune juridiction nationale, en effet, ne peut la saisir pour interprétation des conventions conclues dans le cadre de l'Union, ni pour un avis consultatif, ce qui serait perçu comme une prise de position politique dans le champ des compétences juridiques des États. L'explication de ce cloisonnement des champs respectifs des domaines réservés aux juges nationaux et communautaire, tient au refus d'accorder aux juridictions panafricaines l'autorité pour rendre l'interprétation authentique et prioritaire[445]. En refusant ainsi tout renvoi préjudiciel au juge continental et en lui déniant le monopole de l'interprétation des traités de l'Union, on prive le droit supranational de la capacité d'immerger et d'irriguer les droits nationaux, on empêche le mouvement d'uniformisation des droits nationaux et on retarde par conséquent l'émergence d'une communauté de valeurs[446] indispensables à l'intégration. Mais au-delà, c'est l'existence d'une juridiction fédérale puissante qui est contestée. De la sorte, ni la Cour africaine des droits de l'homme, ni la future Cour de justice de l'Union africaine même dotée de larges attributions, ne seront jamais à l'image de la Cour suprême des États-Unis, dont la puissance est liée au fait « qu'elle est toute seule, suprême et sans rivale dans l'interprétation de toutes les questions juridiques que posent, la Constitution, les traités et les lois des États-Unis »[447].

---

441 V. L. Burgorgue-Larsen, « De l'internationalisation du dialogue des juges : Missive doctrinale à l'attention de Bruno Genevois », in *Le dialogue des juges, Mélanges en l'honneur du président Bruno Genevois*, Paris, Dalloz, 2009, p. 95 et s.

442 V. F. Chaltiel, « Droit constitutionnel européen 2004-2006 », *RFDC*, 2007/1, n° 69, p. 161-173 ; v. S. Stelzig-Caron, *La Cour de cassation et le dialogue des juges*, Thèse, Grenoble, 2011, 439 p, https://tel.archives-ouvertes.fr.

443 V. R. Arnold, « Le rôle de la Cour constitutionnelle fédérale allemande », *AIJC*, vol. XXVII, 2011, p. 14-20 ; A. Rasson-Roland, M. Verdussen, « Le rôle de la Cour constitutionnelle belge », *AIJC*, vol. XXVII, 2011, p. 21-32.

444 V. G. Niyungéko, « La Cour africaine des droits de l'homme et des peuples : défis et perspectives », *RTDH*, 2009, n° 79, p. 731-738.

445 V. J. Andriantsimbazovina, « L'autorité de la chose interprétée et le dialogue des juges : en théorie et en pratique un couple juridiquement inséparable », in *Le dialogue des juges, Mélanges en l'honneur du président Bruno Genevois*, Paris, Dalloz, 2009, p. 11-8.

446 V. C. Grewe, « La circulation des droits fondamentaux ou l'impact du pluralisme culturel en Europe », in *Le dialogue des juges, Mélanges en l'honneur du président Bruno Genevois*, Paris, Dalloz, 2009, p. 506-517.

447 E. Zoller, « Considérations sur les causes de la puissance de la Cour suprême des États-Unis et de sa retenue », *NCCC*, 2011/4, n° 33, p. 231-251.

CONCLUSION DE LA PREMIÈRE PARTIE

Dans cette première partie, nous nous sommes efforcé d'étudier les droits fondamentaux des États africains dans leurs rapports avec l'Union africaine. Deux catégories d'entités publiques ayant chacune des droits opposables, les États d'un côté, et l'Union africaine de l'autre, interagissent en vue de donner corps à une entité supranationale ayant vocation à devenir l'État central africain, et à se substituer aux États actuels dans l'exercice des fonctions politiques, économiques et sociales qui sont traditionnellement dévolues à un État unitaire. C'est un objectif qui est officiellement affiché sinon fantasmé depuis au moins l'accession des États africains à la souveraineté internationale. Mais dans leur interaction, en plus de ne pas tous partager unanimement l'objectif d'intégration politique continentale, les États et l'Union affichent des prétentions et des intérêts souvent divergents, voire opposés. Ces divergences traduisent l'existence de droits fondamentaux d'autant plus opposés qu'ils s'enracinent dans des cultures spécifiques qui ont donné à chaque entité étatique une identité particulière. Il existe ainsi une mosaïque d'identités façonnées par l'histoire, la géographie, la culture, les coutumes, et surtout les croyances religieuses. Elles ont la particularité de ne pas se confondre et de ne pas toujours converger vers l'unité politique et juridique, contrairement à ce qui était affirmé pendant des décennies par les panafricanistes.

La cristallisation des identités étatiques sans formation des nations est un phénomène perceptible, qui se traduit par la reconnaissance des droits fondamentaux imprescriptibles au profit des États. La notion européenne d'identités constitutionnelles des États[448] peut trouver un terrain d'élection en Afrique. Mais, à la différence de celle-ci, les identités constitutionnelles des États africains sont parfois inconciliables avec les principes et règles établis par l'Union africaine en matière de droits fondamentaux, parce que les deux ne reposent pas sur le même système de valeurs. Les valeurs de l'Union africaine sont libérales ; celles des États sont communautaires. Le libéralisme juridique accélère l'intégration, tandis que le communautarisme la ralentit. On observe ainsi une incapacité du droit de l'Union à s'imposer dans les sys-

448 V. A. Levade, « Identités constitutionnelles et hiérarchies », *AIJC*, n° XXVI, 2010, p. 453-486 ; E. Dubot, « Les règles ou principes inhérents à l'identité culturelle de la France : une supra-constitutionnalité ? », *RFDC* 2019/3, p.451-482 ; S Martin, « L'identité de l'État dans l'Union européenne : entre "identité nationale" et "identité constitutionnelle" », *RFDC* 2012/3, n° 91, p. 13 à 44.

tèmes juridiques nationaux ; ces identités culturelles et constitutionnelles nationales constituent un obstacle à l'effectivité, dans le chef des individus, des droits fondamentaux défendus par l'Union africaine.

SECONDE PARTIE

L'INCOMPATIBILITÉ ENTRE LES DROITS FONDAMENTAUX DES INDIVIDUS PROCLAMÉS PAR L'UNION ET LES IDENTITÉS NATIONALES

Les droits fondamentaux des personnes physiques n'ont jamais par le passé été au cœur de la construction de l'État fédéral africain. Ils n'ont jamais été une préoccupation pour les leaders politiques africains, qui, pour la plupart, ont exercé dans leurs États respectifs un pouvoir tyrannique au mépris de la vie humaine. Nombre de leaders africains en avaient une conception socialiste et communautaire. Dans cette conception, il n'était pas possible que l'individu pût revendiquer des droits propres. Il va sans dire que le communautarisme s'enracine profondément dans la culture et l'histoire africaines[449]. Cette culture qui a façonné le militantisme panafricain[450] a aussi été confirmée sur le terrain de la recherche scientifique. Ainsi, parlant de la notion de juste et de justice en Afrique, le professeur Maurice Kamto affirme : « Le juste ici évoqué [en Afrique précoloniale], n'est en rien similaire à la notion de justice telle qu'elle se dégage de la philosophie morale des peuples de l'Occident chrétien. C'est-à-dire, une philosophie fondée sur l'autonomie du sujet moral, considéré comme étant intérieurement le lieu de l'histoire. Le juste historique ne fait donc pas référence à cette "ferme et perpétuelle volonté d'accorder à chacun son droit" dont parlent les Instituts de justinien [...] »[451]. L'Africain, dans la société traditionnelle, est donc un élément du groupe, une pièce du tout ; seule compte donc la préservation de la continuité du groupe[452]. Il s'ensuit que les droits de l'homme ou les droits fondamentaux de l'individu étaient une absurdité dans l'Afrique traditionnelle, qui,

449 V. J. Nyerere, « Les fondements du socialisme africain », *Présence africaine*, 2012, n° 185-186, p. 273-281. A. Hampaté Bâ, le gardien de la tradition africaine de son époque, résumait ainsi la relation entre l'individu et la collectivité : « La personne est reliée à ses semblables. On ne la conçoit pas isolée, indépendante [...]. La tradition se préoccupe de la personne humaine en tant que multiplicité intérieure appelée à s'ordonner et à s'unifier, comme à trouver sa juste place au sein des unités plus vastes que sont la communauté humaine et l'ensemble du monde vivant », v. A. Hampaté Bâ, « La notion de personne en Afrique noire », in *La notion de personne en Afrique noire*, éd. L'Harmattan, Paris, 1993, p. 181. Pour Senghor, « la philosophie négro-africaine est une philosophie socialiste, plus exactement, communautaire, parce que formée d'une communion d'âmes plus que d'une agrégation d'individus » : L. S. Senghor, *Pour une voie africaine du socialisme* (Rapport sur la doctrine et le programme présenté au congrès constitutif du parti de la fédération africaine), in Afrique nouvelle, Dakar, 10 et 17 juil. 1959.

450 On peut à ce propos lire A. O. Zambo, *L'intégration africaine en question*, éd. L'Harmattan, Paris, 2011, p. 48 et s. L'auteur synthétise dans son exposé les différentes conceptions du socialisme africain que les élites ont défendues pendant plusieurs décennies, en les rattachant toutes à la tradition africaine.

451 M. Kamto, *Pouvoir et droit en Afrique noire. Essai sur les fondements du constitutionnalisme dans les États d'Afrique noire francophone*, éd. LGDJ, 1987, p. 155.

pour ne pas en avoir une idée précise, ne pouvait pas en tenir compte. C'est la communauté qui était le sujet privilégié, mais non exclusif, de droit[453]. L'unité du groupe et de l'individu a conduit tout naturellement à la création des partis uniques, qualifiés de partis du peuple tout entier, pour mieux exprimer la symbiose entre le peuple et ses dirigeants. Ces partis uniques qui étaient censés mieux personnifier les intérêts collectifs et individuels, étaient considérés comme tirant leur légitimité de la tradition culturelle africaine dont tous s'accordaient à soutenir qu'elle était profondément unitaire[454]. L'approche anthropocentrique du constitutionnalisme[455] que l'on trouve formulée dans les premières constitutions du continent est le fruit du mimétisme juridique ; un accident de l'histoire qui ne tire pas sa filiation de l'antique tradition culturelle africaine. Objet non-identifié dans le paysage juridique africain, elle devait être publiquement honnie sinon dévitalisée avec tous les textes constitutionnels qui en portaient la marque, ce qui fut le cas sous les partis uniques.

Les droits fondamentaux de l'homme qu'introduit la Charte africaine des droits de l'homme et des peuples sont à l'opposée de la conception traditionnelle des droits de l'homme en Afrique. La Charte opère une révolution silencieuse dont ses géniteurs n'ont pas perçu toute la portée, à une époque où les droits collectifs seuls étaient censés être en phase avec la culture africaine.

---

452 Par conséquent, est juste « tout ce qui importe pour le maintien du groupe social et non ce qui tend au respect du droit individuel », *ibid.*, p. 156.

453 K. Mbaye, « Le concept africain des droits de l'homme », *Bulletin africain des droits de l'homme*, vol. 3, p. 3.

454 V. P.-E. Latoki, « La thèse de l'unité africaine traditionnelle : ses dessous et ses conséquences sur l'État en Afrique », *Les cahiers de psychologie politique*, n° 14, janvier 2009, http//lodel.irevues.inist.fr/cahierspsychologiepolitique/index. Les partis uniques paraissaient mieux refléter l'esprit de la culture africaine, dans la mesure où, comme dans le système traditionnel, l'individu se soumettait à la volonté du parti, qui décidait librement de lui accorder des droits ou de les lui refuser. Certaines constitutions adoptées au lendemain des indépendances accréditent cette lecture des rapports entre l'individu et le parti. C'est le cas de la Constitution zaïroise du 14 août 1974 qui, en plus de formuler dans son préambule le recours à l'authenticité comme le seul moyen de parvenir aux objectifs d'intégration nationale et africaine, affirme à son article 29 que le Mouvement populaire de la Révolution (le parti unique) « est la nation zaïroise organisée politiquement ». Le parti unique est, comme l'affirme Sékou Touré, le cerveau de la société, situé au-dessus de la population et de tous les organes de l'État. Au Ghana, le parti de la Convention du peuple est la personnification de la nation tout entière tout comme le Ghana est le parti (v. J., « Une idéologie africaine : le Nkrumaïsme », *op. cit.).*

455 R. Arnold, « L'État de droit comme fondement du constitutionnalisme européen », *RFDC*, n° 100, 2014, p. 769-776.

C'est à l'occasion de sa mise en œuvre par les organes juridictionnels continentaux que l'étendue des droits qu'elle porte a commencé à se révéler, montrant ainsi son incompatibilité avec les traditions culturelles, politiques et religieuses africaines qu'elles était pourtant censée protéger. La Charte apparaît ainsi comme un texte avant-gardiste qui, élaboré dans un contexte particulier qui est celui des dictatures politiques, religieuses ou culturelles, va bouleverser toutes les croyances et les traditions qui étaient jusque là tenues pour acquises. Il n'est que de citer l'exemple de la liberté religieuse pour réaliser à quel point les traditions et les coutumes locales sont menacées d'extinction, nonobstant la lecture contextuelle de ces nouveaux droits par les juridictions africaines.

En définitive, l'idée que les droits de l'homme tels que formulés par la Charte africaine, inspirée en cela par les conventions internationales protectrices des libertés individuelles[456], puissent se concilier avec les valeurs propres à l'identité et la culture africaines au nom de leur caractère universel est pour le moins simpliste. Les règles juridiques qu'elle formule finiront sur le long terme d'éroder sinon de gommer les valeurs culturelles qui leur résistent aujourd'hui. Non seulement, la complexité de la société africaine dans toutes ses spécificités est méconnue, mais encore l'unité du droit des libertés fondamentales sera impossible à réaliser. La mise en œuvre de ce droit, indispensable à l'intégration africaine, se heurte sur le continent à d'insurmontables obstacles historiques, culturels et religieux. Les droits fondamentaux seront à géométrie variable dans l'Afrique fédérale à cause des discriminations qui sont engendrées par les pesanteurs sociologiques existant dans les États. Et, parce que la coercition ne pourra rien contre les identités et la culture, la citoyenneté sera éclatée ou s'avérera inexistante. Les droits que l'homme entend revendiquer sur sa personne ou son être tout comme l'usage qu'il voudra en faire seront impossibles à exprimer dans bien de cas (TITRE I). Quant aux libertés dites de l'esprit qui ont souvent une finalité politique[457], elles seront réduites à leur plus simple expression (TITRE II).

---

456 A l'instar de la Déclaration universelle des droits de l'homme de 1948, du Pacte international relatif aux droits civils et politiques signé à New York le 16 décembre 1966, ou même la Convention européenne de sauvegarde des droits de l'homme et des libertés fondamentales. J. Flerens, « La Charte africaine des droits de l'homme et des peuples », *RTDH*, 1990, p. 235-247.
457 F. Chaltiel, « La citoyenneté européenne », *Les Cahiers du Conseil constitutionnel*, n° 23, 2007, p. 64.

TITRE I

L'IMPOSSIBILITÉ DE REVENDIQUER LES DROITS PHYSIQUES

Ces droits sont ceux que l'homme entend exercer sur sa propre personne ou son être. Ils sont qualifiés par le vocable de « liberté physique »[458], parfois au pluriel[459], du fait qu'ils s'attachent à la sauvegarde de la personne en tant qu'être. C'est par exemple le droit pour une personne d'utiliser son corps comme bon lui semble. La question dès lors se pose de savoir s'il est possible qu'une personne, pièce du corps social, puisse faire de son être et de toutes les parties de son corps ce qu'elle veut, sans nuire à la liberté des autres, et sans perturber le fonctionnement de la société dans laquelle elle vit. Son corps est-il sa propriété ou celle de l'État, collectivité personnifiée ?[460] Il y a à toutes les époques, des normes sociales ou des règles juridiques qui organisent la vie en société, et qui réglementent toutes les actions humaines. Si l'on admet que la morale et la religion sont au fondement de ces normes, le corps humain présente à n'en point douter des particularités qui font que son usage ou son commerce doivent nécessairement faire l'objet d'un contrôle social et d'une attention particulière sous peine de transformer le milieu social en une jungle où règnent la bestialité et la violence. D'une certaine manière, ce qui distingue le genre humain du règne animal c'est la morale, qui permet à la société un usage licite de la liberté du corps, en interdisant certaines pratiques, et en réglementant strictement d'autres. Le caractère sacré de la personne humaine commande une protection accrue du corps aussi bien des violences faites par autrui que celles que la personne peut s'infliger elle-même et qui risquent de porter atteinte à l'ordre social, à la tranquillité et même à la santé publique.

La réponse fournie par le droit occidental, et particulièrement le droit des États européens, à cette problématique est restée pendant longtemps fidèle à la tradition et la pensée chrétiennes, tout au moins sur le principe de la réglementation des différents usages du corps. La justification morale de cette ré-

---

458 J. Robert, J. Duffar, *Droits de l'homme et libertés fondamentales*, 8e éd., Montchrestien, 2009, p. 219.

459 V. F. Rouvillois, *Libertés fondamentales*, éd. Flammarion, 2016, p. 223.

460 B. Lemennicier, « Le corps humain, propriété de l'État ou de soi ? », *Droits*, n° 13, 1991, p. 111-122.

glementation se trouve très certainement dans les écrits de Saint Paul pour qui le corps « est pour le Seigneur », et non pour la débauche[461]. Le Code pénal français de 1810, alors en accord avec son référent biblique, en ses articles 337 et 338 punissait d'emprisonnement l'adultère de la femme mariée ainsi que la complicité d'adultère, et son article 340 incriminait déjà la bigamie.

En Afrique au contraire, les règles juridiques instituées par la Charte africaine des droits de l'homme sont issues d'une génération spontanée. Bien que l'Afrique ait, à différentes époques, et dans toutes les régions, engendré ses propres règles pour régir les corps, celles-ci ne sont nulle part formulées expressément dans le corpus de la Charte ni dans aucun autre texte après. La Charte va au contraire verser dans un mimétisme juridique qui va finir par la mettre en contradiction, non seulement avec les droits des États, ceux des entités infra et para-étatiques, qui peuvent à juste raison revendiquer une souveraineté en matière de production des normes juridiques et sociales[462], mais aussi avec les traditions, les coutumes et les normes religieuses qui, dans certains pays, ont un impact indéniable sur les normes juridiques. La volonté de modifier positivement l'attitude et le comportement de la société africaine par le recours aux normes internationales s'affirme progressivement dans les instruments régionaux paraphés par les chefs d'État de l'Union africaine[463], qui lèvent jour après jour le voile sur les véritables intentions de leurs auteurs. Ce n'est plus la défense de l'unité culturelle à tout prix, mais la construction d'une identité nouvelle par l'assomption d'une conception importée des droits individuels qui procède méthodiquement par l'élimination des pans entiers des valeurs traditionnelles. Dès lors, la Charte se révèle être un moule identitaire contrariant pour les identités nationales qu'elle ne parviendra à mâter, pour les transcender, que sur le long terme et sous la condition de la conversion de l'Afrique à la liberté. Qu'il s'agisse donc de la libre disposition du corps (CHAPITRE I) ou des manipulations scientifiques auxquelles il peut donner lieu (CHAPITRE II), le droit de l'Union est loin de pouvoir s'imposer.

---

461 1 Corinthiens 6 v 13. C'est ce qui, selon la Bible, explique la réprobation de l'homosexualité, de l'adultère, du transsexualisme et de tous les comportements sexuels qu'elle tient pour déviants. v. Aussi : Lévitique 20 v 13 et v 15-16 ; Romains 1 v. 24-32 ; 1 Cor. 6 v 10.

462 V. L. Matala Tala, « L'ineffectivité du droit positif en Afrique subsaharienne », *Civitas Europa*, 2013/2, n° 31, p. 239-260.

463 Cette intention apparaît clairement dans la Déclaration solennelle sur l'égalité entre les hommes et les femmes en Afrique adoptée à Addis-Abeba en 2004.

CHAPITRE I

LA LIBRE DISPOSITION DU CORPS

La libre disposition du corps est un droit nouveau sur le continent africain. Les traditions culturelles, sociales ou religieuses ne permettent pas aux citoyens africains d'user de leurs corps comme bon leur semble. La morale et la religion sont, selon les aires culturelles, au fondement de la vie sociale et des relations humaines. Elles déterminent la conduite des citoyens en toutes les matières. L'évolution qui se dessine depuis peu, sous l'influence du droit des États européens, en faveur de la libéralisation des différents usages du corps, est très lente, très timide, et est loin d'être acceptée par les populations qui portent encore le poids des interdits qui ont été appliqués pendant longtemps. Le corps ne s'exhibe pas, il ne se souille pas, et son usage doit être conforme aux pratiques admises par l'ensemble de la société, parce qu'il appartient à la société. Toute norme contraire ne peut apparaître que comme une anomalie . Les rédacteurs de la Charte n'entendaient pas au départ s'écarter des conceptions locales des droits humains ; ils entendaient incorporer l'ordre moral africain dans l'édifice juridique. Mais l'universalisation de la conception des droits fondamentaux par l'adoption des normes internationales a entraîné une remise en cause de la morale africaine. Il apparaît ainsi, comme en Occident, une séparation entre la morale et le droit. Celle-ci ne peut pas s'imposer de manière identique sur l'ensemble des États de l'Union, à cause des différences culturelles et religieuses. Le droit africain des droits de l'homme s'inscrit désormais dans un processus irréversible d'universalisation qui ne laisse que peu de place aux spécificités culturelles dans la définition des libertés. Cette situation rend improbable l'harmonisation du droit sur l'ensemble du continent, ne serait-ce que parce que le droit constitutionnel des États, inspiré et irrigué par le droit de l'Union en matière des droits de l'homme, n'est pas — tant s'en faut — le seul créateur des normes juridiques en Afrique[464]. Le pluralisme juridique est consubstantiel à la diversité culturelle des territoires africains. L'Union africaine, la Commission africaine et la Cour africaine, procèdent par petites touches sans avoir la certitude de vaincre un jour les résistances culturelles et religieuses nationales. En matière de libre disposition du corps, le droit de l'Union africaine a tout d'abord procédé à une reconnaissance limitée du libre usage du corps (Section 1). Par la suite, il a montré des signes qui laissent penser qu'il aurait tendance à libéraliser les différents usages du corps (Section 2).

464 V. L. Matala Tala, « L'ineffectivité du droit positif en Afrique ... », *op. cit.*

Section 1. La reconnaissance limitée par le droit africain du libre usage du corps

Jusqu'à l'adoption de la Charte africaine des droits de l'homme et des peuples, l'OUA ne s'est pas préoccupée de réglementer les droits fondamentaux des personnes. Ce chapitre a été abandonné aux États, qui ont effectivement, pour la plupart, mis en place des mécanismes de protection de ces droits. Certaines constitutions sont laconiques sur l'énumération de la protection des libertés accordées aux citoyens[465]. D'autres, plus récentes, sont plus explicites en consacrant aux droits individuels de longs développements[466]. Dans l'ensemble, sont formulés les libertés et droits accordés à l'individu, sans aucune mention de la liberté pour l'homme de disposer de son corps comme il l'entend, ni des limites assignées à une telle liberté. Les intentions des constituants africains peuvent être interprétées comme n'ayant pas entendu consacrer une telle liberté, soit que cette liberté est méconnue parce que sa prise en compte par les instruments internationaux est très récente, soit qu'elle est laissée à la discrétion de chaque personne comme relevant du domaine privé. Dans les deux cas, on est forcé de conclure à l'abandon pur et simple des règles coutumières qui font office du droit. L'article 7 de la Constitution du Congo Brazzaville, qui reproduit du reste la formulation consacrée par la Charte africaine, affirme dans son second alinéa que « chaque citoyen a le droit au libre développement et au plein épanouissement de sa personne dans le respect des droits d'autrui, de l'ordre public, de la morale et des bonnes mœurs ». Cette formulation peut être susceptible de plusieurs interprétations, et peut être adaptée selon les époques. Ainsi, la personne humaine est libre du choix des moyens du développement et de l'épa-

465 C'est le cas de la Constitution ivoirienne du 3 novembre 1960, dont l'article 41 se borne à énoncer que la loi fixe les règles concernant la citoyenneté, les droits civiques et les garanties fondamentales accordées aux citoyens pour l'exercice de leurs libertés publiques. La loi fondamentale de la République démocratique du Congo du 19 mai 1960 oublie totalement d'évoquer les libertés fondamentales, fait assez curieux pour un pays qui a subi l'un des systèmes coloniaux les plus répressifs que l'Afrique ait connu.

466 Il en est ainsi de la Constitution mauritanienne du 20 juillet 1991 (articles 10 à 15) ; la Constitution malgache du 11 décembre 20010 (Titre II : Des libertés, des droits et des devoirs des citoyens) ; la Constitution camerounaise du 18 janvier 1996, qui vise expressément la Déclaration universelle des droits de l'homme ; La Constitution du Congo Brazzaville du 20 janvier 2002 (Titre II) ; la Constitution gabonaise modifiée par la loi du 19 août 2003 (Titre préliminaire. Cette Constitution vise, dans son préambule, la Déclaration des droits de l'homme et du citoyen de 1789, la Déclaration universelle des droits de l'homme, mais aussi la Charte africaine).

nouissement de son être, pourvu que ces moyens ne portent atteinte ni à l'ordre public, ni à la morale ni aux mœurs. La Constitution ne fait pas seulement allusion au bien-être matériel ou professionnel ; elle a également le souci de l'équilibre intérieur de la personne, de son équilibre psychologique. Cela suppose qu'elle puisse jouir de son corps comme elle l'entend, choisir librement son orientation sexuelle si cela lui permet de s'épanouir en société et de se sentir bien dans sa peau, c'est-à-dire en parfait accord avec ses choix de vie, ses désirs et ses convictions, sans que la société entrave cette jouissance de quelque manière que ce soit. L'introduction de la morale et des mœurs, érigées pour le coup, en normes de référence, font appel ici à la tradition et aux coutumes, lorsque la Cour européenne entend les rattacher à une tradition libérale qui promeut l'accomplissement de la personnalité individuelle par le libre choix de son identité sexuelle[467]. En Afrique intervient le jugement de la société qui apprécie, sous le contrôle de la loi et du juge, ce qui est permis et ce qui ne l'est pas ; ce qui est juste et ce qui ne l'est pas. La validation sociale constitue assurément un frein à l'expression de cette liberté. Elle permet également de donner du libre usage du corps une conception locale bien circonscrite. L'uniformité des normes sociales régissant cette question pourrait constituer un facteur d'intégration en Afrique. Tel n'est malheureusement pas le cas. La perception africaine du libre usage du corps telle qu'elle apparaît dans l'énoncé des textes montre donc un encadrement par la morale et les bonnes mœurs (§1). Mais le droit africain reste malgré tout ambivalent (§2).

§1. L'encadrement par les bonnes mœurs et la morale

Contrairement aux textes fondamentaux, toutes les législations des différents États africains font une référence implicite ou explicite à la morale et aux mœurs. Les coutumes en matière de mœurs et de morale sont apparentées même si leurs fondements diffèrent selon les pays. C'est cependant le facteur religieux qui sonne le glas de cette unité en introduisant dans certains pays des pratiques singulières qui n'ont pas cours ailleurs. C'est ainsi que, selon la plupart des codes de la famille en vigueur en Afrique subsaharienne, l'homme peut offrir son corps à plusieurs épouses dans le cadre d'une union

---

467 CEDH, 18 mai 1976, X c. Islande, Req. n° 6825/74 ; CEDH, 26 mars 1985, X et Y c. Pays-Bas, § 22. Sur l'évolution de la question, v. J.-M. Larralde, « L'article 8 de la Convention européenne des droits de l'homme et la protection de l'identité sexuelle », *RTDH*, 65/2006, p. 35-54 ; J.-P. Marguénaud, « Liberté sexuelle et droit de disposer de son corps », *Droits*, 2009/1, n° 49, p. 19-28.

polygamique[468]. De même, l'interdiction du mariage entre deux personnes de même sexe[469] a pour corollaire la proscription des relations homosexuelles ainsi que celle des pratiques sexuelles qui s'écartent de la norme prescrite par la société. Le choix d'une telle orientation dans toutes les coutumes subsahariennes témoigne de l'existence d'un fond culturel commun d'où les lois civiles tirent leur justification. D'une manière générale, l'usage du corps par la personne est encadré par les lois religieuses (A). La morale, qu'elle soit coutumière ou religieuse est mise à contribution pour sanctionner par des peines punitives la liberté d'user du corps (B).

A. LE CONTRÔLE PAR LES LOIS RELIGIEUSES

A partir d'une étude de cas concrets, on peut parvenir au constat selon lequel les lois religieuses menacent le principe de l'égalité des citoyens devant la loi, y compris dans des sociétés qui prétendent être parvenues à l'unité de la croyance (1). En outre, ce que contestent ces normes religieuses érigées en lois de l'État c'est la liberté que peut revendiquer tout individu sur son corps (2).

1. L'égalité juridique menacée

C'est dans les pays où cohabitent plusieurs religions et plusieurs cultures que l'harmonie est plus difficile à réaliser. Le cas du Sénégal est plus qu'édifiant. Le Code de la famille institué par la loi du 12 juin 1972 pourtant destiné à réaliser un compromis entre les musulmans, les chrétiens, les animistes en remplacement du droit colonial ayant institué une pluralité de statuts, n'a jamais pu s'imposer. Ce Code a fait l'objet de sévères critiques, notamment sur la dualité des formes de mariage qu'il institue ; il lui a été opposé son inadéquation aux convictions religieuses de chacun[470]. Le spectacle auquel se livrent les Sénégalais autour du Code est la preuve qu'il y a éclatement de la

468 V. Article 151 du Code de la famille du Congo Brazzaville.

469 En Afrique, le mariage est défini comme « l'acte public par lequel un homme et une femme établissent entre eux une union légale et durable dont les conditions de formation, les effets et la dissolution sont déterminés par le présent Code » (article 127 du Code congolais de la famille). Le Code civil rwandais institué par une loi du 27 octobre 1988 (*JO* 1989, p. 9) définit le mariage comme « l'union volontaire de l'homme et de la femme conforme aux dispositions de la présente loi » (article 170). La célébration d'un mariage entre deux personnes de même sexe est frappée d'une nullité absolue (article 156-2 du Code congolais de la famille). Le Code algérien de la famille issu de la loi du 9 juin 1984 le définit comme le « contrat consensuel passé entre un homme et une femme dans les formes légales ».

société sur les droits personnels. Les solutions proposées par les réformateurs musulmans, qui souhaitaient l'abrogation du Code de la famille en vigueur, pour le remplacer par un Code qui appliquerait aux musulmans la charia et aux chrétiens leur loi personnelle complique davantage la question de la citoyenneté. Est-il conforme au principe d'égalité de soumettre une partie de la population à des textes généraux et l'autre à des dispositions spécifiques tirées toutes d'une religion ? La laïcité aurait-elle encore un sens si des lois religieuses devaient régir la citoyenneté ? Il ne fait aucun doute que cette perspective, en plus d'être anti-démocratique, met la femme musulmane surtout, à moins qu'elle n'y consente de son plein gré, dans une position d'infériorité[471] à cause de l'incapacité dans laquelle elle se trouve de disposer librement de son corps, ses choix lui étant dictés par une conscience autre que la sienne[472]. Ce faisant, on lui confisque sa liberté en lui assignant une identité, celle de femme soumise et discriminée[473], tout comme la femme non voilée se voit associée au libertinage. La charia est un texte essentiellement répressif, il est inconcevable qu'une citoyenne soit réprimée pour avoir commis un adultère, pour avoir fait usage de sa liberté de refuser de mettre son corps à disposition de son mari[474], pour n'avoir pas obtempéré à l'obligation de porter

470 V. M. Brossier, « Les débats sur les droits de la famille au Sénégal, une mise en question des fondements de l'autorité légitime ? », *Politique africaine*, 2004/4, n° 96, p. 78-98.

471 V. A. Kian-Thiébaut, « L'islam, les femmes et la citoyenneté », *Pouvoirs*, n° 104, 2003, p. 71.

472 On peut ainsi noter avec intérêt que le débat politico-juridique sur le sort de la polygamie dans les pays du Maghreb a permis de mettre l'accent sur son sur injustice du point de vue de l'égalité entre l'homme et la femme, et son incompatibilité avec la société d'aujourd'hui tant sur le plan économique que juridique, alors même qu'elle constitue une prescription scripturaire. Des voix s'élèvent pour exiger l'interdiction totale, mais progressive et négociée, de cette institution. v. A. Koudjil, « Polygamie au Maghreb : controverses autour d'un droit en mouvement », *Confluences Méditerranée*, 2002/2, n° 41, p. 77 à 88.

473 C'est du moins ce qui ressort du débat français sur l'interdiction de porter le voile à l'école et dans les lieux publics : v. Commission de réflexion sur l'application du principe de laïcité dans la République, *Rapport au président de la République*, 11 décembre 2003, p. 46 et s.

474 Selon M. J.-P. Marguénaud (« Liberté sexuelle... », *op. cit.*), la liberté sexuelle comporte le droit négatif de ne pas mettre son corps à disposition d'autrui. En droit canon, la femme (comme l'homme), a le devoir d'offrir son corps à son conjoint (v. 1 Corenthiens 7 v 3 à 7). Tandis que l'insuffisance (ou le refus d'avoir) des rapports sexuels avec son conjoint ne peut tout au plus être sanctionné que d'un divorce et d'une indemnité réparatrice au civil, dans le droit musulman une telle attitude équivaut à une infamie.

le voile ou pour avoir porté des vêtements qui exhibent son corps, alors que les non-musulmanes ne seraient pas soumises à ce type de peines pour les mêmes faits et ne feraient même pas l'objet de poursuites pénales. Le principe d'égalité des citoyens devant la loi en sortirait dévoyé. Il y aurait également une atteinte au droit de libre identification qui, dans son aspect négatif, signifie le droit de choisir de ne pas être traité comme une personne appartenant à une minorité ou à une communauté culturelle ou religieuse déterminée[475]. C'est purement et simplement le droit à la différence que l'on dénie à la femme. Cette liberté relève du libre arbitre et de l'autonomie de la volonté du sujet de décider librement de ses choix et de ses orientations. Il n'appartient qu'au seul sujet, et non à la communauté, de déterminer par ses actes, ses faits ou ses déclarations, à quelle religion il appartient ou s'il n'en a pas une. Enfin, il y aurait aussi une atteinte aux principes qui fondent la République et la nation, puisque l'option proposée au Sénégal, si elle est adoptée, ferait du Dieu musulman le véritable législateur pour une partie de la population, le législateur ordinaire n'agissant que par délégation. La loi perdrait sa neutralité et son caractère impersonnel indispensables dans une société multiconfessionnelle. La Cour européenne des droits de l'homme après avoir montré que la charia viole le principe d'égalité en matière de succession, en est arrivée à la conclusion que l'État n'est pas obligé de tenir ses engagements internationaux si le pluralisme culturel menace les fondements juridiques de la République que sont l'unité du droit (en l'occurrence de la jurisprudence entre tribunaux d'un même ordre juridique) et l'égalité des sexes[476]. On se demande à juste titre comment ce type d'interrogation peut-il encore hanter au grand jour, tel un fantôme sorti droit des enfers, une démocratie éprouvée comme l'est le Sénégal, qui a intégré la Déclaration des droits de l'homme et du citoyen de 1789 dans le bloc de constitutionnalité, à moins que ce ne soit la laïcité sénégalaise qui entretiendrait d'intolérables ambiguïtés en démocratie[477]. L'interprétation dont ce texte fait l'objet en France de la part du Conseil constitutionnel et du Conseil d'État exclut une quelconque cohabitation entre ce legs des lumières et les lois religieuses. Nombreux pourtant sont ceux qui, hier comme aujourd'hui, pensent que le Sénégal est

475 V. CEDH, gr. Ch., 19 déc. 2018, n° 20452/14, *Molla Sali c. Grèce*, § 157.

476 CEDH, gr. Ch., 19 déc. 2018, n° 20452/14, *Molla Sali c. Grèce*, *AJDA*, 2019, p. 169, Chr. L. Burgorgue-Larsen ; *D.* 2019, p. 316, Point de vue H. Fulchiron ; J.-P. Marguénaud, « L'inconventionnalité de l'application de la charia dans les affaires de succession », *RTDCiv.*, 2019, p. 281 ; Ch. (Hars) Pamboukis, « La charia, le droit successoral et les droits fondamentaux », *RCDIP*, oct-déc. 2019, p. 102-11.

477 M. N'Diaye, « Ambiguïtés de la laïcité sénégalaise : la référence au droit islamique », in *La charia aujourd'hui : usages de la référence au droit islamique*, sous la Direction de B. Dupret, Éditions La Découverte, 2012, p. 209-222.

un pays musulman, et l'introduction de règles issues du droit occidental dans le corpus du droit sénégalais constituerait une violation du droit naturel sénégalais, qui serait d'origine exclusivement musulmane[478]. L'identité sénégalaise serait exclusivement musulmane[479]. Il est curieux qu'un facteur aussi clivant que l'est la religion au Sénégal ait pu échapper à un auteur comme Cheikh Anta Diop[480], dont l'attachement à l'unité culturelle africaine, comme fondement de l'État fédéral, aurait pu être relativisé, pour aboutir à des conclusions moins tranchées sur le destin fédéral du continent qu'il prônait.

2. La liberté contestée

Tous les États africains dont la population est majoritairement musulmane sont confrontés au problème de l'insertion du droit musulman dans le droit positif. La raison en est que ce droit fait partie intégrante de la coutume. Dans certains pays, l'intégration des coutumes islamiques dans le droit positif à la faveur des lois civiles et pénales est antérieure à l'adoption des principes démocratiques. Il devient dès lors difficile voire impossible de les abroger parce qu'elles appartiennent désormais au patrimoine juridique et à la culture de ces pays. Au Niger la loi du 16 mars 1962 fixant l'organisation et la compétence des juridictions de la République du Niger a opté pour le pluralisme juridique. Des références malencontreuses à la répudiation[481] ou à l'interdiction faite à une musulmane d'épouser un non-musulman, et à un musulman d'épouser une non-musulmane[482] se trouvent encore formulées dans une loi n° 2001-052 du 19 juillet 2001 portant statut personnel en Mauritanie ou encore dans le Code marocain de la famille de 2004[483], qui est pourtant présenté par les autorités comme une contribution essentielle à la consolida-

478 M. N'Diaye, « Ambiguïtés de la laïcité sénégalaise... », *op. cit.*

479 V. A. Seck, « Politique et religion au Sénégal : contribution à une actualisation de la question », in *Islam, sociétés et politique en Afrique subsaharienne : Les exemples du Sénégal, du Niger et du Nigeria*, Présentation de Jean-Louis Triaud, éd. Rivages des Xantons, 2007, p. 23. L'identité musulmane pourrait justifier la mise en place d'un État islamique naguère réclamé par des figures politiques de premier plan comme Mamadou Dia : v. *Lettres d'un vieux militant. Contribution à la révolution démocratique*, Dakar, 1979. Le débat est ancien, et l'idée de voir s'affirmer une Constitution musulmane au Sénégal a de tout temps été avancée, selon que le rapport de force politique penche d'un côté ou de l'autre : v. G. Nicolas, « Islam et État au Sénégal », *Pouvoirs*, 1983, p. 141 à 147.

480 C. A. Diop, *L'unité culturelle de l'Afrique noire. Domaine du patriarcat et du matriarcat dans l'antiquité classique*, éd. Présence africaine, 1959.

481 Articles 16 et 83 de la loi n° 2001-052 du 19 juil. 2001 portant statut personnel en Mauritanie.

482 Article 46.

tion « des bases de la société marocaine démocratique et moderne, ouverte sur son époque »[484]. Elles rappellent bien la charia qui sur tous les points, et surtout celui-ci, contrevient à l'article 6 du Protocole additionnel à la Charte africaine des droits de l'homme et des peuples relatif au droit des femmes, et aux conventions internationales auxquelles les pays arabo-musulmans sont signataires[485] qui exigent le libre consentement pour conclure un mariage. Toute loi nationale qui impose aux futurs époux d'autres critères que celui-ci formulé par le Protocole est contraire à la Charte ; dans les ordres nationaux, elle est contraire au principe constitutionnel de la liberté du consentement[486] ; elle est donc antidémocratique[487]. Mais surtout, elle va aboutir en droit international privé à des « solutions boiteuses » en dysharmonie avec l'exigence de coordination des systèmes juridiques[488].

L'interdiction de prendre un conjoint de son propre choix porte bien atteinte au droit d'une personne de disposer de son corps, dès lors qu'elle perd la liberté de choisir le conjoint qui partagera sa vie intime, et aucun auteur sérieux ne songerait à accorder le label démocratique à une loi qui enferme les choix de vie des citoyens dans la volonté du pouvoir. Les démocraties modernes ont réglé cette question, en posant clairement que les motifs d'ordre moral, religieux ou de convenance personnelle ne sauraient constituer un empêchement au mariage. Le principe de la liberté du mariage posé par le juge constitutionnel français peut et doit pouvoir se concilier avec les mesures de sauvegarde de l'ordre public[489]. Le cas des Codes de la famille ci-dessus mentionnés est tout autre. Les raisons de l'interdiction faite aux

---

483 Article 39 al. 4 de la loi n° 70-03 portant Code de la famille qui stipule que « le mariage d'une musulmane avec un non-musulman et le mariage d'un musulman avec une non-musulmane, sauf s'il appartient aux gens du Livre » est nul.

484 V. La préface consacrée au Code de la famille par le Ministre marocain de la justice, Mohamed Bouzoubaa.

485 Il en est ainsi de : l'article 16 de la Déclaration universelle des droits de l'homme de 1948 ; l'article 23 du Pacte international relatif aux droits civils et politiques de 1966.

486 H. Daïmallah, « Le consentement au mariage dans la jurisprudence du Conseil constitutionnel », *RFDC*, 2013/2, n° 94, p. 311-334.

487 V. M.-C. Najm, « Le sort des répudiations musulmanes dans l'ordre juridique français. Droit et idéologie (s) », *Droit et Cultures*, 2010-1, p. 209 à 229.

488 M.-C. Najm, « Le sort des répudiations musulmanes dans l'ordre... », *op. cit.*

489 Cons. const., 12 août 1993, Décision n° 93-325 D. *JO* 18 août 1993, p. 11722. Le juge administratif exerce un contrôle normal sur les motifs tirés de l'intérêt de la défense nationale de nature à justifier le refus du mariage avec un conjoint étranger par exemple : CE, 15 déc. 2000, *D.* 2000, 1, p. 533, Obs. Lemouland.

conjoints musulmans de se marier avec des non-musulmans ne sont pas indiquées dans le corps des textes, mais on comprend aisément qu'ils sont de deux ordres : il est d'abord question de donner à la femme la responsabilité de l'intégrité de la Oumma en empêchant que le sang étranger vienne, par le mariage, corrompre la pureté de la foi et du sang musulmans[490]. Il est ensuite question de la défense de la culture et des valeurs fondamentales de l'islam. Au nombre de ces valeurs figure la famille, dont il est allégué par le courant islamique qu'elle est « la cible de complots internationaux visant sa destruction et l'anéantissement des assises islamiques sur lesquelles elle s'est toujours appuyée et qui ont assuré sa continuité et sa résistance »[491]. Le droit marocain de la famille s'inscrit dans le droit fil de la plupart des législations des pays arabes, qui font de la doctrine islamique la base sur laquelle est fondée la famille et l'instrument de son éducation[492]. Ces valeurs se hissent au-dessus de toutes les préoccupations, y compris même les libertés et droits fondamentaux des individus qui, ailleurs, sont considérés comme essentiels pour la construction nationale[493]. La loi procède par exclusion des mœurs qui s'écartent des principes religieux qu'elle défend et par intégration, par la conversion des candidats par le biais du mariage[494], aux valeurs et mœurs ad-

490 V. M. Lafitte, « L'islam au miroir de son voile », *Autres temps. Cahiers d'éthique sociale et politique*, n° 56, 1997, p. 111-125.

491 Cité par A. Kian-Thiébault, « L'islam, les femmes et la citoyenneté », *Pouvoirs*, 2003/1 n° 104, p. 71 à 84.

492 V. Article 9 de la loi fondamentale saoudienne. Un exemple symptomatique de cette réalité juridique, un tribunal tunisien refuse de confier la garde d'un enfant à sa mère non musulmane, parce qu'il considère que l'intérêt de l'enfant inclut aussi le droit pour lui d'être élevé dans la connaissance de la religion musulmane et de ses rites. Cité par M. Ben Jémia, « Le juge tunisien et la légitimation de l'ordre juridique positif par la charia », in *La charia aujourd'hui*, sous la direction de B. Dupret, éd. La Découverte, 2012, p. 153-165. Cette décision, conforme au droit interne tunisien, peut heurter les engagements internationaux de la Tunisie, dont la Charte africaine des droits et du bien-être de l'enfant de 1990 : v. H. Ghérari, « La Charte africaine des droits de l'homme et du bien-être de l'enfant », *Études internationales*, vol. 22, n° 4, 1991, pp. 735-751.

493 Dans la plupart des législations des pays musulmans, la charia islamique, et plus largement les préceptes de l'islam constituent la source unique du droit (v. N. Bernard-Maugiron, « La place de la charia dans la hiérarchie des normes », in *La charia aujourd'hui*, sous la direction de B. Dupret, éd. La Découverte, 2012, p. 51-64) quand ils n'accèdent pas au rang de normes supra-constitutionnelles (v. M. Ben Jémia, « Le juge tunisien et la légitimation de l'ordre juridique positif ... », *op. cit*).

494 Un arrêt de la Cour de cassation égyptienne datant de 1966 (cité par J.-F. Rycx et G. Blanchi, « Références à l'islam dans le droit public positif en pays arabes », *Pouvoirs*, n° 12, 1983, p. 57), a estimé que « le simple fait de déclarer lors d'un ma-

mises dans les sociétés islamiques. Le but ultime est d'universaliser l'islam en lui donnant les moyens juridiques de s'imposer sur les autres croyances au niveau national et au-delà[495]. Cette méthode contrevient au principe de la laïcité, puisque les athées, qui parfois n'ont pas de valeurs propres à faire valoir, tombent sous le coup de l'interdiction sus-évoquée au même titre que les chrétiens, les animistes et les bouddhistes. En Égypte par exemple, le droit ne reconnaît pas l'athéisme, et « assigne à chaque citoyen un régime juridique de statut personnel dépendant de sa confession religieuse »[496]. Cette doctrine est incompatible avec la liberté et d'autres principe de même inspiration que véhicule la Charte[497]. Deux idéologies antinomiques des droits de l'homme s'affrontent donc sur le théâtre africain avec la même ambition qui est d'imposer des valeurs opposées, dans leurs sources, dans leur philosophie et dans leur contenu : l'islam d'un côté et le droit mondialisé incarné par la Charte africaine de l'autre.

---

riage avec une musulmane qu'il n'y a aucun empêchement à ce mariage est considéré comme une déclaration de conversion à l'islam ». La conversion à l'islam peut donc être implicite.

495 R. Otayek, « Religion et globalisation : l'islam subsaharien à la conquête de nouveaux territoires », *RIS*, 2003/4, n° 52, p. 51-65. Des leaders comme Houphouët-Boigny ont eu de la méfiance pour des pays comme l'Arabie Saoudite, l'Égypte ou la Libye qui sont continuellement accusés d'exporter l'idéologie islamique en Afrique :V. M. Miran-Guyon, « Gloire et déboires de la laïcité en Côte d'Ivoire au prisme de l'imaginaire social musulman », in *L'Afrique des laïcités. État, religion et pouvoirs au sud du Sahara*, sous la direction de G. Holder et M. Sow, IRD et Ed. Tombouctou, 2014, 13 p. Au sujet de l'Arabie, on ne peut que constater l'instabilité qu'elle a créée dans des pays comme le Nigeria où elle a injecté de l'argent, pour transformer l'islam subsaharien soufi en un islam militant. Ces interventions indues ont ruiné toute possibilité de bâtir une nation nigériane, v. S. M.O'Brien et E. Smith , « La charia contestée : démocratie, débat et diversité musulmane dans les "États charia" du Nigeria », *Politique africaine*, 2007/2, n° 106, p. 46-68.

496 H. Legeay, « La liberté religieuse au miroir de l'unité nationale égyptienne : le cas des procès des chrétiens convertis à l'islam et revenus au christianisme », *Journal des anthropologues*, hors-série, 2007, http://jda.revues.org/2957.

497 V. A. Oded, « Islam et politique en Afrique de l'Est (Kenya, Ouganda et Tanzanie) », *Outre-Terre*, 2005/2, n° 11, p. 189-194 ; M. Vitale, « Trajectoires d'évolution de l'islam au Burkina Faso », *Cahiers d'études africaines* [En ligne], n° 206-207, 2012, mis en ligne le 1er juil. 2014,http://journals.openedition.org/etudesafricaines/17052.

B. LA MORALE AU SOUTIEN DE LA RÉPRESSION PÉNALE

L'interdiction des mœurs étrangères à l'islam procède aussi par voie pénale. Au pénal, la liberté de disposer de son corps est encore plus rudement réprimée dans les États islamiques au nom des valeurs coutumières ou religieuses. Ainsi, sous la rubrique intitulée « Des attentats aux mœurs », le Code pénal comorien punit à de lourdes peines de prison les auteurs d'actes homosexuels[498] , l'adultère[499], la fornication[500].ou la consommation de la cigarette. A l'exception peut-être de la fornication qui dans certains cas est oubliée ou tolérée dans un contexte économique qui est source de pauvreté et de précarité pour les femmes[501], les différents actes constitutifs d'attentats à la pudeur au regard du droit comorien constituent aussi des infractions dans tous les autres pays musulmans, et notamment ceux de l'aire maghrébine qui les répriment lourdement[502]. Il existe donc en tout temps un contrôle social des mœurs assez rigoureux fondé non pas sur les valeurs démocratiques contenues dans les instruments internationaux, mais sur des règles, des principes et des valeurs tirés de la coutume, des traditions ou de la religion. Ces valeurs constituent ce qu'il est convenu d'appeler l'ordre moral, qui dans beaucoup de pays, inclut la révélation comme une source authentique du droit. Selon cet ordre moral, l'enveloppe corporelle n'est pas tout à fait la propriété de l'individu, mais celle de la communauté et parfois même de Dieu, comme dans le christianisme. Il n'est donc pas permis d'en faire un usage abusif de nature à choquer les mœurs admises. Le caractère foncièrement punitif de la sanction permet de réparer l'offense faite à Dieu par l'acte incriminé. Même si cette conception varie selon que l'État est théocratique ou démocratique, on se demande bien comment le droit de l'Union pourra-t-il venir à bout des convictions religieuses, qui sont érigées en lois des États, et qui sont acceptées sans la moindre contrainte par les citoyens. En combattant les normes religieuses comme contraires aux droits et libertés fondamentaux, c'est en définitive les croyances d'autrui que les instances panafricaines combattent, fût-ce en défendant une personne contre sa communauté. Le droit africain révèle par là toute son ambivalence.

---

498 Article 318 du Code pénal.

499 Article 329.

500 Article 331.

501 M. Cheikh, « Échanges sexuels monétarisés, femmes et féminités au Maroc : une autonomie ambivalente », *Autrepart*, 2009/1, n° 49, p. 173 à 188.

502 C'est le cas du Maroc, dont l'article 490 du Code pénal punit d'emprisonnement « d'un mois à un an, toutes personnes de sexe différent qui, n'étant pas unies par les liens du mariage, ont entre elles des relations sexuelles ».

§2. L'ambivalence du droit africain

L'ambivalence du droit africain vient de la diversité de ses sources. Il est d'abord le fruit d'une longue culture qui se trouve réglementée par la coutume, mais cette coutume n'est pas uniforme sur l'ensemble du territoire africain. Ce droit emprunte aussi au droit d'origine occidentale. Il en résulte une difficulté importante, celle de réaliser son unité, tant à l'intérieur des frontières des États qu'à l'extérieur (A). Cette situation est à l'origine du dilemme pour l'Afrique de choisir sa direction (B).

A. LA DIVERSITÉ DES SOURCES DU DROIT

En effet, le droit des États d'Afrique noire francophone relatif au contrôle social de l'usage que les citoyens font de leurs corps s'inspire de plusieurs sources et même d'une pluralité de lieux et d'instances de production. Le droit français en constitue l'une d'elles. Le Code napoléonien y est imité tant sur la forme que sur le fond. En soi, cette source ne constitue pas une menace pour les libertés et droits fondamentaux ; ce qui peut surtout le devenir c'est le fait que certaines dispositions du Code civil de 1804 abrogées depuis des décennies en France consécutivement au développement de la protection des libertés individuelles ont retrouvé une seconde jeunesse sur le continent africain. Il en est ainsi par exemple de l'interdiction de l'union homosexuelle ou de la soumission de la femme au mari, qui est le chef de famille. Mais cette identification à l'ancien droit français n'est qu'apparente, car l'inspiration du Code civil de 1804 est profondément biblique en ce qui regarde les questions matrimoniales, la famille, la sexualité ou la filiation, la société d'alors étant catholique dans son écrasante majorité[503]. En fait, la doctrine chrétienne rejoint sur certains principes les traditions noires-africaines, mais sur d'autres elle s'en écarte. Les emprunts au droit français se révélaient être en accord avec la demande sociale. Dans d'autres situations, le droit africain de la famille a eu recours à la tradition. C'est ainsi que, dans le Code congolais de la famille, apparaît une nouvelle institution, le pré-mariage, que ne connaît pas le droit français. Il s'agit en définitive du concubinage, que le droit français a eu de la peine à saisir, jusqu'à la consécration du pacte civil de solidarité par la loi du 15 novembre 1999, et qui officialise la liberté sexuelle. L'article 124 du Code congolais de la famille dispose que « le pré-mariage est réglé par les usages et la tradition pour tout ce qui n'est pas contraire aux dispositions du présent Code ».

---

503 V. J.-P. Durand, « Code civil et droit canonique », *Pouvoirs*, n° 107, 2003, p. 59-79.

La polygamie constitue aussi, comme le pré-mariage, une pratique coutumière propre à l'Afrique, que les législations des États ont voulu perpétuer. L'ambivalence du droit des États de l'Afrique noire due à ses emprunts tant au droit français qu'au droit coutumier n'est pas de nature à faciliter l'uniformisation du droit africain des droits de l'homme et des libertés fondamentales. L'Afrique emprunte le chemin de l'unité avec un sérieux handicap, celui de présenter à la face du monde des droits très hétéroclites tiraillés entre les traditions, les cultures, les convictions religieuses et le droit moderne, qui, pour avoir en haute estime le souci de la personne humaine et de ses choix de vie, présente la particularité de n'accorder aux mœurs et à la morale sociale qu'une place résiduelle. La doctrine n'a pas manqué l'occasion de dénoncer l'incohérence du droit des libertés fondamentales en Afrique, en ce qu'il navigue entre la tradition et la modernité[504]. Dès lors la réception de ce droit dans les ordres juridiques nationaux africains contraint les tribunaux à une impossible conciliation entre celui-ci et les normes issues du droit traditionnel des États. Dans les pays du Maghreb, cette conciliation tourne nécessairement à l'avantage du droit musulman puisque les principes et valeurs de l'islam ont valeur constitutionnelle, tandis qu'en Afrique subsaharienne, c'est le contraire qui se produit, en sorte qu'il ne sera pas possible de parler d'une citoyenneté africaine ni *a fortiori* de l'égalité de tous les citoyens en droit tant que subsistera cette diversité des règles juridiques sur l'ensemble du continent. C'est ce problème très délicat sur lequel certains pays comme le Sénégal, le Niger ou le Nigeria ont buté sans pouvoir lui donner une solution définitive et réellement satisfaisante, que le projet unificateur de l'Union africaine va finir par transférer à l'échelle fédérale.

B. LE DILEMME DES ÉTATS AFRICAINS

En Afrique, en l'absence d'un parlement fédéral ayant la même légitimité, il n'est pas certain que les parlements et tribunaux nationaux entérinent les efforts d'alignement du droit continental sur le droit international sans heurter la volonté des peuples. Le constat selon lequel les institutions supranationales ne bénéficient pas de la même adhésion que les institutions nationales, pour prétendre imposer les règles démocratiques[505] vaut au moins autant pour

504 V. Ch. Ben Hamida et Kh. Mejri, « L'Union africaine : d'une association d'États à une communauté de valeurs ? », in *Les droits de l'homme : une nouvelle cohérence pour le droit international ?*, VIIIe rencontre internationale de la faculté des sciences juridiques et sociales de Tunis, 17, 18 et 19 avril 2008, éd. Pedone, Paris, 2008, p. 229-248.

505 V. M. Rifkind, « L'État-nation et la construction européenne », *Politique étrangère*, n° 1, 1997, p. 177-184 ; Comité économique et social européen, « La société

les pays africains. On ne saurait, en effet, contester catégoriquement la crise de la démocratie représentative qui caractérise les unions supranationales, et que d'aucuns rêvent de remplacer par la démocratie directe[506]. L'Afrique fait figure d'exemple parfait, qui se caractérise principalement par le fait que bon nombre d'élus qui décident pour les peuples au niveau fédéral disposent d'un mandat douteux, extorqué au peuple par fraude, violence ou ruse. Pourtant, en dépit de cette réserve, le droit panafricain a amorcé une fuite en avant en alignant le système africain de protection des droits de l'homme sur le droit de l'Union européenne ; les dirigeants politiques, soumis à plusieurs défis, ne résisteront pas indéfiniment aux pressions de leurs homologues européens qui n'exigent ni plus ni moins que l'égalité des droits au profit des minorités sexuelles, qui en sont privées jusqu'à présent[507]. Il leur est d'autant plus loisible d'évincer le législateur dans un domaine aussi sensible que le contrôle des mœurs, que le principe de la séparation des pouvoirs, construction purement culturelle, c'est-à-dire, reproduction occidentale de la Trinité biblique[508], n'a aucune assise culturelle en Afrique[509], et peut être largement battu en brèche, et l'est effectivement de fait. Mais le système africain est confronté à un dilemme quasi insoluble : ou il va aussi loin que la Cour européenne des droits de l'homme dans l'affirmation de la liberté sexuelle pour tous les hommes et, dans ce cas, il accentue le divorce avec le droit des États qui, en cette matière, reflète bien souvent la volonté de la population majoritaire ; ou il s'auto-limite pour faire place aux sensibilités nationales, et dans ce cas, il pourrait dire adieu aux libertés individuelles et à l'intégration politique par la voie de l'uniformisation du droit. De prime abord, l'Union africaine semble plus encline à adopter des positions très libérales. D'abord, ses

---

civile organisée au niveau européen ». Actes de la première convention, Bruxelles, 15 et 16 oct. 1999, p. 22 (*JOC* 329 du 17 novembre 1999).

506 V. H. Michel, « Au-delà du "déficit démocratique" », *Savoir/Agir*, 2008/1, n° 3, p. 109-117.

507 N. Gning, « Les motifs de l'illégitimité sociale de l'homosexualité au Sénégal », *Africultures*, n° 96, 2013 ; C. Enel, J. Lamarange, A. s. Wade, A. Desgrées du Loû, « A propos des partenaires féminines des hommes ayant des pratiques homosexuelles au Sénégal », *Autrepart*, 2009/1, n° 49, p. 103-116.

508 L. Duguit, *Manuel de droit constitutionnel. Théorie général de l'État. Le Droit et l'État – Les libertés publiques – Organisation politique*, 3ème édition, Paris, Ancienne Librairie Fontemoing et Cie, Éditeurs, 1918, p. 163.

509 Dans l'Afrique traditionnelle, les fonctions législatives, exécutives et juridictionnelles étaient exercées par la même autorité, v. Y. Ngenge, « La justice constitutionnelle en Afrique de l'Ouest : origines historiques et traditionnelles », in *Les juridictions constitutionnelles en Afrique de l'Ouest : Analyse comparée*, IDEA, Munich, 2016.

références sont la Déclaration universelle des droits de l'homme, le Pacte international relatif aux droits civils et politiques de 1966 ou la Convention sur l'élimination de toutes les formes de discrimination à l'égard des femmes signée en 1979. Cette dernière Convention qui a, sur les précédentes, l'avantage de porter sur la stricte égalité politique, économique et sociale entre l'homme et la femme, comporte des dispositions qui la rendent incompatible avec les coutumes, dont certaines sont codifiées, dans certains pays d'Afrique, mais aussi avec les législations d'inspiration islamique des pays nord-africains. Dans son article 2, la Convention invitait les États à « prendre toutes les mesures appropriées, y compris des dispositions législatives, pour modifier ou abroger toute loi, disposition réglementaire, coutume ou pratique qui constitue une discrimination à l'égard des femmes ». Les États africains, en dépit des proclamations, ne s'y sont tous presque jamais conformés. Au contraire, comme on a pu le voir, des coutumes particulièrement sexistes et discriminatoires, ont été insérées dans des textes législatifs. En visant ces différents instruments internationaux, l'Union africaine espère qu'elle contribuera à les rendre effectifs sur l'ensemble du continent, mais on sait que l'interprétation que les tribunaux occidentaux donnent de ces textes et d'autres de même inspiration telles que la Déclaration des droits de l'homme et du citoyen en France ou la Convention européenne des droits et libertés, ouvre à la femme un usage de son corps plus libre et plus large que ne le lui permettent les droits africains. Car, ces textes peuvent être invoqués, au nom de la liberté et de l'égalité qu'ils promeuvent, pour justifier l'interruption volontaire de grossesse[510], la prostitution, le libre choix de l'orientation sexuelle ou les conversions sexuelles et le mariage subséquent entre un transsexuel et un conjoint appartenant au sexe auquel il a renoncé[511], les organes de l'État ayant le devoir d'observer une stricte neutralité à l'égard de cette liberté[512]. Le transsexualisme, du fait de la lente évolution des techniques médicales et des connaissances scientifiques, constitue un phénomène nouveau sur le contient africain. L'ignorance de cette pratique explique bien l'inexistence d'un statut

510 Cons. const. 27 juin 2001, Décision n° 2001-446 DC, Loi relative à L'IVG et à la contraception. Dans cette décision, le juge constitutionnel français estime « qu'en portant de dix à douze semaines le délai pendant lequel peut être pratiquée une IVG lorsque la femme enceinte se trouve, du fait de son état, dans une situation de détresse, la loi n'a pas, en l'état des connaissances et techniques, rompu l'équilibre que le respect de la Constitution impose entre d'une part la sauvegarde de la dignité de la personne humaine contre toute forme de dégradation, d'autre part, la liberté de la femme qui découle de l'article 2 de la Déclaration des droits de l'homme et du citoyen ».

511 CEDH, 11 juil. 2002, Godwin c. Royaume-uni, 28957/95.

512 CE, 18 déc. 2015, req. n° 369834.

juridique en faveur des transsexuels. L'entrée en scène du droit continental ouvre sur le terrain juridique des droits opposables aux États, qui étaient jusqu'alors confrontés à une question insoluble et qui pourront, le cas échéant, s'en inspirer pour espérer se soustraire à quelques tourments, un peu à l'image du Royaume-uni dont le droit, avant l'intervention de la Cour de Strasbourg, était inapte à donner aux transsexuels des droits équivalents à ceux des autres citoyens[513].

Section 2. La tendance à la libéralisation des différents usages du corps par le droit de l'Union africaine

La Charte africaine des droits de l'homme et des peuples traduit les deux moments essentiels qui caractérisent le droit africain. Le droit traditionnel et le droit moderne. Alors même que les États faisaient cohabiter les deux droits, la Charte ne tranche pas entre le premier et le second, malgré l'existence de divergences entre les deux sur la question des droits de l'homme ; elle les juxtapose. Cette indécision s'imposait d'elle-même, parce qu'il était sans doute plus raisonnable de maintenir le fragile équilibre acquis depuis l'époque coloniale entre les deux sources de droit qui sont complémentaires dans la plupart des branches. Par ailleurs, le contexte dans lequel la Charte a été adoptée, ne laissait pas présager la fortune acquise par la notion de droits fondamentaux de la personne humaine. La Charte aujourd'hui, par l'interprétation qui en est faite par la Commission et la Cour africaine des droits de l'homme, s'inscrit en opposition des droits collectifs africains hérités de la culture et des croyances proprement locales. La fidélité initiale de la Charte aux idéaux moraux de la société africaine qui ont façonné les droits traditionnels apparaît en filigrane dans son esprit sinon dans sa lettre (§1). Mais les « traditions historiques et valeurs de civilisation africaine » qui devaient, selon la Charte, inspirer la réflexion sur la conception des droits de l'homme et des peuples, n'ont pas permis d'affirmer une conception spécifique et originale des droits de l'homme, quoique certains pays en aient une. La Charte est interprétée par les instances continentales — l'Union africaine, la Commission et la Cour — dans le sens d'un renoncement à la conception culturelle des droits de l'homme au profit de l'universalisme (§2).

513 V. l'arrêt Godwin c. Royaume-uni précité. La Cour note par exemple qu'elle est « frappée par le fait que la conversion sexuelle, qui est opérée en toute légalité, ne débouche pourtant pas sur une pleine consécration en droit, qui pourrait être considérée comme une étape ultime et l'aboutissement du processus de transformation long et difficile subi par l'intéressé » (§ 78).

§1. *La fidélité initiale de la Charte aux idéaux moraux de la société africaine traditionnelle*

La Charte africaine, aussi bien que les droits des États, ont longtemps assumé une morale tirée des croyances et des traditions qu'ils ont insérée dans la règle de droit. Droit et morale constituent donc les deux piliers du droit des États africains (A). Progressivement, cette morale a perdu du terrain au profit du droit occidental, en dépit des légitimes inquiétudes que le libéralisme de ce dernier peut susciter (B). C'est bien ce droit occidental très libéral qui est en passe de s'imposer sur le contient africain, par le moyen du mimétisme ou par celui des pressions de toutes sortes (C).

A. UNE CONCEPTION CULTURELLE DE LA MORALE ASSUMÉE PAR LE DROIT

L'impression que l'on éprouve rétrospectivement à l'égard des ambitions d'unité affichées dès les premières ébauches du projet de création de l'État fédéral, est que ce choix n'a pas été totalement assumé par l'OUA ainsi que par l'Union africaine qui lui a succédé. Tous les textes qui ont été adoptés à la suite de la Charte de 1963 se sont souvent bornés à rappeler de façon incantatoire le principe de l'unité culturelle comme soubassement de l'intégration politique du continent sans pour autant lui donner plein effet dans le corpus des textes. Or, les droits coutumiers africains en tant que base juridique de l'exercice du libre usage du corps, en dépit des complexités qui les caractérisent ainsi que des tensions qu'ils génèrent, n'ont pas été suffisamment pris en compte par l'organisation continentale, alors que non seulement ils constituent indéniablement un marqueur de la diversité culturelle synonyme de pluralité des droits, mais encore ils déterminent, par principe, les valeurs fondamentales de l'unité politique. L'Union africaine était confrontée à une difficulté mise en évidence à l'occasion de la vague des différents processus de codification des coutumes amorcés en Afrique noire après les indépendances : « La codification de ces coutumes, trop différentes pour être unifiées, avait été vainement entreprise : leur maintien était incompatible avec l'unité du pays et ses projets de modernisation. Leur diversité allait à l'encontre des principes affirmés par la constitution ; elles ne respectaient pas l'égalité des citoyens devant la loi, ni celle des sexes, les femmes conservant toute leur vie un statut de mineure »[514]. A l'évidence elle ne semble pas avoir

514 H. Raulin, « Le droit des personnes et de la famille en Côte d'Ivoire », in *Le droit de la famille en Afrique noire et à Madagascar*, Études préparées à la requête de l'Unesco, sous la direction de K. M'Baye, éd. G.-P. Maisonneuve et Larose, 1968,

pris la mesure du problème. Le plus difficile pour l'Union africaine n'était pas de tirer des coutumes et traditions des différents pays d'Afrique des principes communs à l'Union, mais d'amener les États à renoncer à leurs cultures et à leurs croyances pour adopter des principes qui ne reflètent guère leurs identités culturelles. Pendant un laps de temps assez long, l'Union africaine s'est caractérisée par un mutisme inexplicable sur la question de la coutume en général et en particulier sur le droit pour toute personne d'user de son corps comme elle l'entend. La Charte qui est le premier texte panafricain à avoir doté l'Afrique d'un système continental de promotion et de protection des droits de l'homme procède par de vagues allusions sur cette question. L'esprit de la Charte sur cette question se déduit d'un ensemble de dispositions sibyllines qui traitent de la promotion et de la protection de la morale et des valeurs traditionnelles reconnues par la communauté[515]. C'est très logiquement que l'article 18 associe la famille, qu'il qualifie d'élément naturel et base de la société, à la conservation de la morale. La famille en devient la gardienne au même titre que l'État. Les multiples références à la famille et à la morale montrent que les signataires de la Charte avaient bien l'intention de donner aux droits qu'elle énonce une assise culturelle[516]. On sait, en effet, que l'Afrique a une conception assez particulière, pour ne pas dire originale de la famille. Elle est fondée sur l'union de l'homme et de la femme en vue de procréer ; elle est fondée sur l'exogamie ; elle se caractérise par la transmission des valeurs, mais elle est aussi polygamique. En cela la Charte, au moment de son adoption, est restée fidèle aux idéaux de la société traditionnelle[517]. L'élévation de la morale à la dignité de norme juridique permet d'insérer dans le droit positif certaines normes culturelles locales pour faire contrepoids au droit d'origine occidental ; et on voit s'établir une relative har-

---

p. 221 et s.

515 Article 17-3 de la Charte africaine.

516 M. Mubiala, « Charte africaine des droits de l'homme et des peuples et cultures africaines », *RQDI*, vol. 12-2, 1999, p. 197-206 ; A. Badara Fall, « La Charte africaine des droits de l'homme et des peuples : entre universalisme et régionalisme », *Pouvoirs*, 2009/2, n° 129, p. 77-100.

517 L'esprit originel de la Charte africaine sur ce point culturel se trouve encore défendu aujourd'hui des normes fondamentales dans certains pays, à l'image de l'article 23 de la Constitution burkinabé qui nous semble conforme à une certaine conception de la morale propre à l'Afrique. Il stipule que « La famille est la cellule de base de la société. L'État lui doit protection. Le mariage est fondé sur le libre consentement de l'homme et de la femme […] ». La morale prescrite par la Charte africaine s'en déduit aisément, et il est vain de tenter de modifier l'esprit de ces normes sans qu'un consensus soit trouvé entre l'ensemble des États qui tienne compte de l'évolution des mœurs sur ces questions.

monie entre les différents droits de la famille sur le continent et le droit panafricain. On pouvait fort logiquement déduire de l'ensemble des dispositions pertinentes de la Charte, que la morale dont elle fait allusion est celle qui est admise par les communautés et les peuples d'Afrique. Même si cette morale n'est pas uniforme sur l'ensemble du continent, ce qui peut mettre la Charte en conflit avec les cultures nationales, une conciliation était toujours possible en vertu d'une lecture dynamique de ses dispositions. La Charte a entendu défendre le droit pour la communauté de définir et de contrôler dans le chef des individus la conformité des comportements à la morale admise par la société. Ce contrôle est normal, et la sanction par les États des comportements sexuels, tels que l'homosexualité, la prostitution, le transsexualisme qui s'écartent des mœurs admises par l'ensemble du corps social paraissait légitime au regard des stipulations de la Charte. Aussi, les cas de transsexualisme ou d'hermaphrodisme pouvaient légitimement, et sans recours aux dispositions de la Charte africaine, se résoudre par le recours aux normes religieuses insérées dans le corpus de la Constitution, pour rejeter les demandes de changement d'état civil[518], en dépit des nombreuses difficultés sociales et psychologiques qui se posaient déjà à l'échelle africaine et qui se sont révélées plus tard devant les tribunaux européens[519]. Aussi a-t-on pris conscience qu'elles pouvaient être réglées au moyen de l'instrument panafricain de promotion des droits fondamentaux des personnes. Mais cette lecture libérale empruntée au droit européen suscite bien des inquiétudes.

B. LE LIBÉRALISME DU DROIT EUROPÉEN, SOURCE DE LÉGITIMES INQUIÉTUDES POUR L'UNITÉ DU DROIT AFRICAIN

Le libéralisme qui caractérise le droit européen en la matière, notamment en ce qui concerne le refus par le juge de Strasbourg d'admettre que les États puissent limiter, pour des motifs d'intérêt général pertinents, l'usage de pratiques chirurgicales aux fins de changement de sexe[520], peut légitimement inquiéter l'Afrique, si une telle jurisprudence venait à y être introduite, compte tenu des désordres et des ravages que cela introduirait dans les mœurs et les

518 V. M. Ben Jémia, « Le juge tunisien et la légitimation... », *op. cit.*

519 V. B Moron-Puech, « L'identité sexuée des personnes intersexuées : les difficultés psychologiques d'un changement de paradigme », *D.* 28 avril 2016, n° 16, p. 904 et s ; Ph. Reigné, « L'intersexuation et la mention du sexe à l'état civil », *D.* 29 sept. 2016, n° 32, p. 1915 et s ; M. Peron, « Intersexualisme, l'admission d'un troisième genre au regard des exemples étrangers », *La Revue des droits de l'homme* [Online], 8/2015, mis en ligne le 21 nove. 2015, consulté le 01 mai 2019. URL : http://journals.openedition.org/revdh/1652

520 CEDH, 10 mars 2015, req. n° 14793/08, Obs. *D*, 26 mars 2015, p. 82.

comportements. C'est une jurisprudence qui pourrait se révéler tyrannique[521] et impérialiste en matière de mœurs, si elle est reçue hors du contexte européen. En Europe où cette « métamorphose civilisationnelle »[522] est en cours d'accomplissement sous nos yeux, on peut déplorer le fait qu'une conception de la famille est sacrifiée sur l'autel des droits de l'individu en lieu et place de ceux de la collectivité[523]. Il faut pourtant se souvenir de l'empressement et de la rapidité avec lesquels les tribunaux anglais les premiers, suivis par la Cour européenne des droits de l'homme, ont défendu, après avoir soutenu la position contraire[524], que la discrimination fondée sur l'orientation sexuelle est caractérisée même si la loi qui sert de base à cette discrimination ne visait et protégeait que les couples hétérosexuels[525]. Quel qu'ait pu donc être le sens originel que la Charte avait entendu assigner à la famille africaine et à la morale, elles ont perdu toute pertinence du fait de la réception du droit international. L'interprétation dynamique qu'en donne la Cour européenne de Strasbourg ainsi que la jurisprudence du Comité des droits de l'homme des

---

521 V. B. Edelman, « La Cour européenne des droits de l'homme : une juridiction tyrannique ? », *D.* 2008, p. 1946.

522 L. Burgorgue-Larsen, « La jurisprudence des cours constitutionnelles européennes en droit des personnes et de la famille », *NCCC*, 2013/3, n° 39, p. 227-250.

523 En Europe, à l'exception du parlement belge qui, lors du vote de la loi du 13 février 2003 ouvrant le mariage aux personnes de même sexe, s'est inquiété de l'opposition des gouvernements africains au régime belge (v. X. Dijon, « Les mutations du droit de la famille en Belgique : réflexion éthique sur les enjeux de la loi », *Études*, 2006/12, tome 405, p. 609 à 620), les parlements et les gouvernements des autres pays ne se sont pas souciés le moins du monde de ce qui allait advenir de leurs relations avec les pays étrangers après l'adoption de ces lois.

524 Il n'est que de s'en tenir ici aux décisions de la Commission européenne, qui s'était refusée pendant longtemps à considérer qu'il pouvait y avoir une vie familiale dans une relation homosexuelle : v. Comm., du 14 mai 1986, S. c. Royaume-uni, req. 11716/85, mais aussi la Cour de cassation française qui, en 1997, se prononça dans le même sens (v. Cass. civ., 17 déc. 1997, Vilela, *D.* 1998, Jur., p. 111, note Aubert). Pour la doctrine, le mariage entre deux personnes de même sexe était frappé de nullité absolue : v. Gérard Cornu, *Droit civil. La famille*, 7e éd., Montchrestien, 2001, n° 194 ; S. Cheval, « Homosexualité et droit de la famille », *CRDF*, n° 3, 2004, p. 93-102.

525 V. Ph. Frumer, « La discrimination fondée sur l'orientation sexuelle dans les relations de partenariat ou de cohabitation : une question d'intérêt général devant la Cour européenne des droits de l'homme (l'arrêt Karner c. l'Autriche du 14 juillet 2003) », *RTDH*, 2003/59, p. 663.

Nations-unies[526] ruinent toute résistance des droits nationaux[527]. La culture africaine et même les législations nationales ne s'y retrouveraient pas si, comme cela a été observé, la falsification identitaire acquise pouvait permettre, dans le champ africain, « que l'homme ayant renoncé à son sexe naturel devienne, par la vertu de ce changement, l'épouse du frère ou de l'oncle de son ex-épouse »[528] ; les enfants qui naîtraient d'une telle union auraient le plus grand mal à trouver leur place dans leur généalogie et dans la société, surtout si celle-ci est fondée sur un ordre religieux strict. Sur un plan plus global, une telle évolution signerait la fin du patriarcat et du matriarcat, qui constituent les deux piliers de l'organisation de la famille en Afrique. C'est une question qu'il est impossible de traiter avec précipitation en brandissant simplement une jurisprudence rendue par une Cour occidentale comme support de la solution africaine, parce que les implications d'une telle approche sont porteuses d'une révolution culturelle qui peut se révéler attentatoire à l'ordre social. Comment pourrait-on par un trait de plume rayer le caractère sacré de la patrilinéarité dont le fondement coranique en terre d'islam est une donnée culturelle, voire civilisationnelle intangible ?[529] Au delà de l'aspect religieux, ce sont les structures de parenté qui permettent de définir l'identité de l'individu et participent ainsi à sa constitution biologique et psychique[530], qui est par définition inchangeable au cours de son existence. L'idée même que, dans les organisations politiques para-étatiques et infra-étatiques, telles que les chefferies et les royautés — qui ont résisté à l'ordre juridique colonial, et ont survécu à l'autoritarisme des régimes politiques africains, allant jusqu'à leur imposer une superposition des ordres juridiques parfois inconciliables[531] —, les pratiques jusqu'alors inconnues comme la célébration du concubinage ou du mariage coutumier entre personnes de même sexe ou la

526 Comité des droits de l'homme, Comm. n° 941/2000, Young c. Australie, 6 août 2003, CCPR/C/78/D/941/2000, § 10.4.

527 V. Ph. Frumer, « La discrimination fondée sur l'orientation sexuelle... », *op. cit.*

528 V. P. Wachsmann, *Libertés publiques*, 5è éd. Dalloz, 2005, p. 389. C'est nous qui le soulignons.

529 E. Rude-Antoine, « Le mariage et le divorce dans le Code marocain de la famille. Le nouveau droit à l'égalité entre l'homme et la femme », *Droit et Cultures*, n° 59, 2010/1, p. 43-57. L'individu « appartient au groupe de son père et acquiert une légitimité uniquement à l'égard du père. Toute la structure sociale est fondée sur la généalogie des lignes masculines avec des pères qui font autorité, et des fils qui leur succèdent », v. E. Barraud, « La filiation légitime à l'épreuve des mutations sociales au Maghreb », *Droit et cultures* [En ligne], 59, 2010/1, mis en ligne le 6 juillet 2010. URL : http://droitcultures.revues.org/2118.

530 V. A. Marie, « La tradition africaine face à la modernité occidentale », *Le Genre humain*, 1986/1, n° 14, p. 175-190.

bisexualité, soient admises et légitimées en vertu de prescriptions continentales ou de décisions de la Cour africaine, est non seulement surréaliste, mais elle est encore proprement sacrilège. On se demande d'où ces résolutions pourraient-elles tirer leur légitimité, et par quelle autorité elles devraient s'imposer dans un environnement qui les réfute. L'équation de la double légitimité entre le droit moderne et le droit coutumier est impossible à solutionner[532]. La réalité juridique de l'Afrique de demain n'est certainement pas dans l'uniformité à tout prix, comme l'a si bien montré le professeur Jacques Vanderlinden[533]. Le pluralisme sera encore pour longtemps la règle, d'autant qu'il continue de réguler nombre de systèmes juridiques des États européens[534]. L'Union africaine semble ignorer le rôle des communautés dans la production et la défense des règles de droit ; elle va à contre-sens, en privilégiant la contrainte au profit de la généralisation de son droit d'inspiration occidentale.

C. L'IMPOSITION SUR LE CONTINENT AFRICAIN DE LA CONCEPTION OCCIDENTALE DES DROITS DE L'HOMME

En Occident, c'est l'affaiblissement du sentiment religieux et la sécularisation du mariage avec son corollaire la libéralisation des différents usages du corps qui sont à l'origine de l'extinction progressive de la morale dans le contenu des normes juridiques[535]. Ces évolutions qui s'expliquent dans le contexte européen ne peuvent pas être acclimatées et entérinées en Afrique, où l'attachement à la religion et aux coutumes sont encore vivaces, sans que se produise un choc des cultures. Nul ne comprendrait que l'on détache la règle de droit de la morale admise par la société. C'est en Occident où des

531 J. Vanderlinden, « Les droits africains entre positivisme et pluralisme », *Bulletin des séances de l'Académie royale des sciences d'Outre-mer*, n° 46, p. 279-292 ; J. Vanderlinden, « Villes africaines et pluralisme juridique », *Journal of legal pluralism*, 1998, n° 42, p. 245-274.

532 V. A. Badara Fall, « Universalité des droits de l'homme et pluralité juridique en Afrique. Analyse d'un paradoxe », in *La Constitution et les valeurs. Mélanges Dmitri Georges Lavroff*, Paris, éd. Dalloz, p. 359-380.

533 J. Vanderlinden, « Les droits africains... », *op. cit.*

534 Sur le statut personnel de droit local en droit français, v. E. Ralser, « Le statut civil de droit local applicable à Mayotte : un fantôme de statut personnel coutumier », *RCDIP*, 2012/4, n° 4, p. 733-774. N. Rouland, « Le droit français devient-il multiculturel ? », *Droit et Société*, n° 60, 2000, p. 519-545.

535 C'est la déchristianisation de la société, observée depuis plus d'un siècle, qui a entraîné la séparation de la morale et du droit, avec toutes les conséquences que l'on déplore en termes de liberté dans l'usage du corps : v. A. Nast, *La répression de l'adultère chez les peuples chrétiens*, éd. Arthur Rousseau, 1908, 253 p.

générations de juristes ont défendu, sans varier, l'idée que « la véritable origine du droit résidera toujours dans les besoins, dans les aspirations de la communauté ; de ces besoins et de ces aspirations, le législateur est l'interprète, le traducteur, l'enregistreur, mais non pas le créateur [...] et qu'une loi qui heurterait de front de telles idées-forces serait vouée à la caducité »[536]. Les lois intervenues en Occident dans les cinquante dernières décennies en droit des personnes et de la famille n'ont à l'évidence pas eu la prétention de contrarier les changements de mœurs mais de les accompagner[537]. « Le droit, écrit un auteur, est donc une création spontanée de la vie sociale que le législateur a l'obligation de transcrire le plus fidèlement possible dans la loi positive. Il émerge en dehors de l'État ; il existe sans lui, au-dessus de lui »[538]. Tout processus de production des normes qui n'obéit pas à ce schéma ne serait que despotisme et barbarie[539]. Paradoxalement, l'Occident a tendance à imposer aux autres nations les pratiques qu'il a longtemps combattues et auxquelles il a fait de larges concessions après des luttes intestines très âpres qui l'ont vaincu[540]. Victime de ses propres contradictions et des tensions internes à sa société, il revendique à la fois sa prétendue judéo-chrétienté et des valeurs qui constituent un outrage à la culture et à la foi judéo-chrétiennes dont il se sent l'apôtre de leur expansion à à la faveur de la mondialisation. En agissant ainsi, l'Occident dénie aux autres peuples de la terre la liberté de fonder leurs cultures sur un ordre divin ou sur une morale autre que celle façonnée par sa culture et son histoire[541]. Cet unanimisme culturel se fait aux

536 L. Josserand, *Cours de droit civil positif. Théorie générale du droit et des droits : les personnes – la famille, la propriété et les autres droits réels principaux*, Paris, éd. Librairie du Recueil Sirey, 138, p. 18.

537 V. E. Rude-Antoine, « Carbonnier et la famille. Transformations sociales et droit civil », *L'Année sociologique*, 2007/2, vol. 57, p. 527-543.

538 S. Pinon, « Le positivisme sociologique : l'itinéraire de Léon Duguit », *RIEJ*, 2011/2, vol. 67, p. 69-93.

539 L. Duguit, *Traité de droit constitutionnel*, 2e éd., 1923, t. III, p. 548-549.

540 On ne peut pas s'empêcher de mentionner le cas du citoyen français qui, quelques années seulement avant l'adoption de la loi ouvrant le mariage aux personnes de même sexe en 2013, avait perdu la nationalité française pour avoir acquis la nationalité néerlandaise après son mariage aux Pays-Bas avec son conjoint de même sexe, v. C. Mécary, « Homosexualité, mariage et filiation : où en sommes-nous ? », *Informations sociales*, 2008/5, n° 149, p. 136-149.

541 L'Occident veut ainsi conduire les États africains vers une laïcisation et une désacralisation forcées de leurs cultures et un abandon de leurs croyances. Il y a une grande hypocrisie à vouloir imposer aux États africains une laïcisation de leurs droits et d'entretenir dans son propre ordre juridique des normes dont les fondements sont moraux ou religieux. L'interdiction de l'inceste (articles 161 à 163 du Code ci-

dépens des livres révélés, et préfigure la décadence d'une certaine idée transcendantale de l'humanité. La post-humanité pour ainsi dire est le fruit de la liberté individuelle acquise contre ce que l'on pourrait appeler le légalisme divin ou la sacralité du social. La propagation à l'échelle planétaire de l'idéal européen des droits de l'homme, ainsi que l'a déploré Mme Lochak, ne résulte donc pas d'une adhésion partagée[542]. Il en sera de même dans les prochaines décennies de l'insémination artificielle[543], de l'homoparentalité, de la gestation pour autrui[544], ou de la procréation médicalement assistée. Aujourd'hui la légalisation de ces pratiques se heurte à un refus catégorique au nom de l'atteinte qu'elles porteraient aux conceptions nationales de l'ordre public international, quand bien la Cour européenne des droits de l'homme en a admis le principe pour faciliter la transcription à l'état civil des enfants nés à l'étranger au moyen de ces deux derniers procédés[545]. Les choses finiront par évoluer dans le sens de leur acceptation ; et naturellement cette ouverture une fois acquise, ou pour dire juste, cette hypocrisie une fois dévoilée[546] sera opposable à l'Afrique sans qu'elle ait son mot à dire.

Tant que le droit des États occidentaux est resté sur la même longueur d'onde que les coutumes et les mœurs africaines sur ce point, le problème de la conformité de la Charte aux réalités culturelles africaines ne s'est pas posé outre mesure[547]. Mais l'évolution du droit occidental vers une plus grande protection de la liberté sexuelle a fini par créer un fossé entre la Charte et le droit et la culture des États. La raison en est que l'élite africaine est guidée

---

vil français) ou de la bigamie (article 147 du même Code) n'ont pas d'autres fondements que ceux tirés de la morale chrétienne.

542 D. Lochak, *Les droits de l'homme*, Paris, éd. La Découverte, 2009, p. 55 et s.

543 V. M. Chafi, « L'islam et l'insémination artificielle », *RJPIC*, 1987, p. 356-362.

544 X. Labbée, « La gestation pour autrui devant la Cour de cassation (à propos des arrêts du 6 avril 2011) », *D.* 14 avril 2011, n° 15, p. 1064.

545 CEDH, 28 juin 2007, Wagner et J.M.-W.L c. Luxembourg, req. 76240/01, § 123 et 124 ; CEDH, 26 juin 2014, Mennesson c. France, req. 65192/11.

546 Le droit français condamne la PMA et la GPA comme contraires à l'ordre public international français. Mais l'adoption des enfants de parents homosexuels nés à l'étranger au moyen de ces procédés est légitime, v. A.-M. Leroyer, « L'enfant d'un couple de femmes », note sous Cass., 22 septembre 2014 (deux avis), *D.*, 16 octobre 2014, n° 35, p. 2031 et s.

547 Il est incontestable qu'au moment où la Charte africaine est adoptée, le droit de la famille en Europe est encore très fortement régi par les règles de la morale religieuse (v. M. Planiol et G. Ripert, *Traité pratique de droit civil français, Tome 2. La famille (Mariage, Divorce, Filiation)*, 1926, éd. Pichon R. et Duran-Auzias R., p. 2 et s ; p. 51 et s.

par une soif constante d'arrimer le droit continental à la mondialisation, qui affecte aussi bien les structures que les mentalités, obligeant les États à s'aligner sur le droit des États occidentaux et à emprunter leur conception des droits de l'homme.

§2. *Le renoncement de l'Union africaine à la conception culturelle des droits au profit de l'universalisme occidental*

L'Union africaine, sans le dire ouvertement, a implicitement mais sûrement fait le constat de l'inadaptation et de l'antinomie, avec le droit emprunté à l'Occident, de la morale publique incarnée par les traditions africaines, dont elle avait pourtant entrepris de faire la promotion dans la Charte. Convaincues d'obsolescence, les coutumes, les traditions et les valeurs religieuses doivent être tuées à petit feu en leur substituant des valeurs issues d'une morale étrangère à l'Afrique. Dans leur approche, l'Union africaine et la Commission n'ont pas tenu compte de la marche hésitante de la Cour européenne des droits de l'homme vers la totale libéralisation des mœurs (A). La Commission notamment a incorporé dans son analyse la nouvelle orientation de la jurisprudence de la Cour de Strasbourg, sans s'interroger sur les hésitations de départ qui étaient liées au contexte culturel européen. Ce faisant, elle s'est alignée *in abstracto* sur la jurisprudence de la Cour (B). Son analyse, qui pourrait sembler saugrenue pour qui connaît les réalités culturelles et religieuses sur le continent africain, a été entérinée par le Protocole additionnel à la Charte adopté à Maputo en 2003 par les États de l'Union qui a réprouvé les traditions et coutumes des États qui portent atteinte au droit d'user librement de son corps (C).

A. LA MARCHE HÉSITANTE DE LA COUR EUROPÉENNE VERS LA LIBÉRALISATION DES MŒURS

On peut en juger par les faits : le droit occidental a enregistré de profondes mutations en relation avec les phénomènes homosexuel et transsexuel, alors qu'il était par tradition imperméable à la reconnaissance juridique d'un statut en faveur de ces catégories. La tendance est à la reconnaissance sociale de ces pratiques naguère réprouvées, puisque dans certains États, le droit au mariage est désormais étendu aux personnes de même sexe[548]. Mais cette évolution ne s'est pas faite sans heurts comme en té-

548 H. Fulchiron, « Le mariage entre personnes de même sexe en droit français : refus et/ou reconnaissance ? », *RIDC*, 2010, n° 2, p. 245-272 ; L. Burgorgue-Larsen, « La jurisprudence des cours constitutionnelles européennes... », *op. cit.*

moignent les décisions de la Cour européenne des droits de l'homme depuis les arrêts *Rees contre Royaume-uni*[549], *Cossey contre Royaume-uni*[550] ou encore *Sheffield et Horsham contre Royaume-uni*[551]. Cette dernière affaire notamment constitue certainement l'illustration la plus pathétique de l'impuissance de la Cour à répondre de manière aussi limpide que tranchée aux préoccupations des homosexuels et des transsexuels, qui invoquaient le bénéfice des dispositions de la Convention européenne des droits de l'homme pour avoir le droit de se marier. Néanmoins, la Cour rappelle un certain nombre de principes juridiques qui permettent de comprendre que les évolutions récentes vers la libération et l'extension du mariage à des catégories sociales qui n'en bénéficiaient pas auparavant est bien le choix des peuples à un moment de l'évolution de la société en rapport avec les avancées scientifiques. Aussi pouvait-elle estimer que « les requérants n'ont pas démontré que depuis l'arrêt *Cossey*, en 1990, il y ait eu, dans le domaine de la science médicale, de quelconques découvertes propres à dissiper de manière concluante les doutes concernant les causes du transsexualisme [...] En conséquence, l'attitude des autorités de l'État défendeur, qui se refusent pour l'heure à admettre que le sexe cérébral constitue un déterminant essentiel du sexe d'un individu, ne saurait être critiquée comme déraisonnable »[552]. Même si elle « constate une augmentation de l'acceptation sociale du phénomène et une reconnaissance croissante des problèmes auxquels ont à faire face les transsexuels opérés »[553], elle n'en conclut pas moins à la compétence des États pour donner à ce problème une solution juridique adéquate.

De même, la question du mariage homosexuel est-elle soumise à l'appréciation des États de l'Union, car l'attachement au concept traditionnel de mariage qui sous-tend l'article 12 de la Convention fournissait un motif suffisant pour continuer d'appliquer des critères biologiques pour déterminer le sexe d'une personne aux fins du mariage. Ce faisant, la Cour, qui ne ferme pas totalement la porte aux mariages entre personnes de même sexe, a préparé à travers ses décisions, la possibilité de donner de l'article 12 une interprétation large au cas où un consensus interviendrait entre les États en ce sens. Quoiqu'il en soit, la position de la Cour a été interprétée par les États, confrontés à la pression sociale, comme une acceptation du mariage homosexuel. Ses sentences donnent à penser qu'elle est aussi libérale que les États de l'Union, qui reconnaissent à la fois que les pratiques homosexuelles ou les

549 CEDH, 17 oct. 1986, Rees c. Royaume-uni, req. n° 9532/81.

550 CEDH, 27 sept. 1990, Cossey c. Royaume-uni, req. n° 10843/84.

551 CEDH, 30 juil. 1998, *RTDH*, p. 637, note M. Lévinet.

552 V. § 57.

553 V§ 60.

conversions sexuelles relèvent de la vie privée des individus, et que les États ne commettent pas de faute en accordant des droits à ceux qui s'en revendiquent[554]. Le Conseil constitutionnel français peut ainsi, sans effaroucher le juge de Strasbourg, écarter le grief tiré de ce que le mariage serait « naturellement » l'union d'un homme et d'une femme, et décider « qu'en ouvrant l'accès à l'institution du mariage aux couples de personnes de même sexe, le législateur a estimé que la différence entre les couples formés d'un homme et d'une femme et les couples de personnes de même sexe ne justifiait plus que ces derniers ne puissent accéder au statut et à la protection juridique attachée au mariage »[555]. Sur deux visions de la société, il refuse de contrarier la représentation nationale, les options civilisationnelles étant du ressort de celle des autorités de l'État qui détient la légitimité populaire pour le faire, en dépit des réserves formulées en l'occurrence par la doctrine sur le risque de la violation des principes fondamentaux reconnus par les lois de la République par la reconnaissance du mariage au profit des personnes de même sexe[556]. Le respect dû au législateur est strictement observé par les tribunaux en ce domaine[557], dans la mesure où il parle et agit au nom du peuple souverain. Au fond, le législateur et le juge constitutionnel français défendent « une conception sociale, une vision du monde si l'on veut »[558] ; et cette conception révèle un parti-pris[559], qu'on peut qualifier volontiers d'occidental. La réception par le juge panafricain de cette conception se fait *in abstracto*.

B. L'ALIGNEMENT *IN ABSTRACTO* DE LA COMMISSION AFRICAINE SUR LA JURISPRUDENCE DE LA COUR EUROPÉENNE

Une des rares décisions, sinon l'unique, rendue par la Commission africaine au sujet de la question controversée de la liberté des minorités sexuelles, et notamment celle des homosexuels remonte à l'année 1995. Dans cette décision, sans surprise, la Commission consacre le principe de la liberté sexuelle des homosexuels comme un droit fondamental reconnu par la

554 En effet, pour la Cour (CEDH, 2e sect., 10 mars 2015, n° 14793/8, *D.*, 26 mars 2015, p. 682), l'encadrement des interventions chirurgicales de conversion sexuelle pour des motifs d'intérêt général tenant à la prévention du risque de banalisation de ces interventions, contrarie la liberté sexuelle des transsexuels.
555 Cons. const., 17 mai 2013, Décision n° 2013-669 D. Loi du 17 mai 2013 ouvrant le mariage aux couples de même sexe.
556 V. P. Murat, « La Constitution et le mariage : regard d'un privatiste », *NCCC*, n° 39, avril 2013.
557 L. Burgorgue-Larsen, « La jurisprudence des cours... », *op. cit.*
558 G. Drago, *Contentieux constitutionnel français*, 3e éd. PUF, 2011, n° 67.
559 *Ibid.*, p. 67.

Charte africaine des droits de l'homme, la Déclaration universelle ou le Pacte international sur les droits civils et politiques (1). Mais cette reconnaissance soulève, dans son application, une question qui s'est posée ultérieurement, celle de la non-prise en compte du contexte local africain (2). Néanmoins, la Commission s'abstient de tirer toutes les conséquences de la reconnaissance de cette liberté dans le contexte africain, parce qu'elle a des répercussions politiques ; et limitée dans sa hardiesse par les considérations politiques qui sont au fondement même de sa mission, elle se trouve dans l'obligation de modérer son contrôle de conventionalité (3).

1. La condamnation de la violation de la liberté sexuelle des homosexuels comme une ingérence dans leur vie privée

D'ores et déjà l'Union africaine a commencé depuis deux décennies à s'aligner sur la conception occidentale de la liberté individuelle sans formuler la moindre réserve. La Commission africaine des droits de l'homme et des peuples semblait implicitement approuver l'avis du comité des droits de l'homme des Nations-unies pour qui la condamnation de l'homosexualité n'était pas raisonnable et constituait une ingérence arbitraire dans la vie privée des individus sanctionnée par le Pacte international sur les droits civils et politiques en son article 17[560]. Elle oublie toutefois de préciser qu'il est possible que la jouissance publique de cette liberté, c'est-à-dire hors du cadre strictement intime, devienne gênante dans des sociétés où le mode de vie est fondé sur l'altérité sexuelle. Dans ces conditions, il peut y avoir non seulement une atteinte à ce qu'il est convenu d'appeler les bonnes mœurs selon une définition localement admise, mais encore une violation de l'ordre public moral. Le raisonnement très elliptique de la Commission sur ce point donne à penser que l'Union serait encline à fermer les yeux sur une question qui, ailleurs, fait déjà des remous. En reléguant les pratiques homosexuelles dans la sphère privée des individus, on évite le débat, puisque l'impression qui en ressort est que ces pratiques seraient très marginales et qu'à ce titre elles ne sauraient être tenues pour une révolution sexuelle de nature à entraîner un changement des mœurs et des lois sur le continent. La parade était malheureuse, et la Commission africaine des droits de l'homme, confrontée quelques années plus tard à une situation analogue dans une espèce où des jeunes étudiantes avaient été arrêtées par la police soudanaise et condamnées à la flagellation publique et à des amendes entre autres pour des faits d'exhibition de comportements homosexuels, que les autorités tenaient pour des actes immoraux constitutifs d'une atteinte à l'ordre public, se borna à discuter

560 CADHP, 1995, Courson c. Zimbabwé, *RADH*, 2000, p. 369.

de la proportionnalité des sanctions sans prendre la peine de se prononcer sur la légalité (c'est-à-dire la conventionalité) de ces comportements qualifiés abusivement d'infractions au regard des normes internationales applicables par sa juridiction[561]. On peut en effet douter que le fait pour deux jeunes femmes de s'embrasser dans l'espace public, même si cela peut par ailleurs choquer les mœurs, puisse constituer une infraction grave au regard des standards de faute admis par la communauté internationale.

2. La méconnaissance du contexte culturel africain

Ce que l'État soudanais défendait c'était le fait que les comportements incriminés, dès lors qu'ils sont pratiqués dans l'espace public, ne relèvent plus de la vie privée des individus, mais qu'ils violent le Code pénal du Soudan. La situation était aussi embarrassante que l'est la prostitution pour le législateur et le juge français[562] dont « l'objectif avoué […] est d'entraver le développement d'une activité sexuelle qui, si elle n'est pas expressément prohibée, reste considérée comme une déviance »[563]. Même tolérée, elle reste immorale, et son statut navigue toujours entre abolition de la réglementation régissant la prostitution et abolition de la prostitution ; entre abolitionnisme et prohibitionnisme[564]. L'analogie mérite d'être relevée, car il est question de deux comportements considérés dans leurs milieux respectifs, depuis des siècles, comme des attentats aux mœurs, qui ne bénéficient d'aucune immunité[565]. Le raisonnement de l'État soudanais n'était pas dénué de pertinence, car le droit français relatif à la répression des mœurs, et notamment de la prostitution — et le droit européen dans une certaine mesure[566] — pouvait

561 CADHP, Curtis Doebbler c. Soudan, *RADH*, 2003, p. 162.

562 V. J. Vernier, « La répression de la prostitution à la recherche de nouveaux espaces », *APC*, 2011/1, n° 32, p. 75-92.

563 J. Vernier, « La répression de la prostitution... », *op. cit.*

564 V. S.-M. Maffesoli, « Le traitement juridique de la prostitution », *Sociétés*, 2008/1, n° 99, p. 33-46 ; M. Chimienti, « Prostitution – une histoire sans fin ? », *Sociétés*, 2008/1, n° 99, p.11-20.

565 V. M.-H. Renaut, « L'ordre public et la prostitution ou l'Histoire n'est qu'un perpétuel recommencement », *RSC*, avril/juin 2006, p. 293.

566 La Cour européenne des droits de l'homme reconnaît, en effet, aux États le droit de définir les règles de la morale applicables dans leur ressort, en ces termes : « L'idée que les États se font des exigences de la morale varie dans le temps et l'espace, et demande souvent de prendre en considération, au sein d'un même État, l'existence de diverses communautés culturelles, religieuses, civiles ou philosophiques, v. CEDH, 16 février 2010, Akdas c. Turquie, req. 41056/04, § 27. Ils sont mieux placés pour se prononcer sur le contenu de la morale.

être invoqué au soutien de son argumentation. Dans le contexte soudanais, l'homosexualité était susceptible d'être qualifiée d'atteinte à la dignité humaine, comme en France lorsque l'usage du corps est jugé contraire aux bonnes mœurs, notamment à propos de l'affaire du « lancer de nain » rendue par le Conseil d'État, dans laquelle la victime, frappée de nanisme — handicap physique s'il en est au regard des normes esthétiques admises et des difficultés que rencontrent les personnes de petite taille pour s'insérer dans la société — avait elle-même consenti à ce qu'elle fût lancée tel un projectile dans une attraction dont la légalité et la moralité étaient contestées devant la Haute juridiction administrative[567]. Le consentement d'une prostituée, dans l'approche publique française, n'a jamais empêché les autorités de considérer que cette activité, de par sa nature même, porte atteinte à sa dignité, parce qu'elle est considérée comme dégradante pour l'être humain, et que l'interdiction dont elle fait l'objet vise à protéger la prostituée elle-même sans qu'il soit besoin de prendre en compte son choix[568]. Le juge constitutionnel admet que le législateur puisse défendre la dignité des prostituées en infligeant des sanctions pénales même à l'encontre des clients, sans que de telles sanctions constituent une violation de la liberté individuelle et de la liberté d'entreprendre[569], ce qui constitue évidemment une hypocrisie largement dénoncée[570], doublée d'une volonté d'imposer une conception normative de la sexualité et des bonnes mœurs, dont l'existence dans les sociétés libérales est suspecte[571]. Le juge panafricain aurait dû prendre en compte, dans le cadre d'une analyse comparative, le droit étranger applicable aux mœurs, pour donner de la profondeur à son raisonnement, en posant le principe de la liberté sexuelle, assorti d'un examen minutieux de la situation compte tenu de l'environnement sociologique et culturel soudanais qui est profondément hostile

567 CE, 27 oct. 1995, Commune de Morsang-sur-Orge, Rec, p. 312, Concl. Frydman ; *RDP*. 1996, p. 536, note Gros et Froment.

568 S.-M. Maffesoli, « Le traitement juridique de la prostitution », *op. cit.*

569 CC, Décision n° 2018-761 QPC, du 1er février 2019, Association Médecins du monde et autres, *RSC*, 2019, p. 85, obs. Y. Mayaud. v. aussi les observations de Mme H. Duffuler-Viale, « La difficile articulation des libertés publiques et des politiques de la prostitution – perspective diachronique XXe -XXIe siècles », *Constitutions*, 2019, p. 89. L'objet même du contrat de prostitution ne serait pas licite en droit français : v. Ch. Bourret, *La question de l'existence d'un contrat de travail ou d'entreprise relatif à la prostitution*, Thèse Montpellier I, 2011.

570 V. J. Lecame, « Le statut juridique des personnes prostituées en France », *CRDF*, n° 9, 2011, p. 103-116.

571 P. Mistretta, « Les bonnes mœurs sexuelles : un concept mal ressuscité en droit pénal », *RSC* avril-juin 2017, p. 273-279.

à ces comportements jugés déviants[572] . Les mœurs, en effet, ont incontestablement une connotation culturelle, et leur évolution n'est pas uniforme à l'échelle planétaire[573], et n'emprunte pas toujours la même courbe. En outre, le caractère criminel dont cette infraction est affublée par le Code pénal aurait dû interpeller la Commission. En limitant ainsi son contrôle à la proportionnalité des sanctions, la Commission a certainement évité de porter une appréciation sur les choix politiques des États en matière de mœurs.

3. Un contrôle de conventionalité limité par des considérations politiques

La Commission avait là l'occasion d'exercer un contrôle de conventionalité des lois pénales soudanaises, portant tant sur la conformité des infractions pénales tirées de la charia au droit de l'Union africaine que sur la proportionnalité des sanctions prévues par ces lois, et d'imposer une conception uniforme et plus libérale de l'usage du corps. Elle s'est défaussée habilement de ce devoir élémentaire qui relève de ses attributions formelles. Le caractère transgressif voire subversif de cette question dont l'enjeu majeur n'était ni plus ni moins que l'annulation de tout l'arsenal répressif soudanais, et par extension, la condamnation de l'identité culturelle et religieuse dans laquelle baigne ce droit, en vue de le remplacer par le droit de l'Union africaine, contraignit la Commission au silence[574]. Elle avait bien compris qu'elle

572 La Commission est allée plus loin que la Cour européenne et la Cour suprême, des États-Unis, dont il a été affirmé qu'il lui est « difficile d'être en rupture idéologique avec l'opinion publique majoritaire ; ceci laisse peu de place pour les jugements tranchés, rarement en accord avec les positions très centristes de l'opinion publique américaine sur des questions telles que l'interruption volontaire de grossesse, le mariage homosexuel... » : v. V. Michelot, « La Cour suprême des États-Unis... », *op. cit.*

573 Par exemple sur l'affadissement du devoir de fidélité entre les époux, la banalisation de l'adultère ou la promotion de l'union libre aux dépens du mariage, v. E. Raschel, « La révélation d'une infidélité est-elle encore une atteinte à l'honneur ou à la considération ? », *D.*, 7 avril 2016, n° 13, p. 724 et s.

574 La Commission, dans un raisonnement très obscur, « souhaite souligner qu'elle n'a pas eu l'intention d'interpréter la loi islamique de la charia telle qu'énoncée par le Code pénal de l'État défendeur. Aucune allégation n'a été présentée devant elle et elle n'en a examiné aucune qui soit fondée sur la charia » (§ 41). Doit-on considérer que la Commission pourrait, si l'occasion lui était donnée, vérifier la conformité de la législation pénale d'un État à la charia, comme si la charia devenait une norme de référence de l'Union africaine ? Dans quel but et pour quelle utilité se donnerait-elle le droit d'interpréter la charia ?

n'avait pas les moyens juridiques de créer un précédent qui allait mettre le feu aux poudres en divisant les États de cette fragile Union, n'ayant pas reçu mandat d'arbitrer les conflits juridiques dont la tonalité et la portée dépasseraient les espérances d'un règlement politique auquel les dirigeants politiques accordent une importance primordiale[575]. Le recours à la jurisprudence de la Cour européenne des droits de l'homme pour stigmatiser la flagellation comme un traitement humiliant et dégradant constitue une pirouette inutile d'une banalité navrante qui, au surplus, montre que la Commission africaine s'éloigne inexorablement des buts essentiels de l'Union, qu'elle n'a pas encore intégrés. Dans ces conditions il lui est difficile, voire impossible de soulever les questions juridiques cruciales qui conditionnent la construction fédérale. On en reste donc au constat fait par l'un de ses juges, devenu emblématique, qui notait déjà au début de la décennie 1990 que, « la Commission dispose certes d'une grande liberté de manœuvre dans l'exercice de sa fonction de promotion des droits de l'homme en Afrique mais [elle] est par contre beaucoup plus limitée en ce qui concerne sa fonction de protection desdits droits »[576].

C. LA RÉPROBATION PAR L'UNION AFRICAINE DES TRADITIONS ET COUTUMES CONTRAIRES AU LIBRE USAGE DU CORPS

En dépit de la difficulté que soulèvent les mœurs dans ce type de contentieux, l'Union africaine qui, elle, est coupée des réalités, a pourtant consacré en toute insouciance, cette liberté avec l'adoption du protocole additionnel à la Charte africaine des droits de l'homme et des peuples relatif aux droits de la femme en Afrique. L'Union a consacré la liberté de la femme, point essentiel pour parvenir à l'abandon pur et simple des coutumes (1). Elle a par ailleurs entrepris une tentative d'universalisation des mœurs qui se heurte à des résistances nationales (2).

1. Consécration de la liberté de la femme

La dignité de la femme est au cœur du dispositif de cette convention qui, qu'on le veuille ou pas, fait le procès des coutumes et traditions qui ont maintenu la femme dans une position d'infériorité. L'article 2 préconise l'élimination de toutes les formes de discrimination à l'égard des femmes et recommande la répression des discriminations et pratiques néfastes à la santé

575 F. Ouguergouz, « La Commission africaine des droits de l'homme et des peuples : Présentation et bilan d'activités (1988-1989) », *AFDI*, 1989, p. 557-571.
576 F. Ouguergouz, *op. cit.*

et au bien-être des femmes. Plus précis, l'alinéa 2 de l'article précité vise les « pratiques culturelles et traditionnelles néfastes et toutes les autres pratiques fondées sur l'idée d'infériorité ou de supériorité de l'un ou l'autre sexe, ou sur les rôles stéréotypés de la femme et de l'homme ».

Cette disposition invite donc les États à se débarrasser des coutumes et traditions qui enferment la femme dans un rôle secondaire au sein de la société . En effet, la tradition africaine tout entière est fondée sur l'infériorisation de la femme. Et en ce qui concerne le libre usage du corps, il fait l'objet d'une réglementation très stricte. Cela est encore plus perceptible au regard des principes religieux qui se caractérisent par une indéniable condescendance masculine : mutilations génitales féminines, voile intégral, imposition de la polygamie, interdiction de l'avortement même en cas de viol ou d'inceste, contrôle de l'orientation sexuelle des personnes, en l'occurrence acceptation sociale de l'altérité sexuelle comme la seule orientation admise par le corps social, interdiction des relations sexuelles hors mariage, flagellation corporelle en cas d'adultère, mariage forcé, etc. C'est en croisade contre ces citadelles culturelles et religieuses réputées imprenables que l'Union africaine se lance, et elle n'y va pas de main morte, puisqu'elle proclame à l'article 3 du protocole de Maputo que la femme a droit au respect de sa personne et au libre développement de sa personnalité. L'article 4 quant à lui stipule que toute femme a droit au respect de sa vie privée, de son intégrité physique et à la sécurité de sa personne. En outre, il condamne toutes formes d'exploitation, de punition et de traitement inhumain ou dégradant. On se doute bien que les termes choisis rendent à la femme la liberté, qui lui a été confisquée par des coutumes et traditions machistes et misogynes, d'avoir la maîtrise de son corps, ce qui implique le droit de choisir son orientation sexuelle, le droit de se marier avec le conjoint de son choix peu importe sa race, sa religion, sa nationalité ou son sexe. Elle peut aussi faire le choix de l'union libre ou même procéder à une conversion sexuelle. C'est donc à peu près l'ensemble des codes de la famille et les codes pénaux fondés sur le pluralisme juridique qui sont pointés du doigt comme comportant peu ou prou des principes qui portent atteinte à la dignité de la femme et à son intégrité physique. Les concessions faites par les États à la percée panafricaine dans le champ des libertés sont surtout formelles. Dans la réalité, deux ou plusieurs visions de la société et au moins deux choix de civilisation s'affrontent avec chacun d'eux ses propres valeurs ; l'Union et les États campent, chacun, sur leur position. C'est par pure hypocrisie que l'on affirme l'attachement à la Charte africaine des droits de l'homme et des peuples, car cette Charte n'a aucune prise sur les cultures et les traditions.

L'Union africaine n'a certes pas tort de se référer aux instruments internationaux de protection des droits de l'homme. En effet, ces instruments constituent sans aucun doute possible une œuvre commune de l'humanité à l'élaboration de laquelle les États ont apporté leur contribution[577], et que les États nouvellement indépendants ont ratifiée en connaissance de cause. En visant la normativité internationale, l'Union africaine ne fait que réaffirmer les engagements pris par les États individuellement. Les difficultés apparaissent quant au contenu et à la conception qu'il convient de donner aux libertés et droits individuels. Ceux-ci sont fonction de la perception que chaque État peut en avoir en rapport avec sa culture et son propre système de valeurs à un moment donné de son évolution.

2. Tentative d'universalisation des mœurs sexuelles et résistances nationales

Le débat dans les pays européens sur la consécration du droit au mariage pour les personnes de même sexe constitue la preuve que les mœurs sont variables d'une aire culturelle à une autre et d'une époque à une autre, et que par conséquent le droit au mariage pour tous ne peut être tenu pour un progrès pour tous les peuples de la planète. Si l'unanimité s'est naturellement réalisée entre la Charte africaine des droits de l'homme et des peuples et la Convention européenne des droits de l'homme au sujet de la conception du mariage comme impliquant nécessairement deux personnes de sexes opposés, en revanche, il n'est pas certain que l'Union africaine suive l'Europe sur la nouvelle conception du mariage qui inclut désormais les personnes de même sexe. Toutefois, la jurisprudence de la Commission africaine sur cette question semble aller à contre-courant de l'opinion majoritaire sur le continent. La mention, dans les colonnes du recueil des décisions de la Cour africaine, de la décision de la Cour constitutionnelle sud-africaine ayant accordé aux couples homosexuels le droit d'adopter un enfant est symptomatique de cette tendance, et n'est pas anodine[578]. A l'évidence, le caractère discriminatoire de la loi querellée à l'égard des couples homosexuels qu'elle privait de ce droit ainsi que les arguments d'ordre sociologique mettant en avant l'évolution de la conception de la famille et du mariage qui rendent caduques les

577 J. Yacoub, « Les droits de l'homme : une œuvre collective de l'humanité », *Aspects*, Hors série, 2008, p. 31-43 ; G. Cohen-Jonathan, « Les droits de l'homme, une valeur internationalisée », *Droits fondamentaux*, n° 1, juil.-déc. 2001 www.droits-fondamentaux.org, p. 157.

578 Cour constitutionnelle, 28 mars 2003, J. and D. v Director General, Department of Home Affairs, Minister of Home Affairs, President of the Republic of South Africa, *RADH*, 2003, p. 171.

conceptions traditionnelles ont emporté la conviction de la Cour constitutionnelle. La pédagogie de l'Union semble donc être d'amener progressivement les États à adopter cette conception. Mais le cas sud-africain relève d'un contexte politique, juridique et historique dont la spécificité a été relevée par les auteurs, à savoir l'égale participation de l'ensemble des catégories — hétérosexuels et homosexuels — au combat pour la liberté commune, dont la consécration d'une égalité parfaite dénuée de toutes les formes de discrimination était le corollaire[579]. L'exemple sud-africain est loin d'être aussi parfait qu'on pourrait le penser : l'écart entre l'idéal constitutionnel et la réalité en constitue la preuve[580]. La Cour africaine des droits de l'homme, quant à elle, n'a pas souhaité répondre sur le fond à une demande d'avis formée par une association de défense des droits des lesbiennes, préférant contester la qualité pour agir de celle-ci, alors qu'elle avait l'occasion de répondre à l'injonction du Conseil exécutif de l'Union africaine, qui lui demandait instamment « de prendre en compte les valeurs, l'identité et les bonnes traditions fondamentales de l'Afrique et de retirer le statut d'Observateur accordé aux ONG qui essaient d'imposer des valeurs contraires aux valeurs africaines »[581]. La distance prise par l'Union africaine avec la position de la Commission africaine, qui de toute évidence se retrouve seule face à l'Union et aux États sur cette question, est indéniable. Mais la question reste posée de savoir si les notions d'égalité et de liberté qui sont inscrites dans les normes internationales de référence pourront bénéficier de la part de la justice panafricaine d'une interprétation différente de celle que leur donnent les juridictions européennes ou nord-américaines, dans le chef des droits individuels. Si la Cour africaine prend le risque de s'engager dans la même direction que la Cour européenne des droits de l'homme, elle s'éloignera irrémédiablement des réalités culturelles et des mœurs actuellement admises par la population majoritaire du continent[582], ce qui constituerait un motif de rupture de

---

579 V. P. Awondo, P. Geschière et al., « Une Afrique homophobe ? Sur quelques trajectoires de politisation de l'homosexualité : Cameroun, Ouganda, Sénégal et Afrique du Sud », *Raisons politiques*, 2013/1, n° 49, p. 95 à 118.

580 *Ibid.*

581 CADH, 28 septembre 2017, *Demande d'avis consultatif introduite par le Centre des droits de l'homme de l'Université de Pretoria (CHR) et la coalition des lesbiennes africaines*, Avis consultatif n° 002/2015, v. notamment le § 5.

582 La presse occidentale a relevé que l'homosexualité constitue, à l'heure actuelle, un crime dans de nombreux pays d'Afrique et du Moyen-Orient, où l'écrasante majorité de la population est opposée à la reconnaissance des couples de même sexe. C'est dire si le libéralisme voire le laxisme que prône l'Union africaine, en s'aidant de la jurisprudence de la Cour européenne des droits de l'homme, n'est pas partagé par les populations africaines : v. « Le Nigeria promulgue une loi interdisant l'homo-

l'Union pour cause d'incompatibilité des mœurs. En effet, pour l'écrasante majorité des africains, l'hétérosexualité est la seule pratique qui soit compatible avec l'identité sexuelle africaine[583] ; elle serait ainsi un trait de l'identité nationale africaine. Cette revendication caractéristique d'un essentialisme sexuel proprement africain n'autorise pas une lecture exogène des instruments internationaux de protection des droits de l'homme. La jurisprudence de la Cour africaine des droits de l'homme et des peuples sera donc un facteur potentiel d'unification ou au contraire d'éclatement de l'Union. La Cour sera investie de la difficile mission d'harmoniser les mœurs, la Charte ayant défini les mœurs de façon générale sans tenir compte des spécificités culturelles et religieuses. En matière des différents usages des corps, cette tâche sera impossible à réaliser compte tenu de la diversité des systèmes juridiques, dont certains s'inspirent d'autres sources que les conventions internationales. Les difficultés de la Cour s'accumuleront à mesure que les résistances culturelles se raidiront, et cela est plus manifeste s'agissant des manipulations du corps, qu'elles se présentent sous la forme culturelle, religieuse ou scientifique.

---

sexualité », *Le Figaro*, 15 janv. 2014, Le Figaro.fr ; « Le Nigeria promulgue une loi interdisant l'homosexualité », *Le Monde*, 13 janv. 2014 ; S. Luwa et Ch. Cassiau-Haurie, « L'homosexualité en Afrique, un tabou. L'exemple de la RDC », *Africultures*, 5 mai 2009. En Ouganda, l'article 140 du Code pénal punit à la prison à perpétuité toute personne qui se rend coupable de relations sexuelles contre-nature. Au Sénégal, pays de tolérance, « au moins 22 personnes, dont trois femmes, ont été arrêtées en raison de leur orientation sexuelle présumée [...] Le tribunal de Dakar a déclaré sept hommes coupables d'« actes contre nature » et les a condamnés à une peine de deux ans d'emprisonnement » : v. Amnesty International, *La situation des droits humains dans le monde*, Rapport, 2015/2016, p. 393.

583 N. Gning, « Les motifs de l'illégitimité sociale de l'homosexualité au Sénégal », *Africultures, n° 96, 2013.*

CHAPITRE II

LES DIFFÉRENTES ATTEINTES A L'INTÉGRITÉ CORPORELLE

L'usage du corps peut dans certaines situations se révéler attentatoire à son intégrité. Il est aussi des cas où les corps sont livrés à autrui (États ou communautés) pour subir certaines atteintes. Il en est ainsi de l'avortement, de la procréation médicalement assistée ou la gestation pour autrui. Mais aussi de la peine de mort. Ici on touche au droit à la vie qui est une question à laquelle chaque société répond en fonction de sa culture, de ses traditions et de ses croyances. Le droit à la vie est assurément un marqueur d'identité. La protection de la vie humaine ainsi que l'interdiction de procéder à la torture et à toutes sortes de mutilations sur l'être humain, constituent l'un des apports essentiels de l'Occident chrétien à la protection des droits humains dans le monde[584]. C'est en effet l'Europe[585] qui, la première, a dénoncé les mutilations sexuelles, telles que l'excision ou la circoncision. C'est enfin elle qui se trouve à l'avant-garde du combat contre la peine de mort, lorsque d'autres sociétés n'éprouvent aucun scrupule à ôter la vie à une personne pour des motifs discutables comme la pratique de l'adultère ou le vagabondage sexuel. Son inspiration est foncièrement biblique[586]. Cela dit, des paradoxes se mêlent à la matière des droits de l'homme, en l'occurrence la protection du corps et de la vie, qui sont liés à la conjonction des facteurs historiques, culturels, religieux et politiques. C'est ainsi que l'Europe peut, dans le même temps, condamner la peine de mort et autoriser l'avortement, et que la plupart des législations et coutumes africaines peuvent permettre la torture et

---

584 V. par exemple « L'identité européenne et ses défis », Discours prononcé par A. Plantey lors du Colloque *Penser l'Europe*, 2, 3 et 4 octobre 2003, Académie des sciences morales et politiques, http//www. asmp.fr ; C. Jallamion, « Entre ruse du droit et impératif humanitaire : la politique de la torture judiciaire du XIIe au XVIIIe siècle », *APC*, 2003/1, n° 25, p. 9-35.

585 La défense des valeurs démocratiques et l'exportation de la philosophie des droits de l'homme de par le monde, par l'Occident, sont cependant à géométrie variable ; elles sont tributaires de ses intérêts économiques et stratégiques. De l'avis de certains, le hiatus entre le discours démocratique et le soutien apporté aux régimes dictatoriaux a fini par discréditer la prétention universaliste de la philosophie des droits de l'homme, v. G. Corm, « Le difficile voyage de la liberté hors d'Occident », *op. cit.* ; J.-M. Foulquier, *Arabie Saoudite. La dictature protégée*, éd. Albin Michel, Paris, 1995 ; G. Perrault, *Notre ami le Roi*, éd. Gallimard, 1990.

586 V. F. Rouvillois, *Libertés fondamentales*, éd. Flammarion, 2016, p. 223.

la mort tout en condamnant fermement l'avortement, le transsexualisme et toutes les manipulations génétiques susceptibles d'être opérées sur le corps humain. Ces paradoxes s'expliquent banalement par l'existence de plusieurs philosophies de la vie qui ne peuvent pas se concilier, se confondre ou même se compléter. La légitimité des pratiques humaines sur le corps est suspendue aux avancées scientifiques, dont pourtant la relativité et l'incertitude ne sont plus à démontrer[587]. Confrontée au silence des coutumes et législations nationales africaines face à l'apparition de procédés scientifiques qui permettent d'obtenir sur le corps humain toutes sortes de transformations auxquelles la nature ne l'avait ni préparé, ni prédisposé, la Cour africaine se trouve dans l'incapacité de résoudre les énigmes culturelles qui hantent les procès des droits de l'homme en Afrique[588]. En s'alignant sur le droit prescrit par les conventions internationales et sur l'interprétation qu'en donnent les Cours occidentales, l'Union africaine ne pourra ni obtenir l'adhésion des États, ni parvenir à l'harmonisation du doit africain sur ce point[589]. Et des thèmes comme l'avortement (Section 1), les mutilations corporelles et différents actes de torture, ou la peine de mort (Section 2), qui exigent l'adoption d'une position commune dans un État fédéral sont loin de recueillir l'unanimité.

587Ce sont précisément ces incertitudes qui sont à l'origine des hésitations de la Cour européenne, qui préfère s'en remettre au pouvoir discrétionnaire des États, pour déterminer si un embryon ou un fœtus peuvent être considérés comme des personnes, et bénéficier de la protection juridique attachée à cette qualité : v. CEDH, 8 juil. 2004, VO c. France, req., 53924/00, § 82.

588 En effet, la Cour européenne a toujours fourni à la Cour africaine des solutions "prêt-à-porter" (Cette lacune a été reconnue par les autorités de la Commission africaine ; v. *Rapport du groupe de travail d'experts de la Commission africaine des droits de l'homme et des peuples sur les populations/communautés autochtones*, Commission africaine, 28ᵉ session, éd. EKS/Skolens Trikkery, Copenhague, Danemark, 2005, p. 81) au goût parfois mitigé : v. A. D. Olinga, « La première décision au fond de la Cour africaine des droits de l'homme et des peuples (Arrêt du 14 juin 2013 sur les affaires jointes Tangayika Law Society & The legal and human rights centre c. Tanzanie et Révérend Christopher R. Mtikila c. Tanzanie », *La revue des droits de l'homme*, 6/2014, http/revdh.revues.org/953. .

589 Si la Cour africaine doit parvenir à l'unité des principes juridiques, pour faciliter la construction de l'État fédéral, la Cour européenne, en revanche, peut se contenter de faire jouer la marge d'appréciation des États dans une matière où les spécificités culturelles nationales et les traditions locales pèsent encore dans la décision des juges européens.

Section 1. L'avortement

Considéré par les uns comme une conquête en matière des droits de l'homme[590], une révolution, et par les autres comme un recul et un retour à l'animalité, le droit à l'avortement continue de déchaîner les passions et de diviser la plupart des sociétés humaines. Depuis plusieurs décennies au moins, le droit de pratiquer l'avortement est tributaire des choix politiques[591]. En France, pendant longtemps la législation manifesta de la sévérité à l'égard de l'avortement qu'elle considérait comme un crime. Des raisons démographiques et notamment le besoin de natalité en vue de pallier le déclin démographique furent à l'origine de cette sévérité[592]. Partout dans le monde, on assiste à une certaine « nationalisation du corps féminin »[593], dont la femme perd la propriété et la jouissance au profit de la société. Les arguments religieux voire métaphysiques sont aussi mis à contribution pour justifier au mieux l'interdiction de l'avortement et au pire sa limitation aux cas de grande détresse[594]. L'embryon et le fœtus constitueraient des étapes dans le développement de l'être humain depuis sa conception, jusqu'à sa mort, en passant par sa naissance et sa vie. Ils doivent être considérés comme des personnes distinctes des mères qui les portent, et il n'est pas possible de procéder à une interruption de grossesse, quel qu'en soit le motif, sans porter atteinte à leur droit à la vie. Le droit à la vie concernerait donc au premier chef la vie fœtale. Ce point de vue n'a jamais été totalement condamné ni par la science, qui est incapable d'y apporter une réponse tranchée, ni par les tribunaux, dont le point de vue est dépendant de l'évolution des recherches scientifiques. On comprend mieux pourquoi le droit international n'en a jamais fait

590 B. Pavard, Florence Rochefort, M. Zancarini-Fournel, *Les lois Veil. Les lois événements fondateurs. Contraception 1974, IVG 1975*, éd. Armand Colin, 2012, 228 p.

591 V. J. Mossuz, « La régulation des naissances : les aspects politiques du débats », *RFSP*, 1966, n° 5, p. 913-939.

592 L'article 317 du Code pénal de 1810 punissait de travaux forcés quiconque se rendait coupable d'avortement et d'aide et de provocation à l'avortement. En Allemagne, l'article 218 du Code pénal de l'Empire punissait la femme et l'avorteur de cinq ans de réclusion criminelle. Sous le Régime national-socialiste, la sanction est aggravée, l'avortement étant passible de la peine capitale, du fait qu'il porte atteinte « à la force vitale du peuple allemand ».

593 V. L. Marguet, « Les lois sur l'avortement (1975-2013) : une autonomie procréative en trompe-l'œil ? », *La Revue des droits de l'homme*, 5, 2014, http//revdh. Revues.org/731.

594 Ass. Nat., Compte-rendu intégral, 3è séance, mardi 27 nov. 1979, *JO*, 28 nov. 1979, p. 10734.

un droit ; il respecte la souveraineté des États sur cette question très délicate (§1). Le droit international africain ne s'inscrit pas dans cette logique. Au contraire du droit international, il consacre un droit à l'avortement, qui devrait être le droit commun des États africains (§2).

§1. L'indécision du droit International sur le droit à l'avortement

Le droit international se trouve confronté à une communauté internationale divisée sur la question de l'avortement. Il suffit de jeter un regard sur le droit européen pour s'apercevoir que les droits des États, en l'état actuel, ne peuvent pas être harmonisés faute d'accord. Les divergences, voire les contradictions sont la règle (A). Aussi, le droit international s'est-il abstenu d'affirmer l'existence d'un droit à l'avortement (B).

A. LES CONTRADICTIONS DU DROIT DES ÉTATS EUROPÉENS

Parmi les nombreuses contradictions qui traversent le droit des États occidentaux sur cette question[595], il en est celle de la conciliation entre le droit de la mère et celui de l'enfant à naître, et la position médiane que ce droit adopte résume à elle seule toute l'ambiguïté de la question : d'un côté, il est affirmé que la loi garantit le respect de tout être humain dès le commencement de la vie, et qu'il ne peut être porté atteinte à ce principe qu'en cas de nécessité[596] ; de l'autre côté, la confrontation entre les droits de la mère et le droit à la vie de l'enfant à naître, a conduit les droits nationaux et européen à opter pour une position consistant à récuser la qualité de personne à l'embryon et au fœtus. C'est ainsi que la Cour de cassation française, alors que le prévenu était poursuivi pour homicide involontaire sur un fœtus de vingt une semaines environ, décide souverainement que « le principe de la légalité des délits et peines, qui impose une interprétation très stricte de la loi pénale, s'oppose à ce que l'incrimination prévue par l'article 221-6 du Code pénal, réprimant l'homicide involontaire d'autrui, soit étendu au cas de l'enfant à naître »[597]. La Cour reste donc fidèle à la ligne selon laquelle l'embryon, et le fœtus avant le sixième mois, ne constituent pas des personnes juridiques

595 Le professeur Bertrand Mathieu a décortiqué ces contradictions qui aboutissent aux termes d'enjeux politiques et économiques à une marchandisation et, finalement à une déshumanisation de l'embryon : v. « De la difficulté d'appréhender l'emploi des embryons humains en termes de droits fondamentaux », *RTDH*, n° 54, 2003, p. 387.
596 Article 1er de la loi n° 75-17 du 17 janv. 1975 relative à l'interruption volontaire de grossesse, *JORF*, 18 janv. 1975, p. 739 ; loi n° 94-653 du 29 juil. 1994 relative au respect du corps humain, article 2 et 3.
597 Cour cass., Ass. plén., 29 juin 2001, *Bull. crim.*, A. P., n° 8, p. 19.

dans la mesure où ils ne seraient pas viables. Ceci en dépit du caractère contingent de la notion scientifique de viabilité et au mépris même des constatations faites par la Cour d'appel, qui observe « la parfaite santé du fœtus » en s'appuyant sur des données acquises de la science et sur des considérations de bon sens[598]. La Cour européenne des droits de l'homme n'a jamais adopté une position aussi tranchée. Certes, elle commence par affirmer que l'article 2 de la Convention ne fixe pas les limites temporelles du droit à la vie, et que la position de la Cour n'est pas encore fixée[599]. Mais elle semble s'accorder avec la position de la Commission européenne selon laquelle la vie de l'enfant est intimement liée à celle de la maman, et que privilégier la vie du fœtus reviendrait à interdire l'avortement même dans le cas où la vie de la maman serait menacée si la grossesse devait se poursuivre. Au final, elle s'en remet à la position des États en l'absence d'un consensus sur la question, étant assurée que la législation des États est permissive à l'égard de l'avortement ; elle s'incline devant l'évidence d'une pluralité de vues parmi les États de l'Europe sur le « commencement de la vie »[600]. Elle se trouve dans une situation bien délicate, dans la mesure où les États ont des sensibilités opposées sur ce point. Il n'existe pas le moindre rapprochement possible entre la position française et celle de l'Irlande où le sentiment religieux est très ancré. En effet, l'article 40 partie 3, alinéa 3 de la Constitution irlandaise, entré en vigueur en 1983 après référendum « reconnaît le droit à la vie de l'enfant à naître et, compte dûment tenu du droit égal de la mère à la vie, s'engage à le respecter dans ses lois et, dans la mesure du possible, à le protéger et soutenir par ses lois ». Les articles 58 et 59 de la loi de 1861 sur les infractions contre les personnes font de l'avortement un crime passible de la prison à perpétuité. La Cour européenne, dans une affaire où il lui était demandé de dire si les restrictions imposées par le droit irlandais aux femmes qui s'inscrivent dans le processus de l'avortement violaient l'article 10 de la Convention européenne, décida que « la protection garantie par le droit irlandais au droit à la vie des enfants à naître repose, à l'évidence, sur de profondes valeurs morales concernant la nature de la vie ; elles se sont traduites dans l'attitude de la majorité du peuple irlandais [...]. La restriction poursuivait donc le but légitime de protéger la morale, dont la défense en Irlande du droit à la vie de l'enfant à naître constitue un aspect »[601]. Il est difficile de

598 C.A., Lyon, 13 mars 1997.

599 V. Affaire VO c. France du 8 juillet 2004 précité, § 75.

600 CEDH, Grande ch., 27 août 2015, Parrillo v. Italie, n° 46470/11, § 180.

601 CEDH, Affaire Open Door et Dublin Well woman c. Irlande, 29 oct. 1992, 14234/88 ; 14235/88, § 63. La position irlandaise est à rapprocher de celle de la Pologne, dont la loi sur le planning familial votée par le parlement en 1993 et amendée

faire mieux, lorsque des considérations morales qui sont intimement liées à l'histoire, les croyances et les cultures nationales sont impliquées. Il était inconcevable qu'en de telles matières la spécificité irlandaise disparaisse au profit des cultures qui méprisent la vie à naître. On comprend dès lors pourquoi le droit international n'a pas consacré un droit à l'avortement.

B. L'INEXISTENCE EN DROIT INTERNATIONAL D'UN DROIT A L'AVORTEMENT

Les instruments internationaux ne consacrent pas formellement le droit à l'avortement. Ils évitent même de mentionner l'avortement comme un droit dont pourrait se prévaloir une mère, pour se débarrasser de son fœtus. La Déclaration des droits de l'enfant de 1950 avait ignoré l'embryon et le fœtus, pour n'accorder de l'intérêt qu'à l'enfant, sans préciser si ses dispositions pouvaient bénéficier à l'enfant en gestation ou seulement à l'enfant né vivant et viable. La Convention de New York relative aux droits de l'enfant aborde la question dans le même esprit. La Déclaration et le Programme d'action de Beijing de 1995 font quelques vagues allusions indirectes à l'avortement. Il y est par exemple mentionné que la femme à la liberté et la possibilité de décider si et quand elle veut avoir des enfants[602] ; ou encore de la liberté reconnue au couple de décider librement du nombre de leurs enfants et de l'espacement des naissances. Enfin, la mention de grossesse non désirée fait aussi son apparition dans la Déclaration[603]. Si elle est non désirée, on peut en faire ce que l'on veut. Mais, on ne peut pas se saisir de ces instruments comme des normes de référence consacrant un droit à l'avortement au bénéfice des États. Au contraire, ces instruments empruntent une rédaction très évasive qui ménage la susceptibilité des États, ne voulant décider ni dans un sens ni dans l'autre. Ils ont été rédigés avec l'intention de laisser les États libres d'agir comme bon leur semble. Le Rapport de La Conférence internationale sur la population et le développement de 1994, était même franchement hostile à l'avortement, invoquant ses conséquences sur la santé des femmes[604]. Dans son esprit, « la plus haute priorité doit toujours être accordée à la prévention des grossesses non désirées et tout devrait être fait pour éliminer la nécessité de recourir à l'avortement »[605]. La Cour européenne des

le 30 juin 1996, dispose à son article 1 § 2 que « le droit à la vie, y compris au stade prénatal, est protégé dans la mesure fixée par la loi ».

602 § 94.

603 § 99.

604 V. Conférence internationale sur la Population et le développement, Nations-unies, 1994.

605 V. § 8. 25.

droits de l'homme essaie tant bien que mal de suivre la tendance globale des États en cette matière. L'Union africaine est à peu près la seule organisation interétatique à ignorer les sensibilités culturelles et religieuses nationales, pour imposer l'uniformité sur une question aussi délicate.

§2. La consécration par le droit international africain du droit à l'avortement

La démarche de l'Union africaine est d'une étonnante singularité. Le Protocole additionnel à la Charte africaine des droits de l'homme et des peuples, encore appelé Protocole de Maputo, relatif aux droits de la femme, mentionne dans ses visas les instruments internationaux sus-cités, mais c'est paradoxalement pour créer au profit de la femme un droit à l'avortement sous certaines conditions, comme si ces instruments avaient fait la recommandation aux États d'œuvrer dans cette direction. Ce qui n'est évidemment pas le cas, puisque, implicitement, ils respectent le droit interne de chaque partie. Même si les motifs que l'Union africaine avance pour justifier la consécration d'un droit à l'avortement peuvent être défendables (A), ils éloignent inexorablement le droit africain de son socle culturel. Il est plus qu'impératif de revenir à une solution plus conforme aux valeurs culturelles africaines qui, seule, permettra de préserver l'unité du droit continental avec les droits nationaux des États (B).

A. LES MOTIFS AVANCÉS

L'argument qui a été formulé de manière non équivoque concerne la situation de la femme, qui se trouve souvent dans la détresse lorsqu'elle tombe enceinte, à cause de multiples facteurs, notamment l'abandon, l'isolement, la maladie, et même la pauvreté qui peut être un obstacle au développement de l'enfant à naître et à la santé de la mère. Mais cette détresse peut aussi résulter du carcan culturel, qui emprisonne sa liberté, en sorte qu'elle ne peut pas faire de son corps ce qu'elle veut (1). Le second motif est plus subtil, voire inconscient : on ne peut pas affirmer avec une absolue certitude comme le prétendent nos traditions et nos religions, que le fœtus est une personne consciente. Dans le doute, les États ont renvoyé les croyances traditionnelles dans les poubelles de l'histoire, pour s'aligner sur les positions occidentales (2).

1. La prise en compte de la détresse de la femme

Dans l'ensemble le Protocole reprend les recommandations adoptées par la Déclaration et le Programme d'action de Beijing, et s'inscrit dans l'esprit de l'article 4 de la Charte africaine qui, selon l'opinion concordante du juge Pinto de Albuquereque sur l'arrêt *Parrillo contre Italie* rendu par la Cour européenne des droits de l'homme, « a spécifiquement écarté toute formulation qui aurait protégé le droit à la vie dès le moment de la conception »[606]. Mais le droit à l'avortement constitue la consécration d'un principe nouveau par l'Union africaine. En effet, l'article 14 c du Protocole invite les États à « protéger les droits reproductifs des femmes, particulièrement en autorisant l'avortement médicalisé, en cas d'agression sexuelle, de viol, d'inceste et lorsque la grossesse met en danger la santé mentale et physique de la mère ou de la mère et du fœtus ». Le Protocole met des mots/maux, et consacre des droits là où la Déclaration de Beijing n'en a rien dit. La prise de conscience de la détresse de la femme y est manifeste, surtout sur un continent où, en plus de la sous-alimentation et des violences de toute nature qui sont infligées aux femmes, les soins les plus élémentaires leur manquent. Le droit à l'avortement devient une norme commune de l'Union africaine, justifiée par l'intérêt général qui est la volonté de soulager la femme africaine de la détresse et des tribulations comme le viol ou l'inceste qui peuvent l'atteindre dans sa chair et porter ainsi atteinte à sa dignité, à son honneur et à celui de sa famille. Si l'on se place sur un plan strictement culturel et religieux, ce texte devrait faire l'unanimité en ce qui concerne la condamnation de l'inceste et du viol. Les traditions africaines inscrites dans la plupart des codes de la famille et des codes pénaux répriment ces actes avec la plus grande sévérité ; toutes les religions les condamnent, car ils constituent des péchés criminels. Mais doit-on effacer le fruit du péché et du crime avec la même ardeur que l'on a déployée pour les punir ? Le fœtus, personne humaine selon les croyances traditionnelles, chrétiennes, juives et islamiques, doit-il être condamné à mort, alors que, selon Dieu, il mériterait de vivre, indépendamment des sinistres conditions qui l'ont engendré ? Suffirait-il du reste d'ôter la vie à un fœtus pour guérir la victime de son traumatisme et de son mal-être ? N'y aurait-il pas deux poids deux mesures à laisser la vie sauve au criminel, lorsqu'il est appréhendé, et mépriser une vie en devenir, par une mort ignominieuse et probablement atroce ? La peine de mort ne vaut-elle que pour le fœtus innocent ?

---

606 Pinto de Albuquereque, Opinion concordante sur CEDH, 27 août 2015, Parrillo c. Italie, req. n° 46470/11, p. 50 et s, n° 14.

Ce sont autant de questions qui font appel à des considérations ontologiques, métaphysiques et culturelles, auxquelles il n'est pas possible de donner des réponses pleinement satisfaisantes et unanimes. C'est une gageure de décider d'autorité que le droit d'avorter devient la règle sur le continent africain. On ajoute ainsi une hypocrisie à une autre hypocrisie, qui consiste à faire croire que la porte qui a été entr'ouverte à l'avortement ne va pas être élargie par des pratiques abortives qui s'écartent des buts en vue desquels le Protocole a été adopté, alors que l'expérience a montré que les exceptions posées à la pratique de l'avortement devenaient toujours la règle, parce que le droit de disposer de son corps était mieux protégé que le droit à la vie[607]. L'arrêt rendu par la Cour d'appel de Lyon précité qui retient l'homicide involontaire du fœtus du fait d'une atteinte portée par imprudence ayant entraîné sa mort, alors qu'il était « en parfaite santé », ou l'attitude moralement critiquable de l'assemblée plénière de la Cour de cassation, qui refuse de voir l'homicide involontaire dans la mort d'un fœtus de six mois des suites de l'accident de circulation dont sa mère a été victime[608], alors même que le fœtus était viable au moment des faits, nous révèle le caractère pernicieux du fétichisme de la vérité scientifique érigée en dogme[609], voire en un pouvoir théocratique[610]. Même des magistrats dotés du bon sens le plus élémentaire obéissent au verdict scientifique, malgré les évidences que confortent chaque jour les progrès enregistrés dans le domaine de l'imagerie médicale.

---

607 Le cas français le montre surabondamment. Les barrières que les premières lois avaient érigées à la pratique de l'IVG ont été progressivement levées, jusqu'à faire de l'IVG un acte médical comme un autre, un acte thérapeutique banal, v. J.-Ch. Galloux et H. Gaumont-Prat, « Droits et libertés corporels », *D.* 7 avril 2016, n° 13, p. 752 et s ; F. Rouvillois, *Libertés fondamentales, op. cit.*, p. 230 ; D. Bourgault-Coudevylle, « L'interruption volontaire de grossesse en 2011 : réflexions sur un acte médical aux implications controversées », *RFAS*, 2011/1, p. 22-41.

608 Cass., Ass. Plén., 29 juin 2001, *Bull. crim.*, n° 165.

609 Les paradoxes de la Cour de cassation française sont à cet égard très notoires. Tantôt, elle retient l'homicide involontaire d'un fœtus des suites de l'accident causé à la plaignante par le prévenu qui, par un défaut de maîtrise de son véhicule, a causé la mort de l'enfant qui a vécu une heure après la naissance et qui est décédé des suites des lésions vitales irréversibles subies au moment du choc (Cass. Crim., 2 déc. 2003, req. n° 03-82-344), tantôt elle se prononce dans le sens contraire (Cass. crim., 25 janv. 2002, req. n° 00-81-359).

610 C. Labrusse-Riou, Florence Bellivier, « Les droits de l'embryon et du fœtus en droit privé », *RIDC*, vol. 54, n° 2, 2002, p. 579-601.

2. Le rejet des spécificités culturelles et religieuses au profit de la rationalité occidentale

En dépit de la complexité du problème, le Protocole passe sous silence les questions culturelles et religieuses, pour embrasser une logique en tous points favorable à l'avortement qui trouve sa source dans la rationalité occidentale. Or cette rationalité, ainsi que l'a si bien montré le professeur Léon Cassiers, « n'apporte pas de réponse à la question de la dignité humaine de l'embryon ou du fœtus, ni même du nouveau-né, qui ne dispose pas d'une conscience réflexive ni d'une véritable autonomie psychique »[611] . Le conflit des valeurs qui frappe d'ambivalence les droits européens en ce domaine[612], ne peut pas à plus forte raison disparaître à l'occasion de la réception par les États africains du droit international. Les Africains n'ont pas la même conception de l'être humain que les occidentaux. L'idée qui sous-tend la conception occidentale est celle selon laquelle l'embryon et le fœtus pourraient être considérés comme des choses, et donc des propriétés, et être à ce titre l'objet d'un commerce juridique[613]. Le Conseil constitutionnel français l'a implicitement admis, lorsqu'il a décidé que les embryons conçus *in vitro* ne pouvaient pas bénéficier de la protection attachée au principe de la dignité humaine[614]. En Afrique, il semble difficile de s'engager dans le sens du droit des États occidentaux sans remettre en cause l'héritage culturel, les traditions et les croyances admises jusqu'à présent, quand bien même la conception occidentale est dictée par d'impérieuses nécessités scientifiques. Dans l'immense majorité des sociétés africaines, l'enfant à naître est un ancêtre en voie de réincarnation ou un don de Dieu[615]. Avant la formation du corps comme

---

611 L. Cassiers, « La dignité de l'embryon humain », *RTDH*, n° 54, 2003, p. 403-420.

612 V. C. Labrusse-Riou, F. Bellivier, *op. cit.*

613 Pour le débat, v. E. Umberto Goût, « Sommes-nous propriétaires de notre corps ? », *RTDCiv*, avril-juin 2020, p. 315.

614 Cons. cons., 1er août 2013, Décision 2013-DC, Loi tendant à modifier la loi n° 2011-814 du 7 juil. 2011 relative à la bioéthique en autorisant sous certaines conditions la recherche sur l'embryon et les cellules souches embryonnaires, *JORF*, 7 août 2013, p. 13450. v. C. Labrusse-Riou, F. Bellivier, *op. cit.* ; G. Nicolas, Commentaire de la décision Cons. cons., 1er août 2013, Décision 2013-DC, Loi tendant à modifier la loi n° 2011-814 du 7 juil. 2011 relative à la bioéthique en autorisant sous certaines conditions la recherche sur l'embryon et les cellules souches embryonnaires, *RFDC* 2014, p. 5 et s.

615 V. S. Walentowitz, « La vie sociale du fœtus. Regards anthropologiques », *Spirales*, 2005/4, n° 36, p. 125-141 ; P. Erny, *Les premiers pas dans la vie de l'enfant d'Afrique noire*, éd. L'Harmattan, 1988 ; D. Bonnet, *Corps biologique, corps social.*

après sa décomposition, chaque être vivant possède une personnalité et est doté d'une force vitale[616]. C'est donc une âme venue de quelque part qui poursuit son périple dans un fœtus et qui deviendra par la suite un corps. En Afrique le fœtus est une "personne progressive" ; il n'est pas une "personne potentielle"[617]. On parle alors de la permanence de l'être, pour exprimer l'idée que la naissance correspond au retour parmi les vivants d'un ancêtre disparu quelques décennies auparavant[618]. Doté de la force vitale, le fœtus ne doit donc pas être expulsé du corps de la mère. On peut aisément percevoir l'embarras des sages de la rue Montpensier qui se sont efforcés de ne pas transgresser les principes éthiques qui leur étaient préalablement fixés, et qui font partie des principes moraux universellement reconnus. Le Protocole de Maputo feint d'ignorer cette conception particulière à l'Afrique et qui est partagée par d'autres cultures[619], sans doute parce qu'il la tient pour allégorique et hérétique. Classée sans suite dans la catégorie des fantasmes qui peuplent l'imaginaire africain, et qui sont indémontrables scientifiquement, il lui préfère la rationalité scientifique — rationalité occidentale cela s'entend, réputée « si froide »[620], presque cynique et impersonnel, et dont l'efficacité redoutable a permis à l'Occident d'assujettir et d'écraser sans ménagement « les modes de pensée d'autres civilisations »[621] — dût-elle révéler son incapacité à percer ce que le doyen Carbonnier appelle le « mystère de la conception »[622].

De même, les signataires du Protocole balaient d'un revers de main les conceptions scripturaires de la vie anténatale. Les conditions posées par le Protocole à la pratique de l'avortement faisaient déjà partie du droit interne

---

Procréation et maladies de l'enfant en pays mossi, Burkina-Faso, éd. de L'Orstom, Paris, 1988.

616 V. M. Delafosse, *Les civilisations négro-africaines*, Paris éd. Librairie Stock, 1925, p. 14-17.

617 Les deux expressions sont utilisées par M. Cassiers, in « La dignité de l'embryon humain », *op. cit.*

618 V. P.-J. Laurent, « Système de mariages et terminologie de parenté chez les Mossi (Burkina Faso). Contribution à l'approche de la terminologie Omaha », *L'Homme, Revue française d'anthropologie*, 206/2013, p. 59-87.

619 M. Godelier, « Un homme et une femme ne suffisent pas pour faire un enfant. Analyse comparative de quelques théories culturelles de la procréation et de la conception », *Ethnologie* 6, 2003, http://alor.univ-montp3.fr/cerce/r6/m.g.htm.

620 V. Forrester, *Le crime occidental*, Paris, éd. Fayard, 2004, p. 64.

621 V. Forrester, *Le crime occidental*, *op. cit.*, p. 64.

622 J. Carbonnier, « Note sous l'arrêt de la Cour d'appel de Metz du 3 septembre 1998 (homicide involontaire) », *L'année sociologique*, 2007/2, vol. 57, p. 519-525.

de certains États, et la plupart d'entre eux s'acheminent vers la reconnaissance juridique de l'avortement en faisant abstraction de leur propre conception de la vie. Ils excipent du fait que les avortements clandestins sont la cause de nombreux décès sur le continent. Ceux des États qui continuent d'entretenir des législations très restrictives à l'égard de l'avortement se fondent surtout sur leurs conceptions culturelles ou religieuses. Bien plus, ils peuvent utilement ajouter à leur plaidoyer le fait que la position des États européens que mime l'Union africaine est en fait le résultat d'un compromis, en l'absence d'un consensus, entre ceux qui affirment que l'embryon n'est pas une personne, ceux qui pensent qu'il est impossible de savoir si l'embryon est une personne, et ceux qui se prononcent en faveur de sa personnification[623]. En outre, le discours personnificateur européen a une forte connotation politique ; il s'appuie essentiellement sur les arguments d'ordre biologique et évite soigneusement les arguments religieux et métaphysiques, que l'on rencontre dans l'imaginaire culturel africain, auquel les adversaires politiques pourraient aisément opposer le principe de laïcité[624]. En invitant ainsi la laïcité dans ce débat, on donne à la solution une assise culturelle indéniable qui la circonscrit dans une aire culturelle déterminée et lui retire toute vocation universaliste. Aussi cette solution propre à l'Occident n'est-elle plus, si tant est qu'elle l'ait été à aucun moment, l'expression juridique d'une vérité scientifique même relative. L'Union africaine se voit signifier par ces derniers États, implicitement mais sûrement, une fin de non-recevoir sous le forme d'un durcissement des législations en la matière ou du refus de les modifier[625]. Ces atermoiements sont loin de constituer un signe favorable pour la construction panafricaine, l'Union africaine voulant à tout prix l'unanimité sur un sujet difficile à régler. Elle espère que le temps fera son œuvre d'usure sur des traditions très tenaces qu'elle croit dépassées par la science et par

623 V. D. Tsarapatsanis, *Les fondements éthiques des discours juridiques sur le statut de la vie humaine anténatale*, éd., Presses universitaires de Paris Ouest, 2014, n° 5-21.

624 V. D. Tsarapatsanis, *Les fondements éthiques...*, *op. cit.*, n°s 20 et 21.

625 Il en est ainsi du Code pénal Malien du 20 août 2001 qui, à son article 211, interdit la pratique de l'avortement, sauf pour des motifs thérapeutiques. Le Code pénal du Burkina Faso de 1996 n'autorise l'interruption volontaire de grossesse que dans l'hypothèse où « le maintien de la grossesse met en péril la santé de la femme ou qu'il existe une forte probabilité que l'enfant à naître soit atteint d'une maladie d'une particulière gravité reconnue comme incurable au moment du diagnostic » (article 387). L'inceste et le viol ne peuvent être admis comme condition pour l'autorisation de l'IVG que de façon exceptionnelle, en cas de détresse de la maman. Le Code pénal nigérien de 2003 amendé en 2008 interdit l'avortement quel que soit le motif.

l'évolution des mentalités[626]. Le progrès, pour elle, c'est de s'aligner sur le droit européen et de s'inspirer de sa jurisprudence. Ce qu'elle attend des États c'est la capitulation sans condition devant ses exigences ; elle veut une mise à mort symbolique. Elle ne veut pas comprendre qu'il est impératif de revenir à une conception du droit plus conforme aux valeurs culturelles africaines qui, seule, permettra de mettre de la cohérence dans le droit de l'Union.

B. NÉCESSITE DE REVENIR AUX VALEURS CULTURELLES AFRICAINES, GAGE D'UNITÉ DU DROIT AFRICAIN

L'Union africaine doit comprendre que la progression de la construction panafricaine ne peut-être évaluée seulement à l'aune des résolutions politiques qui, parce qu'elles sont parfois trompeuses, donnent une image déformée de la réalité. Il faut en plus une adhésion populaire massive, pour qu'un principe dégagé par une norme communautaire acquiert le statut d'une valeur fondatrice commune. Dans le cas de l'avortement, le chemin est encore long, puisque le droit à l'avortement — hormis l'hypothèse où la santé physique et mentale de la mère serait menacée — ne repose sur aucune justification scientifique sérieuse. Si l'Union africaine avait voulu le compromis, pour donner de l'imperium à sa norme sans renoncer à la flexibilité qui caractérise son droit, elle aurait mieux fait de s'inspirer de l'article 4 de la Convention américaine des droits de l'homme qui stipule que le droit au respect de la vie « doit être protégé, par la loi, et en général à partir de la conception. Nul ne peut être privé arbitrairement de la vie ». En posant une telle règle qui est conforme à la sensibilité culturelle africaine, elle aurait pu ensuite formuler une exception concernant la menace que la grossesse ferait peser sur la santé et la vie de la maman. Hors de cette hypothèse, il subsiste le sentiment d'arbitraire qui consiste dans le fait de priver un enfant innocent d'une chance sérieuse de vivre et d'accomplir sa destinée sur la terre au même titre que tout être humain. Sa tare congénitale qui n'est ni plus ni moins qu'un affront envers la société — étant le fruit d'un rapport coupable ou interdit —, le place *ipso facto* sur le banc des accusés. Privé de tout moyen de défense — car les fœtus ont le tort de ne pas savoir parler — il se voit signifier sa condamnation à mort sans autre forme de procès.

---

626 Comment pourrait-elle supposer même l'instant d'un mirage, que les principes établis dans un régime théocratique puissent subir un jour l'usure du temps ? Si par impossible elle parvenait à ses fins, cela voudrait dire que la modernité aura vaincu les principes divins. La réglementation de l'avortement au niveau continental va contribuer à en faire un véritable tabou dans les pays musulmans.

La communauté politique que l'Afrique s'apprête à mettre en place tourne le dos à des valeurs séculaires de la civilisation qui ont façonné nos cultures ; les avertissements qui lui sont donnés sur les dérives en termes de perte de sensibilité et d'humanité devant la vie humaine, pourtant en accord parfait avec l'humanisme africain[627], laissent l'Afrique dirigeante de marbre. Cette Afrique, qui trahit son histoire et sa culture, en prêtant attention à des valeurs décadentes, qui nient la vie, devrait plutôt s'inspirer de l'exemple des pays comme l'Allemagne, qui forcent le respect et l'admiration par leur capacité à résister à la mise à mort organisée des valeurs. En effet, la Cour fédérale allemande a prononcé l'inconstitutionnalité d'une loi dépénalisant l'avortement, au motif que l'article 2 de la Loi fondamentale qui dispose que « chacun a droit à la vie et à l'intégrité physique », protège même « la vie qui se développe dans le corps de la mère »[628]. Elle révèle ainsi les divisions de la société et l'absence de l'unité du droit en Occident sur cette question[629]. Rappelons que la Commission européenne avait alors approuvé la décision allemande d'interdire l'avortement en la justifiant par le fait qu'il n'y avait dans cette interdiction aucune ingérence dans le droit au respect de la vie privée[630]. La position africaine est insoutenable si l'on considère que le droit occidental ne nie pas que le fœtus soit un être humain, ce qu'il lui dénie c'est la qualité de personne au sens juridique[631], en sorte que c'est par le recours à une fiction juridique largement critiquée[632] que le sort du fœtus est scellé. L'Afrique n'avait aucun intérêt à se placer sur ce terrain, parce que ses tradi-

627 On peut lire dans *Libertés publiques* du professeur P. Wachsmann, (5è éd. Dalloz, 2005, p. 417) : « une communauté politique dans laquelle l'avortement deviendrait banal et éthiquement indifférent [...], serait certainement une communauté plus dure et plus insensible et elle pourrait bien aussi être plus dangereuse. [...] Ceci en raison du fait qu'un avortement trop largement toléré risquerait d'affaiblir des valeurs de civilisation essentielles, comme le respect pour la vie [...] ».

628 Cour const. Fédérale, 25 février 1975, BverfGE, t. 39, p. 1. Sur les développements de la position de la Cour constitutionnelle fédérale, v. R. Arnold, « Développements majeurs en droit allemand en 1998 », *RIDC*, 1999, vol. 51, n° 1, p. 135-152.

629 Notons au passage que, le doyen Jean Carbonnier, après avoir montré les divisions qui traversent le droit français, s'interroge : « Pourquoi cette donnée humaine, pour ne pas dire gynécologique [la présence d'une vie dans le ventre d'une femme enceinte], serait-elle interdite de droit positif ? », v. « Note sous l'arrêt de la Cour d'appel de Metz... », *op. cit.*

630 V. Affaire Brüggemann et Scheuten c. République fédérale d'Allemagne du 19 mai 1976, req. n° 6959/75 ; A. Demirdjian, « L'avortement et les droits des femmes sous le droit international », *RQDI*, vol. 14-2, 2001, p. 83-115.

631 J. Mouly, « Du prétendu homicide de l'enfant à naître. Défense et illustration de la position de la Cour de cassation », *RSC*, janv/mars 2005, p. 47.

tions, ses valeurs éthiques et son histoire vont dans le sens de l'unité de l'être et de la personne. Conformément à ce facteur identitaire, les droits nord-américain et allemand nous semblaient les plus proches de la sensibilité africaine. L'Union africaine compromet à jamais les chances de bâtir un droit commun en ce domaine.

Pour ce qui est des mutilations corporelles et des actes de torture qui se sont enracinées dans les mœurs, c'est le raisonnement inverse qui est adopté ici.

Section 2. Les mutilations corporelles, les actes de torture et la peine de mort

Les mutilations auxquelles les corps sont livrés, qu'il s'agisse des mutilations génitales comme l'excision, ou des tatouages infligés par autrui, sont considérées par les instruments internationaux comme des pratiques attentatoires à la dignité humaine. Les actes qui relèvent de la torture ou de la barbarie sont assimilés aux mutilations et obéissent au même régime juridique. Dans un premier temps le droit international leur a appliqué le droit général applicable en matière des droits de l'homme. Progressivement, du fait de l'ampleur du phénomène de l'excision, qui ne se justifie par aucune tradition religieuse[633], le droit international des traités a voulu garantir à la femme le droit à une existence normale en la protégeant de toutes les formes de discrimination. Les mutilations génitales, à l'exclusion de la circoncision, qui est réalisée dans un but religieux, constituent l'une de ces pratiques discriminatoires qui sont fondées sur l'idée que la femme ne peut pas avoir droit à la même considération sociale que l'homme, et que son corps peut être réduit à n'être que le dépotoir de tous les fantasmes masculins qui s'expriment sur elle avec une violence qui n'a d'égal que l'indifférence que les mâles ont trop longtemps manifestée à l'égard de la souffrance endurée par le sexe féminin considéré à tort ou à raison comme le sexe faible. Les mutilations sexuelles sont donc la manifestation d'un pouvoir masculin arbitraire qui s'exerce de façon injuste et tyrannique sur la femme, que la société tient dans la soumis-

---

632 V. A. Bertrand-Mirkovic, *La notion de personne : Étude visant à clarifier le statut juridique de l'enfant à naître*, éd. PUAM, Aix-en-Provence, 2003.

633 V. D. Gomis, M. Moustapha, *L'excision au Sénégal : Sens, portée et enseignements tirés de la réponse nationale*, Rapport final, Unicef, Dakar, 2008. Le rapport note que les raisons avancées pour justifier l'excision par ceux qui la pratiquent, qu'elles soient hygiéniques et natalistes, religieuses, initiatiques ou historiques, ne sont pas pertinentes. Au contraire, celles qui justifient son abandon son nombreuses et fondées.

sion[634]. Le lien avec la torture et les traitements humiliants et dégradants est incontestable ; les victimes de la torture tout comme les femmes excisées sont livrées à leurs bourreaux qui ont sur leurs corps tous pouvoirs. Les deux pratiques sont profondément ancrées sur le continent africain comme des atteintes graves aux libertés et droits fondamentaux des personnes. Si les droits de l'homme en Afrique sont la condition *sine qua non* de l'édification d'un État fédéral sur le continent, les diverses mutilations corporelles ainsi que la torture qui ont encore cours en Afrique ne peuvent continuer à être pratiquées sans que soit mis en péril le principe de l'unité. Aucune spécificité culturelle ni aucune tradition locale ne peuvent être maintenues au détriment des droits de l'homme, l'Union ne pouvant être fondée que sur des principes et des valeurs respectueux de la démocratie et de la liberté d'autrui. L'excision et la torture s'opposent à la libre disposition du corps par son titulaire. Leur maintien en violation du droit international incorporé dans le droit de l'Union africaine porte gravement atteinte au principe d'égalité entre citoyens de l'Union ; en outre il empêche l'application uniforme du droit sur l'ensemble du continent (§1). La pratique de la torture quant à elle s'est imposée sur la face du continent comme un fait culturel, étant le produit d'une mentalité et d'une culture qui baignent dans un environnement producteur de violence (§2). Enfin, la peine de mort qui constitue un acte assimilable aux traitements inhumains et dégradants et dont l'abolition sur le continent est en passe d'être élevée en valeur fondatrice de l'unité africaine (§3).

§1. L'excision

Malgré sa condamnation par le droit international comme étant un traitement inhumain et dégradant (A), l'excision n'a jamais pu être saisie par les conventions internationales, qui restent impuissantes face à des traditions plus tenaces que jamais (B).

A. LA CONDAMNATION DE L'EXCISION PAR LE DROIT INTERNATIONAL

Le phénomène de l'excision intéresse au premier chef l'Afrique ; il n'est apparu en Occident que tardivement à la faveur des migrations successives. Des normes internationales la proscrivent formellement. Dans un premier temps, c'est l'article 5 de la Déclaration universelle des droits de l'homme qui a servi de fondement juridique à la condamnation de toutes les formes de

634 V. M. Elrich, *La femme blessée. Essai sur les mutilations sexuelles féminines*, éd. L'Harmattan, 1986, 320 p.

mutilations génitales, à l'exclusion de celles qui sont pratiquées dans un but rituel : « Nul ne sera soumis à la torture, ni à des peines ou traitements cruels, inhumains ou dégradants ». Nombre de conventions sous-régionales ainsi que la plupart des constitutions des États modernes ont adopté cette formulation. C'est le cas de l'article 3 de la Convention européenne des droits de l'homme. Sur le fondement de cette disposition, la Cour européenne condamne les châtiments corporels infligés à un enfant[635]. La Convention internationale relative aux droits de l'enfant de 1989, à son article 19, recommande aux États de « protéger l'enfant contre toute forme de violence, d'atteinte ou de brutalités physiques ou mentales ». Maintes dispositions de la Convention des Nations unies sur l'élimination de toutes les formes de discrimination à l'égard des femmes en visant indirectement la condition sexuelle des femmes ouvrent la voie à la condamnation des mutilations génitales. La Charte africaine, en ses articles 4 et 5 proclame l'inviolabilité de la personne humaine, le respect de son intégrité physique et mentale ; elle condamne en outre « toutes formes d'exploitation et d'avilissement de l'homme notamment l'esclavage, la traite des personnes, la torture physique ou morale, et les peines ou les traitements cruels, inhumains ou dégradants ». Sans viser expressément la femme et l'enfant, ce texte permet la condamnation et la répression des mutilations génitales ainsi que de la torture comme des traitements cruels, inhumains et contraires à la dignité humaine. C'est donc à juste titre que le Protocole additionnel de Maputo a directement condamné les mutilations génitales. Son article 5 stipule que « les États interdisent et condamnent toutes les formes de pratiques néfastes qui affectent négativement les droits humains des femmes et qui sont contraires aux normes internationales ». Au nombre des ces pratiques, le Protocole mentionne à l'article 5-b, « toutes formes de mutilation génitale féminine, la scarification, la médicalisation et la para-médicalisation des mutilations génitales féminines et toutes les autres pratiques néfastes ». Au regard de cette énumération des textes conventionnels, la question de la légitimité des mutilations génitales sur le fondement du principe de la liberté de conscience ou de la liberté de croyance ne se pose pas[636]. Aucune croyance ni aucune philosophie ne sauraient justifier des atteintes aussi graves à l'intégrité des enfants et des femmes. Pourtant, les normes internationales restent étrangement impuissantes face aux traditions nationales d'excision.

---

635 CEDH, 25 avril 1978, Tyrer c. Royaume-Uni, req. 5856/72.

636 V. Th. Atangana-Malongue, « Mutilations sexuelles et droit à l'intégrité physique de l'enfant : l'exemple du Cameroun », *CRDF*, n° 4, 2005, p. 183-198.

B. L'IMPUISSANCE DES NORMES CONVENTIONNELLES FACE AUX TRADITIONS NATIONALES D'EXCISION

Le souci de l'effectivité des normes internationales préoccupe l'Union africaine. Il semble pourtant difficile de parvenir à un résultat probant dans un domaine où les traditions sont profondément ancrées, et alors même que la règle de droit n'a jamais été l'instrument privilégié de régulation des rapports sociaux en Afrique. Le but visé est difficile à atteindre. D'un côté, les législations nationales sont impuissantes à sanctionner les traditions lorsqu'elles ne se caractérisent pas par un vide juridique (1) ; de l'autre, l'Union africaine a péché par un déficit pédagogique, en s'abstenant de mettre l'accent sur les conséquences de l'excision, comme l'a fait la Commission française consultative des droits de l'homme (CNCDH), dont les conclusions pourraient opportunément inspirer l'Union (2). Cette apathie nourrit la spéculation sur la méfiance atavique supposée ou réelle de l'Union vis-à-vis des droits des femmes (3).

1. Insuffisance et /ou permissivité des législations nationales et des normes communautaires africaines

Il n'est que de citer l'exemple du Mali, qui s'illustre par une vieille tradition de l'excision, et dont le Code pénal promulgué par une loi du 20 août 2001, est totalement indifférent à la pénalisation de l'excision et de toutes les formes de mutilations génitales féminines[637]. Le silence du législateur malien sur cette pratique qui constitue un scandale dans toutes les nations civilisées est très troublant. Il peut s'expliquer par la volonté de la représentation nationale de donner son approbation à une pratique qui est banalisée parce que largement répandue dans le pays. Mais il peut s'expliquer aussi par des raisons purement électoralistes, les élus de la nation ne voulant pas sacrifier leur carrière politique en condamnant une tradition qui est profondément enracinée dans le pays. Dans tous les cas, c'est de façon intentionnelle que le législateur malien n'a pas proscrit les mutilations génitales[638]. Son voisin bur-

637 Il est à noter que l'article 29 du Code pénal malien qui punit les violences sexuelles n'incrimine pas expressément les mutilations sexuelles. Il procède par de vagues allusions, et incrimine pêle-mêle viol, stérilisation, esclavage sexuel, et toute autre forme de violence sexuelle. Rien ne permet de dire que l'excision peut être punie sur ce fondement, la loi pénale étant d'interprétation très stricte.

638 Le législateur malien n'est pas seul à encourir le reproche de manquement à ses obligations en ce qui concerne l'excision. Le Cameroun en est encore à chercher une base juridique propre à l'incriminer, au lieu de voter une loi spécifique pour sanctionner un comportement spécifique. Certains auteurs soutiennent que l'article 277

kinabé, qui est confronté aux mêmes réalités, a inscrit dans le Code pénal du 13 novembre 1996 un article 380, qui punit d'une peine de prison et d'une amende, « quiconque porte ou tente de porter atteinte à l'intégrité de l'organe génital de la femme par ablation totale, par excision, par infibulation, par insensibilisation ou par tout autre moyen ». En pratique, la législation peine à supplanter la tradition, et on est forcé de constater que la répression ne parviendra qui difficilement à mettre fin à cette pratique dégradante pour la femme. En toute hypothèse, dans les pays où les mutilations sexuelles ne sont pas expressément condamnées par le droit pénal, les dispositifs pénaux visant à les condamner sur le fondement de l'atteinte à l'intégrité physique se révèlent insuffisants[639].

Le Protocole de Maputo a voulu imprimer une cadence aux États afin qu'ils se mettent aux diapason des exigences de la communauté internationale. Mais ses recommandations pèchent par un déficit de pédagogie. Les recommandations sans explications ne peuvent que nuire à l'efficacité de la règle de droit. Plus précisément, le Protocole s'est borné à affirmer que les mutilations génitales féminines portent atteinte aux droits humains des femmes, et à encourager les États à intervenir par voie législative en vue d'éradiquer ces pratiques. Le protocole aurait gagné à insister sur leur caractère criminel afin de mettre les États, dans le ressort desquels ces pratiques ont encore cours, face à leur responsabilité. En les qualifiant de crime, — ce que nombre de pays à travers le monde ont déjà fait[640] — voire de crime contre l'humanité, on incrimine par transitivité les États dont le silence est

---

du Code pénal qui punit d'un emprisonnement de 10 à 20 ans celui qui cause à autrui la privation de tout ou partie d'un membre réunit toutes les conditions juridiques pour pénaliser les mutilations sexuelles (v. Eyiké-Vieux, *Le mineur et la loi pénale camerounaise (Étude socio-judiciaire)*, Presses universitaires d'Afrique, Yaoundé, 2003, p. 44 et s). Une telle option reviendrait à banaliser les mutilations sexuelles féminines en les mettant sur le même plan que les autres atteintes à l'intégrité physique. Elle ne révèle en rien, sauf l'éventuelle sévérité des magistrats chargés d'appliquer ce texte, la prise en compte par la société de cette pratique comme étant attentatoire à la dignité et à la vie.

639 V. Th. Atangana-Malongue, « Mutilations sexuelles... », *op. cit.*

640 Les mutilations sexuelles féminines constituent un crime au regard du Code pénal français. Plusieurs dispositions les visent, dont les articles 227-2, 227-24-1. Assimilées aux actes de torture et de barbarie, les contrevenants encourent vingt ans de réclusion criminelle (article 222-1 et s du Code pénal). Le juge administratif prononce la déchéance de la nationalité à l'encontre des étrangers naturalisé qui la pratiquent : CE, 22 février 2008, Saloun A., *req.* 303709. Au Canada, c'est l'article 268 (3) du Code criminel qui érige l'excision en crime.

assimilable à la tolérance ou à la complicité. On les met face au miroir de leur conscience. C'est probablement le moyen le plus sûr pour les mettre en demeure d'arrêter ces pratiques. On en aurait ainsi fini avec cette hypocrisie consistant à s'engager devant les pairs dans le cadre de l'Union, et à faire le contraire à l'intérieur des frontières nationales. En effet, le Protocole de Maputo omet de dire en quoi les mutilations sexuelles féminines sont attentatoires aux droits humains des femmes. On ne peut pas passer sous silence les nombreuses victimes de ces pratiques dont les chroniques judiciaires fourmillent d'exemples où la barbarie humaine s'exprime dans toute sa violence[641]. Il n'est pas acceptable que des violences faites aux enfants qui mobilisent les associations de défense des enfants depuis des décennies de par le monde, laissent à ce point les pouvoirs publics africains indifférents[642]. Cette passivité fait douter même de la pertinence de la fraternité comme valeur commune aux peuples d'Afrique. La fraternité consiste en priorité à prendre fait et cause pour les femmes et les enfants mutilés, au besoin en adressant des injonctions aux États concernés pour les contraindre à prendre des mesures législatives sous astreinte, permettant d'éradiquer les mutilations ; elle consiste ensuite à organiser un système de responsabilité pour faute à l'encontre des États qui s'abstiennent de prendre des mesures visant à mettre en œuvre les résolutions continentales, ce qui existe déjà en Europe dans un domaine voisin, la lutte contre les violences conjugales[643]. La fraternité implique le devoir de compassion, qui oblige l'Union à prendre des mesures visant à soulager la douleur des autres. La construction d'une citoyenneté et d'une nation africaines est à ce prix. Il ne peut y avoir de nation sans l'existence de la solidarité, qui seule permet une prise en main par la collectivité des habitants de la détresse d'autrui. La solidarité ici « a valeur de quasi-contrat »[644], lequel « doit porter sur la protection des vies qui peuvent être

---

641 L'hypocrisie, l'indifférence ou l'insensibilité ne sont pas permises lorsque la vie est ôtée à une fillette innocente et vulnérable d'à peine trois mois, par l'ablation du clitoris au moyen d'une lame probablement usée lui ayant causé des blessures et une hémorragie irréversibles : Cass. crim., 22 avril 1986, *Bull. crim.*, n° 136, p. 346.

642 L'accusation d'indifférence, dont les dirigeants de l'Union africaine sont l'objet, devant les violences perpétrées sur le continent, est récurrente pour que leur refus de prendre des résolutions vigoureuses à l'encontre de l'excision, soit imputable à un simple oubli. Cette apathie est à mettre sur le compte de la faillite politique et morale des États africains : v. B. B. Diop, « Rwanda, l'énigmatique silence africain », *Le Monde diplomatique*, n° 806, mai 2021, p. 16.

643 V. L. Pelletier, « Précisions sur la portée de l'obligation positive pour les États de prendre des mesures préventives en matière de lutte contre les violences conjugales », *D.* 26 mai 2016, n° 19, p. 1124-1127.

644 G. Le Blanc, « Le droit à la vie », *Raisons politiques*, 2007, n° 25, p. 57-71.

malmenées par les formes sociales dans lesquelles elles s'inscrivent »[645]. La solidarité doit permettre la reconnaissance et l'accomplissement de « l'égale dignité de chaque vie »[646], sans laquelle on ne saurait parler de fraternité. Dès lors que le sort des victimes de l'excision est abandonné à la discrétion d'États impécunieux qui sont incapables de les dédommager et de condamner cette pratique, et que l'Union africaine n'a pas jugé utile de créer un fonds de garantie permettant de soulager les victimes, à l'image de ce qui se passe dans les démocraties occidentales à propos des calamités naturelles[647], des actes terroristes ou du sida, on peut considérer la solidarité au sein de l'Union comme une pure chimère. En effet, c'est au nom de la solidarité nationale que les pouvoirs publics ont entendu agir, dans tous ces cas, pour soulager les victimes de la grande souffrance dans laquelle elles se trouvent[648], et il est évident que tout peut être couvert par la solidarité[649]. On ne peut pas ignorer cette question si l'on considère l'excision dans ce qu'elle occasionne en termes de conséquences.

2. La minoration des conséquences de l'excision : Les conclusions opportunes de la CNCDH

Les conclusions de la Commission française consultative des droits de l'homme (CNCDH) constituent, de notre point de vue, la meilleure des approches permettant d'exorciser ce mal par une prise de conscience généralisée de la nocivité de cette tradition et de son caractère foncièrement criminel. C'est en vain que l'on envisagerait une répression de la pratique des mutilations sexuelles si la société reste dans l'ignorance de ses conséquences sociales et psychologiques. La circoncision ou les scarifications (exemple des balafres au visage qui se pratiquent dans certains pays de l'Afrique de l'ouest et du centre, comme au Congo Brazzaville, chez les Batékés ou au Burkina Faso, chez les Mossis et les Bouabas) n'emportent pas les mêmes conséquences que l'excision. Le mérite de la Commission est d'aller au-delà du simple constat de l'atteinte que les mutilations portent à la dignité de la femme, pour aborder le problème des conséquences. C'est sur ce terrain que

645 *Idem.*
646 *Ibid.*
647 V. J.-M. Pontier, « Sida, de la responsabilité à la garantie sociale (à propos de la loi du 31 décembre 1991) », *RFDA*, 1992, p. 533 ; Th. S. Renoux, *L'indemnisation publique des victimes d'attentats*, éd. Économica, PUAM, 1988, 318 p ; J.-M. Pontier, « De la solidarité nationale », *RDP*, 1983, p. 899.
648 J.-M. Pontier, « Sida, de la responsabilité... », *op. cit.*
649 J.-M. Pontier, « Solidarité nationale et indemnisation », *RDP*, 2013, n° 5, p. 1099.

l'on peut évaluer la détresse infligée aux femmes et dire en quoi les droits humains de la femmes sont violés. La mutilation en soi ne se distingue en rien d'une autre mutilation. Ce qui change c'est l'insupportable intrusion, aux conséquences incalculables, de la société dans l'intimité sacrée de la femme, fût-elle mineure. La Commission commence par montrer que l'usage du mot « mutilation » permet de « mettre l'accent sur la gravité et le caractère destructeur de l'acte »[650]. Il s'agit tout d'abord du viol de l'intimité privée par la société, au nom d'un contrôle social du corps ou d'une police des corps dont la justification pose le problème de l'intégrité morale et psychologique, en termes d'équilibre physiologique, des mâles qui ont engendré et entretenu ces pratiques. Il s'agit ensuite d'un acte destiné à modifier définitivement l'aspect physique d'autrui par l'ablation d'un organe génital ou l'excision de celui-ci. La Commission s'est employée à dresser, en s'appuyant sur une classification établie par l'OMS, une typologie des différentes mutilations[651]. Cette typologie établit définitivement la violation des droits de la femme et l'atteinte à son intégrité physique. La Commission énumère ensuite les multiples conséquences induites par cet acte, dont les conséquences médicales à court terme, comme la douleur et l'état de choc consécutif à l'opération, les hémorragies, les infections locales, les risques de contamination par les virus, les lésions traumatiques des organes du voisinage (vessie, anus), le risque de rétention urinaire, et parfois la mort[652]. Sur le long terme, « les conséquences médicales peuvent être les infections pelviennes, la stérilité, les difficultés menstruelles et les problèmes pendant la grossesse et l'accouchement (déchirures périnéales plus fréquentes et souffrances fœtales) », incontinence ou gène pour uriner[653]. Enfin, la Commission relève le caractère irréversible des conséquences psychologiques qui mettent la victime dans un état de stress permanent. Elles peuvent se manifester par des angoisses au moment de l'acte sexuel : diminution et perte de la sensibilité sexuelle, frigidité, troubles de comportement, anxiété, dépression, irritabilité chronique, douleur psychologique au moment de l'accouchement, etc.[654]. On ne peut que constater, à la fin de cette longue énumération, l'extrême gravité de cette coutume sur la condition féminine. S'y conjuguent une multiplicité d'infractions telles que la mise en danger délibérée de la vie d'autrui, coups et blessures volontaires, agressions sexuelles sur personnes vulnérables, tentative

---

650 Commission nationale consultative des droits de l'homme (CNCDH), Avis sur les mutilations sexuelles féminines, *JO*, n° 0287 du 11 décembre 2013, texte n° 81.

651 *Ibid.*, § 5.

652 *Ibid.*, § 11.

653 *Ibid.*, § 11.

654 *Ibid.*, § 12-13.

d'empoisonnement, non assistance à personne en danger, etc. Entre la gravité des conséquences induites par cette pratique et le peu d'intérêt manifesté par l'Union africaine, on est tenté, comme beaucoup l'ont fait, de partager le constat d'une méfiance atavique de l'Union vis-à-vis des droits des femmes.

3. La méfiance atavique de l'Union africaine vis-à-vis des droits des femmes

Les femmes, dans de nombreuses régions de l'Afrique, subissent donc ces vexations depuis plusieurs siècles comme des morsures infligées par le destin, pour les punir de naître femmes. Et les réponses molles de l'Union africaine à ces problèmes sont bien décalées voire dérisoires au regard de l'ampleur de ces vexations qui n'ont que trop duré. Le comportement de l'Union africaine traduit bien, cela a été noté abondamment, une réticence, voire de la méfiance vis-à-vis des droits des femmes, et une préférence pour des traditions sexistes[655]. Elle ne saurait invoquer l'excuse culturelle, ni même garantir l'application par les États des décisions les condamnant pour manquement à l'obligation de se conformer aux engagements internationaux qu'ils ont souscrits.

a. L'excuse culturelle non-invoquable

L'hypocrisie a précisément consisté pour les États à s'abstenir d'appliquer les résolutions du Protocole après les avoir ratifiées en amont[656]. Il n'y a pas dans son dispositif l'amorce d'un Code pénal africain comme en matière de corruption et de de lutte contre le blanchiment des produits de la corruption[657]. A croire que l'Union refuse de s'impliquer dans la lutte contre les mutilations sexuelles. Elle semble même donner le sentiment de supplier les États, alors même que nous sommes dans un domaine où l'exception culturelle ne peut être invoquée pour faire échec au droit de l'Union. Invoquée parfois en matière religieuse[658], l'exception culturelle a été admise par la justice américaine, pour justifier l'utilisation d'un cactus hallucinogène classé

655 V. F. Quilleré-Majzoub, « Le protocole à la Charte africaine des droits de l'homme et des peuples relatif aux droits de la femme en Afrique : un projet trop ambitieux ? », *RTDH*, 73/2008, p. 127-162.

656 *Ibid.*

657 Convention de l'Union africaine du 11 janvier 2003 sur la prévention et la lutte contre la corruption.

658 V. C. Duvert, « Exception culturelle et droit pénal », *APC*, n° 36, 2014/1, p. 23-34 ; R. Parizot, « Le droit pénal français doit-il prendre en compte les particularités culturelles ? », *APC*, n° 36, 2014/1, p. 9-22.

stupéfiant, et donc interdit à la consommation, lors des cérémonies religieuses dans une communauté chrétienne[659]. Mais elle a été refusée à bon droit au bénéfice des prévenus, qui invoquaient la coutume de l'excision. En définitive, l'excuse culturelle ne peut être invoquée au bénéfice des prévenus lorsque la vie humaine est malmenée[660]. Mais, comme dans d'autres domaines, l'Union africaine bute sur la souveraineté des États. C'est une posture peu honorable pour une organisation qui ambitionne de plier tous les États à la loi d'un État central.

b. Incertitude sur le sort des décisions de la Cour africaine condamnant les États pour manquement

Aujourd'hui, la Cour africaine des droits de l'homme dispose, au moins en théorie, d'une marge de manœuvre assez conséquente pour obtenir la condamnation des États, pour manquement à l'obligation de se conformer à leurs engagements internationaux. Sa décision *APDF et IHRDA contre République du Mali*, du 11 mai 2018[661], dans laquelle elle pointe du doigt les nombreuses violations, par le Code malien des personnes, des droits des femmes inscrits dans le Protocole de Maputo, dont la liberté de mariage et celle de disposer de son corps, qui en l'occurrence est confisquée aux jeunes filles, constitue un sérieux pas dans la protection des femmes contre toutes les atteintes à leur intégrité physique. Mais son effectivité reste suspendue à la réalisation de deux conditions essentielles : l'exécution de la décision par l'État malien, en ce qui concerne l'abrogation des dispositions litigieuses et l'abandon par les populations locales des coutumes incriminées, ce qui n'est pas chose aisée. L'Union africaine, en dépit de sa bonne volonté, est impuissante face à ces réalités qui sont quasiment indomptables. Et les actes de tor-

---

659 Cité par C. Duvert, « Exception culturelle et droit pénal », *op. cit.* L'exception culturelle est pourtant refusée en France à un imam qui l'invoquait, pour échapper à la condamnation pour coups et blessures involontaires ayant entraîné la mort sans intention de la donner, alors que celui-ci, pour exorciser le démon qui possédait une jeune fille, avait procédé à la flagellation de celle-ci, et l'obligeant même à boire de l'eau salée, ce traitement qu'il croyait infliger au démon ayant entraîné le décès de la victime, v. Cass. crim., 3 sept. 1996, *Droit pénal*, com., obs. Véron.

660 En revanche, elle peut être accueillie par le juge, en ce qui concerne des coutumes locales, telles que la tauromachie, les combats de coq ou la noyade des chiens qui infligent des sévices aux animaux : v. C. Duvert, « Exception culturelle et droit pénal », *op. cit.*

661 CADHP, 11 mai 2018, APDF et IHRDA c. Mali, n° 046/20.

ture, dont le lien avec les mutilations sexuelles consiste dans le fait qu'ils constituent tous les deux des traitements inhumains et dégradants de caractère barbare, ne font que confirmer l'impuissance de l'Union africaine.

§2. Les actes de torture

La torture est une pratique endémique, et presque incurable au moins à moyen terme, sur le continent africain. Celui-ci apparaît comme le continent de la violence généralisée. Toute violence ne caractérise pas toujours un acte de torture[662], celle-ci étant un châtiment injustifié infligé à autrui ; une souffrance cruelle, un tourment qu'on fait subir, selon le dictionnaire. La torture est souvent associée aux actes de barbarie. La violence au contraire est un acte ou un ensemble d'actes qui existent indépendamment de la torture ; elle ne devient torture que si elle atteint un certain degré de gravité ou de barbarie. En Afrique, la violence politique s'est souvent identifiée à la torture ; mais depuis quelques décennies, les violences engendrées par les faits de guerre ne se distinguent plus des actes de torture. Nous parlerons ici de torture et de violence pour désigner la même réalité. Plus précisément, la violence, dans certaines situations, se situe en amont ; elle alimente le terrain sur lequel prospère la torture ; dans d'autres situations, elle se trouve être l'expression de la torture. On a pu la qualifier de pathologie culturelle et politique (A). Qu'il s'agisse du Maghreb (B) ou de l'Afrique noire (C), ce constat se justifie amplement par la force de l'évidence. L'impuissance de la classe politique à arrêter la torture n'est pas contrebalancée par l'existence d'un pouvoir juridictionnel très fort. La Commission africaine d'abord, et ensuite la Cour africaine n'ont pas encore perçu toutes les virtualités de leur rôle créateur dans le contentieux des droits de l'homme. Car c'est en parvenant à infléchir les législations nationales des États qu'elles pourront pleinement garantir la protection des droits sur le continent (D).

---

662 Dans une affaire *Hadijatou Mani Koraou c. Niger*, la Cour de justice de la CDEAO a par exemple admis que « l'esclavage peut exister sans qu'il y ait torture », Affaire ECW/CCJ/APP/08/08. C'est donc la notion de torture qu'il faut redéfinir. Or, la décision précitée ne perçoit la torture que dans la forme de la violence physique, et méconnaît la négation de l'humanité de l'homme qui est vécue par l'esclave comme une humiliation suprême ; la pire des tortures qui empêche celui-ci de faire de sa vie ce qu'il veut, en le réduisant à l'état de bien ou de simple objet. Cette décision choque par sa froideur. L'esclavage est en soi une torture, et la dégradation du statut de l'homme qui en résulte heurte des principes de valeur constitutionnelle (v. Cons. Const. français 30 juil. 2010 - Décision n° 2010-14/22 QPC), mais aussi des normes internationales qui proscrivent la torture.

A. LA TORTURE, UNE PATHOLOGIE CULTURELLE ET POLITIQUE GÉNÉRALISÉE

C'est un mal dont le philosophe camerounais Fabien Eboussi-Boulaga a essayé d'étudier les causes structurelles à l'aune de la démocratisation des États africains[663]. Il explique que la coercition, l'intimidation et la répression seraient génétiquement des attributs propres à l'État africain, quelle que soit sa forme. Il produit de la violence ; il est politiquement anti-libéral, par nécessité et par « nature » . Le terme est peut-être à prendre dans le sens de la malformation liée aux circonstances de l'apparition de l'État postcolonial, et non dans celui d'une inaptitude innée aux idées libérales. Car l'auteur en parle comme d'une « pathologie historique et sociale »[664], qui, à notre sens est caractéristique de l'incapacité politique[665]. Ce qui aboutit à une dénaturation du rapport de l'État à la démocratie et aux libertés fondamentales. La conclusion de M. Eboussi-Boulaga tombe comme une fatalité : « L'homme est alors un animal dénaturé, une brute livrée aux passions les plus dévastatrices [...] La relation qui institue et entretient un tel malentendu entraîne la destruction de l'humain et de ce qui fait entrer en existence le domaine politique, à savoir le langage ou la parole, l'interdit ou la loi, et par voie de conséquence la confiance ou le crédit »[666]. Il croit trouver les causes de cet état de fait dans les analyses de M. Achille Mbembé[667] qu'il cite : « L'État négro-africain paraît congénitalement inapte à gérer le pouvoir et à l'organiser de telle manière que dans son fonctionnement, il ne devienne pas un obstacle à la liberté de l'individu et à ses capacités entrepreneuriales, à la production des richesses et à l'efficacité économique en général »[668]. D'où il découle que « les Africains ne réussissent pas à s'organiser en communautés historiques rationnelles et raisonnables capables de prendre des décisions qui leur assurent la vie bonne et la durée »[669]. L'incapacité de l'État africain à assumer ses taches historiques pour assurer le bien-être de tous, serait le principal facteur explicatif de la pratique de la torture. On ne peut mieux s'exprimer au regard de l'histoire politique africaine. Il serait difficile, au regard des circonstances, de contester l'existence et l'enracinement d'une forme de

---

663 F. Eboussi-Boulaga, *Les conférences nationales en Afrique noire : une affaire à suivre*, éd. Karthala, 1993.
664 *Ibid.*, p. 94.
665 J.-F. Médard, « La spécificité des pouvoirs africains », *op. cit.*
666 *Ibid.*, p. 108.
667 A. Mbembé, « État, violence et accumulation – Leçons d'Afrique noire », in *Foi et développement*, n° 164-165, août-septembre 1988, centre Lebret, Paris, 1988, p. 2.
668 F. Eboussi-Boulaga, *Les conférences nationales..., op. cit.*, p. *92.*
669 *Idem.*, p. 93.

« culture mortifère »[670], dont le théâtre politique à cause de sa cruauté barbare est largement représentatif. Il est intéressant d'observer que M. Jean-Pierre Chrétien qui s'est attaché à comprendre les racines de la violence contemporaine en Afrique[671], commence par rejeter l'idée que la violence pourrait être une pathologie culturelle propre à ce continent qui trouverait son explication dans l'histoire. Mais, il finit par concéder que tout s'explique par la nature de l'État, placé au centre du pactole économique dont il détient seul la gestion et en assure la distribution selon un mode sélectif, voire discriminant qui privilégie l'ethnie ; entretient un système prébendier et cultive une idéologie monolithique et autoritaire aux relents léninistes[672]. Ces pratiques propres à l'État africain, contraires au pluralisme, engendrent des crispations, des ressentiments et des frustrations, et finissent par produire de la violence. La solidarité ethnique devient le refuge des citoyens accablés. A partir de ce moment, et dès lors qu'elle s'inscrit sur le long terme en diffusant son venin à tous les niveaux sans rencontrer aucune résistance, la violence devient véritablement un phénomène culturel. Cette position semble être corroborée par certains auteurs qui s'interrogent à juste titre sur la circularité de la violence en Afrique. MM. Patrick Janin et Alain Marie soulèvent la question sans la trancher définitivement : « N'y a-t-il pas, concurremment avec la violence politique et la violence économique, l'une et l'autre porteuses de violences sociales, des surdéterminations plus souterraines qui, ancrées dans la longue durée des fondements culturels des rapports sociaux et des habitus, seraient le terreau, la toile de fond des violences sociales et politiques ? »[673]. Cette culture de la violence au niveau du pouvoir peut se définir, en accord avec le doyen Joseph Tonda, comme « un exercice de captation et de capitalisation de la vie par la destruction de la vie des autres dans toutes les relations sociales et dans tous les domaines de la vie sociale. »[674] Les régimes politiques africains depuis les indépendances ont survécu aux grandes crises politiques, économiques et sociales au prix de la fureur et de la violence[675].

---

670 L'expression est attribuée à Stephen Smith par Pierre Janin, in « L'Afrique est-elle soluble dans la violence ? », *Tiers-Monde,* tome 45, n° 180, 2004, p. 889-896.

671 J.-P. Chrétien, « Les racines de la violence contemporaine en Afrique », *Politique africaine,* p. 15-27.

672 *Ibid.*

673 P. Janin et A. Marie, « Violences ordinaires, violences enracinées, violences matricielles », *Politique africaine,* 2003/3, n° 91, p. 5-12.

674 J. Tonda, « Omar Bongo Ondimba, paradigme du pouvoir postcolonial », *Politique africaine,* 2009/2, n° 114, p. 126-137.

675 Les États qui présentaient une stabilité réelle ou de façade ne se sont pas privés d'user de violence pour taire les dissidences et donner au monde un visage angélique plus humain. Entre des milliers d'exemples, on peut citer celui du Cameroun, qui de

B. L'EXEMPLE DES PAYS DU MAGHREB

L'existence de la violence ambiante dans une collectivité humaine peut bien nourrir la pratique de la torture et de tous les traitements qui sont contraires à la dignité humaine. D'abord parce que la violence sociale ou politique, dans un univers qui la banalise ne distingue pas entre ce qui relève d'un châtiment normal ou licite et ce qui porte atteinte à la dignité d'autrui. Ensuite, parce que la torture peut être culturellement perçue comme une sanction légitime. Les auteurs ont montré qu'au Maghreb, non seulement les régimes politiques ont souvent été autoritaires, mais encore les manifestations politiques et sociales de la violence en violation de la dignité humaine sont évidentes comme dans tous les États sous-développés, sans qu'il soit besoin de les rattacher à une culture ou à une croyance (1). La Cour africaine ne pourra pas garantir l'effectivité du droit continental dans ce contexte (2) ; surtout elle sera confrontée à la difficulté d'exercer un contrôle de proportionnalité entre la gravité de la faute dont la perception et la qualification sont foncièrement subjectives et la gravité du châtiment corporel qui, là aussi, est affecté d'une appréciation subjective (3).

1. Les manifestations politiques et sociales de la violence en violation de la dignité humaine

La torture est une méthode policière bien prisée au Maghreb[676]. Qualifiée de fléau endémique, la torture n'y est presque jamais interdite formellement[677]. Il se pourrait que l'insertion des normes religieuses dans le corpus des règles de droit se traduise par l'adoption des lois favorables à la torture[678]. Sur le plan politique, il a été démontré à l'envi comment le ciment re-

---

l'extérieur, peut donner l'image trompeuse d'une démocratie pacifiée, v. M.-E. Pommerolle, « La démobilisation collective au Cameroun : entre régime postautoritaire et militantisme extraverti », *Critique internationale*, 2008/3, n° 40, p. 73-94. C'est aussi le cas de la Côte d'Ivoire de Félix Houphouët-Boigny et du Gabon d'Omar Bongo.

676 A. Mecheri, « La lutte contre la torture au Maghreb », *RTDH*, 2004/59, p. 791.

677 A. Mecheri, « La lutte contre la torture au Maghreb », *op. cit.*

678 Le constat fait par Amnesty International sur le droit du Yémen et son appareil judiciaire en matière de protection des droits des femmes et des enfants, qui sont soumis à des traitements dégradants et humiliants, tels le mariage d'une fille à huit ans, l'obligation faite à une femme de ne pas choisir son conjoint, les mariages forcés, les violences domestiques, la discrimination faite aux femmes en matière successorale. v. Amnesty International, *La face cachée du Yémen. Discrimination et violences contre les femmes et les filles : halte à la violence contre les femmes*, 2009, https://www.amnesty.org/download/documents/MDE. En Iran, l'article 139 du

ligieux de l'islam couplé au nationalisme a pendant longtemps transformé les régimes démocratiques en dictatures[679]. Il est même expressément affirmé que la torture est un moyen de gouvernement au Maghreb, et qu'elle « signifie que l'État a droit de vie et de mort sur des sujets sans droits et dont le devoir est de se conformer à la vision du monde qui légitime l'ordre social et politique dominant »[680]. La torture y est particulièrement et constamment pratiquée par exemple dans les prisons, qui sont considérées comme l'antichambre de la mort, frappant tous les prisonniers indépendamment des motifs de leur condamnation[681] ; une telle violence exercée sur des détenus caractérise, selon la Cour européenne, une violation de l'article 3 de la Convention européenne[682]. Car, les prisonniers sont considérés comme étant dans une situation de vulnérabilité structurelle qui n'autorise pas qu'ils soient soumis à des violences excédant un niveau de souffrance inhérent à la détention. On voit mal la Cour africaine s'écarter d'une telle interprétation. La torture devient par cela même une pathologie sociale et culturelle qui habite une société qui, naturellement, se retrouve au banc de la communauté internationale. Pour l'État au contraire, la torture permet de purifier la société, en la débarrassant des délinquants au besoin en les éliminant physiquement, ce qui serait un acte de salut public[683]. La torture et l'assassinat des opposants politiques « sont justifiées par la sauvegarde des intérêts suprêmes de la nation menacés par des "traîtres aidés par des puissances étrangères" »[684]. La jurisprudence de la Cour africaine ne pourra pas s'imposer dans le moyen terme dans ces pays. Il suffit pour cela d'observer que le principe de la dignité des personnes détenues institué par la jurisprudence de la Cour européenne des droits de l'homme [685], et dont la violation peut entraîner l'annulation des actes

Code pénal punit la fornication de cent coups de fouet.

679 N. Clinchamps, « L'échec du pluralisme politique... », *op. cit.*

680 L. Addi, « La torture comme pratique d'État dans les pays du Maghreb », *Confluences Méditerranée*, 2004/4, n° 51, p. 143 à 153.

681 S.-E. Sidhoum et A. Watch, « La torture, antichambre de la mort », *Confluences Méditerranée*, n° 51, 2004, p. 23 à 38 ; I. Urbina, « La Libye, garde-chiourme de l'Europe », *Le Monde diplomatique*, n° 814, janvier 2022.

682 CEDH, 4 déc. 1995, Ribitsh c. Autriche, req. n° 18896/91 ; CEDH, sect. 1, 11 juil. 2000, Dikme c. Turquie, req. n° 20869/92.

683 *Ibid.*

684 L. Addi, « Pluralisme politique et islam dans le monde arabe », *Pouvoirs*, n° 104, 2003, p. 85.

685 B. Belda, « L'innovante protection des droits du détenu élaborée par le juge européen des droits de l'homme », *AJDA*, 2009, p. 406-412 ; P. Dourneau-Josette, « Les conditions de détention et la CEDH : les droits fondamentaux à l'assaut des prisons », *Gaz. Pal.*, 2013, n° 40, p. 5.

de l'administration pénitentiaire pour excès de pouvoir ainsi que la mise en œuvre de la responsabilité des personnes publiques[686] ne peut pas être appliqué en l'état en Afrique, vu l'état de délabrement de l'institution pénitentiaire. La particularité de cette jurisprudence consiste dans l'examen minutieux des conditions matérielles minimum de détention, dont l'absence peut être considérée comme une atteinte portée à la dignité des prisonniers[687].

2. L'impossibilité pour la Cour africaine de garantir l'effectivité du droit continental relatif à la protection de la dignité humaine

La Cour africaine ne pourra pas assurer l'application de ses décisions dans cet environnement, ne serait-ce que parce que le faible niveau de développement des États africains ne leur permettra pas de se mettre au niveau de ses exigences . A moins qu'elle rende des décisions pour la forme en imposant aux États des obligations envers les détenus qu'elle sait impossibles à satisfaire au regard du contexte politique, économique, culturel et social[688]. Il lui arrive de s'indigner des conditions de détention des prisonniers politiques, mais elle sait que, même si elle obtient gain de cause sur le terrain juridique, elle ne dispose d'aucun moyen permettant l'exécution de ses décisions, et surtout elle ne pourra pas obtenir l'évolution des mentalités sur ce terrain dans des pays qui considèrent comme légitimes les souffrances infligées aux détenus et aux populations, surtout qu'elle hérite d'une tare rédhibitoire de la

---

686 V. A. Jennequin, « La dignité de la personne détenue », *RFDA*, 2015, p. 1082.

687 Il en est ainsi de la détention dans un lieu caractérisé par le manque d'espace, de lumière et d'aération, v. CEDH, 5è sect., 2 oct. 2014, n° 2871/11, *D.* 23 oct. 2014, p. 2050, Comm. J. Falxa. L'interprétation très large des conditions matérielles intègre des éléments tels que les conditions d'hygiène et de salubrité, le fonctionnement des services économiques et l'organisation du travail, l'application des règles de propreté individuelle et la pratique des exercices physiques : v. J. Schmitz, « Responsabilité de l'État en raison de conditions de détention, note sous CE, 13 janv. 2017 », *AJDA*, 27 mars 2017, p. 637 et s.

688 La Commission africaine a ouvert la voie à la Cour africaine, en rendant plusieurs décisions qui vont dans le sens de celles rendues par la Cour européenne des droits de l'homme (v. CADH, Media Rights Agenda (pour le compte de Niran Malaolu) c. Nigeria, comm. 224/98, 28è session ordinaire, 6 nov. 2000 ; Institute for Human Rights and Development in Africa c. Angola, comm. 292/2004 ; Internationl Pen, Constitutional Rights Projects, Interights (pour le compte de Ken Saro Wiwa Jr.) et Civil Liberties Organisation c. Nigeria, comm. n° 137/94, 139/94, 154/96 et 161/97). Mais, au regard des réalités économiques et politiques, ces décisions n'auront aucun effet pratique. Le traitement des citoyens en milieu carcéral ne s'améliorera pas avant plusieurs décennies.

Cour européenne qui est de condamner l'État en refusant de désigner l'organe du pouvoir ou l'agent qui sont directement impliqués dans la violation des droits protégés par la Convention[689]. Cette dépersonnalisation de la responsabilité constitue bien, dans le contexte africain, une prime à la violence accordée à des services pénitentiaires qui trouvent dans la torture un exutoire ou un défouloir. On refuse ainsi, au nom du principe de subsidiarité, qui n'est en définitive qu'une modalité d'application de la souveraineté nationale, que la Cour africaine pointe du doigt les dysfonctionnements des administrations publiques nationales. La Cour ne peut pas davantage, faute de visibilité, susciter la mobilisation des moyens économiques et financiers nécessaires à la modernisation des prisons africaines, qui n'ont d'égal en cruauté que les prisons coloniales, voire celles de l'Europe médiévale[690]. Elle se heurterait à la volonté politique, qui souvent fait défaut. Elle ne pourrait pas davantage exercer un contrôle de proportionnalité entre la faute et la peine.

3. La difficulté pour la Cour africaine d'exercer un contrôle de proportionnalité entre la gravité de la faute et la gravité de la peine

Sur le terrain judiciaire, les peines pratiquées dans certains pays musulmans aujourd'hui, qui ne constituent que la manifestation conséquente de la violence ambiante, se rapprochent par l'indifférence qu'elles manifestent face au sort des délinquants, de celles qui avaient cours dans l'Europe médiévale, le dénominateur commun étant le fondement théocratique de leurs droits respectifs[691]. La résistance de la charia aux assauts de la modernité, en dépit de

689 CEDH, 8 juil. 1986, Lingens c. Autriche, Séries A, n° 103, § 46.

690 Le Rapport d'Amnesty International sur les prisons tchadiennes (*Tchad : « Nous sommes tous en train de mourir ici ». Les violations des droits humains dans les prisons*, Rapport, sept. 2012) ne semble pas avoir été pris en compte, alors que les préoccupations qu'il exprime sont très alarmantes et nécessitent des actions volontaristes des pouvoirs publics. On peut y noter : surpeuplement carcéral, vétusté des prisons, pénurie du personnel qualifié, insécurité, absence ou mauvais état des installations sanitaires quand elles existent, mixité des détenus sans considération de leur sexe, sous-alimentation des personnes détenues, manque de soins médicaux, manque d'eau potable, etc. Ce sont des problèmes très graves dont la seule énonciation infère nécessairement une atteinte à la dignité des prisonniers, et l'existence de traitements cruels et dégradants. v. Aussi, Nations-unies, MIONUC, Division des droits de l'homme, *Rapport sur les conditions de détention dans les prisons et cachots de la RDC*, octobre 2005.

691 Le droit français d'essence canonique, à cause d'une interprétation erronée des versets de la Bible, appliquait aux criminels, sans se soucier de les hiérarchiser, des peines dont la brutalité n'avait d'égal que le mépris que les hommes de l'époque

sa condamnation quasi-unanime par le droit international et par la Commission africaine sur bien de points, est la preuve que la culture de la torture n'est pas près de s'estomper[692]. Celle-ci imprègne l'ensemble du corps social au point que des pratiques aussi violentes et attentatoires à la dignité et la vie humaines telles que l'esclavage sont parfois cautionnées voire justifiées par la société[693]. Au contraire, l'application de la charia sur une période trop prolongée, a imprimé dans la conscience sociale l'idée selon laquelle elle serait une sanction divine applicable aux comportements anti-sociaux. La flagellation, l'amputation d'un ou plusieurs membres, la lapidation, la pendaison, la décapitation, — qui sont aussi sinistres que la crucifixion pratiquée à l'époque romaine —, ainsi que d'autres formes de tortures, inspirent encore les pays musulmans d'Afrique[694]. Ce sont manifestement des peines humi-

---

avaient pour leurs semblables. On rencontrait des peines telles que l'étranglement, la pendaison, la décapitation, le bûcher, l'enfouissement, le fouet, l'amputation, la castration, l'écartèlement, la noyade, les mutilations, le marquage au fer rouge, le bagne, le bannissement à vie, etc. v. J.-M. Carbasse, *Histoire du droit pénal et de la justice criminelle*, éd. PUF, 2000, p. 289 et s. Par un raisonnement fort étrange, la torture judiciaire était alors considérée comme respectueuse des droits des prévenus (v. C. Jallamion, « Entre ruse du droit et impératif humanitaire ... », *op. cit.*). Certaines de ces sanctions sont encore pratiquées de nos jours dans certains pays musulmans, mais aussi chez certaines peuplades sur le continent africain et ailleurs. Du reste, on ne voit pas comment serait-il possible de concilier le droit pénal religieux avec les droits de la majorité des États africains qui sont calqués sur les droits laïcs des États européens.

692 Un Code pénal arabe unifié signé par tous les pays arabes en 1996 prône l'application intégrale de la charia comme un idéal à atteindre. Il comporte des dispositions qui légitiment les châtiments corporels en flagrante contradiction avec les instruments internationaux de protection des droits humains. Ainsi, les articles 148 et 149 de ce Code punissent de 40 coups de fouet tout musulman qui consomme l'alcool.

693 V. « Mauritanie : L'abolition du Kafala au Qatar fragilise le président mauritanien Abdel Aziz », *Afrique Éducation*, n° 448, janv. 2017, p. 8 ; v. pour plus d'informations sur les relations sociales entre les différentes communautés, les hiérarchies sociales, les castes etc., A. Sow avec la contribution de C. Bieger-Merkli, *Dimensions culturelles des violations des droits de l'homme en Mauritanie*, Institut interdisciplinaire d'éthique et des droits de l'homme, Observatoire de la diversité et des droits culturels, Université de Nouakchott, 2006, p. 10-19 ; M. Fresia, « Les enjeux politiques et identitaires du retour des réfugiés en Mauritanie : Vers une difficile "réconciliation nationale" ? », *Politique africaine*, 2009/2, n° 114, p. 44-66.

694 V. Amnesty International, *Soudan : Abolir les flagellations des femmes*, Document public, mars 2010, https:// www.amnesty international.org/ ; F. Viljoen et Ch. Ondikalu, *La prohibition de la torture et des mauvais traitements dans le système africain des droits de l'homme : guide pratique juridique à l'intention des victimes*

liantes et dégradantes pour l'homme[695]. Elles enlèvent à l'être humain toute dignité et le déchoient de son inviolabilité et de tous les attributs qui font de lui un être sacré, pour en faire un être vil, réductible à sa plus simple expression, un peu à l'égal d'une bête de somme. L'abolition de la torture par ces États reviendrait à tourner le dos au droit pénal d'inspiration divine. Ainsi, la torture a partie liée avec la culture, et il semble difficile de les séparer. Elle devient par la force de l'habitude une norme sociale dans les pays qui l'ont rendue légale, ce qui ne peut que compliquer la tâche de la Cour africaine. Celle-ci ne pourra plus s'abriter derrière la jurisprudence de la Cour européenne des droits de l'homme, qui condamne tous azimuts les châtiments corporels comme contraires à la Convention européenne[696]. Dans un premier temps, elle devrait, comme la Cour européenne, condamner le référent moral qui sert de fondement juridique aux peines corporelles. Ce faisant, elle prendrait le parti de déclarer contraire à la conception des droits l'homme qu'elle défend, la culture de la torture pratiquée dans les États théocratiques ; mais il lui faudrait éviter toutes les conceptions éthiques qui risquent de faire perdre son unité et son uniformité ou son universalité[697] à la notion de torture, que certains États ont la tentation de définir en référence au relativisme culturel[698]. En revanche, dans un second temps, dans l'espoir de tenter une conciliation entre le droit des pays musulmans et la Charte africaine, il lui faudra se conformer à une conception locale bien contextualisée, non de la torture, mais des traitements ou peines cruels et dégradants, sans tomber pour autant dans les excès de la Cour de cassation italienne[699], qui a eu l'audace, au mépris des principes républicains, de relaxer des prévenus de confession musulmane qui invoquaient des traditions culturelles et religieuses pour justifier la séquestration suivie des sévices corporelles à l'encontre d'une jeune membre de la famille qui refusait de s'inscrire dans l'orthodoxie religieuse familiale.

---

et de leurs défenseurs, Omct, 2è éd., Genève, 2014, p. 66.

695 V. M. Lévinet, « Droit constitutionnel et Convention européenne. .. », *op. cit* ; CEDH, 11 juil. 2000, Jabari c. Turquie, req. n° 40035/98.

696 V. par exemple CEDH, 22 juin 2006, Aff. D. et autres c. Turquie, req. n° 24245/03.

697 Cette universalité est reconnue au niveau international, v. Amnesty International, *La torture ou l'humanité en question*, Paris, Éditions francophones d'Amnesty International, 2000.

698 V. E. Combaz, « Sanctions politiques internationales et crimes de torture : entre (il) légitimité et (dé) politisation, effets et paradoxes », *Raisons politiques*, 2005/1, n° 17, p. 65-79.

699 V. F. Laffaille, « Traditions culturelles religieuses versus dignité de la personne ? A propos de quelques décisions du juge italien », *CRDF*, n° 7, 2009, p. 161-164.

Sur ce terrain, le secours de la jurisprudence de Strasbourg ne sera pas d'une grande utilité, parce que, ce qui est demandé au juge c'est de se livrer à une appréciation *in concreto* des faits au regard de l'environnement socio-économique et politique dans lequel ils se sont déroulés. Il en résulterait nécessairement une variation dans la qualification des peines et traitements inhumains et dégradants dans le temps et surtout selon l'espace dans lequel le juge opère. Sous ce rapport, la jurisprudence de la Cour européenne fait parfois preuve d'un libéralisme qui confine au libertinage voire au laxisme[700], confrontée à la réalité du Maghreb où les considérations morales pèsent d'un poids colossal dans les rapports sociaux. La Cour suprême des États-Unis quant à elle ne définit les châtiments cruels et dégradants qu'en considération

700 Certaines décisions du juge de Strasbourg ne peuvent que susciter l'étonnement quant au raisonnement adopté. Ainsi dans l'affaire Brusco c. France du 14 oct. 2010, où il retient le préjudice moral subi par le requérant, dû, selon lui, au fait que « prêter serment avant de déposer a constitué pour le requérant — qui faisait déjà depuis la veille l'objet d'une mesure coercitive, la garde à vue — une forme de pression, et que le risque de poursuites pénales en cas de témoignage mensonger a assurément rendu la prestation de serment plus contraignante » (§ 52). Implicitement mais sûrement, la Cour fait droit à l'argument du requérant, qui prétendait que le droit de garder le silence impliquait aussi le droit de mentir. Ces formes procédurales, on le voit aujourd'hui, ont montré leurs limites dans certaines affaires, comme en matière de grand banditisme, de crime organisé ou de terrorisme, où les prévenus sont préparés à supporter des interrogatoires musclés sans broncher. Les prévenus, aidés par les conseils de leurs avocats, ont parfois tendance à utiliser les faiblesses de la règle de droit, pour endosser le statut de victime. C'est pourquoi qu'une privation de liberté à perpétuité incompressible à l'encontre d'un meurtrier multirécidiviste viole l'article 3 de la Convention européenne, est pour le moins incompréhensible (CEDH, 12 fév. 2008, Kafkaris c. Chypre). De même, lorsque la grande chambre de la Cour décide qu'une simple gifle administrée par un policier à un mineur de 17 ans qui refusait d'obtempérer à l'ordre donné par l'agent de présenter ses pièces d'identité, est constitutive d'une atteinte à l'article 3 de la convention prohibant les traitements humiliants et dégradants (CEDH, Gr. ch., 28 sept. 2015, aff. Bouyid c. Belgique), il est difficile de la suivre sur ce terrain, dans la mesure où les activités de maintien de l'ordre mettent les services de police sous tension en permanence, et qu'il leur est difficile, lorsqu'ils sont confrontés à des résistances sur le terrain, que les agents gardent leur sans-froid en toutes circonstances. Le comble de l'incompréhension est atteint, lorsque la Cour soutient qu'il y a atteinte à la dignité, lorsque la victime se trouve humiliée à ses propres yeux, même si elle ne l'est pas à ceux d'autrui (§87), ou que les sentiments de peur et d'angoisse éprouvés par la famille d'un suspect lors d'une perquisition musclée constituent un traitement dégradant et humiliant (CEDH, 15 oct. 2013, Gustanovi c. Bulgarie, req. n° 34529/10).

des standards de décence résultant de l'évolution de la société[701], ce qui conforte notre propos. Mais la difficulté en Afrique consiste précisément à trouver ces standards de décence, vu le degré de violence propre à la société. Et la seule référence aux conventions sans rapport avec les réalités locales ne peut qu'aboutir à des résultats tronqués. En tout état de cause, le libéralisme de la Cour européenne, s'il est adopté par le juge fédéral africain, risquerait de causer plus de problèmes en termes de cohésion sociale, de maintien du bon ordre ou de police des mœurs ; et il ruinerait à jamais ce qui reste de l'autorité de l'État, en encourageant l'insoumission à l'autorité et le désordre.

La Charte africaine traîne derrière elle toute une conception de la liberté qui est trop provocatrice et déraisonnable, parce qu'elle veut renverser des pans entiers de l'ordre social et moral, qu'elle entendait initialement défendre. On est bien en droit de se demander si les peines corporelles, dans la mesure où elles restent dans des limites raisonnables, ne sont pas indispensables au maintien du bon ordre dans un environnement structurellement violent. Plus largement, on peut se demander si toutes les peines corporelles sont contraires aux droits humains. Si dans une vieille démocratie comme celle des États-unis, le juge fédéral continue de soutenir le principe de la conformité de la peine de mort à la dignité humaine[702], quand bien même cette position repose sur des causes structurelles propres à la société américaine[703], on peut être certain qu'il met de l'eau au moulin des partisans de la charia. Si l'État dont la législation autorise la mort n'encourt aucun reproche, surtout lorsque la mort donnée légalement l'est au moyen de méthodes très contestables parce qu'elles sont parfois assimilées à la torture et à des traitements inhumains et dégradants — même pour une personne que la société a bannie de la terre —, à plus forte raison celui dont la législation se contente de prescrire le fouet peut se targuer d'être dans une attitude raisonnable. En définitive, le point d'équilibre consiste dans la proportion entre le degré de gravité de l'infraction et le degré de gravité de la peine. C'est là, nous semble-t-il, que la Cour africaine devrait œuvrer, pour tenter d'arrimer l'aire arabo-musulmane au droit panafricain. L'entreprise reste délicate, parce que les institutions politiques et juridictionnelles africaines correspondent au mo-

701 Aff. Penry c. Lynaugh, cité par Roger Pinto, « La mort devant la Cour suprême : peine capitale et avortement », *Pouvoirs*, n° 59, 1991, p. 101.
702 V. E. Zoller, « La dignité de la personne humaine dans la jurisprudence de la Cour suprême des États-Unis », in *La dignité de la personne humaine*, 7e conférence débat du CDPC, sous la présidence de Bruno Genevois, 30 octobre 2014, *Revue générale du droit*, www.revuegeneraledudroit.eu.
703 V. A. Zambiras, « La mort à tout prix : les justifications de la peine de mort chez les croyants américains », *Critique internationale*, 2009/3, n° 44, p. 35-50.

dèle souverainiste et le droit qu'elles appliquent est moins contraignant qu'il n'y paraît. Au surplus, le souvenir de la jurisprudence de la Commission africaine, notamment dans l'affaire *John D. Ouko contre Kenya*[704] ne peut que laisser perplexe quant à la capacité des instances juridictionnelles continentales à régler la question de la proportionnalité de la faute et de la peine. En effet, dans l'espèce précitée, comme dans bien d'autres, la Commission ne parvient pas à établir une distinction nette entre les traitements humiliants et dégradants et les actes de torture, se contentant de conclure dans la confusion la plus totale qu'il y avait violation de l'article 5 de la Charte. Il sera difficile avec des conclusions aussi abruptes, qui sont réitérées[705], de parvenir à saisir par le droit la complexité de la violence dans les pays du Maghreb, et d'adapter les peines aux différents comportements jugés fautifs sans tomber dans la généralisation, sauf dans des cas évidents où la cruauté manifeste des traitements ne laisse place à aucune appréciation équivoque. La sensibilité culturelle islamique du droit des États nord-africains ne facilitera certainement pas l'harmonie, et les décisions juridictionnelles continentales ne s'imposeront pas avec la clarté d'une eau de source.

C. L'EXEMPLE DE L'AFRIQUE NOIRE

Si l'Afrique a un tant soit peu porté un humanisme propre au cours de l'histoire, force est de constater aujourd'hui que ce qui semble prédominer, c'est la violence observable en divers endroits du continent, et sur une très longue période. Cette violence s'est généralisée au point où il est permis de soutenir qu'elle s'est substituée à l'humanisme initial (1). Il n'est pas même acquis que la Cour africaine des droits de l'homme, pas plus que les juridictions nationales plus anciennes, puisse endiguer cette violence qui revêt un caractère diffus (2).

---

704 CADH, *John D. Ouko contre Kenya*, comm. n° 232/99, 28è Session ordinaire, 6 nov. 2000.

705 CADH, *Institut pour les droits humains et le développement en Afrique (pour le compte d'Ismalia Connateh et autres) c. Angola*, comm. n° 292/2004, 43è Session ordinaire, mai 2008.

1. La substitution de la violence généralisée à l'humanisme initial

En Afrique noire, sans qu'il soit besoin d'évoquer la longue liste des crimes politiques commis sur le continent[706], la seule évocation des régimes de terreur institués par des dictateurs comme Sékou Touré, Macias Nguéma, Jean Bédel Bokassa, Mobutu Sésé Séko, Gnassingbé Eyadéma ou Idi Amin Dada pour ne citer que ceux-là, suscite l'effroi. Une telle fureur n'a pu être exercée sur une aussi longue période, semant le chaos et la désolation sur son passage, que parce qu'elle est profondément ancrée dans la culture, les mœurs, et acceptée comme une fatalité voire une nécessité au regard de la psychologie et des circonstances historiques, économiques et politiques. Ce n'est pas pur hasard si le monopole de l'exercice de la violence légitime échappe aujourd'hui à l'État pour se privatiser dans la masse de la société civile[707], au point de faire de cette dernière un souverain[708], surtout en cas de conflits armés, de guerre civile[709] ou banalement pour la défense d'intérêts ethniques pas toujours clarifiés face à des pouvoirs politiques jugés hostiles au principe d'une répartition équitable des ressources nationales[710]. On a pu parler de « popularisation de la violence politique »[711] pour désigner le processus de sa dissémination dans la société civile, par l'usage qu'en font certains groupes ethniques ou générationnels comme contrepoids à la violence

---

706 V. A. Diallo, *La mort de Diallo Telli*, éd. Karthala, 1983, 154 p ; R. A. Masséma, *Crimes de sang et pouvoir au Congo Brazzaville*, éd. L'Harmattan, 2005, 272 p ; A. Léwin, *Diallo Telli, le destin brillant et tragique d'un grand africain*, éd. Jeune Afrique, 1990, 225 p ; R. Silva, J. Klingner et S. Weikart (Groupe d'analyses statistiques de droits de l'homme), *Violations de droits de l'homme par l'État tchadien sous le régime de Hissen Habré. Analyse statistique de la responsabilité de Hissen Habré en tant que supérieur hiérarchique et preuves de violations de droits de l'homme au Tchad, 1982-1990*, Benetech, 2010.

707 A. Mbembé, *De la postcolonie. Essai sur l'imagination politique dans l'Afrique contemporaine*, éd. Karthala, 2005, p. 95-139 ; J. Hatzfeld, *Une saison de machettes*, éd. du Seuil, Paris, 2003, 318 p. ; L. Fourchard, « Violences et ordre politique au Nigeria », *Politique africaine*, 2007/2, n° 106 p. 4 à 27.

708 V. J. Tonda, *Le souverain moderne. Le corps du pouvoir en Afrique centrale (Congo Gabon)*, éd. Karthala, 2006, 297 p.

709 V. Rapport de la Conférence régionale, *La torture en Afrique : Le droit et la pratique*, Redress Trust, septembre 2012, p. info@redress.org.

710 V. Y. Guichaoua, « Les mutations d'une milice ethnique sous le régime civil d'Olusegun Obasanjo : Le cas de L'Oodua People's Congress », *Politique africaine*, 2007/2, n° 106, p. 92 à 109.

711 R. Bazenguissa-Nganga et P. Yengo, « La popularisation de la violence politique au Congo », *Politique africaine*, 1999/1, n° 73, p. 186 à 192.

politique. La violence s'est ainsi généralisée par ce biais, et la torture est devenue un élément caractéristique de la société africaine, et pas seulement du pouvoir politique et militaire, au point que l'humanisme et l'hospitalité dont ce continent était crédité sont entrés dans une crise inexorable[712].

Ce sont donc des dirigeants politiques, dont un nombre important de tortionnaires froids et rusés, rompus aux méthodes les plus inhumaines de la torture, cet art bien curieux dont ils ne s'émeuvent pas le moins du monde, qui vont se réunir à Banjul en Gambie pour mettre en place une Charte africaine des droits de l'homme et des peuples, destinée, croyait-on, à mettre un terme à cette passion mortifère à laquelle ils se livrent sans vergogne à la face du monde. En réalité, l'ouverture en faveur des droits humains n'était, dans la pensée des dirigeants, qu'une maigre concession qui devait être limitée dans sa portée[713]. On se doute bien qu'une telle démarche était dès le départ vouée à l'échec. Car, aucun dirigeant n'aurait eu le courage, devant ses pairs, de dénoncer une pratique qui leur garantit la longévité au pouvoir, stabilise les institutions et procure au pays une paix relative, les adversaires politiques étant torturés dans le secret le plus absolu, à l'abri des regards indiscrets[714]. Comme s'ils ne voulaient pas se regarder au miroir de leur propre conduite en combattant vigoureusement la torture, ils se sont contentés de quelques phrases lapidaires tirées des instruments internationaux, et censées condamner son usage. L'article 5 de ladite Charte est la seule disposition qui mentionne la torture dans son énoncé ; il stipule, en effet, que « Tout individu a droit au respect de la dignité inhérente à la personne humaine et à la reconnaissance de sa personnalité juridique. Toutes formes d'exploitation et d'avilissement de l'homme notamment l'esclavage, la traite des personnes, la torture physique ou morale, et les peines ou les traitements cruels, inhumains ou dégradants sont interdits ». La lutte contre la torture était, et est toujours un combat qui intéresse au premier chef ce continent, dont les peuples, depuis au moins l'esclavage jusqu'à aujourd'hui, ont été privés de liberté, de

---

712 La crise des valeurs africaines a déjà été décrite par F. Eboussi-Boulaga in *La crise du Muntu. Authenticité africaine et philosophie*, éd. Présence africaine, 1977, 239 p.

713 V. A. D. Olinga, « La promotion de la démocratie et d'un ordre constitutionnel de qualité par le système africain des droits fondamentaux : entre acquis et défis », *AADH*, 2017, vol. 1, p. 221-243.

714 Les conditions qui ont présidé à la naissance de la Charte africaine témoignent de la volonté politique de priver la Charte de toute sanction juridictionnelle v. A.-K. Diop, « La Cour africaine des droits de l'homme et des peuples ou le miroir stendhalien du système africain de protection des droits de l'homme », *Cahiers de droit*, vol. 55, n° 2, 2014, p. 529.

justice et de paix, ayant été toujours soumis à la torture et à des traitements cruels, inhumains et dégradants quelle que soit la nature de l'autorité[715]. Le Préambule de la Charte passe au crible, à juste titre, l'esclavage, la traite des noirs et le colonialisme qui ont été responsables de maintes atrocités et de graves injustices au plan économique et social, mais il passe sous silence la période postcoloniale qui est peut-être, avec le régime de l'apartheid et les innombrables tyrannies politiques, celle qui a engendré les violations des droits humains les plus incompréhensibles sur un laps de temps très court. L'énumération des différentes formes de tortures utilisées tant à l'égard des adversaires politiques que de la société civile, par les polices nationales ou les services secrets, témoigne du calvaire que subissent les Africains au quotidien, depuis au moins les indépendances. « Les passages à tabac, les brûlures, l'arrachage des ongles, les électrochocs, la simulation de noyade, ... », l'exposition au soleil après l'enfermement prolongé dans l'obscurité, la submersion dans l'eau jusqu'à obtention des aveux, la mutilation des organes génitaux, l'injection des substances étrangères dans les testicules, les privations d'eau et de nourriture jusqu'à ce que mort s'ensuive, ainsi que toutes sortes de tortures à caractère sexuel telles que le viol vaginal ou anal, l'insertion d'objets tels que les bouteilles, et même les mégots de cigarette brûlants, dans le vagin d'une femme, l'obligation faite à un détenu d'assister à l'exécution de quelqu'un, ou comme cela a été le cas dans certaines guerres intérieures, l'obligation faite à un homme d'assister impuissant au viol de sa femme ou de ses enfants[716]. A cette liste s'ajoutent les tortures morales, les humiliations, les harcèlements, toutes pratiques que les mots ne suffisent pas à décrire, qui occasionnent des douleurs morales et psychologiques irréversibles. L'Union africaine n'a pas les moyens de contrer cette violence diffuse.

---

715 Pour un auteur comme Mwayila Tshiyembe, la relation qui s'est établie entre la société africaine et ses dirigeants n'est pas une relation de pouvoir, mais une relation de domination, un esclavage déguisé pratiqué par les autorités de l'État sur les populations, v. Tshiyembe Mwayila, « Ethnies : restons aussi nous-mêmes ! », *Outre-Terre*, 2005/2, n° 11, p. 33-40.

716 V. Le Rapport de la Conférence régionale, *La torture en Afrique : Le droit et la pratique*, *op. cit.*, p. 8-9.

2. L'impuissance de l'Union africaine à bannir la violence de l'espace public

Eu égard à la gravité des différentes formes de torture, mais aussi à sa généralisation, au point de devenir un élément identitaire et culturel du continent, il était impératif que l'Union africaine prenne des mesures propres à éradiquer ce mal, au moins sur le moyen terme. Les réponses qu'elle a données après le long silence qui a suivi l'adoption de l'article 5 de la Charte en 1981, ne sont pas à la hauteur des attentes[717]. Au manque de volonté des pouvoirs publics, surtout en ce qui regarde les violences politiques, s'ajoute l'impuissance due en partie au manque de moyens juridiques et politiques. Les instruments juridiques tels que la Convention de l'ONU sur la torture et autres peines ou traitements humiliants et dégradants, les lignes directrices de Robben Island ou le Protocole de Maputo, que visent la Commission et la Cour africaine dans leurs sentences, n'ont par définition aucune prise sur la culture de la violence en Afrique[718]. Il suffit pour s'en convaincre de noter la non observation par les États du droit international et du droit de l'Union africaine. Ces deux droits sont dépourvus de la contrainte, qui permet à la norme d'atteindre le but en vue duquel elle a été adoptée. Ainsi, selon l'article 2 de la Convention contre la torture, « Tout État partie prend des mesures législatives, administratives et judiciaires et autres mesures efficaces pour empêcher que des actes de torture soient commis dans tout le territoire sous sa juridiction ». Cette disposition n'a aucune chance d'être observée. Or, la Cour africaine qui devrait s'illustrer par des décisions courageuses en censurant les États ignore l'étendue de son rôle créateur dans l'interprétation des conventions internationales.

D. LA MINORATION PAR LA COUR AFRICAINE DE SON RÔLE CRÉATEUR DANS LE CONTENTIEUX DES DROITS DE L'HOMME

Le style rédactionnel adopté pour la production du droit de l'Union est assez permissif ; il n'est pas contraignant. Par conséquent, on a le sentiment que l'Union se contente de promouvoir la lutte contre la torture en encourageant les États à pénaliser les actes de torture et les comportements inhumains ou dégradants, mais elle ne se hisse pas au niveau d'un pouvoir central

---

717 A. Mecheri, « La lutte contre la torture au Maghreb », *op. cit.*

718 Dans les lignes directives de Robben Island, les États sont invités à criminaliser la torture. C'est le texte le plus complet en matière de condamnation de la torture. Mais son opérationnalité est sujette à caution, la torture et la violence qui l'alimentent étant des pratiques profondément ancrées dans la culture.

qui, dans un État fédéral, dispose d'un arsenal législatif impressionnant pour lutter contre la torture, et d'une administration judiciaire chargée d'appliquer la loi fédérale. Les décisions rendues par la justice panafricaine s'en ressentent. Le juge fédéral fait preuve de retenue dans le maniement du contrôle de proportionnalité (1). Dans tous les cas, c'est un juge empêché, qui n'a pas le pouvoir de contrôler la constitutionnalité des lois votées par les parlements nationaux (2).

1. La retenue du juge dans le maniement du principe de proportionnalité

L'affaire *Amnesty International contre l'État du Soudan*[719] a révélé les limites de l'office des juges fédéraux, qui, par paresse intellectuelle ou par révérence pour la souveraineté des États, se refusent à sanctionner la disproportion entre les peines prévues par le Code pénal soudanais et les actes de torture qui sont des crimes. Décidément le juge panafricain des droits de l'homme manifeste encore de la retenue dans le maniement du principe de proportionnalité, dont le bon usage pourrait lui permettre d'exercer un contrôle plus poussé des législations nationales en matière de protection des droits fondamentaux des citoyens en conformité avec les instruments internationaux et sous-régionaux de protection des droits de l'homme. Cette tare qui s'est révélée être le talon d'Achille de la Commission, commence à affecter les premières décisions de la Cour africaine des droits de l'homme et des peuples. Comme le fait remarquer M. Alain Didier Olinga[720], on comprend mal, en effet, que la Cour africaine s'abstienne d'exercer un contrôle de proportionnalité entre l'interdiction légale des candidats indépendants aux élections, l'obligation pour tout candidat d'être affilié à un parti politique et les motifs d'intérêt général allégués par l'État défendeur, et tenant à la nécessité de préserver l'unité nationale au regard du contexte historique et social de la Tanzanie. Le recours *in abstracto* à la jurisprudence des cours interaméricaine et européenne en la matière, dans un contexte culturel et politique qui ne s'y prête guère, conduit la Cour africaine non seulement à minorer sa fonction interprétative au regard des réalités, mais surtout à ignorer le caractère spécifique des questions soulevées devant elle, dont la résolution nécessite une démarche plus pragmatique s'il elle entend se démarquer d'une certaine conception politique et culturelle des droits politiques en cause devant

719 CADH, 1999, Amnesty International c. Soudan, *Recueil de documents clés de l'Union africaine relatifs aux droits de l'homme*, 2013, p. 239.
720 « La première décision au fond de la Cour africaine ...», *op. cit.*

son instance[721]. A l'évidence, le contrôle de proportionnalité est le moyen le plus sûr pour le juge fédéral d'affirmer son autorité sans paraître remettre en cause les options politiques des parlements nationaux, en recherchant l'adéquation de l'intérêt général à la protection des libertés, c'est-à-dire finalement en censurant la disproportion manifeste dans le cadre d'un contrôle restreint, ou le détournement de pouvoir consistant en la mauvaise foi manifeste des autorités nationales d'enfreindre intentionnellement les droits fondamentaux des personnes en flagrante contradiction avec l'intérêt général poursuivi[722]. Il faut que le rôle du juge soit sublimé par sa capacité à s'approprier le contentieux, en censurant la législation des États, lorsqu'elle n'accorde pas aux victimes de la torture les garanties minimales qu'elles sont en droit d'attendre d'un État qui se veut soucieux du bien-être des citoyens. D'autant plus qu'en matière de droits fondamentaux l'exigence créatrice, plus élevée que dans le contentieux ordinaire, au niveau de laquelle le juge doit se situer, ne s'accommode pas de la faiblesse et de la timidité[723].

2. Une carence congénitale : l'interdiction d'exercer un contrôle de constitutionnalité des lois nationales

Les carences de la Cour sont si congénitales que l'espoir même que sa position puisse évoluer paraît nul. Et certains auteurs défendent la position de la Cour consistant à refuser d'internationaliser le contentieux constitutionnel national au nom d'un prétendu principe de l'indifférence du droit international à l'égard du droit national[724]. En d'autres termes, le juge panafricain aurait le devoir de refuser de s'ériger en juge constitutionnel ; il lui est même recommandé de « se montrer prudent chaque fois qu'une communication tend à l'amener à se prononcer de manière globale sur un ordre juridique »[725]. Il est certes vrai que la stricte interprétation des textes attributifs des compétences à la Commission et à la Cour africaine ne peut qu'aboutir à une telle

---

721 V. les analyses de M. A. D. Olinga in ,« La première décision ... », *op. cit.*
722 V. V. Goesel-Le Bihan, « Le contrôle de proportionnalité exercé par le Conseil constitutionnel », *Les Cahiers du Conseil constitutionnel*, n° 22, juin 2007 ; R. Bousta, « Contrôle constitutionnel de proportionnalité. La spécificité française à l'épreuve des évolutions récentes », *RFDC*, 2011/4, n° 88, p. 913-930 ; V. Goesel-Le Bihan, « Le contrôle de proportionnalité dans la jurisprudence du Conseil constitutionnel. Figures récentes », *RFDC*, 2007, /2, n° 70, p. 269-295.
723 V. L. Favoreu, « La légitimité du juge constitutionnel », *op. cit.*
724 V. A.-K. Diop, « La Cour africaine des droits de l'homme... », *op. cit.*
725 A. D. Olinga, « Vers un contentieux objectif à Banjul ? L'affaire Lawyers for Human Rights contre Royaume de Swaziland devant la Commission africaine des droits de l'homme et des peuples », *RJPEF*, 2007, n° 1, p. 28 à 52.

conclusion. Mais l'image que l'on peut décrypter à travers ce refus est celle d'un cloisonnement opéré selon les desseins politiques entre les objectifs panafricains des pouvoirs publics et les décisions des instances juridictionnelles supranationales. Sur ce terrain, en effet, la construction européenne a pris une sérieuse option depuis plusieurs décennies en affirmant la suprématie du droit communautaire sur les droits nationaux[726], tandis que le droit communautaire africain patine, et n'a pas encore emprunté la voie de l'uniformisation. Contrairement à ce qui est parfois affirmé[727], il n'y a pas l'ombre d'un contrôle de constitutionnalité exercé par la Cour africaine sur les lois nationales. L'existence d'une Cour suprême dans un État fédéral est incompatible avec le principe de la souveraineté des États. Pas plus que la Cour de justice de l'Union européenne et la Cour européenne des droits de l'homme n'annulent les lois nationales contraires aux conventions, la Cour africaine ne censure celles des États africains[728] ; elle se borne à en constater l'incompatibilité au regard des conventions internationales. Il est avéré que la conformité d'une disposition légale à la convention ne lui confère pas un brevet de constitutionnalité, et la conformité à la Constitution d'un texte ne vaut pas brevet de conventionnalité, la Cour de Strasbourg manifestât-elle une tendance à s'ériger en une Cour suprême de l'ordre juridique européen[729].

Faute d'avoir mis en place une législation fédérale applicable par tous les États, la Charte africaine fait de la redondance en mimant la Déclaration universelle des droits de l'homme, alors qu'elle aurait dû se donner les moyens de l'appliquer efficacement. Du reste, l'Union africaine s'entête à cultiver le tabou sur les violences politiques qu'elle ne nomme ni ne condamne. Les scrutins nationaux donnent souvent aux pouvoirs en place l'occasion de résister au principe de l'alternance démocratique au besoin en étouffant par la violence toutes les contestations qui peuvent s'élever. C'est un truisme de dire que l'habillage démocratique masque très mal leur autoritarisme qui, en cruauté n'a d'égal, selon les régions, que les systèmes de parti unique[730]. Or, la Charte africaine de la démocratie, des élections et de la gouvernance n'a

726 V. M. Cappelletti, « Nécessité et légitimité de la justice constitutionnelle », *RIDC*, vol. 23, n° 2, 1981, p. 625-657.
727 V. T. Ondo, « La jurisprudence de la Cour africaine des droits de l'homme et des peuples : entre particularisme et universalité », *AADH*, 2017, vol. 1, p. 244-262.
728 V. L. Favoreu, « Les cours de Luxembourg et de Strasbourg ne sont pas des cours constitutionnelles », in *Au carrefour des droits. Mélanges en l'honneur de Louis Dubouis*, Paris, éd. Dalloz, 2002, p. 35-45.
729 V. B. Mathieu, « Les décisions du Conseil constitutionnel et de la Cour européenne des droits de l'homme : coexistence – autorité – conflits - régulation », *NCCC*, 2011/3, n° 32, p. 45-66.

prévu aucune disposition permettant de défendre, voire de protéger les oppositions nationales dont les dirigeants sont parfois emprisonnés à la suite d'élections truquées. Si son article 4-4 prévoit des sanctions à l'encontre des gouvernements qui refusent de remettre le pouvoir au vainqueur, il ne dit rien de la violence que ces gouvernements déploient pour confisquer le pouvoir, et des victimes. Au contraire, très souvent, ces gouvernements, au lieu d'être inquiétés, sont adoubés et confirmés dans leurs fonctions par l'Union africaine[731].

En dépit du caractère restreint dont sa saisine a été l'objet par le passé, la Cour africaine enregistre un afflux de requêtes portant sur des violations massives des droits fondamentaux. Dans cet éventail, les cas de torture sont légion. Paradoxalement, seules les tortures et les comportements humiliants et dégradants commis par les services de l'État, qui n'ont pourtant pas été condamnées de façon spécifique et ferme, parviennent à la connaissance de la Commission et de la Cour de justice ; les violences qui sont le fait de la société civile ou des groupements armés qui sont impliqués dans les guerres civiles ne sont qu'exceptionnellement examinées par les juridictions fédérales. Mais juger les États en la matière constitue une entreprise difficile, car les preuves font souvent défaut, et la Commission ne peut pas contraindre les services publics de l'État à lui fournir des preuves quand bien même celles-ci existeraient. C'est pour cette raison que beaucoup de victimes sont déboutées de leurs requêtes. Et quand bien même, ils seraient condamnés, les États gardent la maîtrise de leur sort, soit en refusant de se soumettre aux décisions de la Cour, soit, comme dans l'affaire *Mohamed Abubakari contre Tanzanie*[732], en introduisant auprès de la Cour un recours dilatoire ou abusif en interprétation d'une décision les condamnant, dont les termes sont pourtant clairs et dépourvus de toute ambiguïté.

A partir de ce moment, toute marche vers l'unité africaine qui refuse de voir la réalité de la torture en face pour mieux l'extirper du système de gouvernement constitue une fuite en avant, qui ne peut que miner toutes les tentatives d'intégration. Aucune union fédérale ne saurait prospérer si elle se construit au mépris de la parole des peuples et des droits fondamentaux des

---

730 V. A. Guichaoua, E. Ntakarutimana et S. Straus, « Aspirations démocratiques et "démocraties autoritaires" en Afrique centrale », *Tiers-Monde*, 2016/4, n° 228, p. 9-21.

731 V. Darracq et V. Magnani, « Les élections en Afrique : un mirage démocratique ? », *Politique étrangère*, 2011/4, p. 839-850.

732 CADH, 28 sept. 2017, *Affaire Mohamed Abubakari, c. République-Unie de Tanzanie*, req. n° 002/2017 (aux fins d'interprétation de l'arrêt du 3 juin 2016).

citoyens. Le citoyen africain d'aujourd'hui et celui de demain dans l'État continental est un citoyen muet, qui est privé de tous les moyens d'expression lui permettant de faire entendre sa voix. Sa parole est sérieusement contrôlée par les pouvoirs publics ; l'Union africaine ne peut entendre sa cause qu'indirectement par l'intermédiaire des associations et des organisations non-gouvernementales, dans le cadre de procès organisés par la Cour. En conséquence, la qualité de sujet de droit dans l'État fédéral est réduite par la volonté des gouvernants de limiter fortement la jouissance de ses droits politiques et de sa liberté. Mais il convient de se demander si, à défaut de réunir l'ensemble des États africains autour du principe de l'intégrité physique de la personne et de la ferme condamnation, dans son principe et dans son application, de la torture et de tous les actes humiliants ou dégradants, il est possible d'obtenir l'adhésion de tous les protagonistes sur la préservation de la vie humaine par l'interdiction de la peine de mort sur l'ensemble du territoire du futur État fédéral.

§3. La peine de mort

La question de la communauté des valeurs dans un États fédéral se pose surtout dans des États en voie de formation comme celui de l'Afrique. En Afrique, il est difficile de recenser aujourd'hui des valeurs propres sur lesquelles l'ensemble des États de l'Union peuvent s'accorder sur le long terme, et qui pourraient être le soubassement de ce qui sera un jour une nation africaine. Hormis les valeurs universelles de la démocratie et des droits de l'homme qui sont reconnues comme indispensables, sans pour autant être intégrées, la recherche des valeurs communes propres à l'Afrique n'est pas achevée[733]. Dans le domaine des droits de l'homme, la Charte africaine fait du droit à la vie une valeur commune. D'aucuns, en sont venus à en inférer le principe de l'interdiction de la peine de mort comme corollaire du droit à la vie. Jusqu'à preuve du contraire, l'interdiction de la peine de mort reste une valeur fondatrice de la seule société occidentale (A). Mais en Afrique,pour l'heure, il est impossible que l'on parvienne à la même conclusion (B).

A. L'INTERDICTION DE LA PEINE DE MORT, VALEUR FONDATRICE DE LA SOCIÉTÉ OCCIDENTALE

Il n'est guère plus contestable aujourd'hui que l'interdiction de la peine de mort constitue une valeur fondatrice d'une communauté culturelle, et qu'elle puisse justifier aussi l'existence d'une citoyenneté moderne et ouverte. La question, il est vrai, a été abordée pendant toute l'histoire de l'humanité

733 Ch. B. Hamida et K. Mejri, « L'Union africaine : d'une association ... », *op. cit.*

comme le fut d'ailleurs celle de la torture dont la France fut la première à en prononcer l'abolition en Europe. Les contextes politiques, économiques et sociologiques n'ont pas permis que de vastes ensembles politiques et économiques comme les États-Unis d'Amérique ou l'Europe parviennent à considérer que la peine de mort, même prononcée par un tribunal compétent et impartial dans une société démocratique, était contraire à la dignité humaine et attentatoire à un droit fondamental inhérent à toute personne, le droit à la vie. Le lien entre le droit à la vie en tant qu'antithèse du droit de donner la mort et les valeurs sociales et culturelles d'un peuple apparaissent nettement dans l'exposé des motifs du Garde des sceaux Robert Badinter sur le projet de loi portant abolition de la peine de mort en France. Le Garde des sceaux convoque dans sa péroraison Jean Jaurès pour qui la peine de mort « est contraire à la fois à l'esprit du christianisme et à l'esprit de la Révolution ». Il conforte cette position en s'appuyant aussi sur l'opposition des différents courants du christianisme français et du rabbinat à la peine capitale. Il est incontestable que le texte biblique, particulièrement dans le Nouveau testament, abolit bel et bien la loi du Talion qui pouvait justifier cette peine. Il n'est donc pas incongru de soutenir que l'interdiction de la peine de mort en tant que valeur culturelle de la civilisation occidentale est conforme à la morale européenne forgée à partir de la culture judéo-chrétienne. Le socle culturel qui fonde cette interdiction est commun à l'ensemble des pays européen. Ce postulat culturel, n'en déplaise aux laïcs, a certainement contribué à la condamnation de la peine de mort par les sixième (1983) et treizième (2002) Protocoles à la Convention européenne des droits de l'homme. Le premier de ces texte inscrivait à son article 1er que « La peine de mort est abolie. Nul ne peut être condamné à une telle peine ni exécuté ». Il ne l'admettait que de façon exceptionnelle en temps de guerre[734]. Cette exception a définitivement été supprimée par le treizième Protocole signé en 2002. Et la Charte des droits fondamentaux de l'Union européenne a fini par prescrire à son article 3 le droit à la vie ainsi que l'interdiction de condamner une personne humaine à la peine de mort et de l'exécuter. C'est ce consensus que l'Union européenne oppose aux États candidats à l'Union ; ce qu'elle a fait savoir à la Turquie de M. Erdogan, qui voulait rétablir la peine de mort. Outre Atlantique, l'article 3 de la Convention américaine stipule : « La peine de mort ne sera pas rétablie dans les États qui l'ont abolie ». Dans le même esprit, l'article 3 la restreint drastiquement dans les États qui ne l'ont pas encore abolie, ce qui s'est traduit, ces dernières années, par une hostilité de la Cour suprême à cette peine qu'elle juge équivalente aux châtiments inhumains et cruels, lorsqu'elle vise certaines catégories fragilisées de la population telles que les

734 Article 3 du Protocole de 1983.

handicapés[735] et les mineurs[736]. Une convergence se réalise parmi les grands ensembles politiques occidentaux, pour réconcilier leur système de valeurs avec la tradition culturelle. A ce titre l'interdiction de la peine de mort devient une valeur commune, justifiée aussi bien par l'existence d'une tradition et d'une histoire communes que par la culture démocratique qui tire de la même histoire son origine. Mais l'interdiction de cette peine est fondamentalement liée à la perception individualiste de la vie qui ne se conçoit que dans la civilisation occidentale où, comme s'interroge M. Xavier Dijon, « puisque la personne n'a pas demandé à naître, ne peut-elle revendiquer logiquement le droit de disparaître quand elle le veut ? »[737] [sans que la société obtienne le droit de la soustraire de son sein par la mort, pour avoir perturbé l'ordre social dont l'État est garant en vertu du contrat social]. Cette perspective individualiste qui met en harmonie l'interdiction du « meurtre juridique » et le droit reconnu à l'individu de se donner la mort par le moyen de l'euthanasie défendue depuis des siècles en Occident[738], ne peut pas s'imposer à l'Afrique sans que des postulats philosophiques ou culturels et des réalités quotidiennes pouvant justifier le meurtre par le droit soient occultés. On peut du reste se demander si le droit africain ne signerait pas sa propre mort et celle de l'autorité productrice de ses normes en succombant à la volonté subjective du sujet proscrit, que l'immunité corporelle ainsi consacrée par le droit de ne pas subir la mort légale, placerait au-dessus de tous les interdits, de la morale et, d'une certaine manière, au-dessus de ses semblables. En ce sens il est permis, sans remettre en cause les acquis juridiques de la société humaine, de remettre en selle tout au moins pour l'Afrique, le principe de la légitimité de la peine de mort, voire, dans des cas extrêmement rares, celui de son application, c'est-à-dire l'exécution du coupable[739]. Car, en effet, l'interdiction de la peine de mort n'est pas une valeur commune aux États africains.

---

735 V. P. Wachsmann, *Libertés publiques*, 8e éd.,*op.cit.*, 2005, n° 386.
736 J. Morri, « Perpétuité pour les mineurs : La Cour suprême des États-Unis entrouvre les portes du pénitencier », *La Revue des droits de l'homme*, 2016, www.revues.org.
737 X. Dijon, « Peine de mort : abolir quoi ? », *Revue interdisciplinaire d'études juridiques*, 2009/2, vol. 63, p. 95 à 118.
738 Cesare Beccaria écrivait déjà en son temps que la peine de mort ne s'appuyait sur aucun droit, pour la raison suivante : « Ou l'homme a le droit de se tuer lui-même, ou il ne peut céder ce droit à un autre, ni à la société entière », v. *Des délits et des peines*, § XVI « De la peine de mort », traduit de l'italien par Collin de Plancy, éditions du Boucher, Paris, 2002.
739 V. X. Dijon, *op. cit.*

B. L'IMPOSSIBILITÉ DE FAIRE DE L'INTERDICTION DE LA PEINE DE MORT UNE VALEUR COMMUNE AUX ÉTATS AFRICAINS

Indéniablement, la peine de mort dont l'Afrique porte encore aujourd'hui les stigmates au travers de ses politiques répressives qui banalisent parfois la mort, a des origines lointaines dans son histoire. Ses fondements philosophiques et sa justification varient d'une aire culturelle à une autre, et d'une croyance à une autre. Dans tous les cas, elle repose sur une justification historico-philosophique, et est inscrite dans la culture comme un châtiment normal (1). Mais s'il y a accord sur la « sociabilité » de la peine, son maintien, du fait des divergences des conceptions philosophiques ou morales qui la fondent et la justifient, soulève un obstacle important dans la voie de l'harmonisation des politiques pénales à l'échelon fédéral et, partant celui de l'égalité entre citoyens devant la loi pénale dans une Afrique intégrée. La pratique de la peine de mort révèle une dysharmonie entre ladite peine et les infractions à l'origine de son usage ; ce qui met en lumière le problème de l'harmonisation des politiques répressives sans laquelle l'Afrique, même unifiée politiquement, ne pourra pas se concevoir comme un État fédéral (2).

1. Les fondements historiques et culturels de la peine de mort

En Afrique, la multiplicité des traditions culturelles ne permet pas que l'on puisse prétendre à une communauté de valeurs autour de l'interdiction de la peine de mort. Il serait présomptueux de prétendre, comme certains l'ont fait, que la société traditionnelle africaine n'a pas connu la peine de mort. Au contraire, dans une étude récente[740], le Groupe de travail sur la peine de mort en Afrique écrit : « la peine de mort existait dans toutes les communautés africaines pré-coloniales. Elle était généralement appliquée pour des délits graves tels que le parricide, le fratricide et d'autres homicides illégaux ainsi que la sorcellerie ». Cette conclusion s'appuie sur des recherches scientifiques autorisées approuvées par la Commission africaine des droits de l'homme. Le Groupe de travail note au passage la fidélité de l'Afrique à la tradition de la peine de mort : « Les efforts visant à imposer une abolition totale de la peine de mort en Afrique ne sont pas dénués d'enjeux. Tout d'abord, plusieurs pays du continent soutiennent la peine de mort. La peine capitale est populaire en Afrique car la population n'a guère confiance dans les gouvernements, ni dans les organismes d'État, qui sont reconnus univer-

740 *Étude sur la question de la peine de mort en Afrique,* présentée par le Groupe de travail sur la peine de mort en Afrique, et adoptée par la Commission africaine des droits de l'homme et des peuples lors de sa 50è Session ordinaire, 24 octobre au 7 novembre 2011, Banjul Gambie, www. Achpr.org, p. 24.

sellement comme corrompus et inefficaces »[741]. Il faut y ajouter le facteur religieux, notamment le droit d'inspiration islamique qui la considère comme l'accomplissement de la sentence divine à l'encontre des fauteurs de troubles[742]. Il en résulte que la peine de mort est perçue assez favorablement sur l'ensemble du continent à peu près dans toutes les couches de la population. L'histoire politique de l'Afrique post-coloniale témoigne assez largement que même les autorités politiques, dans la quasi-totalité des pays l'ont appliquée avec un certain empressement, de façon constante et souvent au mépris du droit quand il fallait éliminer les adversaires politiques. La Commission africaine — mais aussi la Cour africaine après elle[743] — en a fait les frais à l'occasion de l'affaire *Ken Saro Wiwa,* le poète Ogoni, qui brava le gouvernement fédéral nigérian du président Sani Abacha, et le paya de sa vie[744]. La Commission africaine avait vainement tenté de condamner la peine de mort comme contraire à l'article 4 de la Charte[745]. Mais le gouvernement eut la malice sinon le cynisme d'exécuter la condamnation, à l'issue d'un jugement sommaire et d'une partialité regrettable, sans attendre la décision de la Commission. Le mépris de ce gouvernement à l'endroit de la décision à venir de la Commission qui couvait manifestement sa condamnation s'explique par le fait que celui-ci avait pris la résolution d'exécuter Saro Wiwa et les autres prévenus avant même qu'ils fussent entendus par un juge, et le jugement prononcé par le tribunal d'exception qu'il avait mis en place n'était en réalité qu'une mascarade dont-il savait pertinemment qu'elle finirait par être dévoilée par l'instance africaine. Ce comportement est assez symptomatique du rapport que les africains en général, et la classe politique en particulier, entretiennent avec la mort[746]. Et on peut y déceler la réminiscence d'une tra-

---

741 *Étude sur la question de la peine de mort en Afrique, op. cit.*, p. 54.

742 B. Mérabti, « L'abolition de la peine de mort dans les pays musulmans : engager la réflexion », *RTDH*, 2005/62, p. 563.

743 A propos de l'Affaire *Commission africaine des droits de l'homme et des peuples c. Libye*, 18 août 2015, req. 002/2013 où, en dépit des mesures provisoires ordonnées par la Cour, l'État libyen prononça un jugement de condamnation à mort par contumace à l'encontre de M. Saïf Islam Kadhafi.

744 Comm. ADH, International PEN, Constitutional Rights, Interrights au nom de Ken Saro Wiwa Jr et Civil liberties organisation c. Nigeria, Communication 137/94-139/94-154/96-161/97.

745 CADH, 1998, International Pen et Autres (pour le compte de Saro-Wiwa) c. Nigeria, *RADH*, 2000, p. 217.

746 C'est la même problématique qui se pose en Afrique à propos de la peine de mort. Dans l'affaire *Interghts et al. (pour le compte de Mariette Sonjaleen Bosch) c. Botwana,* comm. 240/2001, 34è session ordinaire, novembre 2003, le président de la Commission africaine avait écrit au président du Botswana pour obtenir le sursis à

dition sacrificielle ancestrale encore d'actualité sur la scène politique[747], notamment à travers le phénomène de la sorcellerie[748], et pas seulement. Le pouvoir de donner la mort était un attribut de la puissance royale ou de l'autorité investie[749]. Il consistait en l'offrande des sacrifices propitiatoires ou expiatoires, en cas d'épidémie ou de crise majeure dans le royaume[750] ; et reposait sur le caractère sacré de l'autorité investie[751]. L'investiture aussi bien que l'exercice et la conservation du pouvoir n'étaient garantis qu'au prix du sang réclamé par les esprits aux humains[752]. Cette tradition peut expliquer, à bien des égards, les pulsions mortifères que l'on a pu observer chez maints dirigeants politiques africains au cours de l'histoire.

---

exécution d'une décision de condamnation à mort d'une personne accusée de meurtre, dans l'attente de la décision de la Commission, alors que l'accusée dénonçait à la fois le renversement de la charge de la preuve, qui annulait la présomption d'innocence, et la disproportion de la peine au regard des circonstances du crime qui lui était imputé. Le président botswanais, premier magistrat du pays, ne prit même pas la peine de répondre à la Commission et ordonna l'exécution de la prévenue en toute insouciance, alors qu'il y avait des chances sérieuses qu'elle obtienne gain de cause devant la Commission africaine. En lisant le jugement *post mortem* rendu par la Commission, et dont l'inutilité saute aux yeux, on peut se demander si sa sentence martiale, qui balaie méthodiquement les arguments de la condamnée, n'était pas destinée à laver la justice botswanaise d'une faute grave consistant en *la mauvaise orientation du juge* en ce qui concerne l'obligation de preuve, ayant causé à la condamnée un préjudice irréparable, dont ses ayant-droits auraient dû obtenir réparation. En tout état de cause, le droit à la vie consacré par la Charte ne pèse pas lourd face au droit de tuer prescrit par les autorités nationales quelle que soit la forme.

747 H. Labouret, « Sacrifices humains en Afrique occidentale », *Journal de la Société des Africanistes*, 1941, tome 1, p. 193-196, www.persee.fr/doc/ ; « La sorcellerie au cœur du pouvoir : petits secrets de Palais », *Jeune Afrique*, 10 juillet 2012, www.jeuneafrique.com. Dans les sociétés judéo-chrétiennes, la mort ne peut pas être donnée par un tribunal avec précipitation avant que la culpabilité du prévenu soit établie. La doctrine chrétienne du salut, qui décrit une vision apocalyptique pour ceux qui n'ont pas accepté le salut par Jésus-Christ, est certainement ancrée dans l'inconscient collectif en Occident, au point que la vie y est perçue comme une chance, et la mort une perte irréparable. En Afrique, au contraire, la mort est un voyage vers le royaume des ancêtres qui est parallèle à celui des vivants, (v. M. Kamto, *Pouvoir et droit en Afrique noire : essai sur les fondements du constitutionnalisme dans les États d'Afrique noire francophone*, Paris, éd. LGDJ, 1987, p. 59). Elle n'est que « la disparition de l'apparence ; au-delà de celle-ci, le *muntu* continue d'être » : v. Ph. Hugon, « Les blocages socio-culturels en Afrique noire », *Tiers-Monde*, tome 8, n° 31, 1967, p. 699-709. Donner la mort, même sans que la victime soit coupable, ne constitue donc pas forcément l'accomplissement d'un geste fatal à autrui (M. Delafosse décrit la tradition de la mort sacrificielle qui est donnée par le chef pour honorer des divinités. v. *Les civilisations négro-africaines, op. cit.*, p. 20 et 21).

Cette culture du meurtre sacrificiel, qui tranche avec le droit à la vie inscrit dans la Charte africaine, est à rechercher à travers toutes les strates de l'histoire africaine qui ont sédimenté la culture et la personnalité africaines telles qu'on les connaît aujourd'hui. Les institutions politiques sont importées, mais les pratiques paraissent avoir une origine lointaine[753]. L'instabilité politique, les guerres frontalières et les rébellions intestines, les crises économiques dont les dirigeants trouvent un exutoire dans la violence et, récemment le terrorisme, ont contribué à cristalliser la passion de la mort. La Charte africaine et les instruments internationaux subséquents qui préconisent l'abolition de la peine de mort constituent des remèdes encourageants mais pas suffisants pour parvenir à extraire la peine de mort du droit africain. Ce sont des instruments internationaux, ratifiés à l'initiative de l'Europe, qui a banni la peine de mort de son sol, qui présentent l'abolition de la peine de mort comme une étape essentielle dans la protection des droits fondamentaux de la personne. Le moratoire signé par les États africains en est l'illustration. Les réalités locales, qui expliquent l'existence de pratiques et de législations favorables à la peine capitale sont censées s'estomper par la volonté humaine. Mais les réalités sont tenaces. Certains pays où la menace terroriste est très élevée ont rétabli la peine de mort, au mépris du moratoire qu'ils ont signé. C'est le cas du Tchad, confronté à Boko Haram. Et comment serait-t-il possible d'envisager l'unité africaine en supposant la présence de groupements armés qui donnent la mort et commettent les pires exactions au nom d'une doctrine religieuse, le salafisme, qui est loin de faire l'unanimité.

---

748 V. P. Gesghière, « Sorcellerie et politique : les pièges du rapport élites-village », *Politique africaine*, 1996/10, n° 63, p. 82-96 ; M. G. Schatzberg, « La sorcellerie comme mode de causalité politique », *Politique africaine*, 200/3, n° 79, p. 33-47.

749 V. A. Adler, « Les métamorphoses du pouvoir. Politique et sorcellerie en Afrique », *L'Homme*, 2004/1, n° 169, p. 7 à 60.

750 V. E. Terray, « Le pouvoir, le sang et la mort dans le royaume asante au XIXe siècle », *Cahiers d'études africaines*, vol. 34, n° 136, 1994, p. 549-561.

751 Même si le sacré associé au pouvoir peut alimenter des interrogations : v. C. Tardits, « A propos du pouvoir sacré en Afrique : que disent les textes », Systèmes de pensée en Afrique noire, 10/1990, mise en ligne le 17 juin 2013, http://span.revue.org/855.

752 A. Adler, « Les métamorphoses du pouvoir. Politique et sorcellerie... », *op. cit.*

753 Comme l'écrivent Mme Florence Bernault et M. Joseph Tonda, « la relation avec le pouvoir, le souci de l'argent et de la mobilité sociale, le phantasme de consommation, la gestion des pouvoirs de vie et de mort, les images du corps et du sexe, tous éléments déterminants dans l'imaginaire sorcier, appartiennent aussi à une longue histoire » : F. Bernault et J. Tonda, « Dynamique de l'invisible en Afrique », *Politique africaine*, 200/3, n° 79, p. 5-16.

Il est de notoriété publique que la secte Boko Haram est née en réaction contre la décision des autorités fédérales du Nigeria, en accord avec les gouverneurs des États du nord, de suspendre l'application de la charia dans lesdits États[754]. Le conflit qu'elle impose est bien une guerre de religion pour le triomphe de l'islam sur terre, et dont les chrétiens payent un lourd tribu[755]. Il faut bien admettre que le maintien de la peine de mort est un puissant rempart contre l'intolérance qui risque d'effacer du sol continental une partie, peut-être majoritaire, de la population, qui ne s'identifie ni de loin ni de près à une telle croyance. Faire de l'abolition de la peine de mort une valeur commune risque d'avoir l'effet pervers d'encourager les partisans de la domination d'une frange de la population sur une autre au nom d'idéaux contraires aux valeurs démocratiques. La peine de mort est peut-être encore pour longtemps l'arme ultime des États réputés faibles qui combattent désespérément un « ennemi diffus »[756], un adversaire presque invisible, et presque invincible sur le terrain idéologique, et dont ils ignorent la puissance, les soutiens et les motivations souterraines[757]. Nous ne croyons pas un instant que la conscience collective, dans la plupart des pays africains, soit choquée ou offusquée par la condamnation à mort des terroristes, qui sèment la mort gratuitement dans des sociétés qui sont déjà confrontées aux calamités les plus atroces que l'humanité aient connues

Au Maghreb plus qu'ailleurs le courant abolitionniste porté par la communauté internationale met les pouvoirs publics dans l'embarras, car cela équivaudrait à leur demander d'annuler la charia qui légitime une telle sanction et à refuser de satisfaire la demande sociale lorsque la paix est gravement menacée par des crimes odieux. Or, la peine capitale y est perçue comme doublement avantageuse pour réaliser la paix sociale : dans la lutte

---

754 V. Ch. Seignobos, « Boko Haram : innovations guerrières depuis les monts mandara. Cosaquerie motorisée et islamisation forcée », *Afrique contemporaine*, 2014/4, n° 252, p. 149-159.

755 V. Ch. Seignobos, « Boko Haram : innovations guerrières... », *op. cit.*

756 V. M. Raffray, « Barkhane africanise sa lutte antiterroriste », *Valeurs actuelles*, 23 au 29 mars 2017, p. 34-37.

757 Boko Haram, selon toute vraisemblance, a fait allégeance à Aqmi (Al-QaÏda au Maghreb islamique), et veut mettre la main sur plusieurs pays d'Afrique (Mali, Tchad, Burkina-Faso, Niger, Nigeria, Bénin et Cameroun), en vue d'en faire un territoire islamique (v. M. Raffray, « Barkhane africanise sa lutte antiterroriste », *Valeurs actuelles, op. cit*). Ce territoire, s'il lui est acquis, servira de terrain expérimental de la charia, comme ce fut le cas au Nord Mali. La conquête de l'Afrique tout entière est certainement son objectif à long terme.

contre le terrorisme[758] où elle peut à coup sûr avoir une fonction dissuasive[759] ; dans la lutte contre l'extrémisme religieux qui a souvent occasionné l'instabilité dans cette région. Dans la région des grands lacs, malgré les abolitionnistes, la peine de mort est maintenue, à cause de la guerre qui y sévit[760].

Il existe d'autres situations politiques telles que la gestion désastreuse des ressources nationales, la corruption, les détournements des deniers publics par la classe au pouvoir, au mépris de l'intérêt du développement national, qui peuvent encore militer en faveur du rétablissement ou du maintien de cette peine, ne serait-ce que pour dissuader les dépositaires de l'autorité publique et des fonctions électives d'agir avec légèreté dans la gestion des finances publiques. Le pouvoir clanique et personnel a souvent contribué à faire échapper les élites ethniques, impliquées dans le banditisme d'État, aux griffes de la justice ; et il ne les livrerait pas. Celles qui purgeaient leurs peines de prison pour lesdits faits sont immédiatement relâchées dès que l'alternance profite à l'ethnie. La peine de mort peut être maintenue dans la perspective d'un changement de majorité, qui entraînerait *de facto* la réouverture des dossiers compromettants que l'ancienne équipe avait classés sans suite.

Enfin, l'interdiction de la peine de mort telle qu'elle est formulée par voie conventionnelle et imposée de l'extérieur à l'Afrique pose un problème juridique de taille qui est celui de l'atteinte qu'elle porte aux conditions essentielles d'exercice de la souveraineté par les États africains, surtout que ces derniers n'ont pas toujours procédé à la modification de leurs constitutions

---

758 Il faut toujours se souvenir que l'Algérie a été menacée d'implosion et de disparition par de nombreux groupes armés d'obédience islamique qui, dans les décennies 90 et 2000, ont pratiqué la violence sur son territoire contre les populations civiles et contre les institutions publiques au nom d'un État islamique qu'ils entendaient mettre en place en lieu et place de l'État actuel accusé d'infidélité et de tous les maux. C'est par l'usage de la violence légitime — y compris l'application de la peine de mort par les tribunaux et la force publique — qu'elle doit son salut. Loin de nous l'idée de faire l'apologie de la peine de mort, nous considérons qu'il semble prématuré d'entraîner ce pays qui est passé par tous les états, sur la voie de l'abolition, alors même que la menace de la résurgence de ces groupes armés qui prônent un islam radical n'est pas encore totalement écartée (v. L. Martinez, « Le cheminement singulier de la violence islamiste en Algérie », *Critique internationale*, 2003/3, n° 20, p. 165 à 177 ; M. Masson, « Les groupes islamistes se réclamant d'Al qaïda au Maghreb et au Nord de l'Afrique », *Confluences Méditerranée*, 2011/1, n° 76, p. 155-168).

759 V. article 218-7 du Code pénal marocain.

760 V. F. Gorchs-Chacou, Noémie de Cerval, « La peine de mort dans l'Afrique des grands lacs : Acteurs, Arguments et Stratégies », Coalition mondiale contre la peine de mort, 2008, www.worldcoalition.org.

dans le respect de la volonté des peuples. Cette interdiction, par voie de moratoire, ne réserve pas toujours l'hypothèse de danger public menaçant la vie de la nation comme en Algérie[761]. Dans l'Afrique actuelle des souverainetés, il faut un large consensus qui tienne compte de la volonté des peuples pour parvenir à la réception d'un tel principe.

L'interdiction de la peine de mort apparaît ainsi, au regard des réalités politiques, économiques et culturelles, comme un idéal platonique pour le continent africain. Imposée du dehors comme une valeur matricielle en matière des droits fondamentaux, elle ne rencontre pas une véritable adhésion populaire sur une terre où la prévalence de la conception communautaire des droits peut se révéler incompatible avec l'anthropocentrisme proprement occidental. Autant la peine de mort est rarement appliquée lorsqu'elle est prévue par les textes, autant la menace d'un recours possible à son usage est susceptible de décourager ceux qui seraient tentés de violer dangereusement l'ordre public. Force est pourtant d'admettre que même si l'abolition ne parvient pas à s'imposer face aux réalités africaines très complexes, elle se révèle indispensable pour corriger le problème de la dysharmonie qui existe entre la peine de mort et les infractions qu'elle sanctionne. L'harmonisation des politiques répressives des États est à ce prix.

2. La dysharmonie entre la peine de mort et les infractions justifiant le recours à son usage : l'impossible harmonisation des politiques répressives

Cette dysharmonie, comme nous allons le montrer, est évidente si l'on considère la diversité des politiques répressives des États. Elle concerne surtout les infractions qui sont susceptibles de justifier l'application de la peine de mort. Le défi que pose cette problématique au fédéralisme africain est celui de la réalisation d'une citoyenneté unique fondée sur l'unité de la règle de droit en ce domaine. Maintenir la peine de mort pour les actes criminels tels que le crime organisé, le terrorisme, les assassinats ou la haute trahison, n'est certainement pas contraire à la démocratie et peut être justifié par des circonstances locales. Les États-Unis d'Amérique en constituent un exemple parfait[762]. En revanche, l'appliquer aux actes qui constituent des atteintes aux

761 V. par exemple, A. Ondoua, « Abolition de la peine de mort et Constitution, note sous Cons. Const., 13 oct. 2005 », *D.* 2006, n° 9, p. 634 à 637.

762 Il existe peut-être, entre les États-Unis et l'Afrique, une sensibilité commune face au crime, qui explique que la considération due à un coupable ou un condamné n'est pas équivalente à celle que l'on rencontre en Europe. Du fait de son passé esclavagiste, de son univers violent lié à la grande criminalité, qui n'a pas d'équivalent en

mœurs ou aux pratiques religieuses est pour le moins contestable. Ainsi, on comprendrait mal que le citoyen africain qui a coutume de pratiquer librement l'adultère, la fornication, le blasphème, ou qui est apostat, et qui passe entre les mailles du filet de la justice civile et pénale en Afrique noire, puisse encourir pour les mêmes actes la peine de mort dans les pays musulmans, sans aucune possibilité de rachat ou de resocialisation. Mais racheter qui, quoi et pourquoi ? Car, dans la plupart des sociétés humaines aujourd'hui, et même africaines, ces pratiques sont si banales que la conscience sociale ne s'en trouve ni troublée ni offusquée. On ne voit pas pourquoi la société prononcerait des sanctions, et *a fortiori*, la peine de mort, à l'encontre des citoyens qu'elle ne tient pas pour coupables, et qui, au surplus, ne font que reproduire les mœurs en vigueur, dont les origines fort anciennes révèlent une tolérance sociale[763]. L'idée même qu'on puisse infliger indistinctement une peine aussi grossière à tous les comportements jugés contraires à l'ordre public, parce qu'ils constitueraient une atteinte à la loi de Dieu, sans qu'existe une échelle partagée de la gravité des infractions, est superficielle dans une nation multiconfessionnelle et multiculturelle. Elle introduit une inégalité injustifiée dans le traitement des prévenus et dans celui des États ; et on ne peut pas obliger un État à subir la loi d'une croyance étrangère que ne partagent pas ses citoyens. Il ne faut pas que la construction panafricaine se transforme en un impérialisme religieux violent, où certains États vont pouvoir impunément imposer sur leurs sols des peines disproportionnées à l'encontre citoyens, ce qui serait une violation caractérisée des termes conventionnels. Ce serait aussi pratiquer un impérialisme culturel au mépris des croyances d'autrui, caractéristique du « refus de vivre ensemble »[764]. A l'évidence la seule politique pénale qui garantisse à la fois le vivre-ensemble et l'unité, consiste à renvoyer les infractions religieuses dans la sphère privée des croyants.

La réalisation de l'unité doit nécessairement passer par l'harmonisation des politiques répressives concernant à la fois les éléments constitutifs de

---

Europe, l'Amérique n'accorde que peu de place à la dignité de la personne du condamné (v. J. Whitman, « Comment expliquer la peine aux États-Unis ? », *APC*, 2005/1, n° 27, p. 225-233).

763 J. V., « En écoutant les Chefs et les Anciens : essai sur l'adultère et la prostitution chez les Noirs d'Afrique », *Journal de la Société des Africanistes*, 1935, tome 5, fasc. 2, p. 163-174 ; S. Tchak, *La sexualité féminine en Afrique. Domination masculine et libération féminine*, éd. L'Harmattan, 1999, 240 p.

764 L'expression est de D. Etoughé dans, « Les discriminations ethniques au Gabon », in *Refonder l'État au Gabon. Contributions au débat*, éd. L'Harmattan, 2003, p. 59.

l'infraction et les sanctions applicables [765]. La question formulée ici revient à se demander, d'une part quelle est la sanction qui convient à tel type de comportement jugé condamnable par le groupe, la communauté ou la nation, et d'autre part s'il existe en Afrique un standard de comportements que l'on peut classer dans les différentes catégories d'infractions universellement admises. Plus précisément, la peine de mort peut-t-elle être maintenue si les standards de fautes auxquels elle s'applique ne correspondent pas à des systèmes de valeurs uniformes. C'est en principe le système de valeurs qui détermine l'échelle des sanctions applicables en matière répressive, et qui authentifie et valide ce qui est bien et acceptable, ou mal et inadmissible pour le corps social. Il se réfère à des considérations morales admises par une communauté, ou, comme cela ressort des études en science criminelle, à des représentations sociales du juste ou du bien[766]. « Processus et produit d'une élaboration psychologique et sociale du réel, les représentations sociales et les attributions qui les sous-tendent devraient permettre de comprendre non pas la réalité en tant que telle, mais comment les groupes sociaux se l'approprient »[767]. La difficulté pour la réalisation de l'unité de la justice pénale en Afrique vient de ce que les représentations sociales s'inspirent de plusieurs sources de normes, des doctrines et des croyances, qui diffèrent foncièrement dans leurs philosophies. La perception de la faute et de la sanction n'est pas uniforme. Ainsi que cela a été affirmé, « aucune sorte de norme ne bénéficie de l'universalité, toutes sont assujetties à la contingence sociale »[768]. C'est une des multiples facettes du facteur spatio-temporel[769] ; du coup l'échelle des

765 En Europe, le processus d'harmonisation des législations pénales inscrit dans le Traité depuis 1992, est en cours, v. E. Lambert Abdelgawad, « L'harmonisation des sanctions pénales en Europe : Étude comparée de faisabilité appliquée aux sanctions applicables, au prononcé des sanctions et aux mesures d'aménagement des peines privatives de liberté », *APC*, 2002/1, n° 24, p. 177-194.

766 V. M. Van de Kerchove, « Les fonctions de la sanction pénale. Entre droit et philosophie », *Informations sociales*, 2005/7, n° 127, p. 22-31.

767 N. Languin, E. D. Widmer, J. Kellerhals, Ch.-N. Robert, « Comment sanctionner le crime ? Une étude empirique dans les mentalités populaires en Suisse romande », *APC*, 2003/1, n° 25, p. 109-133.

768 Ph. Robert, « Du droit comme contexte ou de la considération du droit dans l'étude sociologique du crime », *Revue interdisciplinaire d'études juridiques*, 2013/1, vol. 70, p. 172 à 179.

769 Nous l'avons vu plus haut, le droit arabo-musulman n'a pas suivi la même trajectoire que le droit occidental. Tandis que le second s'est constamment adapté à l'évolution des mœurs, le premier au contraire a imposé un standard de mœurs inspiré du texte sacré. Il en résulte que des comportements qui étaient passibles du bûcher sous l'ancien droit français, tels que l'homosexualité (v. C. Mécay, *Droit et homosexualité,*

sanctions varie aussi d'un milieu à un autre en fonction des croyances, des doctrines, des mentalités et des sensibilités propres à chaque groupe. La cohérence du droit pénal des États est menacée toutes les fois que des efforts d'harmonisation des systèmes répressifs sont entrepris[770]. Les convergences sont presque irréalisables dans des sociétés moins libérales pour ne pas dire autoritaires, comme celles de l'Afrique, et même dans les démocraties libérales, du fait des conceptions nationales des valeurs et principes constitutionnels[771], dont le législateur est seul garant. On perçoit là l'impossibilité, pour l'Union africaine, d'adopter une politique pénale commune et, à plus forte raison, d'abolir d'autorité la peine de mort sur l'ensemble du continent, sans prendre en compte l'environnement socio-économique local et les politiques pénales des États. Si les sanctions sont déterminées et imposées de l'extérieur en considération des critères qui ne reflètent pas les valeurs défendues par la société, on peut bien se demander quelle est l'utilité du pouvoir législatif dans un État[772], qui seul est traditionnellement habilité à déterminer les fonctions du droit pénal ; à ce titre, il fixe la proportion entre la gravité des infractions par lui incriminées et le degré des peines applicables[773]. Il n'existe pas encore (et il n'en existera pas dans un avenir proche) d'espace pénal africain, pour que l'on oblige les États du continent à soustraire la peine de mort de l'ensemble de leurs capacités répressives. La problématique de l'harmonisation de la politique criminelle met à nu l'incompatibilité de la Charte africaine, de la Déclaration universelle des droits de l'homme et des autres sources normatives conventionnelles avec les cultures et les droits nationaux. Il semble impossible en effet de parvenir un jour à un encadrement de la compétence pénale des États, comme cela se fait dans le droit de l'Union eu-

---

éd. Dalloz, Paris, 2000, p. 20), sont aujourd'hui dépénalisés, autorisés et même encouragés, alors que le droit musulman d'aujourd'hui les interdit et les punit de peines très sévères allant jusqu'à la peine de mort.

770 V. E. Lambert Abdelgawad, « L'harmonisation des sanctions pénales... », *op. cit.*

771 Citons l'exemple de l'Allemagne où, en matière de sanction des comportements sexuels, le législateur refuse, au nom d'une conception de la dignité humaine qui lui est propre, et qui plonge ses racines dans son histoire, d'adopter des peines telles que la castration chimique, dont les États-Unis sont champion : v. A. Rainer, « Allemagne », in *AIJC,* 26, 2010, 2011, Constitutions et droit pénal. Hiérarchie(e) et droits fondamentaux, p. 95-108.

772 C. Vroom, « États-Unis », in *Constitutions et droit pénal – Hiérarchies et droits fondamentaux,* Table Ronde, *AIJC,* 2010-2011, p. 153-186.

773 V. Th. s. Renoux et W. Bénessiano, « France », in, *Constitutions et droit pénal,* Table ronde, *AIJC,* XXVI, 2010, p. 187-239.

ropéenne par l'interdiction faite aux États de maintenir des incriminations qui sanctionnent des comportements qui, au regard du droit de l'Union, ne sont pas fautifs[774].

Si au Maghreb et dans l'ensemble des républiques islamiques, la norme religieuse a imprimé dans la conscience sociale incarnée par le législateur la nécessité de criminaliser les péchés sexuels et tout ce que la société tient pour des offenses à Dieu pouvant justifier la peine de mort, en Afrique noire en revanche, les suffrages que recueille ladite peine dans l'opinion révèlent au grand jour l'attachement de la conscience africaine à une morale transcendantale enfouie en elle, qui incrimine avec la plus grande sévérité les désordres de toute nature qui portent atteinte à la cohésion du corps social. Cette attitude, quand bien même la condamnation qu'elle prescrit reste symbolique parce que d'ordre moral, constitue néanmoins l'expression de la dénonciation de l'extraversion du droit de l'Union africaine dont l'abolition de la peine de mort est probablement le symbole le plus contesté. Ce droit qui est porteur d'une citoyenneté postnationale laïque et tolérante, et qui préfigure l'émergence d'une communauté de valeurs[775] nécessaire pour atteindre l'objectif de l'unité africaine, a cependant le plus grand mal à s'imposer face à des traditions bien enracinées. L'abolition de la peine de mort peut largement contribuer à harmoniser les politiques pénales des États, si toutefois tous acceptent le principe de la sécularisation du droit tel qu'il se profile au travers de la jurisprudence de la Commission et de la Cour africaine. Mais cette perspective n'est même pas envisageable à moyen terme. C'est dire combien le projet unificateur reste largement utopique. En effet, le défi est de taille, et la souveraineté des États sur la détermination de leur politique criminelle, qui répond à des impératifs moraux propres à chaque territoire culturel, n'est en rien altérée par l'insertion des instruments conventionnels portant abolition de la peine de mort dans les ordres juridiques nationaux. La résolution tendant à abolir la peine de mort est bien tendancieuse, et son succès très incertain. Le même scepticisme doit pouvoir être exprimé avec la même conviction à l'endroit des libertés de l'esprit qui, plus que les précédentes, constituent le critère fondamental de l'émergence d'une société démocratique, gage de l'État fédéral.

---

774 V. D. Simon, « Constitution, souveraineté pénale et droit communautaire », *NCCC*, n° 26, Dossier : *La Constitution et le droit pénal*, août 2009.
775 V. M. Delmas-Marty, « Introduction », in *Internationalisation et régionalisation du droit pénal iranien : aspects de droit iranien*. Séminaire franco-iranien, Paris 13 novembre 2002, *APC*, 2003/1, n° 25, p. 177-178.

TITRE II

LA DIFFICILE MISE EN ŒUVRE DES LIBERTÉS DE L'ESPRIT

Les libertés de l'esprit [776] permettent au citoyen de revendiquer son droit d'exister en exprimant librement ses pensées et ses opinions par tous les moyens, même face à la toute-puissance étatique, qui a les moyens de tout contrôler et même d'orienter la liberté. La revendication de ces libertés est parfois l'objet de tensions entre leurs destinataires et le pouvoir politique[777], celui-ci leur conférant parfois une charge idéologique[778] de nature à contrarier leur expression par les citoyens. Par le retentissement que peut avoir leur expression sur le jeu politique, elles se trouvent souvent encadrées, et parfois proscrites. C'est leur expression plus ou moins libre ou leur interdiction qui permet de déduire qu'on se trouve en présence d'une société libre et démocratique, dans laquelle les citoyens jouissent pleinement de leur citoyenneté, ou au contraire de se forger la conviction que l'État en cause est une tyrannie ou un régime totalitaire[779]. Il est des États autoritaires et des États ouverts[780]. Plus l'État laisse libre cours à l'expression de la pensée citoyenne dans maints domaines de la vie humaine, plus la nation a des chances d'éclore et de se pérenniser, et plus l'expression est drastiquement encadrée plus les chances de son éclatement s'en trouvent infiniment accrues. Dans les États fédéraux où les diversités culturelles ont besoin de s'exprimer et s'expriment parfois avec vigueur, en empruntant une tonalité séparatiste préjudiciable à la fédération, les obstructions à la liberté d'expression peuvent mettre en péril la nation. L'État fédéral n'est rien moins qu'un accord des volontés par lequel plusieurs communautés décident de fusionner leurs destins dans une organisation politique qui garantit à tous le bien-être, le développement collectif, et à chacun, l'épanouissement personnel au moyen de la liberté qu'elle s'engage à promouvoir[781]. L'État donc a la charge de contribuer à ce que, dans le respect de la légalité, chaque citoyen soit libre de ses pensées, de ses opinions

776 V. J. Robert et J. Duffar, *Droits de l'homme et libertés..., op. cit.*, p. 597 ; F. Rouvillois, *Libertés fondamentales, op. cit.* p. 225.
777 V. J.-M. Pontier, *Droits fondamentaux et libertés publiques*, 5e éd. Hachette, p. 16 et s.
778 L. Burgorgue-Larsen, « Les concepts de liberté publique et de droit fondamental », in *L'influence du droit européen sur les catégories du droit public*, sous la direction de J.-B. Auby, éd. Dalloz, p. 389 et s.
779 V. J. Mourgeon, Ph. Théron, *Les libertés publiques*, éd. PUF, 2015, p. 22 et s.
780 J. Robert et J. Duffar, *Droits de l'homme et libertés..., op. cit.*, n° 552-553.

ou de ses croyances sans qu'aucune entrave n'empêche la jouissance de la liberté, de la vie et de la propriété ; seul l'État démocratique est en mesure de garantir la pérennité de ce contrat[782]. Il est contractuellement ou conventionnellement débiteur de la liberté à l'égard des membres du groupe. C'est cette théorie qui se trouve formulée dans la plupart des théories du droit naturel et notamment celles qui font du contrat social le fondement de toutes les sociétés organisées en État. L'État, qui est la nation organisée, n'est pas une communauté d'âmes, mais un agrégat d'individualités, dont il doit préserver et promouvoir les libertés. Sans libertés, pas de nation[783]. En Occident, depuis des siècles, l'unité des nations s'est réalisée sur la base de la liberté[784]. Il va sans dire que la garantie des libertés publiques conditionne l'adhésion des États à une organisation interétatique[785]. En Afrique, la réalité est toute diffé-

781 Proudhon considérait déjà, à une époque où la notion de fédéralisme n'était encore qu'un néologisme susceptible de plusieurs définitions, que l'État fédéral était un contrat à la fois synallagmatique et commutatif, ce qui prouve bien que chaque membre en attend un bénéfice, v. Pierre-Joseph Proudhon, *Du principe fédératif*, Ière Partie, p. 315 à 324.

782 Dans le fédéralisme nord-américain, les notions de liberté et de propriété ont une importance fondamentale. Comme pouvait l'écrire N. Thorpe à la fin du XIXè siècle, « la démocratie en Amérique, à la fin du XVIIè siècle, prit la forme d'un corps politique dans lequel la conception de l'État contrat civil est une convention formée entre la collectivité et chaque individu et entre chaque individu et la collectivité. L'objet de l'État est la protection de la vie et de la propriété individuelle », v. PR., N. Thorpe, « Le principe de représentation dans la démocratie américaine », *RDP*, 1894, II, p. 1 et s. Le peuple a alors le droit de changer la forme du gouvernement de façon à assurer ses droits et libertés légitimes si les termes de ce contrat sont modifiés.

783 L'Union soviétique a été pendant longtemps le modèle d'une nation factice qui entretenait à travers ses lois l'illusion de garantir les libertés publiques ; en pratique les citoyens ne jouissaient pas pleinement de ces libertés. Cette vision idyllique d'une nation unie a fini par se briser sous le poids des revendications en faveur de la liberté, dévoilant enfin de compte le visage d'une dictature féroce et impitoyable à l'égard des opinions jugées subversives pour de l'ordre établi, v. M. S Strogovich, « La protection des droits des citoyens en URSS », *RIDC*, vol. 16, n° 2, 1964, p. 297-306.

784 La Déclaration d'indépendance des États-Unis d'Amérique du 4 juillet 1776 tenait la liberté et la vie pour des droits inaliénables que les hommes tiennent du Créateur, et qu'ils ont le droit et le devoir de défendre contre tous gouvernements qu'ils jugeraient despotiques. Dans le même sens, il convient de mentionner la Déclaration de l'État de Virginie du 12 juillet 1776, et notamment son article 1er .

785 On peut aussi mentionner l'exemple de la France. La Déclaration des droits de l'homme et du citoyen de 1789 consacre plusieurs dispositions à la liberté qu'elle

rente. La liberté n'a pas été posée comme une condition préalable à la formation des États-nations existant sur le continent. Elle n'est pas encore un symbole culturel comme aux États-Unis[786]. Les droits fondamentaux dans les constitutions étaient formulés en termes d'imposition d'une obligation positive à la charge des États, et non en termes de prohibition comme c'est le cas en Amérique[787], et n'avaient jamais été considérés comme nécessaires à la formation des nations. En définitive, la conception individualiste des droits de l'homme était inconnue des sociétés africaines[788]. Avec les États multicommunautaires et multiculturels nés après la colonisation, les droits fondamentaux de l'homme ont cessé d'être une simple finalité dans le processus de formation de la nation, pour devenir le moyen d'y parvenir. L'État fédéral que l'Afrique s'apprête à instituer amplifie l'équation des droits fondamentaux et de la nation. Il est, en effet, impossible de parvenir à l'édification d'une organisation politique de type fédéral si aucun mécanisme efficace de protection des libertés n'est mis en place avec toutes les garanties qu'exige le système démocratique[789]. L'Union africaine se borne à réaffirmer la volonté des États d'assurer la jouissance effective des droits fondamentaux, comme si les engagements pris par des régimes dictatoriaux drapés du manteau de la démocratie, et dont par ailleurs elle ne réglemente et ne contrôle les avancées démocratiques qu'à l'aune de la participation des citoyens aux élections, pouvaient suffire à garantir les libertés[790]. La liberté, avant d'être un droit régle-

considère comme un droit attaché à la nature de l'homme. En outre, elle décline cette liberté en plusieurs droits, dont la libre communication des pensées, la liberté religieuse, la liberté de croyance, d'opinion, de conscience ou d'expression.

786 V. M. Rosenfeld, « La philosophie de la liberté d expression en Amérique, la liberté d'expression en théorie et en pratique », in *L'architecture du droit, Mélanges en l'honneur de Michel Troper*, éd. Économica, 2006, p. 883 ; M. Gjidara, « La solution fédérale : bilan critique », *Pouvoirs*, n° 57, 1991, p. 93-112.

787 M. Rosenfeld, « La philosophie de la liberté d'expression... », *op. cit.*

788 V. G. Corm, « Le difficile voyage de la liberté hors d'Occident », *op. cit.*.

789 Des États comme Israël, l'Afrique du Sud ou la Hongrie ne peuvent survivre sans l'affirmation et la défense du caractère démocratique de l'État, sans lequel leur unité historique liée à leur caractère ethnique primordial ne survivrait pas face au multiculturalisme et à la diversité ethnique dont ils se sont enrichis ultérieurement. v. par exemple C. Klein, « Du bon usage d'un modèle : l'État-nation et le cas de l'État d'Israël », in *L'architecture du droit, Mélanges en l'honneur de Michel Troper*, éd. Économica, 2006, p. 569.

790 Pour la plupart des auteurs, il ne s'agit pas à proprement parler des démocraties au sens occidental, mais de « régimes hybrides », qui ne sont ni vraiment démocratiques, ni vraiment autoritaires, : P. Quantin, « La démocratie en Afrique à la recherche d'un modèle », *Pouvoirs*, n° 129, 2009, p. 65-75. Ce qui caractérise ces régimes c'est le « maquillage de l'autoritarisme », la manipulation des élections, etc.

menté par les textes, est d'abord un fait culturel, un état d'esprit et un vécu, qu'on ne décrète pas. En dépit d'un arsenal normatif impressionnant au niveau continental et national en matière de protection des libertés, on peut sérieusement douter que les conditions de la libre expression des libertés publiques soient à l'heure actuelle réunies dans un environnement culturel violent, économiquement incertain et politiquement sensible, voire explosif. En dépit de quelques progrès enregistrés, le défi de la liberté d'expression n'a jamais été relevé sur l'ensemble du continent (CHAPITRE I). Les libertés religieuses vont elles aussi être écrasées dans une Afrique où la tolérance à l'égard de la croyance d'autrui est sujette à caution, et où le principe de la laïcité est combattu par des législations nationales ancrées dans des traditions culturelles et religieuses (CHAPITRE II).

CHAPITRE I.

LA NÉGATION DE LA LIBERTÉ D'EXPRESSION

La liberté d'expression est sans doute le droit le plus malmené de toute l'histoire de l'Afrique. On peut dire sans risque de se tromper que l'absence de la liberté d'expression est ce qui fait des Africains des hommes et des femmes captifs des pouvoirs politiques et prisonniers des cultures liberticides, la liberté d'expression étant intimement liée à la démocratie libérale[791]. Ce constat aussi cinglant qu'il puisse être est loin d'être excessif. Cette liberté a été depuis très longtemps l'objet de nombreuses violations. Formellement, elle est consacrée par les droits des États (Section 1). Mais l'environnement culturel africain ne facilite pas son enracinement (Section 2).

Section1. La consécration formelle de la liberté d'expression

La liberté d'expression est proclamée bien tardivement par les traités conclus dans le cadre de l'Union africaine. La Charte de l'OUA ne s'en était pas préoccupée. Le contexte politique de l'époque, marqué par l'existence des partis uniques dans la plupart des États du continent n'était pas favorable à la la consécration d'une liberté qui aurait inévitablement fait voler en éclats l'unité politique de façade que les dictatures continentales entretenaient, pour couvrir leurs outrages aux libertés. Lorsque les instruments continentaux relatifs aux droits de l'homme l'intègrent, soit indirectement par la réception de la Déclaration universelle des droits de l'homme, soit directement par les différentes Chartes, cette liberté, loin d'apparaître comme s'inscrivant dans le sens de l'histoire écrite par les Africains, s'est faite à contre-courant des réalités politiques et sociales à l'intérieur des États où les réclamations en faveur de la liberté d'expression étaient encore isolées, voire sporadiques (§1). La preuve en est que son implantation se heurte depuis toujours à des résistances politiques et culturelles (§2).

§1. Une proclamation à contre-courant des réalités nationales

Liberté venue d'ailleurs, la liberté d'expression est une anomalie dans les pays de culture communautaire. Dans son expression libérale et individualiste, elle est apparue sur le continent par le biais du droit international ou du mimétisme juridique. Le droit de l'Union africaine l'a formulée très tardive-

791 M. Verpeaux, « La liberté d'expression dans les jurisprudences constitutionnelles », *NCCC*, 2012/3, n° 36, p. 135-155.

ment et de façon fort ambiguë (A). Les États ont consacré cette liberté plus par mimétisme juridique que par souci de compléter les conventions signées dans le cadre de l'OUA. Les législations étatiques sont antérieures à l'Organisation continentale, et certaines d'entre elles ont assorti la liberté d'expression de limites que n'avait pas prévues l'Union, et qui la restreignent en contravention avec les règles communautaires (B).

A. UNE FORMULATION TARDIVE ET AMBIGUË PAR LE DROIT DE L'UNION

La liberté d'expression est tellement méconnue sur le continent que l'Union africaine l'a même ignorée après avoir tout réglementé[792]. Seule la Charte africaine des droits de l'homme et des peuples traite de cette liberté sans en préciser l'étendue et la portée. Son article 6 fait de la liberté un droit sans aucune autre précision ; l'article 8 la vise indirectement sous le couvert de la liberté de conscience et de la liberté de religion. On y trouve aussi quelques allusions aux articles 9, 10 et 11, qui traitent respectivement de la libre expression et de la libre diffusion des opinions, de la liberté d'association et du droit de se réunir librement. La Convention européenne a été plus précise et plus conséquente dans la définition de cette liberté que ne l'a été la Charte africaine. Ainsi, son article 9 affirme que « toute personne a droit à la liberté de pensée, de conscience et de religion ; ce droit implique la liberté de changer de religion ou de conviction, ainsi que la liberté de manifester sa religion ou sa conviction... ». Aux termes de l'article 10, « toute personne a droit à la liberté d'expression. Ce droit comprend la liberté d'opinion et la liberté de recevoir ou de communiquer des informations ou des idées sans qu'il puisse y avoir ingérence d'autorités publiques et sans considération de frontière ». L'article 13 de la convention américaine des droits de l'homme est tout aussi explicite sur cette liberté. Il insiste notamment sur le droit de répandre des informations et des idées de toute espèce sans considération de frontières. En Occident les idéaux démocratiques sont des valeurs qui sont profondément ancrées dans la culture ; en Afrique au contraire, la Charte des

792 Il est symptomatique de noter que la Charte africaine de la démocratie, des élections et de la gouvernance du 30 janvier 2007 censée traiter de la démocratie paraît méconnaître l'existence d'un lien certain entre la démocratie et la liberté d'expression. Cette liberté qui, de toute évidence, devrait figurer dans son article 2 relatif aux objectifs, n'y est pas mentionnée. Elle se contente, dans cette disposition, de promouvoir l'adhésion de chaque État partie aux valeurs et principes universels de la démocratie, ainsi que les droits de l'homme. Mais cette formulation est tellement vague qu'elle ne contraint pas les États, qui sont libres de donner à ces « valeurs et principes » le contenu qui leur convient.

droits de l'homme à été élaborée dans un contexte politique assez particulier marqué par le durcissement des régimes dictatoriaux. C'est la raison pour laquelle, contrairement à la Convention européenne qui inscrit cette liberté, au même titre que les autres, dans les traditions politiques communes de démocratie et de respect des droits de l'homme, et qui la considère comme un élément fondamental de son identité, le Préambule de la Charte africaine reste cantonné sur la lutte contre le colonialisme et sur la formulation d'une hypothétique conception africaine des droits de l'homme tirée des valeurs de sa civilisation, et reste étrangement évasif sur les libertés publiques. Il apparaît à l'évidence, au vu de son contenu relatif aux libertés, que la Charte, dans son esprit initial, est simplement un instrument permettant l'insertion de la Déclaration universelle des droits de l'homme dans le droit de l'Union africaine, et certainement pas un instrument de promotion des valeurs et de la culture démocratique en vue de réaliser l'unité politique. Les articles 18 et 19 de la Déclaration concernant respectivement la liberté de conscience et de religion, et la liberté d'opinion et d'expression y ont été même intentionnellement appauvris dans leur contenu et dans leur esprit, dans le but évident de ne pas promouvoir la liberté d'expression qui constitue, aux yeux des pouvoirs publics, un tabou innommable en raison de leur implication personnelle dans l'interdiction dont elle a été l'objet. Les dispositions concernant la liberté d'expression continuent d'entretenir l'ambiguïté[793]. L'adhésion de l'ensemble des parties à la Charte n'a pu probablement se faire que par l'élimination des termes au contenu provocateur, qui rappellent aux dirigeants leur propre responsabilité. On leur a préféré une terminologie indolore à la conscience politique, pour obtenir le consensus. Ce faisant, il n'a pas été tenu compte de la complexité liée à la gestion de cette liberté sur le continent, et dont les développements de la jurisprudence européenne de la Cour de Strasbourg et celle des États nord-américains donnent un aperçu. Même s'il est acquis aujourd'hui que, par l'effet du mimétisme jurisprudentiel, et par l'insertion de la Déclaration universelle dans le bloc de conventionalité, les dispositions de la Charte suffisent amplement à garantir, au moins en théorie, cette liberté, en revanche l'incertitude demeure concernant le contexte politique

793 L'appauvrissement de cette liberté a par exemple déjà été observé : v. R. Koussetogue Koude, « La liberté de religion dans le système africain de protection des droits de l'homme », in *La religion et la Convention européenne des droits de l'homme*, Actes du Colloque du Concours Habeas Corpus 2013 organisé par l'Association de promotion interuniversitaire des droits de l'homme les 4 et 5 mai 2013, *La Revue des droits de l'homme*, 7/2015, p. 96 et s.

voire culturel dans lesquels cette liberté est appelée à s'exprimer. Les États africains n'ont pas attendu la consécration de la liberté d'expression par l'Union africaine pour l'insérer dans leurs ordres juridiques.

B. UNE CONSÉCRATION RESTRICTIVE PAR LE DROIT DES ÉTATS

La proclamation de la liberté d'expression dans les États d'Afrique s'est faite en deux temps.

1. Au lendemain des indépendances

Après les indépendances, les premières Constitutions calquées sur celles des anciennes puissances coloniales en ont formulé le principe dans le même esprit que celui des constitutions des ex-métropoles. Les Constitutions sénégalaises du 24 janvier 1959 et du 7 mars 1963 affirment l'attachement du peuple sénégalais aux principes fondamentaux tels qu'ils sont définis par la Déclaration des droits de l'homme et du citoyen de 1789 et la Déclaration universelle des droits de l'homme du 10 décembre 1948. C'est donc tout naturellement que dans une formulation sensiblement identique, elles énoncent que « chacun a le droit d'exprimer et de diffuser librement ses opinions par la parole, la plume et l'image. Chacun a le droit de s'instruire sans entrave aux sources accessibles à tous. Ces droits trouvent leurs limites dans les prescriptions des lois et règlements ainsi que dans le respect de l'honneur d'autrui ». Les constitutions Malgache de 1960[794], gabonaise du 14 novembre 1960 ou celle du Congo-Kinshasa du 24 juin 1967[795], garantissent la liberté d'expression dans des termes qui sont dépourvus d'équivoque. De manière générale, l'accueil réservé à la liberté d'expression n'est pas franchement enthousiaste. Certaines constitutions telles que celle de la Côte d'Ivoire du 3 novembre 1960 ou celle du Congo Brazzaville du 2 mars 1961 ne reconnaissent ni n'organisent l'exercice de cette liberté. La Constitution marocaine du 7 décembre 1962 l'ignore superbement. La Constitution camerounaise de 1972 quant à elle renvoie à la loi le soin de légiférer en matière de droits fondamentaux du citoyen sans en préciser le contenu.

---

794 V. Le préambule qui stipule que « la liberté d'expression, la liberté de réunion, la liberté d'association et la liberté syndicale sont garanties dans les conditions prévues par la loi [...]. La liberté de pensée, de conscience et la pratique de la religion sont garanties à tous, sous les seules réserves du respect de la morale et de l'ordre public. »
795 Articles 10, 11, 23

Il en est une dernière catégorie d'États qui, sans rejeter ouvertement la liberté d'expression, l'ont formulée dans des termes qui ne laissent planer aucun doute sur leur volonté d'en contester la jouissance. Il en est ainsi de la Mauritanie dont la Constitution du 20 mai 1961 proclame l'attachement paradoxal du peuple mauritanien à la religion musulmane et aux principes de la démocratie tels qu'ils ont été définis par la Déclaration des droits de l'homme et du citoyen de 1789 et la Déclaration universelle. Aux termes de l'article 2 de cette Constitution, la religion musulmane est la seule religion du peuple mauritanien. Il est étonnant qu'une telle affirmation puisse se concilier avec la liberté de conscience et la liberté religieuse qui ont été par ailleurs proclamées dans le même texte. Telle que formulée, cette liberté de conscience ne peut s'exprimer que dans un cadre communautaire, la communauté dictant à l'homme ses normes et ses canaux de pensée. Une telle liberté exclut toutes les expressions libérales et individuelles, qui sont conformes à l'esprit de la Déclaration des droits de l'homme et du citoyen, et à la Déclaration universelle. Les deux textes sont soustraits de leur contexte historique et culturel pour être appliqués dans un environnement hostile à la liberté qui les vide de toute leur substance. On se demande bien si les autorités mauritaniennes ont véritablement compris le sens et la portée de la liberté d'expression, ou si la proclamation d'un tel principe ne relève pas de la manipulation politicienne ou de l'hypocrisie. Or, même après l'adoption du pluralisme et de la démocratie, la Mauritanie a réitéré son choix pour le contrôle des libertés. La loi n° 2008-26 du 6 mai 2008 instituant une Haute Autorité de la presse et de l'audiovisuel, charge celle-ci de « veiller au respect, dans les programmes audiovisuels, des lois et règlements, de la liberté et de la propriété d'autrui, des valeurs de l'islam, de la dignité de la personne humaine, du caractère pluraliste de l'expression des courants de pensée et d'opinion, de l'identité culturelle ... ». Maintes valeurs de l'islam, que la presse doit défendre et promouvoir ne peuvent pas cohabiter avec les valeurs démocratiques et la conception des droits de l'homme que sous-tend la Charte africaine des droits. La presse est obligée malgré elle de défendre des principes et des idées qui condamnent sa propre existence. Nombre de journalistes qui ne partagent pas les mêmes valeurs sont priés de se taire au risque d'être emprisonnés ou livrés à la vindicte populaire pour atteinte à la foi musulmane du peuple mauritanien. Pour beaucoup d'auteurs, il existe une constante dans tous les pays musulmans : la liberté de la presse n'y est pas véritablement intégrée ; « le doute est condamnable et les discussions déclarées "stériles", "malsaines" ; "vaines", "fausses" »[796].

796 Ph. d'Iribarne, « Islam et démocratie », *Études*, 2015/4, p. 43-54.

Les minorités quant à elles n'ont aucun droit à faire valoir face cette légalité de façade qui n'est pas faite pour elles ; selon l'esprit et même la lettre (implicite) des textes, elles sont censées ne pas exister. C'est évidemment un grossier mensonge de faire croire à l'opinion que toute la population d'un pays partage la même sensibilité culturelle et la même foi, fût-elle culturellement enracinée[797]. On comprend dès lors pourquoi la conception de la liberté d'expression défendue par les autorités ne ressemble absolument pas à celle qui a cours en Occident et dans certains pays africains comme le Sénégal ou l'Afrique du sud. Il ne peut pas y avoir plusieurs conceptions de la liberté d'expression qui se manifesteraient différemment selon la foi, le contexte politique ou la culture. Il n'en existe qu'une seule, parce qu'elle est inséparable de l'individu ; elle est profondément individualiste. Nulle dictature, nulle théocratie ne peuvent s'en prévaloir.

En Algérie, le problème se posait sensiblement de la même manière, bien que la religion ne fut pas ouvertement invoquée pour contrôler l'usage que chacun ferait de sa liberté. La Constitution du 10 septembre 1963 n'admettait la liberté de la presse et la liberté de la parole que dans la seule mesure où elles ne seraient pas utilisées pour porter atteinte à l'indépendance de la nation, à l'intégrité territoriale, à l'unité nationale, aux institutions de la République, aux aspirations socialistes du peuple et au principe de l'unicité du Parti unique, le Front de libération nationale. Ces restrictions, même si certaines d'entre elles peuvent se justifier par le contexte historique et culturel propre à ce pays, étaient suffisamment trop nombreuses pour que la liberté d'expression ne fût pas effective pour de nombreuses décennies. Ces dispositions ont par exemple permis d'étouffer toutes les revendications autonomistes ou sécessionnistes kabyles, y compris les différentes expressions de la culture Kabyle. Le pouvoir politique y a trouvé aussi les moyens juridiques qui lui ont permis d'assujettir toutes les oppositions politiques et de les réduire au silence.

En définitive, la liberté d'expression n'avait, historiquement, aucune assise culturelle sur le continent africain. Elle est un pur produit de l'Occident dont l'usage en Afrique donne souvent lieu à des dérives de tous les bords : usage immodérée de la liberté d'expression dans les rares périodes de l'histoire où elle a été accordée[798] et violences politiques et militaro-policières excessives. Le regain d'intérêt acquis par cette liberté à partir de la décennie

797 V. Z. Ould Ahmed Salem, « Les mutations paradoxales de l'islamisme en Mauritanie », *Cahiers d'études africaines* [En ligne], 206-207/2012, mis en ligne le 01 juillet 2014, consulté le 20 avril 2019. URL:http//journals.openedition.org/etudesafricaines/17110

1990 concomitamment à la libéralisation de l'espace politique est la preuve qu'elle constitue une valeur étrangère à l'Afrique, bien que le désir de liberté soit universel.

2. Les années 1990, la démocratisation des régimes politiques africains

La décennie 1990 est une période charnière dans l'évolution politique du continent africain. Sur le plan institutionnel le renouveau constitutionnel s'est accompagné d'une promotion sans précédent des droits fondamentaux de l'homme. La liberté d'expression va être solennellement proclamée par toutes les constitutions des États africains, désireux de renouer avec le droit comme instrument de pacification de la vie politique en tant. Outre la mention de la liberté d'expression dans le corpus des constitutions et dans les déclarations de l'Union africaine[799], des lois sur la presse vont faire leur apparition dans l'arsenal normatif africain pour réglementer cette activité qui se trouve placée au cœur de la liberté d'expression, dans la mesure où elle doit informer en toute liberté et garantir le libre choix de l'information par les citoyens. Le Code de l'information de la République algérienne issu de la loi organique n° 12-05 du 1er janvier 2012 ; le Dahir n° 1-16-122 du 10 août 2016 portant promulgation de la loi 88-13 relative à la presse et à l'édition au Maroc ; le Code de la communication audiovisuelle, cinématographique et écrite du Gabon ; la loi n° 2017-27 du 13 juillet 2017 portant Code de la presse du Sénégal, pour ne citer que ceux-là sont parmi les nombreux textes qui ont été édictés pour réformer l'audiovisuel afin d'assurer à la liberté d'expression un meilleur sort par rapport à ce qu'elle a été pendant plusieurs décennies. Ce qui caractérise la nouvelle génération des textes nationaux en matière de presse c'est la consécration du pluralisme des médias et d'opinion, l'indépendance de la presse, la liberté d'informer ou le droit d'être informé, etc. Sans entrer dans une étude détaillée des textes nationaux, on peut toutefois observer que la plupart des lois nationales encadrent drastiquement l'usage que les médias et la presse peuvent faire de leur liberté. La liberté ne doit pas porter atteinte à l'ordre public, à l'intégrité territoriale, à la souveraineté nationale, aux intérêts économiques du pays ou à l'histoire nationale. Ces termes recouvrent une multiplicité de réalités et ont des contenus fort variés. Ils peuvent donner lieu à des lectures politiques équivoques. Toute opinion, selon les époques et les circonstances, peut être accusée de porter atteinte à l'ordre public. Notion insaisissable juridiquement, et ne disposant pas le plus

798 V. J.-C. Ngakosso, *La nouvelle presse congolaise : du goulag à l'agora*, Paris, Montréal, éd. L'Harmattn, 1997, 123 p.

799 V. Déclaration de principes sur la Liberté d'Expression en Afrique.

souvent de sources textuelles explicites[800], l'ordre public peut être invoqué par l'autorité pour sanctionner des atteintes même éventuelles, potentielles, c'est-à-dire finalement l'autorité peut fonder sa mesure sur de simples soupçons d'atteinte à l'ordre public. Cette situation n'est pas sans précédents en Afrique. Pendant de longues décennies, beaucoup de journalistes, des opposants politiques et de simples citoyens ont été victimes de répression aveugle pour des faits dont la réalité n'était pas avérée. La classe politique, jalouse de ses prérogatives et de ses privilèges, est trop sourcilleuse pour laisser s'exprimer ouvertement une liberté qui peut se révéler menaçante voire dévastatrice. Il faut qu'elle s'immisce dans son domaine, pour en contrôler l'usage et pour en limiter les manifestations.

Parmi les causes de cette résistance à l'implantation de la liberté d'expression, il faut mentionner bien entendu des facteurs historiques, mais surtout des facteurs politiques et culturels. En effet, l'Afrique actuelle ne parvient pas à se débarrasser des oripeaux de la culture précoloniale, pour se mouler dans une modernité porteuse de valeurs libérales de liberté et d'individualisme. Ces nouvelles valeurs rencontrent des mentalités immergées dans une culture communautaire qui pérennise inconsciemment le culte de l'autorité et la gérontocratie en lieu et place de l'égalité. La lecture des décisions rendues par les cours constitutionnelles occidentales donne la pleine mesure et la place de la liberté d'expression dans un régime démocratique. Le Conseil constitutionnel français ne lui donne ni plus ni moins que la place centrale dans la hiérarchie des droits et libertés fondamentaux dont l'existence et la jouissance ne supportent pas des limites mêmes vénielles, sauf évidemment dans des situations dont l'extrême gravité porte atteinte à l'ordre public[801]. Le Conseil d'État de même approuve la suspension d'émissions diffusant des

800 J.-M. Larralde, « La constitutionnalisation de l'ordre public », in *L'ordre public : ordre public ou ordres publics ? Ordre public et droits fondamentaux*, sous la direction de M.-J. Redor, Bruxelles, Bruylant, 2001, p. 213-254 ; C. Wimbert, « L'ordre public dans la jurisprudence du Conseil constitutionnel », *RDP*, 1994, p. 693-745.

801 Il en est ainsi de l'infraction de l'apologie publique d'actes de terrorisme, ou dans les cas de contestation et de négation des crimes contre l'humanité commis durant la seconde guerre mondiale, qui caractérise l'antisémitisme et le racisme, pour lesquels le Conseil donne toute latitude au législateur pour réprimer les abus de l'exercice de la liberté d'expression, sans se montrer trop exigeant ni dans l'appréciation de la proportionnalité de la peine à l'infraction, ni dans l'appréciation de la nécessité et de la proportionnalité des atteintes portées à la liberté d'expression avec l'objectif poursuivi par la loi : v. Cons. const., 18 mai 2018, Décision n° 2018-706, QPC.

programmes antisémites comme contraires à l'ordre public[802]. Hors de ces hypothèses, le Conseil constitutionnel rappelle invariablement que le pluralisme des courants d'expression socioculturels est en lui-même un objectif de valeur constitutionnelle, et que le respect de ce pluralisme est une des conditions de la démocratie ; que la libre communication des pensées et des opinions, garantie par l'article 11 de la Déclaration des Droits de l'Homme et du Citoyen de 1789, ne serait pas effective si le public auquel s'adressent les moyens de communication audiovisuelle n'était pas à même de disposer, aussi bien dans le cadre du secteur public que dans celui du secteur privé, de programmes qui garantissent l'expression des tendances de caractères différents dans le respect de l'impératif d'honnêteté de l'information[803].

La liberté d'expression dans sa pureté occidentale n'est en rien comparable à ses pratiques africaines. En Afrique, son affirmation s'accompagne de multiples restrictions, qui sont formulées à dessein dans des termes trop généraux, qui laissent à l'autorité politique les mains libres pour contrôler, voire supprimer cette liberté sans encourir aucun reproche. Cette posture n'est pas une nouveauté. La doctrine reconnaît que, dans l'Afrique traditionnelle, la liberté d'expression était limitée par des obligations de modération et de bienséance[804], deux termes qui renvoient bien évidemment à l'encadrement social de la parole dans un monde paisible et sans horizon, où régnaient l'harmonie sociale et la concorde, mais qui était livré épisodiquement à des pouvoirs totalitaires qui n'hésitaient pas à piétiner les libertés[805]. Ainsi, était-il bienséant que la parole revînt de droit aux anciens et aux sages en vertu de la primogéniture, et aux membres des familles régnantes[806] ou aux représentants des castes supérieures. De même, ceux qui tentaient de convoquer la contradiction ou des idées nouvelles encouraient le rejet, le bannissement ou même la mort[807]. L'Afrique actuelle est l'héritière putative de cette culture liberticide qu'elle entretient de génération en génération. Les auteurs de la Charte africaine, en lui donnant une assise culturelle, entendaient bien marginaliser la liberté d'expression, qui n'avait pas vocation à devenir une liberté

802 CE, Ordonnance du juge des référés, 13 déc. 2004, req. n° 274757.

803 Cons. const., 18 sept. 1986 - Décision n° 86-217 DC, Loi relative à la liberté de la presse ; 21 janv. 1994 - Décision n° 93-333 DC, Loi modifiant la loi n°86-1067 du 30 sept. 1986 relative à la liberté de communication.

804 V. M. Mubiala, « Charte africaine des droits de l'homme et des peuples et cultures africaines », *RQDI*, vol. 12/2, 1999, p. 197-206.

805 V. A. J. Mbem, *Mythes et réalités de l'identité culturelle africaine*, éd. L'Harmattan, Paris, 2006, p. 80, 90 et 93.

806 *Ibid.*, p. 97.

807 *Ibid.*, p. 97.

matricielle. L'hostilité qu'ils avaient été les seuls à exprimer à l'égard de la libre communication des pensées dans les conférences onusiennes qui se sont tenues au lendemain de la décolonisation était confirmée et pleinement assumée[808]. Les États africains ramaient ainsi à contre-courant de l'histoire, en voulant à tout prix ranimer l'ancestral arbre à palabre que la compétition politique et la libéralisation de la parole induites par le mouvement de décolonisation et la mondialisation ont rendu anachronique.

Il est intéressant de noter que la Cour africaine en s'engageant dans la voie du libéralisme des cours occidentales réhabilite une liberté qui, auparavant, n'en était pas. Même s'il lui arrive de réaliser l'exploit de croire naïvement à l'impartialité de la justice en Afrique, comme dans l'affaire *Ingabire Victoire Umuhoza contre République du Rwanda*[809], la Cour ne laisse pas passer la violation de la liberté d'expression et d'opinion dont le gouvernement rwandais s'est rendu coupable en faisant condamner à une lourde peine de prison une adversaire politique pour les crimes de négation du génocide et de révisionnisme qui se sont révélés inexistants à l'examen de sa cause devant l'instance continentale des droits de l'homme. L'affirmation d'une « liberté d'exprimer et de communiquer ou de diffuser des informations, des idées ou des opinions de quelque nature et sous quelque forme que ce soit, tant sur le plan national que sur le plan international »[810] contredit frontalement maintes législations nationales relatives à la liberté de la presse[811]. La jurisprudence de la Cour africaine des droits de l'homme rencontrera des résistances culturelles et politiques qui sont encore loin de s'arrêter.

808 V. J.-L. Hébarre, « Les pays sous-développés et la liberté de l'information », *Politique étrangère*, n° 2, 1961, p. 153-173.
809 CADH, 24 nov. 2017, *Ingabire Victoire Umuhoza c. Rwanda*, req. 003/2014, § 103 à 105.
810 CADH, 24 nov. 2017, *Ingabire Victoire Umuhoza, op. cit.*, § 132.
811 Il n'est que de citer ici le Code de l'information de la République algérienne issu de la loi organique n° 12 du 5 janvier 2012 qui stipule à son article 2 que la liberté de l'information doit s'exercer dans le respect de : la religion musulmane et des autres religions, de l'identité nationale et des valeurs culturelles de la société, de la souveraineté nationale et de l'unité nationale, des exigences de la sécurité et de l'ordre public, etc. Autant de restrictions qui annulent la liberté des citoyens.

§2. Des résistances politiques et culturelles à l'implantation de la liberté d'expression

Le principal obstacle à l'implantation durable de la liberté d'expression est l'existence d'un autoritarisme politique ou religieux qui trouve ses racines dans la culture de la violence, qui s'est installée depuis quelques décennies sur le continent (v. supra), à moins qu'il ne soit la cause de cette violence généralisée. Cette violence habite la plupart des sociétés africaines, et condamne toutes les tentatives destinées à soumettre tous les citoyens à la règle de droit. Devenus, pour la plupart, des États sans droit, les États du continent en sont venus à réduire la liberté d'expression à la portion congrue. Il en résulte un autoritarisme diffus qui fait peser une chape de plomb sur les citoyens, et sur les juges appelés à connaître du contentieux de la liberté d'expression (A). C'est au point que les instances juridictionnelles continentales ont trouvé de bien maigres palliatifs procéduraux destinés à soulager les justiciables qui sont privés des moyens de défense devant les tribunaux nationaux (B).

A. LE POIDS DE L'AUTORITARISME POLITIQUE ET RELIGIEUX SUR LA LIBERTÉ D'EXPRESSION

L'existence de régimes autoritaires et parfois totalitaires et d'États théocratiques dans un même ensemble a pendant longtemps rendu impossible l'évocation de la liberté d'expression ; *a fortiori* lorsque la libre expression des opinions politiques et religieuses et la libre diffusion des informations menacent les fondements qui légitiment ces régimes, ils mettent en œuvre tous les moyens à leur disposition pour endiguer cette liberté. Il n'est même pas certain qu'une juridiction continentale des droits de l'homme puisse se donner les moyens de contrôler efficacement la restriction de cette liberté, dès lors que les tribunaux nationaux sont privés de tous les moyens d'investigation pour prétendre établir la moindre violation, et surtout lorsque les juges eux-mêmes baignent dans un univers politique ou religieux qui affecte leur libre jugement et leur libre opinion, laquelle est souvent obscurcie par la propagande politique ou par leurs préjugés, leur culture ou leur propre croyance. Supposer un seul instant, qu'un juge croyant, dans un pays où la neutralité de l'État à l'égard de la religion ou des opinions scientifiques n'est pas institutionnalisée, puisse approuver une publication ou une lecture de l'histoire qui serait en flagrante contradiction avec l'opinion majoritaire et porterait, de fait, atteinte à ses convictions, c'est faire preuve d'une regrettable erreur de jugement. Sans compter les pressions de toutes sortes et les violences dont ces juges sont l'objet de la part des pouvoirs politiques[812]. La Commission africaine a pu constater son impuissance devant l'indigence du contentieux de la liberté de conscience, d'expression ou d'opinion sur un continent où le citoyen n'est pas libre en politique, en littérature ou en histoire de dire et de propager ses opinions, lorsqu'elles sont jugées contraires, voire subversives par les pouvoirs publics. La censure ne prend pas toujours les formes classiques de l'interdiction administrative ou judiciaire ; elle peut emprunter la forme de menaces de mort sur l'auteur et sa postérité ou l'extinction de la famille entière, ou la privation de tous les moyens de subsistance et des soins médicaux les plus élémentaires, tous agissements qui non seulement seraient invérifiables par aucune juridiction, même fédérale, mais encore ne sauraient préjuger un quelconque lien de causalité avec l'entité étatique présumée responsable. Qui pourrait avoir la témérité de braver de telles menaces venant de la tout-puissance étatique ou de personnes non-identifiées que celle-ci refuse de reconnaître pour ses agents d'exécution, et dirigée contre des personnes anonymes et vulnérables qu'on peut faire disparaître sans que subsiste la moindre trace ? Dans la plupart des pays africains dits en voie de démocratisation, très peu d'inconnus ont eu l'audace d'épuiser les voies de recours internes avant que leur cause parvienne à la connaissance de la Cour africaine. Ce sont en général les citoyens protégés que sont les anciens dignitaires ou les personnalités influentes de l'opposition, qui bénéficient d'une visibilité internationale. Ce qui fait dire à M. Luc Sindjoun que le contentieux africain des droits de l'homme est « élitiste de par l'origine so-

---

812 Les pressions politiques prennent aussi la forme de résolutions de nature politique traduites dans les ordres juridiques nationaux dans des termes suffisamment ambigus, pour obliger les juges à leur donner un contenu le plus large possible qui soit conforme aux désirs des autorités, soucieuses de plaire à une opinion qui ne transige pas avec les principes religieux. L'article 2 du Code de l'information de la République algérienne dans sa rédaction issue de la loi organique du 12 janv. 2012 relative à l'information procède de cette logique (v. supra). Un juge ne pourrait interpréter autrement cette disposition que comme une interdiction légale de critiquer les religions. De nombreux pays avaient déjà proposé dans les commissions de l'ONU que l'interdiction de la critique des religions soit admise par l'instance internationale comme une règle de droit international. Ils avaient essuyé un refus du fait qu'une telle mesure est contraire à la liberté d'opinion et de pensée affirmée par le droit international et notamment la Déclaration universelle des droits de l'homme. En intégrant ce principe dans sa loi organique en dépit de son rejet par le droit international, le pouvoir algérien veut obliger les juges à privilégier le droit interne par rapport au droit conventionnel plus libéral. Les prescriptions de la Charte africaine sur la liberté de conscience et sur la liberté d'expression risquent de ne point être appliquées.

ciale des requérants »[813]. Les violations des droits dont les citoyens lambda sont l'objet passent par pertes et profits. Les passages à tabac, les détentions arbitraires, les assassinats par des inconnus dont les gouvernements refusent de reconnaître un quelconque lien avec eux[814], sont les rares cas que la Commission en un vingtaine d'années d'existence a pu connaître[815].

B. LES PALLIATIFS PROCÉDURAUX DE LA JUSTICE PANAFRICAINE

Consciente des difficultés qu'éprouvent les victimes pour faire entendre leurs revendications devant les tribunaux, la Commission est souvent obligée de faire quelques entorses aux règles procédurales concernant l'obligation d'épuiser les voies de recours offertes par le droit interne des États aux victimes, en accueillant en première instance les requêtes en violation des droits fondamentaux. Dans l'affaire *Commission nationale des droits de l'homme et des libertés contre Tchad* précitée, elle reconnaît quee « les recours qui pourraient théoriquement exister devant les tribunaux nationaux sont dans la pratique inexistants ou, au terme de la Charte se prolongent d'une façon anormale »[816], et que, pour ce motif, elle « ne peut pas absolument exiger que la demande d'épuisement des recours internes s'applique littéralement aux cas où le plaignant se trouve dans l'incapacité de saisir les tribunaux nationaux [...] », ou lorsque la justice nationale ne remplit pas les conditions pour garantir un procès équitable en faisant preuve de partialité[817]. La Commission se montre aussi magnanime dans l'appréciation du délai raisonnable de recours, en accueillant des requêtes manifestement tardives venant des plai-

---

813 L. Sindjoun, « La civilisation internationale des mœurs : éléments pour une sociologie de l'idéalisme structurel dans les relations internationales », *Études internationales*, vol. 27, n° 4, 1996, p. 841 à 859.

814 CADH (1995), Communication 74/92, Commission nationale des droits de l'homme et des libertés c. Tchad, *RADH*, 2000, p. 343 et s.

815 Il suffit de lire certaines publications qui traitent de l'implication des autorités dans les tortures et les disparitions des détenus, pour se rendre compte que ni l'Union africaine, ni la Cour africaine, n'ont aucun moyen de vérifier la réalité de ces faits Les affaires qui parviennent à la connaissance de la Cour ne constituent qu'un goutte d'eau dans l'océan des meurtres crapuleux qui jalonnent l'histoire politique du continent : v. S.-E. Sidhoum et A. Watch, « La torture, antichambre de la mort », *Confluences Méditerranée*, n° 51, 2004, p. 23 à 38.

816 *Idem.*, § 30.

817 Com. ADH, *Institute for the Human Rights and developement in Africa et autres c. République démocratique du Congo*, Communication 393/10, 20è Session extraordinaire, du 9 au 18 juin 2016, § 64, 65 et 66.

gnants se trouvant dans des zones en proie aux combats[818]. Le juge panafricain confesse ainsi les imperfections des mécanismes de protection des droits de l'homme mis en place par l'Union africaine, dont la collaboration des États à leur propre assignation devant les tribunaux constitue un rouage essentiel[819]. Comme les États africains, en perpétuelle quête de respectabilité, ne peuvent pas « proclamer [ouvertement] leur mépris pour les droits de l'homme »[820], ce qui du reste est un secret de polichinelle bien connu de la Cour africaine, mais qu'au contraire ils excellent dans un marketing constitutionnel destiné à séduire l'Occident en simulant leur intérêt pour les droits de l'homme[821] (ce qui est évidemment une imposture), la Cour africaine essaie de pallier ces carences procédurales, imputables à un grave déficit de la démocratie et des libertés, par le recours à l'intime conviction des juges, qui n'ont pas davantage la latitude de fouiner dans ce qui constitue aux yeux des États leur domaine réservé[822]. Il y a de la part du juge panafricain la volonté

---

818 Com. ADH, *Institute for the Human Rights*, *Ibid.*

819 La Cour africaine conteste parfois cet argument, et retient l'indépendance des parquets vis-à-vis du gouvernement sur le fondement des textes, sans prendre la peine d'examiner au-delà de la légalité formelle, la réalité de cette indépendance. Elle fait ainsi preuve de légèreté : v. CADHP, *Ayants droit de Norbert Zongo et autres c. Burkina Faso*, req. 013/2011 ; n° 125 et s.

820 L. Sindjoun, « La civilisation internationale des mœurs ... », *op. cit.*

821 L. Sindjoun, « Les nouvelles constitutions africaines et la politique internationale : contribution à une économie internationale des biens politico-constitutionnels », *Études internationales*, 1995, vol. 26, n° 2, p. 329-345.

822 Les instances panafricaines et onusiennes sont souvent désarmées face aux mensonges, voire même à l'indifférence des États, lorsqu'ils sont accusés de violer les droits de l'homme. Elles finissent par mettre la charge de la preuve sur le dos des victimes, qui n'ont pas les moyens de réunir les preuves contre l'État. Au final, même dans des cas où le contexte politique et l'environnement jettent de forts soupçons sur l'État défendeur, les requérants sont déboutés de leur demande, pour insuffisance de preuves : v. par exemple CADH, 27 oct. 2003, Randolph c. Togo, *RADH*, 2003, p. 15, dans lequel la Commission, pour débouter le requérant, allègue l'absence d'éléments de nature à étayer ses prétentions, alors qu'elle aurait dû procéder aux investigations sur les antécédents qu'il avait eus avec le gouvernement de son pays, et qui avaient donné lieu à sa condamnation par un tribunal à cinq ans d'emprisonnement pour détention de littérature subversive et outrage au chef de l'État. Ce fait, ainsi que sa garde-vue qui a duré onze jours, alors qu'elle est légalement de 48 heures, constituent un faisceau d'indices sérieux qui, dans le contexte politique de ce pays, auraient pu conduire à la condamnation de l'État, si la Commission avec pris le soin d'examiner la matérialité du grief de détention de littérature subversive, la qualification juridique de ce grief comme constitutif d'une infraction dans un régime démocratique, et si la condamnation prononcée par le tribunal de son État est pro-

de faire contrepoids aux pouvoirs politiques dans les rapports de domination qu'ils ont établis avec des citoyens devenus de sempiternels sujets, et même parfois des objets qui sont privés des droits les plus élémentaires. Nonobstant ces prévenances qui, à l'évidence, témoignent du souci de justice et de perfection, le bilan reste très dérisoire et n'incite guère à l'optimisme quant à la capacité des institutions juridictionnelles et politiques panafricaines à protéger les citoyens africains. En effet, sur un continent où les violences politiques et militaro-policières sont légion, il serait bien ridicule de se targuer de l'examen au fond de quelques recours en manquement à l'obligation de respecter la liberté d'expression, dont le nombre ne dépasse guère plus d'une dizaine par année[823]. Il n'échappe à personne que, dans l'écrasante majorité des pays africains, la parole des citoyens n'est pas libre, surtout en politique.

---

portionnelle à l'infraction dont la commission lui a été imputée. La Commission avait pourtant le loisir de demander à l'État togolais de lui produire le jugement contesté, ainsi qu'un rapport écrit sur le contenu de ladite littérature subversive. Elle se refuse, contrairement à la Cour européenne, à aller au bout de la logique. Ce que la Cour européenne affirme, c'est que, nonobstant la marge d'appréciation reconnue aux États pour qualifier les infractions et pour en prononcer les peines lorsque le titulaire de cette liberté a outrepassé ses droits, elle est fondée à exercer un contrôle européen portant à la fois sur la loi et sur les décisions qui l'appliquent, même quand elles émanent d'une juridiction indépendante (CEDH, 26 avril 1979, Sunday Time, Série A, n° 30, p. 36). La jurisprudence de la Cour européenne offre au juge africain et onusien d'autres moyens de contrôler efficacement les comportements étatiques, moyens que la Commission n'a jamais utilisés, à savoir que la Cour [...] ne doit pas « se borner à rechercher si l'État défendeur a usé de ce pouvoir de bonne foi, avec soin et de façon raisonnable (CEDH, 17 juil. 2001, Aff. Association Ekin c. France, req. n° 39288/98). Il revenait donc à la Commission africaine d'exercer un contrôle de conventionalité portant sur l'exactitude matérielle et sur la qualification juridique des faits tels qu'ils apparaissent dans les décisions administratives et juridictionnelles des autorités togolaises, ce qu'elle s'est refusée à faire.

823 Et que dire des cas d'irrecevabilité des requêtes qui, jusqu'à l'heure actuelle, sont très nombreux, v. A.-K. Diop, « La Cour africaine des droits de l'homme... », *op. cit.* Pour l'essentiel, en 2017, seuls sept États ont permis à leurs citoyens de saisir la Commission africaine de recours ; et seulement quatre vingt dix plaintes, en huit ans, ont été enregistrées par la Commission : v. N. Eba Nguéma, « La Commission africaine des droits de l'homme et des peuples et sa mission de protection des droits de l'homme », *La revue des droits de l'homme* [En ligne], mis en ligne le 05 janvier 2017, consulté le 23 janvier 2017, URL : http:/revdh.revues.org/2844.

Le dernier Rapports d'Amnesty International, qui dénonce constamment ces pratiques, ne montre pourtant que la partie immergée de l'iceberg[824]. L'Afrique y est pointée du doigt comme étant le continent où la liberté d'expression a le plus grand mal à s'enraciner. A l'heure où l'Union africaine croit percevoir des avancées démocratiques sur l'ensemble du continent, l'Organisme de défense des droits humains, elle, note au contraire l'existence de régimes autoritaires et l'instabilité politique, qui sont responsables des violations massives des droits humains[825] : « beaucoup d'États ont réagi en faisant preuve d'un mépris total pour le droit international humanitaire et les droits humains. Les opérations menées par les services de sécurité au Cameroun et au Nigeria ont été caractérisées par de très nombreuses arrestations arbitraires, des détentions au secret, des exécutions extrajudiciaires, des actes de torture et d'autres formes de mauvais traitements »[826]. Dans ce tableau apocalyptique, la liberté d'expression est sans doute la plus malmenée, y compris dans les pays traditionnellement considérés comme ayant réussi la transition démocratique. Il n'est guère étonnant que la liberté d'expression soit violée avec une innommable férocité en Angola[827], où les journalistes encourent de lourdes peines de prison et même la mort, ou que les autorités burundaises ferment et détruisent des bâtiments affectés aux médias de l'opposition et procèdent à l'arrestation des journalistes, pour les punir d'être les pourfendeurs du régime[828] . En revanche, ce qui est plus inquiétant, c'est de voir certains pays réputés très avancés sur la voie de la démocratisation entretenir encore des comportements qui constituent des atteintes à la liberté d'expression. C'est le cas de l'Afrique du Sud dont les violences politiques et policières à l'endroit des défenseurs des droits de l'homme ainsi que les conditions de détention des prisonniers rappellent étrangement l'époque de l'apartheid[829]. C'est aussi le cas du Sénégal où Amnesty International a même fait état de l'usage excessif de la force par la police[830]. Ceci témoigne naturellement du faible enracinement de la liberté d'expression.

---

824 Amnesty International, *La situation des droits humains dans le monde*, Rapport, 2015/2016, 482 p.
825 *Ibid.*, p. 17.
826 *Ibid.*, p. 17.
827 *Ibid.*, p. 33.
828 *Ibid.*, p. 126-128.
829 *Ibid.*, p. 70-75.
830 *Ibid.*, p. 392-393.

Section 2. Le difficile enracinement de la liberté d'expression : la permanence et l'uniformité de la violence politique

La jurisprudence de la Cour africaine est, nous l'avons vu, très libérale en matière de protection des droits de l'homme, pour une raison évidente que nous avons abondamment exposée dans ce livre : l'extranéité au continent et à ses cultures des règles qu'elle applique et auxquelles elles fait référence dans ses décisions. Le recours aux règles internationales pour protéger la liberté d'expression traduit le processus d'universalisation du droit des libertés fondamentales, dont la liberté d'expression constitue incontestablement le maillon le plus représentatif, dans la mesure où, historiquement, elle ne possède aucune assise culturelle ou philosophique sur le continent africain. La Cour africaine se trouve face à des cultures qui n'ont pas développé et n'ont pas proposé une conception propre de la liberté d'expression, sauf en référence aux traditions communautaires fondées sur le consensus. Or, les normes panafricaines se réfèrent à une conception individualiste de cette liberté, qui garantit à l'homme, la liberté de parole, d'opinion ainsi que le libre choix de ses idées. Même si la Charte de l'OUA, l'Acte constitutif de l'Union africaine ou les différentes chartes conclues dans le cadre de l'Union renvoient aux valeurs de la tradition africaine, il était impossible que la Cour africaine — et la Commission avant elle — s'en référât pour élaborer une conception propre de la liberté d'expression. Les limites de cette tradition en ce qui concerne cette liberté sont connues. Pourtant, elle imprègne encore la conscience et les pratiques politiques aujourd'hui. Et on peut dire que ces pratiques se situent à l'opposée de la jurisprudence très libérale de la Cour européenne des droits de l'homme (§1). L'environnement politique et culturel africain mettra la Cour africaine devant des défi insurmontables (§2).

§1. Le fossé entre la jurisprudence libérale de la Cour européenne des droits de l'homme et les pratiques politiques africaines

Examinons dans un premier temps ce que pourrait donner la jurisprudence de la Cour européenne, si elle est reçue et appliquée telle quelle en Afrique. Le résultat est d'autant plus surprenant que les cultures européenne et africaine, — et pas seulement politiques — diffèrent et divergent profondément (A). Dans un second temps, nous verrons que la jurisprudence de la Cour africaine ne tient aucun compte de ces différences ; elle a choisi de s'engager résolument dans la voie du libéralisme de la jurisprudence de la Cour européenne (B).

A. LA JURISPRUDENCE DE LA COUR EUROPÉENNE CONFRONTÉE AU CONTEXTE AFRICAIN

Sans qu'il soit besoin d'entrer dans le détail des observations faites par Amnesty International, on constate la permanence et l'uniformité des violences politiques dans la quasi-totalité des États africains. Or, la violence est à la tyrannie ce que la liberté d'expression est à la démocratie. Il est impossible qu'un régime qui se trouve à mi-chemin entre la dictature et la démocratie, comme le sont tous les pouvoirs africains, accorde le moindre espace à la liberté de communiquer et de répandre les opinions et les pensées, et de critiquer les choix politiques et économiques du pouvoir, surtout dans le contexte de crise où les pouvoirs politiques ne disposent pas de recettes miracles pour assurer le bien-être des populations. La liberté d'expression est une arme redoutable qui, si elle est mise à la disposition des citoyens, peut leur donner la pleine capacité de faire et de défaire les régimes politiques. Elle est par cela même l'expression de la démocratie. Car, comme le déclare invariablement la Cour européenne, elle « constitue l'un des fondements essentiels d'une société démocratique, l'une des conditions primordiales de son progrès et de l'épanouissement de chacun »[831] ; « elle vaut, non seulement pour les informations ou idées accueillies avec faveur ou considérées comme inoffensives, mais aussi pour celles qui heurtent, choquent ou inquiètent. Ainsi le veulent le pluralisme, la tolérance et l'esprit d'ouverture sans lesquels il n'est pas de société démocratique »[832]. Aussi, la Cour exerce-t-elle un contrôle très poussé sur les restrictions apportées à cette liberté, allant jusqu'à s'engager dans la voie de la dépénalisation progressive de la diffamation[833]. Or, la tolérance, c'est précisément ce qui fait défaut dans le débat politique africain depuis au moins l'accession de ces États à la souveraineté, où le moindre écart de langage peut être sanctionné d'une peine d'emprisonnement et même de la peine de mort selon les cas. L'outrage à un chef d'État pouvant valoir à l'intéressé une sanction très sévère. Ces dispositions d'esprit propres à l'Afrique n'ont pas disparu comme par enchantement sous l'effet de la loi par la transplantation du système démocratique. Sur le terrain de la liberté d'expression, comme le témoignent les multiples exemples mentionnés dans le Rapport d'Amnesty International, — et contrairement au relativisme qu'insinue ses propres conclusions — la greffe démocratique n'a

831 CEDH, 8 juil.1986, Lingens c. Autriche, Série A, n° 103, § 41, p. 26.

832 CEDH, 7 déc. 1976, Handyside c. Royaume-uni, série A, n° 24, § 49, p. 23 ; 23 sept. 1994, Jersild c. Danemark, Série A, n° 298, § 37, p. 26.

833 V. « Chronique de jurisprudence de la Cour européenne des droits de l'homme en matière pénale. Les quatre saisons de la Cour : printemps – été 2009, 1er avril 2009 – 30 sept. 2009 », *RIDP*, 2009/3, Vol. 80, p. 609-636.

pas réellement pris ; on peut même dire qu'elle est rejetée par le corps politique, et même partiellement par le corps social dans son ensemble.

Les comportements politiques, très allergiques à la critique, sont incompatibles avec l'esprit démocratique que l'on tente d'acclimater désespérément[834]. Que l'on en juge ! Il n'existe pas beaucoup d'États en Afrique où les dirigeants, même démocratiquement élus, acceptent qu'on leur oppose la jurisprudence de la Cour européenne des droits selon laquelle « les limites de la critique admissible sont plus larges à l'égard d'un homme politique, visé en cette qualité, que d'un simple particulier, (et que) ce dernier doit, par conséquent, montrer une grande tolérance », lorsqu'il est soumis à un contrôle attentif de ses faits et gestes[835]. La Cour de Strasbourg n'approuve pas davantage la décision d'une juridiction nationale, qui condamne un journaliste pour diffamation quand ce dernier, pour accuser une autorité politique de collaboration avec la police spéciale nazie, emploie les expressions « opportunisme le plus détestable », « immoral » et « dépourvu de dignité »[836]. De même, viole l'article 10 de la Convention européenne des droits de l'homme, une juridiction nationale qui condamne un parlementaire de l'opposition à une peine de prison, pour injures graves au gouvernement, consistant en une accusation de connivence entre celui-ci et les organisations terroristes, et l'incapacité voire l'incompétence de la police de mener à bien les enquêtes, afin de mettre la main sur les coupables[837]. Pour mettre un comble à son libéralisme en ce domaine, la Cour prend le soin de préciser que, non seulement, les limites de la critique admissible sont plus larges à l'égard du gouvernement que d'un simple particulier, mais encore « dans un système démocratique, ses actions et omissions doivent se trouver placées sous le contrôle attentif non seulement des pouvoirs législatif et judiciaire, mais aussi de la presse et de l'opinion publique. [...] La position dominante qu'il occupe lui commande de témoigner de retenue dans l'usage de la voie pénale ». Cette recommandation est en tous points contraire aux pratiques des pouvoirs politiques sur le continent qui se caractérisent par l'opacité et l'absence de transparence dans la

---

834 Pour exemple, on peut citer le Cameroun où la presse subit les injustices d'un pouvoir absolu, et des tribunaux, acquis à la cause du pouvoir, qui n'hésitent pas à prononcer des peines de prison à l'encontre des journalistes pour des motifs insignifiants tels que des critiques à l'endroit de l'épouse du président, ce qui contraint les journalistes à l'auto-censure à cause de l'augmentation quantitative des condamnations : v. Th. Atenga, « La presse privée et le pouvoir au Cameroun : quinze ans de cohabitation houleuse », *Politique africaine*, 2005/1, n° 97, p. 33-48.

835 CEDH, 8 juil. 1986, Lingens c. Autriche, Série A, n° 103, § 42, p. 26.

836 *Idem*.

837 CEDH, 23 avril 1992, Castells c. Royaume d'Espagne, req. n° 11798/85.

gestion des affaires publiques[838], le musellement des adversaires politiques et de la presse, transformée en outil de propagande, l'infantilisation des journalistes, dont les talents et les compétences sont éteints, pour plaire aux potentats, et le monopole absolu sur les médias. La Commission africaine, à notre connaissance, a soigneusement évité de confronter les actions des gouvernements à la jurisprudence de la Cour européenne telle qu'elle apparaît dans notre exposé ; elle semble avoir manifesté beaucoup de retenue, voire de la timidité à l'égard des gouvernements, essayant souvent d'éviter un face-à-face frontal. Sa position, très inconfortable, a même trouvé des défenseurs, pour soutenir qu'elle n'était pas conçue à l'origine pour exercer un office contentieux, mais qu'elle devait s'enraciner dans une hypothétique tradition africaine plus encline à privilégier le consensus et la conciliation plutôt que l'affrontement[839]. On se trouve là véritablement au cœur d'une mascarade orchestrée, alors, par des potentats froids ayant droit de vie et de mort sur les citoyens ; et pour éviter le déshonneur d'être humiliés par les juridictions supranationales dans les rapports conflictuels qu'ils ont avec leurs victimes, ils s'étaient résignés à proposer cette coutume qu'ils n'ont jamais appliquée au niveau national. Il ne peut y avoir de conciliation que dans un contexte pacifié où la dignité de l'homme est une valeur hautement protégée. Mais lorsque la vie humaine est délibérément mise en danger, lorsque des opposants politiques sont à la merci d'un souverain qui n'exige ni plus ni moins que leur effacement de la surface de la terre au nom de l'adage [qui caractérise bien l'état d'esprit que les élites ont hérité de leurs ancêtres] selon lequel deux cro-

838 Le phénomène de la corruption, dans la mesure où il délégitime le pouvoir politique (E. Lavallée, « Corruption et confiance dans les institutions politiques : test des théories fonctionnalistes dans les démocraties africaines », *Afrique contemporaine*, 2006/4, n° 220, p. 163-190) en augmentant la pauvreté, peut avoir l'effet de mettre les gouvernants dans une position de faiblesse telle que, pour assurer leur survie politique, ils seraient amenés à restreindre et même à étouffer la liberté d'expression, dans le but d'empêcher l'information du public. Il ne faut surtout pas oublier que le banditisme d'État et l'affairisme public qui l'alimente sont soutenus par « les détournements pétroliers et/ou miniers [qui] s'enracinent dans une longue tradition de secret bancaire et de complicités internationales qui, bien entendu, masquent, et l'étendue d'une corruption qui perdure, et les circuits de son blanchiment en Occident » (O. Vallée, « La construction de l'objet corruption en Afrique », *Afrique contemporaine*, 2006/4, n° 220, p. 137-162). Personne n'imagine sérieusement qu'un système d'enrichissement aussi éprouvé se laisserait emporter par la liberté d'expression que les pouvoirs politiques auraient eux-mêmes institutionnalisée, alors qu'il bénéficie d'une totale impunité, et dispose des ramifications à l'extérieur, c'est-à-dire dans les pays qui dictent à l'Afrique le rythme de la démocratisation.

839 V. A.-K. Diop, « La Cour africaine des droits de l'homme... », *op. cit.*

codiles ne sauraient cohabiter dans un même marigot, "l'arbre à palabre" ne peut être qu'une messe d'hypocrites prédateurs. La Cour africaine ne s'est pas embarrassée de pudeur ; elle a choisi de libéraliser l'expression.

B. L'OUVERTURE LIBÉRALE DE LA JURISPRUDENCE DE LA COUR AFRICAINE : *L'ARRÊT LOHÉ ISSA KONATÉ*

L'arrêt *Lohé Issa Konaté* contre la République du Burkina Faso est le symbole le plus représentatif du libéralisme de la Cour africaine. Au contraire de la Commission, la Cour africaine commence à prendre conscience des enjeux de la liberté d'expression pour la démocratie, la construction fédérale et l'émancipation des citoyens, dont la créativité a été étouffée pendant trop longtemps par un carcan politique soutenu par des habitudes culturelles obsolètes. En plus d'avoir expressément posé le principe du contrôle de conformité des lois nationales à la Charte africaine et aux autres instruments internationaux pertinents de protection des libertés et droits publics[840], elle fait sien le raisonnement de la Cour européenne des droits de l'homme sur la nécessité pour les personnalités publiques de faire preuve de tolérance et de n'user de la sanction pénale qu'en dernier recours[841] ; en conséquence, elle proclame l'incompatibilité des peines privatives de liberté[842], ainsi que celle des peines pécuniaires — en raison de leur caractère excessif[843] — avec les dispositions de l'article 9 de la Charte africaine relatives à la liberté d'expression. Dans leur opinion individuelle relative à l'affaire *Lohé Issa Konaté* précité, les juges Thompson, Akuffo, Tambala et Ngoepe vont plus loin que la Cour, dans la mesure où, d'une part, ils s'opposent à la pénalisation de la liberté d'expression sous le couvert des lois incriminant la diffamation, et d'autre part, ils reprochent à la décision de la Cour de n'avoir pas censuré, comme nulles et sans effet, les lois burkinabé ainsi que toutes les sanctions qui ont été imposées au requérant à la suite de la déclaration de sa culpabilité. Cet arrêt marque, à n'en point douter, une évolution positive dans la protection de la liberté d'expression. Mais il est à craindre qu'il n'ait pas de postérité. On ne saurait, en effet, oublier le triste bilan que porte le continent africain en matière des violences faites aux journalistes et d'assassinats des représentants de la presse. C'est sous l'ère démocratique, en 2001 précisément, que la Commission africaine notait « avec inquiétude la violation fréquente [de la liberté d'expression] par les États parties à la Charte africaine par le harcèlement, l'arrestation et la détention arbi-

840 CADH, Aff. Lohé Issa Konaté, req. 004/2013.
841 *Ibid.*, § 156.
842 *Ibid.*, § 164.
843 *Ibid.*, § 171.

traires des journalistes, la persécution des organes d'information jugés critiques envers l'ordre établi »[844]. Pourtant, les saisines de la Cour n'ont jamais été aussi rares. En définitive, la législation de l'État défendeur, dans cette affaire, est révélatrice de l'existence de mœurs anti-démocratiques, consistant en une méfiance atavique, voire une défiance viscérale envers la presse qui ont été entretenues pendant plusieurs décennies, et qu'il appartient à la Cour africaine d'abolir. L'article 109 de la loi sur la presse incriminée est un vestige de la loi française du 29 juillet 1881 sur la presse, que toutes les anciennes colonies françaises d'Afrique ont hérité de la métropole[845], et qu'elles appliquent avec une sévérité sans égal. Cette disposition a été adoptée sous la troisième République, à une époque où le président de la République et les membres du gouvernement bénéficiaient d'une immunité presque absolue. Aujourd'hui, les progrès enregistrés par la démocratie ont rendu son maintien insupportable. Les parlementaires français, à la suite de l'arrêt de la Cour européenne, ayant décidé que la condamnation à une sanction pénale d'un individu pour offense au chef de l'État était disproportionnée au but visé et n'était pas nécessaire dans une société démocratique[846], se sont résolus à abroger, par la loi n° 2013/711 du 5 août 2013, les dispositions de la loi de 1881 ayant institué ce délit. La Cour africaine s'engouffre à bon droit dans cette voie, qui nous paraît être la seule garantie crédible permettant aux citoyens et à la presse de condamner fermement les manquements au devoir de probité, les détournements de fonds publics, les enrichissements sans cause ainsi que les crimes de toute nature dont les dirigeants se rendent coupables sur la face du continent au vu et au su des citoyens toujours désabusés par les excentricités et l'étalage d'un luxe insolent qui fait fi de la misère galopante

---

844 CADHP, réunie en sa 29e Session ordinaire à Tripoli, du 23 avril au 7 mai 2001.

845 Les dispositions de la loi burkinabé sur la presse que la Cour africaine a jugées incompatible avec l'article 9 de la Charte africaine, en raison de la disproportion des sanctions qu'elle prononce, sont les mêmes qu'on retrouve dans les codes pénaux des pays d'Afrique francophone. C'est un vestige du droit colonial qui ne peut plus être appliqué en l'état. Il en est ainsi des articles 263 à 266 du Code pénal marocain. L'article 266 incrimine même « les actes, paroles ou écrits publics qui tendent à jeter un discrédit sur les décisions juridictionnelles et qui sont de nature à porter atteinte à l'autorité de la justice ou à son indépendance ». Il proclame ainsi le principe de l'infaillibilité du juge. Il en est ainsi également des articles 192 à 196 du Code pénal des Comores. Au Mali, outre les dépositaires de l'autorité publique, l'article 115 du Code pénal punit de peine d'emprisonnement et d'amende quiconque offense la personne du chef de l'État. v. aussi l'article 194 du Code pénal du Sénégal. Or, la plupart de ces pays continuent de les appliquer sans se soucier de la jurisprudence de la Cour africaine des droits de l'homme.

846 CEDH, 14 mars 2013, Aff. Eon c. France, req. n° 26118/10, § 61 et 62.

des peuples. Pour autant, cette jurisprudence ne pourra prospérer sur le continent que si la Cour africaine parvient à relever les défis de la liberté d'expression dans un environnement qui lui est hostile par nature.

§ 2. La Cour africaine et les défis de la liberté d'expression

La Cour africaine des droits œuvre dans un environnement qui lui est hostile ; elle est consciente qu'elle sert de vitrine à l'Union africaine en lui donnant l'image positive d'une institution engagée dans la promotion et la protection des droits de l'homme. De ce point de vue, elle est instrumentalisée à des fins de marketing politique. Elle ne sera réellement indépendante vis-à-vis de l'Union qu'en s'érigeant en un véritable pouvoir. Il lui faut pour cela assumer son rôle de protection de la liberté d'expression dans le contexte de l'exercice tyrannique du pouvoir (A) ; il lui faudra aussi s'armer de détermination, pour dénoncer les génocides et crimes contre l'humanité qui ont cours sur le continent, et que les États contestent formellement (B).

A. LA PROTECTION DE LA LIBERTÉ D'EXPRESSION DANS LE CONTEXTE DE L'EXERCICE TYRANNIQUE DU POUVOIR

Il existe un volet, très complexe celui-là, du contrôle de la liberté d'expression, que la Commission et la Cour africaine n'ont pas encore examiné, et qui révélera dans les prochaines décennies, à coup sûr, l'illusion d'une unité politique à laquelle on voudrait croire et faire croire. En cause l'imbrication des considérations politiques, historiques ou religieuses aggravées par une absence de valeurs communes, pouvant servir de fil conducteur à l'action des juridictions fédérales amenées à connaître de ce type de contentieux, lorsque se posera notamment la question du contrôle de la censure exercée par les pouvoirs publics sur les œuvres intellectuelles et scientifiques.

L'un des volets de cette question a un lien avec les questions mémorielles ou celles de l'idéologie de la nation et celle de son identité. Il est des vérités qu'on ne discute pas, parce qu'elles constituent des postulats sans lesquels la nation perdrait la boussole, c'est-à-dire les certitudes sur lesquelles elle s'appuyait pour justifier son existence. Et certains États du continent, tels que l'Algérie, ont cru devoir les régler en faisant interdiction aux intellectuels, aux chercheurs et à la presse de contester l'histoire nationale, l'identité nationale, ou l'intégrité territoriale. L'idée de la nation est faite de souvenirs, de mémoire, et si la réalité de la mémoire venait à être contestée, les valeurs qui la fondent ne seraient plus aptes à justifier son historicité et son intemporalité. Les gouvernants sont dans ce cas confrontés à une alternative difficile :

ou garantir la liberté d'expression, au besoin même contre l'idée de la nation, ou empêcher cette liberté de toucher à ce qui constitue l'essence même d'une nation et ses buts ultimes. La Cour européenne des droits de l'homme a souvent été confrontée à la question de savoir si la réalité des faits historiques peut être contestée, au nom de la liberté d'expression telle que proclamée par l'article 10 de la Convention européenne. Bien qu'elle a toujours placé la recherche de la vérité historique sous la protection de l'article 10, et qu'elle se refuse à porter une appréciation sur les opinions se rapportant au déroulement et à l'interprétation des faits historiques[847], laissant le débat largement ouvert[848], elle a néanmoins considéré, dans l'arrêt *Garaudy contre France*[849] qu'« il ne fait aucun doute que contester la réalité des faits historiques clairement établis, tels que l'Holocauste, [...] ne relève en aucune manière d'un travail de recherche historique s'apparentant à une quête de la vérité. L'objectif et l'aboutissement d'une telle démarche sont totalement différents, car il s'agit en fait de réhabiliter le régime national-socialiste […]. Ainsi, la contestation de crimes contre l'humanité apparaît comme l'une des formes les plus aiguës de diffamation raciale envers les juifs et d'incitation à la haine à leur égard. La négation ou la révision de faits historiques de ce type remettent en cause les valeurs qui fondent la lutte contre le racisme et l'antisémitisme et sont de nature à porter gravement atteinte à l'ordre public. » La législation des États européens s'accorde avec la jurisprudence de la Cour pour incriminer, au nom de la préservation de l'ordre public et, au-delà, le « vivre ensemble », le négationnisme comme une incitation à la haine raciale. Conformément à cette jurisprudence, les pays africains ne peuvent plus, sous le couvert des pratiques diplomatiques, se permettre de nier l'existence de phénomènes tels que l'esclavage, l'apologie de l'esclavage, le racisme, le tribalisme qui donnent lieu à des massacres des populations sur lesquels on se tait au nom d'une unité et d'une égalité de façade. Or, la Cour africaine ne peut pas condamner les États, sans remettre en cause une certaine lecture officielle de l'histoire ou même l'existence de brèches dans la structure de la nation idéalisée. À terme, cette perspective jurisprudentielle risque d'entraîner une recomposition des frontières matérielles, idéologiques et culturelles des nations africaines actuelles, et obliger l'Union africaine à s'interroger sur l'actualité de l'*Uti possidetis*.

---

847 CEDH, 29 sept. 2004, Chauvy et autres c. France, req. 64915/01, § 69.
848 CEDH, 21 sept. 2006, Monnat c. Suisse, 73604/01, § 64.
849 CEDH, 24 juin 2003, Garaudy c. France, req. 65831/01.

Le second volet de la question porte sur le contrôle par la Cour africaine du caractère démocratique des États de l'Union. Il faut observer que la Cour africaine n'a pas encore été mise en situation d'affirmer la liberté d'expression ou d'opinion des citoyens en se prononçant sur la réalité du caractère autocratique ou tyrannique d'un régime qui se donne officiellement l'image d'une démocratie, ce en dépit de nombreuses violations des droits dont ces régimes sont le théâtre. Sa jurisprudence se caractérise par une vacuité du contexte politique général et de l'environnement, au profit d'un examen des faits propres à la cause. C'est toute l'ambiguïté de la réception du droit international des droits et libertés dans un espace culturel et géographique dont les mœurs politiques et sociales sont foncièrement hostiles à ce droit. Il n'est pas réaliste de croire à l'effectivité de la liberté d'expression dans des États qui n'ont historiquement aucune culture en la matière, et qui se caractérisent parfois par une excessive militarisation de la vie politique[850], dans laquelle les pouvoirs publics et leurs armées conspirent contre les populations qu'ils sont censés défendre[851]. Il est par conséquent malvenu de faire abstraction de la nature véritable des régimes politiques dans l'examen de ce contentieux[852],

---

850 Les facteurs structurels (le caractère foncièrement ethnique de l'État), conjoncturels (la faiblesse des économies, la corruption, la patrimonialisation de l'État), ou fonctionnels analysés par les auteurs pour expliquer la permanence des coups d'État sur le continent et la militarisation des régimes politiques africains (v. J.-L. Seurin, « Les régimes militaires », *Pouvoirs*, n° 25, 1983, p. 89-105 ; F. Wodié, « Régimes militaires et constitutionnalisme en Afrique », *Penant*, 1990, p. 196) n'ont pas encore disparu. v. A. Essono Ovono, « Armée et démocratie en Afrique, une relation ambivalente à normaliser », *Afrique contemporaine*, 2012/2, n° 242, p. 120-121 ; C. Thiriot, « La place des militaires dans les régimes post-transition d'Afrique subsaharienne : la difficile resectorisation », *RIPC*, 2008/1, vol. 15, p. 15-34.

851 Ce phénomène a été si bien décrit par M. A. Ayissi (v. « Crises et rébellions dans le "pré carré" français : ordre militaire et désordre politique en Afrique », *Le Monde diplomatique*, janvier 2013) ; R. Ciavolella et M. Frésia, « Entre démocratisation et coups d'État : Hégémonie et subalternité en Mauritanie », *Politique africaine*, 2009/2, n° 114, p. 5-23.

852 Il est vrai que la Commission africaine a parfois fait preuve de hardiesse dans la promotion et la protection des droits de l'homme, en accueillant et en examinant une communication dans le cadre d'un recours objectif, lui demandant de résoudre une question de droit purement interne, et de dire que la proclamation royale de 1973 abrogeant la Constitution libérale et démocratique de 1968 du Swaziland qui concentre tous les pouvoirs entre les mains du monarque et abroge les partis politiques, et le décret de 2001 qui permet au Roi d'empiéter sur le pouvoir des tribunaux d'accorder la libération sous caution, violent la Charte africaine des droits de l'homme, alors même qu'aucun préjudice n'est allégué par aucun citoyen swazi sinon quelques associations qui invoquent la violation des droits du peuple swazi. La

alors même que la situation des requérants, la procédure contentieuse et la production des preuves sont tributaires de la collaboration des régimes dont la ruse et la violence favorisent la dissimulation des éléments utiles à la manifestation de la vérité. Dans maintes affaires dont le Comité des Nations unies contre la torture et la Commission africaine ont eu connaissance, leurs décisions ont eu l'effet d'un coup d'épée dans l'eau, précisément, parce que, contrairement à la Cour européenne[853], ils n'ont pas eu le courage de rappeler que les pratiques auxquelles se livrent les États mis en cause étaient révélatrices de leur nature tyrannique, parce qu'elles dépassent largement le seuil tolérable des bavures policières et judiciaires qui sont inhérentes à toute activité dont l'exercice implique naturellement l'usage de la violence légitime, pour se hisser au niveau d'actes criminels imputables à un système politique hautement dangereux et nuisible à la paix et à la survie des citoyens[854]. L'évolution de la distinction entre la faute personnelle et la faute de service bien connue en droit administratif français retrace en fait l'effort de moralisation de la puissance publique et de démocratisation des rapports entre l'État

---

Commission aux termes d'une démonstration qualifiée à juste titre de « désastre juridique » du point de vue processuel et méthodologique (A. D. Olinga, « Vers un contentieux objectif... », *op. cit.*) — le contentieux devant les instances juridictionnelles internationales ne pouvant être qu'un contentieux subjectif —, avait recommandé au gouvernement du Swaziland d'élaborer une nouvelle Constitution en concertation avec la société civile. Mais outre que cette décision restera sans effet comme l'admet la doctrine, rien n'empêchait la Commission de nommer directement les choses en désignant l'État swazi comme dictatorial et autoritaire, ou de dire, en paraphrasant l'article 16 de la Déclaration des droits de l'homme et du citoyen de 1789, que le Royaume de Swaziland n'a pas de Constitution, dans la mesure où la séparation des pouvoirs n'est pas établie ni la garantie des droits assurée.

853 Pour la Cour européenne des droits de l'homme, l'interdiction des peines et traitements inhumains et dégradants constitue l'une des valeurs fondamentales des sociétés démocratiques qui forment le Conseil de l'Europe. v. J. Ringelheim, *Diversité culturelle et droits de l'homme. L'émergence de la problématique des minorités dans le droit de la Convention européenne des droits de l'homme*, éd. Bruylant, Bruxelles, 2006, p. 351-352. La précision concernant l'espace géographique européen comme lieu d'expression de la démocratie n'est pas due au hasard ; elle témoigne du fait que seules les démocraties occidentales ont intégré l'interdiction des peines et traitements inhumains et dégradants comme une valeur culturelle idoine. Il suffit d'examiner le type de traitements inhumains et peines qui parviennent à la connaissance du juge strasbourgeois, pour s'apercevoir qu'ils représentent peu de chose en comparaison de ceux que pratiquent les pouvoirs africains ainsi que la société civile, dont les mœurs sont loin d'être démocratiques.

854 V. Comité des Nations-unies contre la torture (CCT), Communication 187/2001, M. Dhaou Begacem c. Tunisie, *RADH*, 2003, p. 32, v. notamment les § 2-3 à 2-8.

et les citoyens. En effet, la faute personnelle est apparue dans la jurisprudence du Conseil d'État pour délimiter la frontière entre les actes de malveillance et la mauvaise foi qui peuvent être le lot des personnes privées, et l'intérêt général poursuivi par les services de l'État qui ne sauraient en aucune manière endosser des buts criminels ou immoraux. Cette faute est donc par principe exceptionnelle, et son extinction progressive est la preuve que l'État est plus démocratique que jamais, puisque les actes de la puissance publique se conforment de plus en plus à la légalité. C'est le cas en France et dans les démocraties occidentales. En Afrique, au contraire, les comportements qui sont le fait des détenteurs de l'autorité publique, notamment en matière des droits de l'homme, correspondent essentiellement à des fautes personnelles[855] ; mais ils sont commis avec la permission des autorités ou sont accomplis en vertu des ordres émanés d'elles, ainsi que le constate la doctrine, qui considère la force publique comme une chaîne de commandement qui donne à l'exécutant le pouvoir et les ressources pour exercer la brutalité[856]. Les ordres étant le plus souvent verbaux, et intégrés dans la conscience par des agents qui pratiquent la torture avec un zèle sans égal et sont grassement récompensés, il est impossible que la hiérarchie soit éclaboussée par une quelconque accusation. Les États africains ne sauraient être pris pour des démocraties qu'ils ne sont pas, puisque les agents d'exécution agissent en vertu des commandements illégitimes, contraires à l'intérêt général[857]. La Cour africaine doit par conséquent, briser ce que le professeur du

855 La responsabilité de l'État peut être engagée pour faute du fait des violences et sévices corporels commis par un co-détenu sur un pensionnaire, dès lors qu'il n'a pas pris les mesures qui s'imposaient. La mauvaise organisation du service, consistant en l'insuffisance du personnel, et même en la négligence de ce dernier à intervenir, sont aussi constitutives d'une faute de service : CAA de Versailles, 29 déc. 2011, Fonds de garantie des victimes des actes de terrorisme et d'autres infractions c. Ministre de la justice, req, n° 09VE03565 ; CE, 16 nov. 1988, Époux Deviller, *rec.* p. 408. De plus en plus des réglementations drastiques sont adoptées pour protéger la dignité des détenus ainsi que leur intégrité physique et morale, à l'image de l'article 44 de la loi française du 24 novembre 2009 qui garantit aux détenus une protection effective de leur intégrité physique. Ces dispositions ont pour effet de réduire les risques de fautes imputables au service, et d'organiser un système de responsabilité personnelle des agents lorsqu'ils agissent hors du cadre légal, les agents ne pouvant échapper à la condamnation que dans l'hypothèse strictement limitée où la force a été utilisée dans une situation où le détenu résistait par violence ou par inertie au risque de mettre en danger la vie du personnel pénitentiaire et des co-détenus (Cass. crim., 3 fév. 2009, pourvoi n° 08-83184).

856 L. Addi, « La torture comme pratique d'État... », *op. cit.*, p. 143à 153.

857 La décision 228/99 de la Commission africaine, *Law Offices of Ghazi Suleiman v. Soudan (http://achpr.org/files/sessions/33rd/communications/228.99)*, pour ne s'en

Bois de Gaudusson appelle « le tabou systémique »[858] qui consiste en la non-dénonciation de l'absence de constitutionnalisme et de démocratisation des régimes politiques africains[859]. Elle doit se résoudre à constater que le manteau des droits de l'homme dont l'Afrique hérite est simplement trop large, et qu'il lui faut plusieurs décennies pour s'y mouler. Car, condamner l'action de la plupart des régimes politiques africains sur le fondement des dispositions de la Charte qui protègent la liberté d'expression équivaut à faire des reproches à un sourd, qui n'entend ni ne comprend ce qu'on lui reproche, ou pis à prodiguer des mortifications à une montagne. Il est, en effet, impératif que la Cour africaine s'oriente vers la solution offerte à la Cour européenne par le comité des ministres du Conseil de l'Europe dans sa résolution du 12 mai 2004, qui lui permet de relever, dans ses sentences, les carences systémiques dans le chef des entités étatiques qui expliquent l'inapplication de la Convention[860].

A vrai dire, il n'appartient pas à la justice panafricaine de combler les défaillances de l'Union africaine, en faisant des remontrances aux États sur leur refus d'adopter des mœurs démocratiques, tant qu'elle n'aura pas reçu mandat en ce sens ; elle n'emploie pas le langage de la stigmatisation. Elle n'a pas des moyens juridiques équivalents à ceux de la Cour européenne des droits de l'homme, qui a reçu de l'article 17 de la Convention européenne mandat pour condamner les dérives totalitaires des États[861]. La preuve est ainsi faite

---

tenir qu'à celle-là, à cause du caractère pathétique des faits reprochés à l'État soudanais est symptomatique de la position qu'occupe la liberté de la presse dans la culture politique africaine. En effet, le représentant de l'État soudanais ne se prive pas de défendre, contre les évidences, la position de son pays, que le plaignant a attrait devant la Commission, pour l'avoir incarcéré, puis interdit de circuler au motif qu'il avait tort de promouvoir les droits de l'homme au Soudan, dans des réunions pacifiques. Les faits à l'origine de cette affaire apportent la preuve de l'existence d'un climat de défiance envers le système démocratique, dont la culture est certainement l'un des facteurs explicatifs.

858 J. du Bois de Gaudusson, « Les tabous du constitutionnalisme en Afrique : introduction thématique », *Afrique contemporaine*, 2012/2, n° 242, p. 53-58.

859 P.-F. Gonidec, « A quoi servent les Constitutions africaines ? Réflexions sur le constitutionnalisme africain », *RJPIC*, octobre-décembre 1988, n° 4, p. 849 ; J.-M. Breton, « Le sacré et le constitutionnalisme. De la légitimation à la disqualification du pouvoir », *Droit et Cultures*, n° 12, 1986, p. 105.

860 V. A. Kovler, « La Cour européenne des droits de l'homme face à la souveraineté d'État », *L'Europe en formation*, 2012/1, n° 363, p. 209-222.

861 V. Th. Hochmann, « La Cour européenne des droits de l'homme face aux démocraties illibérales. Pour une application de l'article 17 contre les États », *RFDA*, juillet-août 2020, p. 725-731.

que, aussi longtemps que les principes de la démocratie qui guident l'action des juges ne seront pas adoptés sur le continent, la souveraineté des États déteindra sur ces valeurs, pour influencer négativement les décisions des juges, qui ont toujours donné cette impression d'impuissance lorsque les plus hautes autorités du pays refusaient intentionnellement de bâtir le système démocratique à l'intérieur de leurs frontières[862]. En l'état actuel des choses, la Cour africaine ne pourra être au mieux qu'un éternel pédagogue dont les décisions n'auront aucune chance de modifier la culture et les habitudes des États face aux droits humains[863]. La question de son utilité dans un environnement antidémocratique finira par se poser, surtout quand elle va devoir régler des questions difficiles comme celles des génocides et crimes contre l'humanité.

B. LA COUR AFRICAINE FACE A LA DÉNONCIATION DES GÉNOCIDES ET CRIMES CONTRE L'HUMANITÉ, ET DU TERRORISME RELIGIEUX

Les interrogations sus exprimées peuvent aussi se poser au sujet de la qualification de génocide ou de crime contre l'humanité, que certains seraient tentés d'attribuer aux actes de violence perpétrés contre les populations civiles par les gouvernements, ainsi qu'aux épurations ethniques dont les exemples ne manquent pas sur le continent[864]. L'interprétation et la qualifica-

---

862 Puisque la Cour africaine ne peut pas pointer du doigt les carences démocratiques dans le chef des États, il serait peut-être judicieux, pour colmater cette lacune, de la doter au moins du pouvoir d'injonction tel qu'il existe dans le système de la Cour interaméricaine des droits, où cette dernière peut obliger un État convaincu de violations des droits de l'homme, et condamné de ce fait, à reconnaître publiquement sa responsabilité; et lui donner aussi le pouvoir de mettre à la charge des États dans lesquels les violations des droits ont été perpétrées des obligations positives de nature à protéger l'ordre public afin que les faits constatés ne se reproduisent plus : v. Eric Tardif, « Le système interaméricain de protection des droits de l'homme : particularités, percées et défis », *La Revue des droits de l'homme*, [Oneline] 6/2014, Oneline since 04 december, 2014, connexion on 01 october 2016. URL:http://revdh.revue.org/962.

863 Dans certains États du Conseil de l'Europe où la culture démocratique ne s'est pas encore implantée, on assiste parfois à un refus d'appliquer les décisions de la Cour qui condamnent ces États pour violation des droits de l'homme, v. Par exemple CEDH, 10 déc. 2019, n° 28749/18, Kavala c/ Turquie, *AJDA* 2020, p. 160, chr. L. Burgorgue-Larsen.

864 Les purifications ethniques constituent bel et bien des génocides et des crimes contre l'humanité. Au titre de purifications ethniques sur le continent africain, ont été mentionnés par exemple les actes que les milices du Maréchal Mobutu ont commis

tion de tels faits donnent rarement lieu à un débat à l'intérieur des frontières nationales. Les dénonciations sont souvent le fait des observateurs étrangers sans lesquels les faits incriminés tomberaient dans l'oubli[865]. Les citoyens qui s'engagent dans cette voie finissent par prendre le chemin de l'exil, parce que ce sujet est classé tabou par les régimes impliqués, qui n'ont pas intérêt à être pointés du doigt par la communauté internationale[866], ni par l'Union africaine, qui non plus ne se montre pas active dans la dénonciation de ces actes, ni même dans la mise en place des mécanismes juridiques permettant leur sanction[867]. Or, la position de la Cour européenne, que la Cour africaine imite, est sans ambiguïté sur cette question : elle considère qu'« il est primordial dans une société démocratique que le débat engagé, relatif à l'origine de faits d'une particulière gravité constituant des crimes contre l'humanité, puisse se dérouler librement »[868]. La démocratisation, « n'a produit ni une figure africaine de l'État de droit, ni une figure africaine de démocratie, ni une figure africaine de nation, ni une figure africaine de constitution, capable de fixer le cap, de mobiliser les intelligences, de rassembler les dévouements, afin de faire face aux enjeux et défis de la mondialisation ». C'est donc un défi de taille pour la Cour africaine qui, à notre connaissance, n'a pas encore été confrontée à une situation aussi embarrassante, de protéger la liberté d'expression des historiens ou des juristes contre des régimes politiques qui, non seulement nient l'existence des exécutions de masse, mais encore

---

dans la province du Shaba en 1993, ou ceux commis dans la vallée du rift au Kenya par les autochtones à l'encontre des allogènes à l'instigation des autorités (v. J.-F. Bayart, « La démocratie à l'épreuve de la tradition en Afrique subsaharienne », *Pouvoirs*, n° 129, 2009, p. 27-44 ; J. Lafargue, Musambayi Katumanga, « Le Kenya dans la tourmente : violences postélectorales et pacification précaire », *Politique africaine*, 2008/1, n° 109, p. 107-121).

865 Pour le cas du Kenya, v. Stephen Brown, « Justice pénale internationale et violences électorales : Les enjeux de la CPI au Kenya », *Tiers-Monde*, 2011/1, n° 205, p. 85-100.

866 Les exemples en ce domaine sont fort nombreux, et il n'est que de citer le cas du génocide rwandais, dont la qualification a été contestée pendant longtemps, sans compter les tentatives d'instrumentalisation de la justice pénale internationale par les autorités rwandaises, qui souhaitaient une justice partiale dirigée exclusivement contre des personnalités hutus, et qui fermerait les yeux sur les exactions commises par des personnalités proches du nouveau régime : v. A. Guichaoua, « L'instrumentalisation politique de la justice internationale en Afrique centrale », *Tiers-monde*, 2011/1, n° 205, p. 65 à 83.

867 V. J. F. Wandji. k, « L'Afrique dans la lutte contre l'impunité des crimes internationaux », *CRDF*, n° 11, 2013, p. 89-103.

868 CEDH, 23 sept. 1998, Lehideux et Isorni c. France, § 54 et 55, *Rec.*, 1998, VII.

contestent formellement que ces exécutions, si elles existent, puissent tomber sous l'incrimination de génocide. Le sujet est hautement politique, et une prise de position de la Cour africaine dans un sens ou l'autre risque de mettre le feu aux poudres et même inciter certains gouvernements à se rebeller contre ses sentences[869]. En choisissant, comme elle le fait, de s'aligner sur la jurisprudence de la Cour européenne des droits de l'homme, elle se mettra à dos la quasi totalité des États africains. Elle ne pourra pas par exemple faire comme le juge strasbourgeois, qui a marqué sa distance vis-à-vis des lois mémorielles, en considérant que la criminalisation du négationnisme est contraire à l'article 10 de la Convention européenne des droits de l'homme même lorsqu'il s'appuie sur une interprétation erronée des faits historiques, et qu'il n'appartient pas au législateur d'incriminer la contestation de la qualification de génocide[870]. Nul donc n'a intérêt à ce que le contentieux de la liberté d'expression, dans toute son étendue, se développe devant les instances juridictionnelles africaines. C'est ce qui explique son étonnante sécheresse. C'est en amont, en effet, que la production des œuvres critiques à l'égard des politiques, ou portant sur une interprétation iconoclaste de l'histoire est contrariée, en sorte qu'en aval le contentieux est méthodiquement apuré faute de plaignants. Les condamnations à des peines de prison prononcées contre certains auteurs, même des chercheurs[871], dissuadent d'autres de s'engager à leur suite.

En vérité, toutes les tentatives intellectuelles ou artistiques de porter un démenti scientifique à la pensée unique sont systématiquement condamnées. Les décisions de la Cour européenne des droits de l'homme, en ce domaine, permettent aujourd'hui de saisir les virtualités d'un contentieux politique qui peut faire vaciller tout l'édifice institutionnel panafricain. A titre purement illustratif, on peut mentionner l'arrêt *Geniewski contre France* du 31 janvier

---

869 La Cour africaine aurait une chance infime de réussir si elle s'inspirait du droit français, dont la tradition autoritaire héritée du bonapartisme, est plus proche des pratiques africaines que ne l'est celle que défend la Cour européenne. C'est la raison pour laquelle la France est régulièrement condamnée par la Cour européenne pour ses nombreuses obstructions à la liberté d'expression (v. V. Sizaire, « En France, la criminalisation de la parole publique », *Le Monde diplomatique*, sept. 2021, p. 20).

870 V. CEDH, 2e section, 17 déc. 2013, n° 27510/08, Perinçek c/ Suisse, *AJDA* 2014. 147, chron. L. Burgorgue-Larsen ; *D.* 2014. 144, Obs. G. Poissonnier ; *RSC*, 2014, p. 179, note J. P. Marguénaud.

871 En Algérie par exemple, un auteur a été condamné à trois ans d'emprisonnement, pour une recherche universitaire sur l'histoire de la religion portant sur le prophète Mahomet. v. Amnesty International, *La situation des droits humains dans le monde*, Rapport, 2015/2016, p. 78.

2006 qui, sans avoir donné pleinement satisfaction, règle un contentieux religieux ayant indéniablement des prolongements politiques. Le requérant, M. *Geniewski,* de nationalité française, avait été condamné par le Tribunal correctionnel de Paris, puis par jugement de la Cour d'appel de Paris confirmé par la Cour de cassation, pour diffamation envers la communauté chrétienne représentée par l'association Alliance générale contre le racisme et pour le respect de l'identité française et chrétienne (AGRIF), pour avoir, dans le *Quotidien de Paris,* soutenu le point de vue historique selon lequel « l'anti-judaïsme scripturaire et la doctrine de « l'accomplissement » de l'ancienne par la nouvelle Alliance, conduisent à l'antisémitisme et ont formé le terrain où ont germé l'idée et l'accomplissement d'Auschwitz ». Derrière, ces propos sibyllins en apparence, s'abrite à l'endroit des chrétiens, l'une des accusations les plus infâmes que cette communauté ait jamais subie. Le tribunal correctionnel de Paris retient que l'auteur des propos incriminés met en cause la responsabilité directe des catholiques et d'une façon générale celle des chrétiens dans holocauste. La Cour de Strasbourg n'y a pas vu la même chose que les juges français ; elle considère qu'il y a une atteinte à la liberté d'expression du prévenu, dans la mesure où il se serait borné à élaborer une thèse sur la portée d'un dogme et sur les liens possibles avec les origines de l'Holocauste[872]. Mais, à bien y regarder, l'auteur procède par des affirmations péremptoires, et absolument pas par des probabilités comme le prétend la Cour, ce qui est tout le contraire d'une démarche scientifique. En outre, on ne peut pas suivre la Cour lorsqu'elle prétend que le texte litigieux ne comporte pas des attaques contre les convictions religieuses des chrétiens[873]. Dire que la doctrine de l'accomplissement de l'ancienne alliance dans la nouvelle constitue un anti-judaïsme est tout aussi contestable que l'est le lien hasardeux que l'auteur établit entre la doctrine chrétienne et l'Holocauste[874] ; la Cour, en effet, ne cherche pas à vérifier la véracité d'une telle affirmation, comme si elle la tenait pour une évidence, lorsque le débat entre historiens sur cette question n'est pas encore clôt, et que cette thèse est considérée comme procédant d'une lecture naïve des Évangiles[875]. Quand bien même la doctrine chrétienne serait anti-judaïque, on ne peut, sans commettre une imprudence, y

872 V. § 50.
873 § 51.
874 Beaucoup de références bibliques du Nouveau testament portent un démenti cinglant à la thèse de l'anti-judaïsme scripturaire, qui est une invention purement humaine, ou qui procède d'une mauvaise compréhension des Écritures.
875 J. Hug, « L'antijudaïsme du Nouveau Testament », *Choisir*, mai 2000, p. 21-25 ; D. Marguerat, *Le déchirement, juifs et chrétiens au premier siècle*, Genève, Labor, et Fides, 1996, 292 p.

trouver le ferment de l'antisémitisme. C'est oublier un fait d'évidence : la haine séculaire mêlée de violences et de persécutions envers les juifs en Europe, dont l'holocauste constitue certainement l'épisode le plus dévastateur[876]. Cette haine là n'a pas toujours été inspirée par les Évangiles, qui au contraire ont parfois été instrumentalisés. Dans les deux cas, ou c'est l'origine divine de la révélation apostolique qui est contestée, ou c'est le Dieu chrétien qu'on rend responsable de ces massacres. N'est-ce pas là porter atteinte aux convictions religieuses et à la foi d'autrui ?

Sans remettre en cause la liberté d'expression que d'aucuns se sont attachés à défendre contre le risque d'auto-censure des journalistes, historiens et chercheurs qui serait hautement préjudiciable à la qualité du débat des idées et à l'établissement de la vérité historique[877], on peut tout de même s'étonner de l'amalgame que le texte incriminé fait entre le catholicisme et le christianisme, de sorte que la critique qui aurait dû s'adresser à une interprétation catholique très contestable des Écritures[878], une certaine lecture catholique de l'histoire et des pratiques condamnables, affecte malencontreusement la croyance des autres communautés chrétiennes qui fondent leur foi sur une interprétation authentique du texte biblique. Il se transforme ainsi, à leur égard, en une insulte insupportable très préjudiciable.

---

876 V. V. Forrester, *Le crime occidental, op. cit.* On peut utilement lire sur ce sujet l'intervention de l'abbé Grégoire devant la Constituante en 1789 : v. *La République, ses valeurs, son école. Corpus historique, philosophique et juridique*, Textes rassemblés et présentés par V. Duclert, éd. Gallimard, Paris, 2015, p. 130.

877 P.-F. Docquir, « La Cour européenne des droits de l'homme sacrifie-t-elle la liberté d'expression pour protéger les sensibilités religieuses ? (note sous l'arrêt *Geniewski c. France*, 31 janvier 2006, de la Cour européenne des droits de l'homme) », *RTDH*, 68/2006, p. 839.

878 D'aucuns ont cru découvrir l'anti-judaïsme dans l'Évangile de Jean 8 v 42-44, où Jésus assimile les Juifs qui réfutent sa doctrine aux fils du diable (V. R. I. Moore, *La persécution. Sa formation en Europe. Xe – XIIe*, éd. Les Belles lettres, 1987 p. 40 à 44). Or, les actes d'hostilité et de haine perpétrés contre les juifs, ainsi que les condamnations pénales dont ils ont été l'objet, et dont l'auteur se fait le fidèle interprète, tels que les blasphèmes envers les images saintes, l'institution d'une tradition consistant à gifler un juif sur le parvis de l'Église le dimanche de pâques, etc., relèvent des traditions catholiques de l'époque des croisades, et étaient destinés à humilier et persécuter des minorités qu'on tenait en aversion, ce qui était loin d'être l'esprit des Écritures. Celles-ci ont simplement servi d'alibi à ceux qui se revendiquaient de l'anti-judaïsme et de l'antisémitisme.

Jamais la Cour n'aurait pu tenir le même raisonnement si c'est un autre mouvement religieux politiquement représentatif qui était justiciable à la place des organisations chrétiennes[879]. La Cour aurait certainement évité un affrontement inutile avec un mouvement tel que l'islam qui exerce une grande influence au plan social et politique de par le monde et qui dispose d'une stratégie politique[880]. Plus précisément, à quelles conséquences incalculables s'exposerait l'Union africaine — et les juges panafricains individuellement —, si elle laissait la Cour africaine rendre, à l'encontre des musulmans, une décision semblable à celle que les juges strasbourgeois ont rendue contre les chrétiens dans l'affaire *Geniewski ?* En effet, les réactions des croyants qui peuvent être maîtrisées dans les démocraties occidentales, disposant des moyens de rétorsion à l'égard des communautés qui se montrent rebelles aux décisions judiciaires[881], peuvent se transformer en de véritables

879 La question est loin d'être un cas d'école. L'anti-judaïsme, voire l'antisémitisme dont le Coran est accusé (« Le Coran est-il antisémite ? », *L'Obs*, n° 2792 du 10 au 16 mai 2018, p. 18 et s.) pourrait un jour parvenir à la connaissance des instances juridictionnelles de l'Union européenne. Il serait intéressant à ce moment-là de suivre le raisonnement des juges, pour se faire une opinion de l'attitude et du comportement des juges à l'égard de telle ou telle autre religion.

880 Les lobbies politiques musulmans qui sont instrumentalisés, comme en France, de l'extérieur, par des États mais aussi par des groupes djihadistes, des salafistes ou des Frères musulmans, et dont les activités officielles et occultes pèsent d'un poids considérable sur la vie politique, déstabilisent les sociétés occidentales : v. C. Barjon, S. Daniel, N. Funès et A. Salor, « La Gauche et l'islam : autopsie d'un malaise », *L'Obs*, 3 nov. 2016, p. 31-40. Plus basiquement, l'inimitié que l'islam s'attire dans la société occidentale est imputée à son refus de cantonner son culte dans la sphère privée mais de systématiquement politiser ses revendications et ses combats : v. A. Bergounioux, « La laïcité, valeur de la République », *Pouvoirs*, n° 75, 1995, p. 17-26. Cette mauvaise réputation n'est certainement pas usurpée, puisque la fusion naturelle du politique et du religieux est un phénomène bien connu dans l'islam, considéré comme un nouveau référent idéologique et affublé par ailleurs d'une « culture de l'émeute » : v. M. Zeghal, « État et marché des biens religieux. Les voies égyptienne et tunisienne », *Critique internationale*, Vol. 5, 1999, Mémoire, justice et réconciliation, p. 75-95. Elle gagne aussi certains pays d'Afrique noire : v. R. Otayek, *Le radicalisme islamique au sud du sahara, da'wa, arabisation et critique de l'Occident*, Paris, éd. Karthala, 1993 ; Mame-Penda Bâ, « La diversité du fondamentalisme sénégalais. Éléments pour une sociologie de la connaissance », *Cahiers d'études africaines*, 2012, n° 206-207, p. 575-602.

881 Selon M. L. Addi, « L'islam (serait) un langage et une ressource politique utilisés par les uns et les autres pour légitimer ou contester un ordre politique ». Par les ressorts de son hégémonie sociale et politique, il devient ainsi un mouvement politique capable de mobiliser : v. « Pluralisme politique et islam dans le monde arabe »,

révolutions sur le continent africain, où les forces de l'ordre n'ont pas les moyens de faire face à ce type de mouvements qui expriment ce que certains ont qualifié de forme de rébellion républicaine[882], et où s'exercent continuellement des pressions extérieures de nature diplomatique, politique ou financière sur les décideurs publics. Il n'est pas difficile d'imaginer qu'il existe de fortes probabilités que les juges panafricains se montrent sensibles à ces pressions. Les réactions paradoxales des populations de certains pays d'Afrique face aux violences religieuses ou aux actes terroristes pour être plus précis[883], dessinent l'image d'une Afrique aux multiples visages irréconciliables. Dans ce chaos identitaire où le désordre, l'intimidation et la violence tiennent lieu de loi en lieu et place des principes démocratiques, la Cour africaine des droits de l'homme ne pourra pas dire le droit sans courir le risque d'être suspectée et accusée de christianiser ou d'islamiser le continent tout entier[884]. Et on peut se demander, à juste titre, s'il lui sera possible de défendre le droit contre les religions dans un espace privé de démocratie[885] et où règne l'anarchie. Même dans les vieilles démocraties, les événements sanglants de ce début du XXIè siècle dans lesquels les revendications religieuses à travers le monde ont constitué des mobiles déterminants, la question de la capacité des États à protéger les défenseurs de la liberté face aux fanatismes religieux s'est posée[886], et leur impuissance semble une évidence. Dans ces circonstances l'interrogation : *Quis custodiet ipsos custodes ?* peut bien se

Pouvoirs, n° 104, 2003, p. 85.

882 A. Kaya, « Les Français musulmans : enquête sur une rébellion républicaine », *REMI*, 2006, vol. 22, n° 3, mis en ligne le 31 déc. 2009. URL. Http ://remi.revues.org

883 Ambassade des États-Unis au Niger, *Rapport 2015 sur la liberté de religion dans le monde*, https://ne.usembassy.gov/.../niger.

884 Pour avoir tenté d'introduire la mention de « racines chrétiennes de l'Europe » dans la « Constitution européenne », l'Union européenne a été accusée de vouloir faire de l'Europe un club chrétien : v. R. Mehdi, « L'Union européenne et le fait religieux ; éléments du débat constitutionnel », *RFDC*, 2003/2, n° 54, p. 227 à 248. La Cour africaine n'est donc pas à l'abri de ce type de représentations caricaturales.

885 C'est un truisme de dire que l'Afrique ne connaît pas encore de régimes véritablement démocratiques. Cela tient à plusieurs facteurs, dont les facteurs, historiques, économiques, sociaux ou religieux : v. F. Akindès, *Les mirages de la démocratie en Afrique subsaharienne francophone*, éd. Karthala, 1996, p. 98 et s ; G. Conac, « Succès et crise du constitutionnalisme africain », in *Les constitutions africaines, publiées en langue française*, éd. La Documentation française, tome 2, 1998, p. 14 ; C. Keutcha-Tchapnga, « Droit constitutionnel et conflits politiques dans les États francophones d'Afrique noire », *RFDC*, 2005/3, n° 63, p. 451 et s ; V. Darracq et V. Magnani, « Les élections en Afrique... », *Politique étrangère, op. cit.*

886 V. C. Fourest, *Éloge du blasphème*, éd. Grasset, Paris, 2015, p. 150.

poser en Afrique. La démocratie est le rempart des juge fédéraux ; si elle fait défaut, qui les préservera de l'extrémisme intolérant des religions ? Elle fera défaut fatalement, parce qu'en réalité, la démocratie africaine trop balbutiante, faute d'assises sociologiques, court le risque d'être empêchée et d'être engloutie par des revendications religieuses au goût provocateur[887] qui expriment avec violence les particularismes communautaires.

La Cour africaine sera confrontée, non seulement aux régimes dictatoriaux, aux États théocratiques, mais surtout aux intégrismes religieux dont les violences risquent de réduire au silence toutes les libertés. Au delà du formalisme des textes, il n'y a pas la volonté d'accorder les pratiques et les textes avec les objectifs de la Charte africaine, et cela est très perceptible surtout dans les États théocratiques où il n'existe aucune volonté d'harmoniser leurs droits avec celui de l'Union africaine[888]. En l'absence de consensus entre les États, les libertés religieuses ne pourront pas bénéficier, en pratique, de la garantie que leur accordent les textes.

887 V. par exemple l'affaire du Burkini qui a défrayé la chronique l'été 2016, comme la manifestation d'une véritable manipulation religieuse (v. « L'affaire du Burkini », *Sud-Ouest*, samedi 10 septembre 2016, www.sudouest.fr) ou, comme le dit M. M. Bock-Côté, d'un « exhibitionnisme identitaire [...] vecteur privilégié de l'impérialisme culturel qui anime l'islam », « Ce que révèle l'affaire du Burkini », *Le Figaro*, 9 août 2016, http.www.lefigaro.fr/. v. aussi « Comment la polémique sur les Burkinis a-t-elle enflé ? », *Les Échos*, 17 août 2016. Et les décisions du Haut tribunal administratif, pour éteindre la polémique : v. P. Bon, « Le Burkini au Conseil d'État, note sous CE, 26 août 2016, Ligue des droits de l'homme et autres et association de défense des droits de l'homme, Collectif contre l'islamophobie en France, *RFDA*, 2016, p. 1227 ; Ph. Jestaz, « Un tsunami pour un burkini », *D.*, 8 sept. 2016, n° 29.

888 Ainsi, on ne peut que désapprouver les tribunaux marocains, qui appliquent avec une sévérité sans égal les lois restrictives en matière de liberté d'expression et de liberté de la presse, en punissant d'interdiction certains journaux auxquels il est reproché l'atteinte à la religion musulmane ou d'obscures « valeurs sacrées du Royaume » (v. O. Bendourou, « Les droits de l'homme dans la Constitution marocaine de 2011 : débats autour de certains droits et libertés », *La Revue des droits de l'homme* [Online], 6/2014, Online since 28 october 2014, connexion on 30 april 2019. URL : http://journals.openedition.org/revdh/907). Ces décisions s'appuient sur des normes de référence internes qui contreviennent aux instruments internationaux et interafricains auxquels le Maroc est partie. Il est regrettable que les tribunaux ferment les yeux sur ces contrariétés et ne daignent même pas viser le droit de l'Union africaine, pour débouter le gouvernement de toutes ses prétentions souvent fantaisistes.

CHAPITRE II.

LA NÉGATION DES LIBERTÉS RELIGIEUSES

L'arsenal juridique mis en place par les instances fédérales pour garantir les libertés de l'esprit est foncièrement libéral ; l'influence des traditions et valeurs occidentales est indéniable. Mais le contexte politique, social et culturel n'est pas favorable à l'expression effective de ces libertés. Les libertés religieuses ont toujours donné lieu à des tensions communautaires et des guerres de religion en divers endroits sur le continent. L'Afrique intégrée présente une autre réalité, celle d'un continent/nation où certains territoires et certains pays, à cause des liens culturels fusionnels qu'ils entretiennent avec leurs croyances, ne s'ouvriront pas au pluralisme religieux. La liberté religieuse est rejetée (Section 1). Le principe de laïcité, son corollaire, n'a pas d'assise culturelle sur le continent. Faute d'enracinement, il a montré son impuissance face aux tensions sociales et religieuses qui ont cours partout sur le continent africain. En définitive, le principe de laïcité n'aura pas plus de vitalité dans l'Afrique intégrée que maintenant (Section 2).

Section1. La négation de la liberté de croyance

Pour comprendre les problèmes que pose la liberté de croyance sur le continent africain, il convient d'exposer dans un premier temps les termes de la problématique de la difficile cohabitation entre les religions (§1). Nous verrons ensuite que dans une partie de l'Afrique, et particulièrement les pays théocratiques, le principe de la liberté de croyance est annulé par l'uniformité de la croyance (§2), avec toutes les conséquences que cela comporte en termes de violation des principes démocratiques (§3).

§1. Les termes de la problématique d'une cohabitation difficile entre les religions

Il convient d'exposer les termes de la problématique de la difficile cohabitation des religions sur le sol africain. Celle-ci met face à face principalement les grandes religions monothéistes, après l'éviction des religions traditionnelles consécutivement aux conquêtes arabes et à la colonisation. Le droit africain a adopté le principe de laïcité dans le but de pacifier les relations entre religions et garantir la liberté de croyance.

A. L'ÉVICTION DES RELIGIONS TRADITIONNELLES AFRICAINES

Historiquement la question de la liberté religieuse ne s'était jamais posée à l'Afrique comme elle semble se poser aujourd'hui. Les peuples d'Afrique, disait Maurice Delafosse en 1925, « sont en réalité parmi les plus religieux de la terre »[889]. Tout Africain était croyant au même titre que l'était la communauté dans laquelle il vivait, parce que sa foi était une expression de la foi collective du groupe. Il y avait en Afrique une diversité de croyances, chaque clan, chaque famille croyait au dieu de ses ancêtres. Ce qui était en jeu, ce n'était pas l'unité de la foi ; l'harmonie dans la croyance résidait dans le fait que la foi chez l'Africain le ramenait à une relation fusionnelle avec son environnement ; avec la nature qu'il vénérait, en invoquant le bois, la pierre, le fleuve, la forêt, la pluie, la foudre, les ancêtres, etc[890]. Il n'existait donc pas de compétition entre les religions ; la compétition et la rivalité sont apparues avec le prosélytisme religieux introduit sur le continent par le christianisme et par l'islam qui sont venus, l'un et l'autre, pour conquérir l'Afrique, avec la ferme volonté de s'imposer l'un aux dépens de l'autre, mais aussi des religions traditionnelles[891]. C'est depuis lors que la pluralité des religions fait partie de la réalité sociologique africaine, alors qu'auparavant, il y avait une pluralité de croyances pour une seule religion. Certains ont cru voir dans ce pluralisme un facteur de cohésion, d'apaisement et d'enrichissement culturel. En réalité, les relations entre l'Afrique et les religions importées ont été très conflictuelles. L'historien Cheikh Anta Diop avait observé que la pénétration de l'islam en Afrique noire avait fortement contribué à altérer la conscience de la continuité du passé historique[892]. S'il reconnaît l'existence d'une parenté métaphysique entre les traditions musulmanes et les croyances africaines[893], l'auteur relève surtout la destruction et la négation de certains symboles de l'autorité ainsi que l'héritage artistique ou architectural africain anté-islamique au nom de la doctrine religieuse musulmane[894]. L'expansion de l'is-

889 M. Delafosse, *Les civilisations négro-africaines, op. cit.*, p. 12.

890 V. *Les religions africaines comme source de valeurs de civilisation*, Actes du Colloque de Cotonou des 16-22 août 1970, éd. Présence africaine, Paris, 1972, 427 p.

891 T. Tshibangu en collaboration avec J. F. Ade Ajayi et Lemin Sanneh, « Religion et évolution sociale », in *Histoire générale de l'Afrique : l'Afrique depuis 1935*, vol VIII, p. 533 et s.

892 C. A. Diop, *L'Afrique noire précoloniale : Étude comparée des systèmes politiques et sociaux de l'Europe et de l'Afrique Noire, de l'Antiquité à la formation des États modernes*, éd. Présence africaine, 1987, p. 162 et s.

893 C. A. Diop, *L'Afrique noire précoloniale, op. cit.*, p. 156.

894 C. A. Diop, *L'Afrique noire précoloniale, op. cit.*, p. 161 à 164.

lam, tout comme celle du christianisme sur le continent noir, s'est accompagnée d'un impérialisme culturel. Qu'elle fut par la force ou par syncrétisme religieux[895], elle a abouti à l'extinction des croyances des autochtones et de leurs cultures.

B. LA RÉCEPTION DU PRINCIPE DE LA LIBERTÉ RELIGIEUSE PAR LE DROIT AFRICAIN

L'Union africaine a tant bien que mal anticipé les complications qui devaient inévitablement naître de la cohabitation des deux principales religions opposées dans leurs doctrines et dans leurs objectifs, en insérant, dans la Charte africaine des droits de l'homme et des peuples, des dispositions pertinentes des instruments internationaux qui vont indubitablement aboutir à faire de la laïcité, naguère méconnue dans l'Afrique traditionnelle, un principe essentiel de l'ordre public démocratique africain[896]. La réception de ce principe était indispensable, dans la mesure où il est censé répondre aux problématiques engendrées par la délocalisation sur le continent africain des conflits qui, avant l'ère de la mondialisation, se déroulaient plutôt en Occident, ainsi qu'au multiculturalisme des sociétés qui, auparavant, ne l'étaient pas. Il va sans dire que les réalités culturelles en matière de religion se sont uniformisées à la faveur des conquêtes, mais surtout des mouvements des populations à l'échelle de la planète. La plupart des États de la planète sont devenus ainsi multiconfessionnels. Le bouclier théocratique des États n'est en définitive qu'un alibi pour empêcher ceux qui ne pratiquent pas la religion officielle, et qui sont par principe étrangers au pays, d'y demeurer, à moins qu'ils ne changent de croyance. La laïcité, principe essentiel dans une société multifonctionnelle, était posée en vue de garantir à chaque citoyen la libre pratique de la religion de son choix, la liberté de croire ou de ne pas croire et enfin la stricte neutralité de l'État, qui devrait s'abstenir d'interférer sur les libertés religieuses, mais à qui incombe aussi le devoir de garantir l'égalité entre tous les citoyens, sans distinction de religion. La laïcité est par cela même un principe qui permet le vouloir vivre collectif, un principe unificateur sans lequel la paix sociale serait menacée. C'est enfin un principe démo-

895 V. B. A. Ogot, « L'histoire des sociétés africaines de 1500 à 1800 : conclusion », in *Histoire générale de l'Afrique*, tome V. *L'Afrique du XVI*[è] *au XVIII*[è] *siècle*, éd. Unesco, 1999, p. 969 et s.
896 C'est exactement par le même processus que la laïcité, initialement considérée comme l'héritage de la seule France, est devenue non seulement une valeur culturelle européenne, mais aussi un principe de son ordre public, selon une interprétation audacieuse de la Convention européenne des droits de l'homme par la Cour européenne, v. A. Garay, « La laïcité, principe érigé en valeur... », *op. cit.*

cratique par définition, car il n'oblige personne à faire ce qu'il ne veut pas, et une règle de promotion de l'égalité. Laïcité et liberté de religion sont ainsi intimement liées ; ce sont les deux versants d'une même médaille.

La Charte africaine pose à son article 8 le principe de la liberté de conscience : « La liberté de conscience, la profession et la libre pratique de la religion sont garanties. Sous réserve de l'ordre public, nul ne peut être l'objet de mesures de contrainte visant à restreindre la manifestation de ces libertés ». La formulation est certes lapidaire, ce qui permet à tous les signataires de s'accorder sur un principe qu'ils n'auront aucun scrupule à violer le cas échéant. Pour certains, il s'agirait d'une omission volontaire destinée à préserver la susceptibilité musulmane[897]. Mais vu de l'article 17 de la Déclaration universelle ou de l'article 9 de la Convention européenne des droits de l'homme, l'interprétation n'en sera que plus large, car, selon l'article 17 de la Déclaration, la laïcité implique aussi l'obligation pour l'État de protéger quiconque change de religion et manifeste en public ou en privé sa foi. La Cour européenne des droits de l'homme, quant à elle, interprète la liberté de conscience et de religion de l'article 9 de la Convention comme représentant « l'une des assises d'une "société démocratique" au sens de la Convention. Elle figure, dans sa dimension religieuse, parmi les éléments les plus essentiels de l'identité des croyants et de leur conception de la vie, mais elle est aussi un bien précieux pour les athées, les agnostiques, les sceptiques ou les indifférents. Il y va du pluralisme — chèrement conquis au cours des siècles — consubstantiel à pareille société »[898]. Cette liberté, conçue le plus largement possible, comporte aussi « le droit d'essayer de convaincre son prochain, par exemple au moyen d'un enseignement, sans quoi du reste « la liberté de changer de religion ou de conviction » consacrée par l'article 9 demeurerait lettre morte »[899]. Il ressort de l'arrêt *Kokkinakis contre Grèce* que, d'une part la liberté religieuse a été l'une des conquêtes majeures des démocraties occidentales acquises contre les obscurantismes religieux qui ont, par le passé, asservi les libertés, et qui continuent, sous le couvert des voies démocratiques de tenter de les asservir à nouveau. C'est la raison pour laquelle la Cour européenne ne condamne pas le prosélytisme pratiqué par un témoin de Jéhovah sur un membre de la religion orthodoxe grecque dominante ; elle laisse chaque citoyen libre d'accepter ou de refuser toutes les tentatives d'en-

897 B. Adam-Ferreira, « Le droit à la liberté de religion, un droit à géométrie variable. Analyse comparée de l'étendue de la reconnaissance du droit à la liberté religieuse dans les systèmes régionaux de protection des droits de l'homme », *Revue juridique de l'Ouest*, 2003/3, pp. 283-313.
898 CEDH, 25 mai 1993, Kokkinakis c. Grèce, § 31.
899 CEDH, 25 mai 1993, Kokkinakis c. Grèce, *ibid.*

rôlement par le biais des "enseignements religieux". Là encore l'accent est mis sur le libre choix du sujet, qui n'est soumis à aucune contrainte et dont les facultés mentales ne sont point altérées. D'autre part, la Cour, rend service aux croyants, qui peuvent désormais se servir de l'article 9 comme d'une arme offensive, pour se projeter en vue de conquérir de nouveaux adeptes, soit par la conversion des non-croyants soit par le débauchage des adeptes d'autres religions. Mais cette liberté ne saurait en aucun cas se transformer en des actes de domination et de persécution d'un groupe sur un ou plusieurs autres groupes, pour des motifs religieux, ce qui peut tomber sous l'inculpation de crime[900]. Les dispositions de la Charte africaine des droits de l'homme sont donc à lire à la lumière de la jurisprudence de la Cour européenne des droits de l'homme, ainsi que celles de la Cour suprême des États-Unis. Mais la cohabitation des religions dans le contexte africain est particulièrement difficile.

C. EXPOSÉ DE LA PROBLÉMATIQUE DE LA COHABITATION AUJOURD'HUI

La construction de l'État fédéral sera confrontée, au-delà des caricatures, à la question vitale de l'arbitrage des conflits religieux qui n'a jamais été discutée ni par les pères fondateurs, ni par les dirigeants actuels, alors même qu'elle se révèle déterminante pour la survie de l'Union. Cela est encore plus vrai aujourd'hui que par le passé, à cause de la cohabitation des deux principales religions dans la quasi-totalité des pays de l'Afrique subsaharienne. Il en résultera immanquablement des frictions qui parviendront à la connaissance des tribunaux nationaux, ce qui a commencé déjà à arriver, mais aussi de la juridiction supranationale. La Cour va devoir trancher des questions religieuses qui sont rendues délicates par leur insertion dans certains États comme des normes sociales à part entière, et pour lesquelles les libertés religieuses de beaucoup de citoyens sont constamment bafouées. Il en est ainsi du sabbat, du ramadan, du foulard islamique, des fêtes religieuses ou même de la circoncision masculine, pour lesquels la Cour africaine doit, à la suite des juridictions nationales telles que le Conseil d'État français[901], affirmer les contours sinueux de la laïcité sans se montrer hostile aux croyances religieuses d'autrui, encore moins aux spécificités culturelles des États. Ces spécificités culturelles, lorsqu'elles se mêlent aux croyances religieuses, ne peuvent pas être préservées sans que certaines franges de la population en

900 Selon l'article 212-1 du Code pénal français, de tels faits tombent sous l'incrimination de crime contre l'humanité.
901 V. Y. Madiot, « Le juge et la laïcité », *op. cit.*

subissent un préjudice, surtout dans les sociétés multiconfessionnelles et multiculturelles[902]. La problématique à laquelle sera confrontée la Cour africaine est la même que celle qui s'est posée en Occident, et notamment en France où elle implique la croyance majoritaire dans ses rapports avec la religion minoritaire[903]. Mais sa résolution sera plus complexe en Afrique, parce que le rapport de force entre les religions varie selon les pays, et il semble difficile d'obtenir une laïcité rigide qui ne tienne aucun compte des spécificités culturelles locales. Serait-il possible qu'en Afrique la foi soit inséparable des valeurs de la République, et dans ce cas, l'Afrique réinvente une laïcité à

902 On le voit aujourd'hui en France par exemple, avec l'interdiction des crèches de noël dans les lieux publics, au motif qu'elles auraient une connotation religieuse, alors qu'elles sont plus facilement associables à la culture et à l'histoire plutôt qu'à une doctrine religieuse. La Bible, qui fonde la foi chrétienne ne leur accorde aucune connotation religieuse (pour une position contraire, v. Th. Hochmann, « Le Christ, le père noël, et la laïcité en France et aux États-Unis », *NCCC*, 2016/4, n° 53, p. 53-61). Un tribunal de travail britannique avait déjà soutenu que le signe de la croix n'est pas un signe religieux. L'argument peut être transposé au cas de la crèche de noël, à moins de prétendre que cette pratique correspond à une religion issue du christianisme, mais qui, sous la pression de la culture et de l'histoire, s'est donnée des nouveaux commandements qui n'ont plus rien en commun avec ceux qui sont prescrits par la Bible. Le saint livre prescrit un certain nombre de fêtes, et ni noël ni ces symboles ne s'y trouvent. C'est donc une invention purement humaine destinée sans doute à rappeler aux citoyens l'origine chrétienne d'une nation par ce symbole qui marque la prétendue naissance de Jésus-Christ à cette date. D'ailleurs, rien n'interdit à un peuple, une communauté ou une nation de s'inventer une religion propre tirée de son fond culturel, mais qui pourrait être — ce qui du reste est le cas du catholicisme — une pâle copie et une version dégradée du christianisme. La Cour européenne des droits de l'homme n'a jamais accordé ce monopole aux seules religions dites révélées, et admet que l'on appelle signe d'appartenance à une religion ce qui ne l'est pas sur le strict plan scripturaire (CEDH, 15 janv. 2013, Affaire Eweida et autres c. Royaume-uni, req. n° 48420/10, 59842/10, 51671/10, 36516/10). L'erreur de qualification juridique commise par les juridictions administratives aboutit à des variations dans la jurisprudence, qui a du mal à se fixer : v. CE, ass., 9 novembre 2016, Fédération départementale des libres penseurs de Seine-et-Marne, n° 395122 et Fédération de la libre pensée de Vendée, n° 395223, *RFDA* 2017, p. 127 et s., note J. Morange ; *AJDA* 2016, p. 2375, Chr. L. Dutheillet de Lamothe et G. Odinet. Le juge panafricain ne doit surtout pasbadopter une jurisprudence aussi inquiétante qui méprise la culture et l'histoire d'un pays au nom d'une laïcité culturellement suicidaire, pour l'appliquer sur un continent où l'unité culturelle et religieuse existe bel et bien par endroits. Indubitablement, l'approche doit changer pour éviter des conséquences désastreuses. La conception européenne de la laïcité peut même être perçue comme une provocation dans des pays où les symboles et signes, religieux au départ, sont devenus des pratiques culturelles courantes admises par l'ensemble de la

géométrie variable selon la « coloration religieuse » du pays ? Le caractère foncièrement mouvant et évolutif de la laïcité dans les démocraties occidentales, et dont il est désormais admis qu'elle se caractérise par une certaine flexibilité, pour prendre en compte les différentes évolutions de la société[904] dans leurs rapports avec la liberté religieuse d'autrui, permet, en effet, d'envisager une conception spécifique de la laïcité sur le continent africain ; une laïcité plus tolérante, plus accommodante dans un univers où les signes religieux ou les fêtes religieuses, pour la plupart importés, ne constituent pas encore une préoccupation de nature à porter atteinte à l'ordre public, tout au moins dans certains pays[905]. Mais il serait prématuré de croire que cette possibilité pourrait s'adapter à toutes les situations. Sur le terreau d'un équilibre très fragile par définition, peuvent se déployer subrepticement des stratégies de monopolisation de l'espace par une communauté au détriment des autres[906]. L'Afrique reste le seul continent où le vide culturel laissé depuis au moins la colonisation fait constamment l'objet de tentatives d'occupation par l'imposition de certaines habitudes culturelles, telles que les codes vestimentaires, qui s'imposent d'autant plus facilement qu'elles se revendiquent de la modernité occidentale, ou sont portées par le phénomène religieux. Ce qui rend les choses plus compliquées c'est la difficulté voire l'impossibilité de réglementer et à plus forte raison d'interdire de nos jours le port de certains vêtements[907]. Seule donc la libre conscience des citoyens permet de maintenir les équilibres identitaires, sauf à les contrôler par le biais de la condamnation

---

société, dont la majorité des membres ne se reconnaît plus dans aucune religion (v. J.-L. Schlegel, « Adieu au catholicisme en France et en Europe ? », *Esprit*, 2010/2, p. 78-93 ; G. Coq, « Une Église minoritaire dans une société déchristianisée », *Esprit*, 2010/2, p. 164-166).

903 V. M. Wieviorka, « Laïcité et démocratie », *Pouvoirs*, n° 75, 1995, p. 61 et s.

904 V. M. Monot-Fouletier, « De la régulation du port de signes religieux dans les établissements et l'espace public — L'exemple français ? », *RTDH*, 2016/105, p et s.

905 Certains pays d'Afrique noire sont confrontés aux problèmes que soulève la cohabitation des religions, dans les mêmes termes qu'en Europe, v. B. Traoré, « A la recherche d'une voie africaine de la laïcité. Islam et pluralisme religieux au Burkina Faso », in *Islam & Sociétés au sud du sahara, 2. Diversité et habits singuliers*, sous la direction de Jean-L. Triaud, Paris éd. Rivages des Xantons, 2010, p. 9 à 50.

906 Ce risque a été perçu par certains auteurs qui prônent le renouvellement des conceptions classiques de la nation et de la laïcité, pour prendre en compte le pluralisme et l'altérité culturelle : v. A. Lamchichi, « L'islam de France à l'épreuve de la laïcité et du "vivre ensemble" », *Confluences Méditerranée*, 2002/2, n° 41, p. 141 à 160.

907 V. F. Saint-Bonnet, « Des mœurs comme garantie de la liberté : Les manières vestimentaires et le droit au XIXe siècle », in *L'intérêt général, Mélanges en l'honneur de Didier Truchet*, éd. Dalloz, 2015, p. 579.

de « l'appropriation culturelle », dont le Canada et les États-Unis constituent des exemples[908]. Des cultures entières qui ont fait la renommée de certains peuples sont ainsi suspendues au libre choix des citoyens dont on sait pertinemment qu'il peut être influencé voire manipulé. Dans ces conditions, il n'est guère étonnant que les signes religieux, par la vague mimétique qu'ils déclenchent sur le continent, deviennent un enjeu de luttes culturelles comme en Occident. Car, il est manifeste que, si l'augmentation du nombre de personnes portant des signes religieux les identifiant à une croyance, ne peut légalement justifier l'interdiction dont ils sont l'objet[909], en revanche, il est inexact de prétendre qu'un tel phénomène de masse ne caractérise pas le prosélytisme et ne pourrait pas avoir des conséquences sur la foi d'autrui et sur la culture dominante, et ne serait pas de nature à perturber l'ordre public[910].

Ainsi le port du foulard islamique ostentatoire, du niqab ou de la burqa dans l'espace public en Angola peut être tout aussi politiquement, juridiquement et culturellement provocant que d'arborer dans les rues d'Alger, de Moroni aux Comores ou de Nouakchott en Mauritanie des tee-shirts marqués de l'inscription « Jésus-Christ, Dieu et sauveur du monde », ou même de la croix[911]. Il est symptomatique de noter que la contestation la plus radicale aux modes vestimentaires venus du monde arabo-musulman s'élève surtout dans des pays fortement islamisés et dans les familles musulmanes, où le ni-

908 V. par exemple Ph. Boulet-Gercourt, « Touche pas à ma culture ! », *L'Obs*, n° 2770, du 07 déc. 2017, p. 64.

909 V. CE, 20 mai 1996, Ministre de l'Éducation nationale, de l'Enseignement supérieur et de la Recherche c. Mlle Outamghart, commentaire C. Durand-Prinborgne, « Le port de signes extérieurs de convictions religieuses à l'école : une jurisprudence affirmée..., une jurisprudence contestée », *RFDA*, 1997, p. 151.

910 La Commission européenne avait déjà eu l'occasion de souligner que, dans un pays « où la grande majorité de la population adhère à une religion précise, la manifestation des rites et des symboles de cette religion, sans restriction de lieu et de forme, peut constituer une pression sur les étudiants qui ne pratiquent pas ladite religion ou sur ceux adhérant à une autre religion » : Comm. Européenne des droits de l'homme, 3 mai 1993, req. n° 16278/90.

911 A ce titre, l'un des traits caractéristiques de la forte islamisation de la société mauritanienne observée depuis les année 1990 est l'expansion d'une orthodoxie religieuse qui impose des changements de comportements vestimentaires qui témoignent de l'appartenance à l'islam (v. C. Jourde, « Politique des récits de l'islamisme en Mauritanie : entre " marée montante" et "islamisme kalachinikov" », *Politique africaine*, 2009/2, n° 114, p. 67 à 86). Cette tendance à la radicalisation est incompatible avec des habitudes sociales étrangères à la pratique de l'islam, v. M. Lafitte, « L'islam au miroir de son voile », *op. cit.*

qab ou la burqa sont perçus comme symbolisant l'influence de la culture arabe, et non celle de l'islam[912]. La culture vestimentaire arabe emprunterait donc subtilement la voie du conditionnement religieux, pour se substituer à celle de l'occident, qui s'est imposée en Afrique du fait de la colonisation. Ce chasser-croisé est bien révélateur d'une lutte identitaire pour l'occupation de l'espace. Il nous semble qu'il serait suicidaire pour la Cour africaine de s'en remettre constamment, comme le fait la Cour européenne[913], à la marge d'appréciation des États en l'absence d'un consensus, qu'elle n'obtiendra pas dans le moyen terme. La « marge d'appréciation » dégagée par la Cour européenne, est une marge d'erreur ou de manœuvre voire d'incertitude accordée aux États dans un système juridique et politique cohérent, pour parvenir à donner une solution de manière plus satisfaisante que ne le ferait la Cour au regard du contexte national de chaque État et des circonstances politiques, culturelles, historiques, économiques, ou des traditions locales »[914]. Cela suppose « une certaine confiance dans la capacité des États à respecter les principes posés par la convention »[915], c'est-à-dire à rendre des décisions dans l'intérêt des droits de l'homme, et qui ne s'écartent pas de façon déraisonnable du modèle conventionnel.

Nous sommes pourtant forcés de constater que l'usage d'une telle notion en Afrique ne contribuera ni à renforcer la cohésion au sein de l'Union, ni à apporter — tant s'en faut — de la cohérence dans le système de protection des droits de l'homme. Le principal danger serait donc que les décisions de la Cour, au lieu de favoriser la naissance et l'éclosion d'une nation africaine, la tuent dans l'œuf, ou entraînent son éclatement par la formation de multiples communautés irréconciliables. Les questions que soulève cette probléma-

912 V. M. Vitale, « Trajectoires d'évolution de l'islam au Burkina Faso », *Cahiers d'études africaines* [En ligne], n° 206-207, 2012, mis en ligne le 1er juil. 2014, http://journals.openedition.org/etudesafricaines/17052. Dans les décennies 1940 et 1950, des étudiants africains de confession musulmane avaient tenté de faire passer le boubou arabe pour une tenue traditionnelle africaine, ce qui évidemment n'était pas historiquement vrai. Mais l'objectif qu'ils poursuivaient était le triomphe de l'islam en Afrique noire comme une composante de l'identité africaine ; v. A. Gueye, « De la religion chez les intellectuels africains en France : l'odyssée d'un référent identitaire », *Cahiers d'Études africaines*, n° 162, 2001, 267-291. Plus d'un demi-siècle après, de nombreux africains ont adopté ce vêtement et la religion dont il est issu comme les produits de leur fond culturel propre. Le prosélytisme religieux peut donc parfaitement emprunter la voie du conditionnement vestimentaire.
913 V. CEDH, 20 sept. 1994, Otto-Preminger-Institut c. Autriche, § 50.
914 V. M.-L. Mathieu-Izorche, « La marge nationale d'appréciation, enjeu de savoir et de pouvoir, ou jeu de construction ? », *RSC*, janv./mars 2006, p. 25 et s.
915 M.-L. Mathieu-Izorche, « La marge nationale d'appréciation, ... », *op. cit.*

tique à laquelle la Cour africaine va devoir faire face impliquent des choix de civilisation qui sont déterminants pour la pérennité de la future Union. Il s'agit, de « la liberté de religion ou d'expression, la tolérance, les droits des enfants dont celui à l'instruction, […], la neutralité de l'État garante d'une société pluraliste, les droits et l'émancipation des femmes, les identités religieuses, les relations inter-religieuses ou interculturelles et l'intégration »[916]. L'Afrique n'y échappera pas[917], à l'instar de certains pays de l'Europe dont l'influence de la culture catholique est en passe d'être sacrifiée[918] au profit de la laïcité jugée plus respectueuse des différences ; et les réponses africaines devront être globales et non locales, parce que ces dernières ont toujours laissé un goût amer à cause des discriminations qu'elles comportent[919]. Le principe de l'uniformité de la croyance, adopté par certains pays, ne peut supporter l'évolution qui se dessine.

§2. L'uniformité de la croyance dans les pays théocratiques contre le principe de la liberté

L'uniformité de la croyance est une réalité dans les pays musulmans d'Afrique. Les autres croyances, lorsqu'elles existent, font figure de minorités. Les territoires musulmans sont naturellement sanctuarisés par l'histoire et la culture (A). Cette position a été officiellement proclamée (B) et juridiquement consacrée (C).

---

916 E. Bribosia et I. Rorive, « Le voile à l'école : une Europe divisée », *RTDH*, 60/2004, p. 951.

917 Pour J.-C. Barbier et E. Dorier-Apprill qui ont procédé à une évaluation des forces religieuses sur le continent africain, « les pays d'unité ou de nette domination religieuse peuvent être la proie d'une tentation intégriste, la tolérance religieuse étant au contraire plus facile à établir dans une situation de pluralisme ; des affrontements sont par contre à craindre dans les pays à deux religions. Chaque pays a une histoire particulière, et, à cet égard, la position et la vigilance des élites au pouvoir est toujours essentielle », v. « Les forces religieuses en Afrique noire : état des lieux », *Annales de Géographie*, t. 105, n° 588, 1996, pp. 200-210.

918 Il en est de l'affaire du crucifix en Italie, ou celle dont la Cour constitutionnelle espagnole avait été saisie concernant la présence, jugée contraire au principe de neutralité de l'État, de l'image de la Vierge Marie dans l'enceinte de l'université publique : v. E. Bribosia et I. Rorive, *op. cit.* L'Espagne, qui a pendant longtemps affiché une unité religieuse, a fini par abandonner cet héritage qui faisait de l'Église catholique la religion de l'État et la seule autorisée par les pouvoirs publics, v. D. Rozenberg, « Espagne : l'invention de la laïcité », *Sociétés contemporaines*, n° 37, 2000, pp. 35-51.

919 V. par exemple H. Legeay, « La liberté religieuse au miroir... », *op. cit.*

A. LA SANCTUARISATION DES TERRITOIRES MUSULMANS

L'une des questions que pose aujourd'hui l'interprétation des dispositions pertinentes protectrices des libertés religieuses en démocratie est celle de savoir si les assises de la démocratie africaine sont suffisamment solides pour supporter la cohabitation des religions, surtout dans des pays où existent des religions prédominantes. En d'autres termes, les ordres juridiques nationaux et communautaire peuvent-ils aujourd'hui endiguer, non seulement les communautarismes religieux qui menacent la paix sociale et l'ordre public, mais aussi la domination et la persécution d'une ou plusieurs religions par la religion dominante, tout en veillant à ce que l'État garde strictement sa neutralité ? Cette problématique nous ramène invariablement à la question de l'effectivité de la Charte africaine et des conventions internationales relatives aux droits humains. Sur le terrain de la liberté religieuse, il faut reconnaître que l'uniformité du droit n'est pas réalisée, et cela ne présage pas un bon augure. Au contraire, cela dénote de la part des États théocratiques notamment la volonté d'étendre l'empire de leur religion et de leur culture au-delà de leurs territoires, et qu'ils perçoivent, comme une agression, l'intrusion des normes libérales de l'Union africaine sur leurs territoires religieux et culturels, avec le risque qu'elles représentent d'aboutir à l'extinction de la religion musulmane et à la destruction de leur culture. Il est surprenant que cet enjeu ait été sous-estimé au moment de la signature de la Charte africaine, alors que les législations de certains États et les tensions occasionnées par des pratiques politiques douteuses en la matière étaient suffisamment graves pour sensibiliser la conscience politique sur le risque d'une intégration précipitée du continent. Du fait des phénomènes de la mondialisation et de la globalisation, l'espace religieux est devenu plus que jamais concurrentiel et, pour tout dire, « l'Afrique abrite des zones qui, pour les deux grands monothéismes, s'apparentent aux dernières terres de mission et constitue un espace de conquête pour de nombreux nouveaux acteurs religieux »[920].

L'essentiel de la compétition entre religions se déroule au sud du Sahara[921], le nord étant une terre d'élection de l'islam, imperméable aux assauts du christianisme. Les stratégies adoptées par les États isolent de fait l'Union africaine qui aura accouché d'un marché de dupes. Les États théocratiques, plus précisément les États musulmans ont maintenu des législations hostiles

920 C. Mayrargue, « Pluralisation et compétition religieuse en Afrique subsaharienne. Pour une étude comparée des logiques sociales et politiques de l'islam et du christianisme », *RIPC*, 2009/1, vol. 16, p. 83-98.
921 V. E. Dorier-Appril, « Les échelles du pluralisme religieux en Afrique subsaharienne », *L'information géographique*, 2006/4, vol. 70, p. 46-65.

aux libertés religieuses, fermant du coup la porte de leurs pays aux croyances étrangères. Toute cohabitation entre les religions, dans la perspective de la construction panafricaine, est donc à proscrire, l'objectif de diffuser l'islam au-delà de ses terres d'élection ne pouvant supporter l'affront d'être stoppé par un principe de laïcité que l'islam ignore et qu'on veut lui imposer au nom de l'unité. Le courant pro-islamique a toujours de tout temps considéré la laïcité comme « un leurre nocif, confondu avec l'athéisme et la dissolution des mœurs »[922]. Ce n'est plus seulement la défense d'une culture ; c'est aussi la mise en place des bases d'une expansion culturelle et religieuse au moyen d'une instrumentalisation de la religion en vue de diffuser largement la culture islamique[923]. Les États laïques ont, quant à eux, consacré la liberté religieuse au risque de se laisser saborder par des croyances qui sont suffisamment contraires à leurs cultures et dont l'ultime vocation est à coup sûr de piétiner et d'effacer leurs croyances propres comme ce fut le cas autrefois. Mais de façon subreptice, certains de ces États ont plutôt œuvré pour une stratégie qualifiée de « christianisation de la société par le bas »[924], consistant, comme en Côte d'Ivoire sous le président chrétien Laurent Gbagbo, à « diaboliser » l'islam venu du nord dont le pays devait être délivré[925]. Au Bénin, le président Kérékou, alors nouvellement converti au courant évangélique du christianisme, n'hésita pas à instituer des cellules de prière dans les administrations publiques et même à recruter le personnel politique sur le critère de la foi évangélique[926].

---

922 G. Corm, « Le difficile voyage de la liberté... », *op. cit.*

923 Il suffit, pour s'en convaincre, de se référer au sort qui, depuis des générations, est fait à l'identité et à la culture berbères par les gouvernements successifs du Maroc et de l'Algérie. Les experts de l'Union africaine y ont reconnu des discriminations injustifiées à l'égard d'un peuple dont on veut à tout prix étouffer les différentes expressions culturelles et religieuses : v. *Rapport du Groupe de travail d'experts de la Commission africaine des droits de l'homme et des peuples sur les populations/communautés autochtones*, Imprimerie Eks/ Skolens Trykkeri, Copenhague, Danemark, p. 49 et s.

924 Cédric Mayrargue, « Pluralisation et compétition... », *op. cit.*

925 A. Mary, « Prophètes pasteurs. La politique de la délivrance en Côte d'Ivoire », *Politique africaine*, n° 87, octobre 2002, p. 69-94.

926 C. Strandsbejrg, « Continuité et rupture dans les représentations du pouvoir politique au Bénin entre 1972 et 2001. Le président Mathieu Kérékou. Du militaire-marxiste au démocrate-pasteur », *Cahiers d'études africaines*, 2005/1, n° 177, p. 71-94.

Les principaux États à avoir ouvertement institutionnalisé le rejet de la liberté religieuse et prôné l'uniformité religieuse sont les États musulmans. Cette attitude se fonde sur le postulat, non prouvé, selon lequel l'islam ne serait pas seulement la seule voie de salut pour l'humanité, mais aussi une idéologie au service de l'action politique, et une arme économique. D'aucuns continuent, naïvement ou par fanatisme, de croire qu'il constitue une sérieuse alternative pour l'unité africaine[927] et un facteur de solidarité entre les peuples d'Afrique[928]. L'islam serait ainsi une religion simple qui s'adapterait à toutes les cultures africaines, et qui au surplus ne connaîtrait pas les préjugés raciaux[929]. Il est simpliste de vouloir réduire les critères d'adhésion à une croyance, à la solidarité culturelle ou à l'entraide, comme si les Africains, pourtant très attachés à la vie après la mort, se souciaient peu de la pertinence et de la qualité de la « marchandise spirituelle » qu'on leur propose, pour ne s'attacher qu'à ce qui est de peu d'utilité au regard de la finalité de toute foi. Cette doctrine ne semble d'ailleurs pas gênée par le fait que l'islam ne fait pas de séparation entre le spirituel et le séculier, et que « la religion [musulmane] est le principe régulateur qui légitime l'État et la politique »[930]. Elle ne perçoit pas davantage la contradiction qui existe entre le sens de la fraternité supposée ou réelle attribué à l'islam et le fait qu'historiquement il reste associé aux razzias et aux conquêtes esclavagistes les plus longues sur le continent[931], d'où il résulte qu'il a engendré — et continue d'entretenir directement ou indirectement comme en Mauritanie — des inégalités d'une telle violence que la construction africaine ne pourrait pas se permettre de les passer par pertes et profits et de ne pas en faire l'inventaire. Elle pérennise

927 V. R. Mbaye, « L'islam noir en Afrique », *Tiers-Monde*, tome 23, n° 92, 1982, p. 831-838. Sur l'ensemble de la question, v. R. Otayek, « L'Islam dans son miroir ou comment des journaux égyptiens voient l'islam en Afrique noire », *Politique africaine*, 1988, n° 30, p. 32-49.

928 V. Hatim M. Amiji, « La religion dans les relations afro-arabes : l'islam et le changement culturel dans l'Afrique moderne », in *Histoire générale de l'Afrique, vol. 7, Les relations historiques et socioculturelles entre l'Afrique et le monde arabe de 1935 à nos jours*, éd. de l'Unesco, 1984, p. 107 et s.

929 Hatim M. Amiji, « La religion dans les relations afro-arabes... », *op. cit.* ; J.-L. Triaud, « L'islam au sud du Sahara : pistes de réflexion », in *Islam, sociétés et politique en Afrique subsaharienne : Les exemples du Sénégal, du Niger et du Nigeria*, Présentation de J.-L. Triaud, éd. Rivages des Xantons, 2007, p. 9 et s.

930 Hatim M. Amiji, « La religion dans les relations afro-arabes... », *op. cit.*

931 V. T. N'diaye, *Le génocide voilé : enquête historique*, Paris, éd. Gallimard, 2008, p. 272. D'après cet auteur, l'esclavage arabe aurait duré 13 siècles au total, pour des pertes humaines estimées à 17 millions de morts.

« la manipulation de l'histoire » que d'aucuns ont déjà condamnée[932], en tentant à tout prix d'effacer la « condescendance » arabe, dans le processus de l'islamisation de l'Afrique noire et la prétention des Arabes à la suprématie. Cette doctrine finit de se discréditer à cause de son activisme à justifier la charia, qui, sur le terrain des droits de l'homme, est incompatible avec le droit conventionnel de l'Union africaine[933]. Les pays musulmans s'appuient donc sur ce postulat pour justifier le maintien, voire la pérennisation de règles qu'ils tiennent pour universelles et intemporelles, et de tenter de les exporter au-delà de leurs territoires géographiques. Les autorités n'envisagent pas que leurs certitudes et leur foi en cette croyance puissent être ébranlées par la concurrence d'une foi étrangère à laquelle ils ne songent pas à faire la moindre place. Les principes constitutionnels ainsi que les lois et règlements s'en trouvent foncièrement islamisés, ce qui rend les magistrats très allergiques à tous les comportements et toutes les pratiques qu'ils perçoivent comme des agressions envers l'islam. Il est d'autant plus improbable que la liberté religieuse s'applique intégralement dans ces pays qu'ils ont consacré officiellement la suprématie de l'islam.

B. LA PROCLAMATION OFFICIELLE DE LA SUPRÉMATIE DE L'ISLAM

Il suffit, pour s'en convaincre, de se référer aux grandes Déclarations de l'Organisation de la Conférence Islamique, et notamment celles de 1981 et 1990. Dans la Déclaration de 1990, la vocation civilisatrice que la Umma islamique tient de son Dieu est réaffirmée dans des termes qui ne laissent place à aucune équivoque, sauf pour les incrédules : « Les États membres de

---

932 D.-C., O'Brien, « La filière musulmane : confréries soufies et politique en Afrique noire », *Politique africaine*, n° 4, 1981, p. 7-29.

933 Rappelons une évidence simple, c'est que le système européen de protection des droits de l'homme, n'entend pas laisser prospérer dans l'espace démocratique européen les principes de la charia. Comme l'a fort bien écrit M. Marguénaud, la jurisprudence de la Cour européenne « le rempart le plus raisonnable et le plus efficace contre la diffusion en Europe de celles des dispositions de la charia qui portent atteinte aux valeurs essentielles proclamées par la Convention européenne des droits de l'homme » : J.-P. Marguénaud, « L'inconventionnalité de l'application de la charia dans les affaires de succession », *RTDCiv*, 2019, p. 281. La charia, écrit un autre auteur, « constitue un socle de règles développées en parallèle et souvent loin des influences des droits de l'homme, qui sont le produit de la philosophie politique occidentale » : (Th. Georgopoulos, « La charia en droit européen et la protection des minorités : l'arrêt de la Cour européenne des droits de l'homme du 19 décembre 2018, Molla Sali c/ Grèce », *RFDA*, mai-juin 2020, p. 485-495.

l'Organisation de la Conférence Islamique, réaffirmant le rôle civilisateur et historique de la Umma islamique, dont Dieu a fait la meilleure Communauté ; une Communauté dont on attend aujourd'hui qu'elle éclaire la voie de l'humanité (...) et apporte des solutions aux problèmes chroniques de la civilisation matérialiste ». Se donnant pour une civilisation incarnant les valeurs divines, la Umma islamique par la voix de l'OCI est cohérente avec elle-même lorsqu'elle affirme que « Tout homme a le droit d'exprimer librement son opinion pourvu qu'elle ne soit pas en contradiction avec les principes de la charia », ou encore « Tous les droits énoncés dans la présente Déclaration sont soumis aux dispositions de la charia ». Même lorsqu'elle proclame des principes qui peuvent prêter à polémique comme celui de la discrimination envers les femmes, auxquelles on dénie certains droits civils et politiques, cette proclamation, écrit Mme Azadeh Kian-Thiébaut, « est accompagnée d'une valorisation de soi à travers la glorification de la culture d'origine (nationale/islamique) et la stigmatisation de l'autre (Occident) »[934]. Il existe, comme le constate un auteur[935], un malentendu entre la conception musulmane des droits fondamentaux et celle défendue par l'Occident[936], et qui est désormais celle de l'Union africaine ; elle tient au fait que, « dans le système islamique, les droits fondamentaux ne sont pas conçus comme étant inhérents à la nature de l'homme, être raisonnable et libre, à même de connaître ses droits, de les saisir, de les organiser à sa convenance, ils sont perçus comme pur don de Dieu émanant de Sa volonté souveraine, octroyés à l'homme en pure gratuité »[937]. Or, ajoute-t-on, « Dieu ne donne à l'homme que ce qu'il juge bon pour lui »[938]. On comprend dès lors que, dans ce système, la revendication des droits fondamentaux par les citoyens est perçue comme un comportement illégitime parce que dépourvu de fondement, et une rébellion pouvant être sanctionnée juridiquement. Ce système, comme

934 A. Kian-Thiébaut, « L'islam, les femmes et la citoyenneté », *Pouvoirs*, n° 104, 2003, p. 71.
935 J. Poirier, « L'avenir des droits de l'homme unité juridique et pluralité culturelle », *RJPIC*, janv-avril 2001, p. 3-8.
936 L'universalité de la conception occidentale des droits de l'homme a été de tout temps contestée, parce qu'elle renferme des ambiguïtés notoires dues essentiellement à l'instrumentalisation qui en a été faite en politique. Cette universalité « est largement brouillée », et cela dépasse largement les rapports Occident/islam (v. Th. Garcin, « Les droits de l'homme à l'épreuve de l'universalité », *Relations internationales*, 2007/4, n° 132, p. 41-50) ; J. Yacoub, « Les droits de l'homme : une œuvre collective de l'humanité », *Aspects*, 2008, Hors-série, p. 31-43.
937 S. Jahel, « Les droits fondamentaux en pays arabo-musulmans », *RIDC*, vol. 56, n° 4, 2004, p. 787-796.
938 S. Jahel, *op. cit.*

nombre d'observateurs l'ont souligné, encourage l'autoritarisme et la soumission inconditionnelle des citoyens à des pouvoirs qui prétendent tenir leur légitimité du seul créateur.

Dans l'esprit des dirigeants des pays de l'aire géographique et culturelle concernée, les principes de la charia transcendent toutes les autres valeurs que les civilisations humaines ont produites, y compris bien entendu tout l'arsenal conventionnel produit par les États de l'Union africaine[939]. La défiance vis-à-vis du droit d'origine occidentale et du droit de l'Union africaine est frontale, et frise l'affrontement[940]. Dès lors, la réception du droit africain des droits de l'homme par les pays musulmans d'Afrique n'a qu'une portée formelle ; il est réputé contraire aux valeurs fondatrices de leur civilisation. Leurs ordres juridiques, bien qu'ayant reçu l'empreinte du droit français du fait de la colonisation, sont tournés vers celui des autres pays musulmans du Moyen-orient et d'Asie, quand bien même le principe de la conformité de la loi à la charia n'y est pas formulé expressément. Néanmoins, la technique des juges consiste parfois à concilier le texte constitutionnel avec la charia, en évitant de la contredire[941]. Cela prouve au moins deux choses : d'une part, la charia reste à leurs yeux une source d'inspiration à laquelle ils accordent un

---

939 La quasi-totalité des leaders politiques du Maghreb, et particulièrement ceux qui ont successivement occupé des responsabilités politiques de premier plan, ont soutenu ce point de vue. On se contentera ici de citer le Roi Hassan II qui avait déclaré que « Dieu avait généreusement doté les musulmans de la shari'a [...] Cette shari'a s'accommode à tous les temps et à toutes les générations sans qu'il soit besoin de porter un changement ou un amendement quelconque à ses principes ». Cité par Y. Belal, in « L'islam politique au Maroc », *Pouvoirs*, n° 145, 2013, p. 71-81.

940 Cet affrontement a lieu au cœur même des Nations-unies où ses organes tentent, à l'initiative des États musulmans, sous prétexte de lutter contre le racisme, de promouvoir des délits tels que la diffamation ou la haine des religions. Ces initiatives, très brumeuses au demeurant, tendent insidieusement à proscrire toutes critiques contre les principes de l'islam , (v. notamment, Résolution 61/154 de l'Assemblée générale des Nations unies du 19 décembre 2006 ; Résolution 7/19 du 27 mars 2008 du Conseil des droits de l'homme des Nations unies sur la lutte contre la diffamation des religions ; Haut commissariat des Nations unies aux droits de l'homme, Rapport E/CN/4 du 6 février 2006), une façon rampante de conforter au niveau international l'affirmation scripturaire de leur autorité. Subrepticement, on essaie de substituer des principes protecteurs de la liberté d'expression par ceux qui la restreignent drastiquement. Sur cette question, v. l'article très pertinent de N. Haupais, « Sur de nouveaux concepts onusiens : la diffamation des religions et la lutte contre les "phobies" religieuses », *Société, droit et religion*, 2011/1, p. 29-43.

941 V. Th. Le Roy, « Le constitutionnalisme : quelle réalité dans les pays du Maghreb ? », *RFDC*, 2003/3, n° 79, p. 543 à 556.

caractère sacré, d'autre part il ne leur viendrait pas à l'idée de censurer la charia sur le fondement de la Constitution, les conséquences seraient imprévisibles et non quantifiables en termes de troubles sociaux. Le référentiel islamique est parfois préféré au droit moderne, même lorsque le juge doit statuer en matière de libertés publiques[942].

On trouve des dispositions communes d'inspiration islamique au Maghreb et au Moyen-Orient. Ainsi, dans la Constitution de la Jordanie, l'appartenance à la nation arabe affirmée à l'article 1er, est matérialisée par le fait que l'islam est la religion de l'État, aux termes de l'article 2. Selon l'article 28 al. e, « nul ne peut monter sur le trône s'il n'est musulman, sain d'esprit et né d'une épouse légitime et de parents musulmans ». On retrouve des dispositions de même ordre dans la Constitution pakistanaise[943]. La Constitution yéménite, en plus de faire de l'islam la religion de l'État, affirme à son article 3 que la charia est la source de toutes les législations. Dès lors, les libertés de l'esprit et la liberté de conscience ne peuvent s'exprimer qu'en conformité avec les prescriptions de la charia. En effet, si la liberté de pensée et d'expression est garantie à l'article 42, en revanche l'expression politique, culturelle, intellectuelle, scientifique, n'est autorisée que si elle sert les objectifs de la Constitution[944].

Les pays du Maghreb et certaines républiques islamiques d'Afrique ne sont pas indifférentes à ces évolutions qui, de façon tacite ou implicite, sont d'autant plus intégrées dans leurs ordres juridiques et dans la pratique judiciaire et sociale qu'elles sont partie intégrante de leur culture et de leur identité. C'est en quoi, à notre avis, l'Union africaine aurait dû faire de la dénonciation de la Déclaration précitée de l'OCI, en ce qui regarde la nature théocratique à laquelle elle est attachée, un préalable à toutes les négociations concernant l'avenir fédéral de l'Afrique. C'est seulement à cette condition que l'on peut éventuellement valider les limites de l'Afrique fédérale que propose l'Union africaine. Faute de l'avoir fait, l'Union entretient d'une part, un objectif très brumeux qui reste silencieux sur la faisabilité du projet panafricain en termes de délimitation territoriale et de suffrages exprimés en sa faveur, et d'autre part elle se refuse à condamner fermement le droit théocratique des États en cause, en les laissant libres de conforter l'orientation islamique de leurs droits. Ce faisant, elle laisse à la Cour africaine le soin de gé-

942 V. S. Bostanji, « Turbulences dans l'application judiciaire du Code tunisien du statut personnel : le conflit de référentiels dans l'œuvre prétorienne », *RIDC*, vol. 61, n° 1, 2009, p. 7-47.

943 Article 41-2 de la Constitution pakistanaise.

944 Article 58 de la Constitution du Yémen.

rer cette problématique, qui va inexorablement la mettre dans un bras de fer permanent, à l'issue incertaine, avec les pays islamiques, dont l'Union africaine sortira très affaiblie dans tous les cas[945]. En effet, plus que dans le cas de l'Europe où l'opposition frontale entre les interprétations anglaise et française des droits de l'homme devant la Cour européenne a conduit, de la part des Anglais, à une contestation de la légitimité de la Cour et à leur auto-marginalisation, à l'horizon du Brexit[946], il est à craindre que les États musulmans refusent de se soumettent à l'autorité des décisions de la Cour africaine[947], d'autant plus que la prétendue séparation progressive du politique et du religieux demeure un pur fantasme auquel on peut bien opposer la résistance des peuples au processus de sécularisation[948]. La « désinvolture » des

945 Si des tensions vives existent entre la Cour européenne des droits de l'homme et les démocraties séculaires de l'Europe, qui éprouvent les pires difficultés à accepter ses décisions, jusqu'à lui rappeler le principe de subsidiarité ou leur propre hiérarchie des normes pour ne pas avoir à s'exécuter (v. A. Kovler, « La Cour européenne des droits de l'homme... », *op. cit.)*, à plus forte raison, elles s'avéreront plus vives entre la Cour africaine et les dirigeants des pays musulmans qui ont intérêt à défendre les principes de l'islam s'ils veulent préserver leur légitimité.

946 V. R. Letteron, « Droit européen et laïcité : la diversité des modèles », *AJDA*, n° 24, 10 juil. 2017, p. 1368-1374.

947 Il n'est pas jusqu'à l'Italie, pourtant en accord parfait avec les valeurs politiques et culturelles de l'Europe, qui n'ait opposé de résistance à l'énoncé de la décision de la chambre de la Cour européenne des droits de l'homme qui, à l'unanimité, l'avait condamnée à retirer un crucifix des salles de classe, au motif que l'exposition de ce symbole d'une confession « en particulier dans les salles de classe, restreint le droit des parents d'éduquer leurs enfants selon leurs convictions ainsi que le droit des enfants scolarisés de croire ou de ne pas croire ». Il n'en fallait pas plus pour que certains membres du gouvernement italien dénoncent une tentative de suppression de l'identité italienne, obligeant ainsi la grande chambre de la Cour à désamorcer les tensions palpables en annulant la décision des premiers juges et déclarer conforme à l'article 9 de la convention la présence du crucifix litigieux dans les salles de classe. La Cour invoque la marge d'appréciation des autorités nationales, pour remettre en question sa jurisprudence antérieure, mais à la vérité, elle avait craint le risque d'être contestée sur le terrain politique (v. CEDH, 18 mars 2011, n° 30814/06, Obs. O Bachelet, « Crucifix dans les salles de classe : pas de condamnation de l'Italie », *D.* 7 avril 2011, n° 14, p. 949). La jurisprudence de la Cour africaine sera au cœur des conflits qui finiront par ébranler sa légitimité et celle de l'Union, tant les problèmes qu'elle aura à trancher sont culturellement et politiquement sensibles.

948 V. D. Rivet, « D'Ankara à Rabat, entre religion, civilisation et sécularisation », *Vingtième siècle. Revue d'histoire*, 2004/2, n° 82, p. 5-13. On peut le déplorer ou s'en féliciter, les printemps arabes, qui ont donné lieu à des scrutins démocratiques dans les pays du Maghreb, ont dans bien de cas conforté l'ancrage islamique de ces pays (v. par exemple, H. Ayeb, « Tunisie : les islamistes à l'épreuve du pouvoir », *Tu-*

États africains vis-à-vis des décisions juridictionnelles des instances continentales est une réalité alarmante que déplorent les commentateurs[949], et les conflits mettant en jeu les croyances d'un État ne feront qu'empirer les choses à cause des passions qui les entourent. Sur le terrain juridique, la consécration juridique de la suprématie de l'islam crée entre les États islamiques et l'Union africaine une dualité des ordres juridiques inconciliables.

C. LA CONSÉCRATION JURIDIQUE DE LA SUPRÉMATIE DE L'ISLAM

L'Égypte, la Libye, l'Algérie, le Maroc, le Soudan, La Mauritanie, et même la Tunisie, ont maintenu, avec des formulations différentes, le caractère « islamique » de l'État. Il convient ici de mentionner en quelques lignes la nouvelle Constitution marocaine promulguée par le Dahir n° 1-11-91 du 29 juillet 2011. Elle commence par un hommage très insolite à Dieu, qui met en garde les laïques ainsi que les croyants des autres confessions religieuses, qui ne partagent pas le même dieu ni les mêmes idéaux religieux, sur le fait qu'ils ne sont pas fondés à porter un jugement sur une croyance que la nation personnifiée tient pour une vérité incontestable. Cette position est confirmée par le Préambule qui proclame : « État musulman souverain, attaché à son unité nationale et à son intégrité territoriale, le Royaume du Maroc entend préserver, dans sa plénitude et sa diversité, son identité nationale une et indivisible [...]. La prééminence accordée à la religion musulmane dans ce référentiel national va de pair avec l'attachement du peuple marocain aux valeurs d'ouverture, de modération, de tolérance et de dialogue pour la compréhension mutuelle entre toutes les cultures et les civilisation du monde ». Le Maroc ne concède donc qu'une ouverture limitée à l'enrichissement de sa culture et partant de ses valeurs, son socle culturel inaliénable et inaltérable étant l'islam. Tous les pays au nord du Sahara partagent avec le Maroc la même culture d'inspiration islamique. Même si les lois marocaine, algérienne ou tunisienne font preuve d'un certain libéralisme en laissant la presse libre d'exprimer des opinions sur la religion, en pratique les choses sont plus compliquées, dès lors que les principes de l'islam bénéficient d'une immunité

multes, 2012/1, n° 38-39, p. 57-69).

949 V. L. Burgorgue-Larsen et G.-F. Ntwari, « Chronique de jurisprudence de la Cour africaine des droits de l'homme et des peuples (2015-2016) », *RTDH*, 2018, p. 150 et s. Le retrait de la déclaration rwandaise permettant aux individus de saisir la Cour africaine constitue un acte de désinvolture, qui en plus de n'avoir pas été prévu par les textes, sape l'autorité de la Cour : v. D. Pavot, « Le retrait de la déclaration du Rwanda permettant aux individus et ONG de saisir la Cour africaine des droits de l'homme et des peuples », *RQDI*, 2017, n° 30:2, p. 221-237.

constitutionnelle dont la violation peut être sévèrement sanctionnée par les tribunaux. En outre, dans certains pays, des lois répressives se chargent de sanctionner juridiquement les atteintes que la presse ou les particuliers portent au caractère islamique de l'État. En Mauritanie, en tant que religion de l'État, l'islam ne doit faire l'objet d'aucune critique. L'article 11 de l'ordonnance mauritanienne du 25 juillet 1991 sur la presse, intervenue précisément au moment de l'ouverture démocratique des pays africains, interdit « la circulation, la dissolution ou la mise en vente en République islamique de Mauritanie, de journaux ou écrits périodiques ou non, d'inspiration ou de provenance étrangère ou de nature à porter atteinte aux principes de l'islam ou crédit de l'État ... ». En République islamique des Comores, une loi du 24 juillet 2008, promulguée le 8 janvier 2013, dont l'objectif était de restreindre la liberté du culte, avait été validée par la Cour constitutionnelle au mépris des articles 1, 2, 4 et 5 de la Constitution. Elle prescrit qu'en matière de pratiques religieuses propres à l'islam, la doctrine Ahli Sunnat Wal Djamanna sous couvert du rite Al Chafyn est la référence officielle à laquelle les imams doivent se conformer. C'est au nom de la cohésion nationale entendue autour des valeurs islamiques, que la Cour a rendu une décision aussi surprenante qu'injuste. Les juges sortent du cadre de leurs compétences, pour accompagner le gouvernement dans sa volonté de dicter aux populations les valeurs religieuses qui sont conformes à ses désirs[950]. Et, pour les autres religions, les autorités interdisent les conversions de l'islam à une autre religion, et cette interdiction est assortie de peines sévères. L'article 229-8 du Code pénal des Comores punit d'un emprisonnement et d'une amende « quiconque divulgue, propage, enseigne à des musulmans une religion autre que la religion musulmane ». Il en est de même de l'ordonnance algérienne du 29 février 2006 fixant les conditions et règles d'exercice des cultes autres que musulman, dont l'article 11-2 interdit ouvertement aux chrétiens notamment toute activité d'évangélisation[951]. On leur retire ainsi ce qui constitue l'essentiel de leur mission. Qu'il s'agisse des législations comorienne, mauritanienne ou algérienne, l'inspiration est islamique et les buts poursuivis par ces législations ont pour seul souci de contrarier la libre expression des cultes autres que musulmans qui risqueraient de mettre à mal l'unité des nations qu'elles ont fondées sur les principes et valeurs de l'islam, fût-ce au détriment des minorités

950 L'examen de la jurisprudence de la Cour européenne des droits de l'homme nous donne un aperçu du mépris que les gouvernements à travers le monde peuvent avoir pour la liberté de croyance et de conscience : v. CEDH, Aff. Mansur Yalçin et autres c. Turquie, 16 sept. 2014, 21163/11, § 70 et 71.

951 C. Mayrargue, « Les christianismes contemporains au Bénin au défi de la pluralisation », *Afrique contemporaine*, 2014/4, n° 252, p. 91-108.

religieuses, qui sont, de fait, exclues de la nation[952]. Il n'est pas difficile d'imaginer la volonté de la part des autorités de restreindre drastiquement leurs libertés en leur imposant toutes sortes de discriminations ainsi que des humiliations, jusqu'à épuiser leurs résistances[953], comme dans *l'affaire Association of members of Episcopal Conference of East Africa v. Soudan*, rendue par la Commission africaine dans sa communication 89/93 qui a révélé l'étendue du mépris des États théocratiques pour les droits des minorités religieuses qui non seulement ne pouvaient pas prêcher ou construire des églises, mais encore leurs membres étaient individuellement privés d'emplois et des aides alimentaires, pour cause d'appartenance à la religion chrétienne. Il y a là une conception communautariste de la liberté qui passe mal auprès d'une frange importante de la population nationale[954], et que les non-nationaux ne comprendraient pas en raison du décalage culturel qui les sépare des autochtones.

Forcer quelqu'un à pratiquer une religion aux principes et enseignements de laquelle elle n'adhère pas constitue une violation de la liberté de conscience, qui caractérise l'incrimination de traitements inhumains et dégradants telle qu'elle a été définie par la Commission africaine dans sa jurisprudence[955]. C'est encore, le priver de sa souveraineté et de « sa responsabilité

---

952 Ainsi, note le Rapport de l'Aide à l'Église en détresse (AED), à propos de la Mauritanie, « La loi islamique ou charia est appliquée dans tout le pays. Elle comporte des peines très sévères pour ceux qui abandonnent l'islam en faveur d'une autre religion (apostasie) : les musulmans qui se convertissent à une autre religion risquent la peine de mort en vertu de l'article 306 du Code pénal ». Le rapport note aussi l'érosion des droits et libertés pour les populations non musulmanes dans le pays. v. *Liberté religieuse dans le monde*, Rapport de l'AED, 2016.
953 Ces pays partagent l'idéologie de l'unité culturelle, qui constitue parfois une brimade à l'endroit des minorités invisibles, v. J. Ringelheim, *Diversité culturelle et droits de l'homme ..., op. cit.*, p. 342.
954 V. « Laïques en terre d'islam : comment défendre les libertés individuelles dans des pays où les lois sont issues d'un dogme religieux ? », *L'Obs*, n° 2745 du 15 au 21 juin 2017, p. 33.
955 Pour la Commission, « l'article 5 [de la Charte] interdit non seulement la torture, mais aussi le traitement cruel, inhumain ou dégradant. Cela comprend, non seulement des actes qui causent de graves souffrances physiques ou psychologiques, mais aussi ceux qui humilient la personne ou la forcent à agir contre sa volonté ou sa conscience » : CADHP, International Pen, Constitutional Rights Project, *Interights (pour le compte de Ken Saro Wiwa. Jr) et Civil liberties Organisation c. Nigeria*, comm. n° 137/94, 139/94, 156/96 et 161/97, 24e session ordinaire, 31 oct. 1998 ; CADHP, *Forum des ONG des droits de l'homme du Zimbabwe c. Zimbabwe*, comm n° 245/02.

dans ses affaires personnelles tant dans la sphère privée que pour les questions publiques »[956], ce qui constitue une violation des conditions essentielles de la démocratie. L'unité politique africaine, si elle est réalisée dans ces conditions, ne laisserait aux ressortissants des États laïcs d'autre choix que de s'implanter loin de ces pays où leur personnalité sera formatée et leur conscience capturée et endoctrinée par une dictature religieuse, à moins qu'ils ne parviennent à exiger que soit respectée la réciprocité des droits entre eux et les musulmans vivant dans les pays d'où ils sont originaires. Cette citoyenneté à deux vitesses est assurément le talon d'Achille de l'Unité africaine. L'Union africaine voulût-elle l'enjamber pour embrasser le mirage fédéral — comme elle en a l'intention — qu'elle rejaillirait inlassablement, causant plus de dégâts qu'auparavant. Il est du devoir de l'Union de doter les institutions, et notamment la Constitution et le juge fédéral, d'un pouvoir souverain qui leur permettra d'uniformiser les droits individuels des citoyens, à l'instar des États-Unis où, après le sinistre arrêt *Dred Scott* de 1857 qui avait dénié la citoyenneté fédérale et celle des États fédérés aux esclaves affranchis d'origine africaine, le quatorzième amendement ajouta une clause sur la citoyenneté destinée à accorder les mêmes droits aux ressortissants américains quelles que soient leurs origines raciales ou sociales[957]. L'arsenal juridique de l'Union africaine en matière de protection des droits de l'homme dans le cadre fédéral doit être interprété dans le sens de la Cour suprême américaine, pour éradiquer toutes sortes de discriminations politiques et religieuses[958].

§3. La violation des principes démocratiques

Il faut constater que l'attachement aux principes de la Déclaration universelle des droits de l'homme et à la Charte africaine des droits de l'homme qui est proclamé solennellement dans les textes fondamentaux des pays musulmans relève de la simple courtoisie diplomatique. La mise en place d'un projet fédéral mérite bien mieux que les pétitions de principe. Nul ne croit sérieusement que les libertés de l'esprit seront sauves dans ces sociétés, et que l'application de la Charte pourrait aboutir au déclassement par le biais d'une interprétation même conciliante et, *a fortiori*, neutralisante des principes de

956 M. Roswald, « Les racines bibliques de la démocratie », *Diogène*, 2005/4, n° 212, p. 174-190.
957 G. L. Neuman, « Fédéralisme et citoyenneté aux États-Unis et dans l'Union européenne », *Critique internationale*, 2003/4, n° 21, p. 151-169.
958 Pour la Cour suprême américaine, « , les États doivent savoir accepter toutes les expressions, y compris celles qui fâchent, qui dérangent, qu'elles soient politiques, ou religieuses », v. E. Zoller, « Le sens d'une constitution... », *op. cit.*

la charia. Les pays musulmans ne pourront pas, dans les conditions actuelles, accepter l'exigence démocratique de la liberté religieuse. Les principes développés par la jurisprudence des cours américaine et européenne, qui attestent de la protection de la liberté religieuse, sont inapplicables dans les pays de droit musulman. La liberté de conscience est le baromètre de la démocratie. Sur ce terrain, il est présomptueux et même franchement fallacieux de soutenir que « la démocratie est une norme connue et acceptée par la majorité des musulmans »[959]. Il est certes vrai que les variables culturelles et religieuses ne suffisent pas à cristalliser la réalité politique et que la contestation de l'autoritarisme dans les pays arabes est un phénomène courant[960], dont les printemps arables nous ont récemment fourni l'illustration. Mais cela ne signifie nullement la contestation d'un ordre religieux, qui peut toujours être instrumentalisé à des fins politiques de pérennisation des tyrans au pouvoir ou de légitimation des guérillas religieuses en lutte contre des régimes qualifiés d'impies[961]. Indiscutablement, les ordres juridiques des pays musulmans violent le principe du pluralisme religieux (A). Cela se traduit dans la pratique, par l'appréciation des susceptibilités religieuses, qui est foncièrement contraire à ce qu'elle est dans les sociétés démocratiques (B).

A. VIOLATION DU PRINCIPE DU PLURALISME RELIGIEUX

D'abord le principe du pluralisme religieux, en démocratie, est le corollaire de la liberté de choisir en son âme et conscience la religion qui paraît la plus conforme à ses convictions. La Cour européenne a maintes fois rappelé que le pluralisme religieux est consubstantiel à toute société démocratique[962].

959 A ; Filali-Ansary, « Islam, laïcité, démocratie », *Pouvoirs*, n°104, 2003, p. 5 et s. Certains auteurs au contraire pensent que la séduction de l'utopie de l'unicité rend les sociétés arabes réfractaires au pluralisme politique, et les conduit à se soumettre à l'État et à l'autorité d'un leader ou d'un prince juste : v. « Pluralisme politique et islam dans le monde arabe », *op. cit.*

960 Ph. Droz-Vincent, « Quel avenir pour l'autoritarisme dans le monde arabe », *RFSP*, 2004/6, vol. 54, p. 945-979 ; J. B., Frédéric Vairels, Social movements, mobilization and contestation in the meddle east and north Africa, Stanford, Stanford University press, 2011 ; S. Ben Néfissa, B. Destremau (sous la direction de), *Protestations sociales, révolutions civiles : Transformations du politique dans la méditerranée arabe, Tiers-Monde*, hors-série, 2011.

961 L. Martinez, « Le cheminement singulier de la violence islamiste en Algérie », *Critique internationale*, 2003/3, n° 20, p. 165 à 177.

962 CEDH, 25 mai 1993, Kokkinakis c. Grèce, § 31 ; 13 déc. 2001, Église métropolitaine de Bessarabie et autres c. Moldova, § 111 ; *AJDA*, 2002, p. 500, chr. J.-F. Flauss.

L'affaire *Église métropolitaine de Bessarabie et autres c. Moldova*[963] est particulièrement intéressante de notre point de vue, parce que l'une des raisons qu'avançait le gouvernement moldave, pour refuser de reconnaître l'association requérante,— qui avait choisi de s'inscrire dans un créneau orthodoxe — était l'existence d'un culte orthodoxe déjà reconnu par l'État dans lequel, selon lui, les fidèles de la communauté dont la liberté était contestée pouvaient nourrir et manifester leurs convictions. La Cour européenne avait refusé de le suivre sur cette voie. Aucune communauté religieuse ne peut donc prétendre, dans une société démocratique, avoir le monopole du culte, ni la prééminence sur les autres cultes. Dans les législations examinées, l'offre religieuse n'est pas plurielle ; l'appartenance à l'islam est le principe, exceptionnellement, on admet qu'il puisse y avoir des croyances non musulmanes, pourvu qu'elles ne fassent pas concurrence à la religion de l'État. Aux Comores, nous l'avons vu, juridiquement, seul le culte musulman, selon les formes prescrites par le gouvernement, est admis. Le droit mauritanien, sans l'affirmer expressément, semble circonscrire même la nationalité et la citoyenneté aux seuls musulmans. L'article 18 du Code de la famille accorde la naturalisation après dix ans de résidence habituelle en Mauritanie, mais ce délai peut être ramené à cinq ans pour les personnes qui se sont mariées selon la charia. L'interprétation des dispositions du Code pénal qui sanctionnent les infractions à la pratique du culte, indique que tout citoyen mauritanien est musulman par définition, et le choix en faveur d'une autre religion est sacrilège, et puni par l'article 306 aux termes duquel, « Tout musulman coupable du crime d'apostasie, soit par la parole, soit par action de façon apparente ou évidente, sera invité à se repentir dans un délai de trois jours. S'il ne se repent pas dans ce délai, il est condamné à mort en tant qu'apostat ». Cette disposition s'adresse aussi aux non-nationaux qui seraient tentés de renoncer à la foi musulmane qu'ils ont embrassée. On naît musulman, on meurt musulman sans aucune possibilité de changer de religion. La perte arithmétique d'un membre dans la communauté se traduit par la mort du renégat, qui s'est rendu coupable d'une double trahison : envers le Dieu musulman qui l'a créé pour le servir lui-seul, et envers la communauté à laquelle il avait préalablement cédé sa liberté de conscience à la naissance, ou au moment de sa conversion par ce que cette communauté considère juridiquement comme un contrat irrévocable dont la dénonciation menace l'ordre public et porte atteinte à l'unité nationale[964]. Cela implique que, si les étrangers n'ont pas le droit de critiquer la foi musulmane, à plus forte raison, les nationaux, qui sont musulmans ne le peuvent pas. Cette législation très rigoriste est en re-

963 *Op. cit.*

964 V. H. Legeay, « La liberté religieuse au miroir de l'unité ... », *op. cit.*

tard sur l'évolution de l'islam sur l'ensemble du continent qui admet aujourd'hui plus que par le passé la liberté de l'individu dans le choix de la religion[965] ; elle ne prend pas en compte les flux religieux qui, du fait de la globalisation, transcendent les logiques territoriales[966] en surfant sur les valeurs telles que droits de l'homme et démocratie qui sont engendrées par une globalisation qui contribue à homogénéiser, voire à uniformiser les cultures[967]. Mais quelle que soit la doctrine choisie, d'une part l'islam reste hostile au pluralisme religieux, d'autre part, en conséquence, la législation qui en découle, se montre très susceptible aux critiques qui peuvent viser l'islam. Le traitement des susceptibilités religieuses varie selon qu'on se trouve en démocratie ou dans une théocratie.

B. DES VARIATIONS DANS L'APPRÉCIATION DES SUSCEPTIBILITÉS RELIGIEUSES

Elles sont perceptibles au niveau de l'offense à une religion et du blasphème.

1. L'offense à une religion

L'offense faite aux religions est protégée par la Charte africaine. Dans une large mesure, la conception libérale de la Cour européenne à l'égard de l'offense aux sensibilités religieuses va inévitablement déteindre sur la jurisprudence de la Cour africaine. Ce qui est frappant c'est le détachement de la Cour européenne à l'égard des questions qui impliquent des sensibilités religieuses telles que la question du blasphème. Même si elle semble faire la part belle à la marge d'appréciation des autorités nationales, pour condamner les propos outranciers et volontairement offensants à l'égard de la croyance d'autrui[968], en ménageant les sensibilités religieuses[969], la Cour a néanmoins volontairement posé le principe de la liberté dans des termes qui préservent largement les capacités de critique que tous les États démocratiques recon-

965 Ch. Coulon, « Les dynamiques de l'islam d'Afrique noire : entre le local et le global. L'islam « branche » », in *L'islam de l'Afrique noire*, sous la direction de Ferran Iniesta, éd. L'Harmattan, p. 73.
966 R. Otayek, « Religion et globalisation ... », *op. cit*
967 V. J. Cesari, « Le multiculturalisme mondialisé : le défi de l'hétérogénéité », *Cultures & Conflits*, n° 33-34, 1999, p. 14.
968 V. M. Candela Soriano, « La liberté d'expression face à la morale et à la religion : analyse de la jurisprudence de la Cour européenne des droits de l'homme », *RTDH*, n° 68, 2006, p. 817.
969 P.-F. Docquir, « La Cour européenne des droits de l'homme... », *op. cit*.

naissent aux citoyens, sans lesquelles il est impossible de parler de liberté religieuse : « ceux qui choisissent d'exercer la liberté de manifester leur religion, qu'ils appartiennent à une majorité ou à une minorité religieuse, ne peuvent raisonnablement s'attendre à le faire à l'abri de toute critique. Ils doivent tolérer et accepter le rejet par autrui de leurs croyances religieuses et même la propagation par autrui de doctrines hostiles à leur foi »[970]. Il n'existe certes pas une conception uniforme des sentiments religieux dont les Cours européenne et américaine assurent la protection face aux actes de dénigrement dont ils peuvent être l'objet, leur protection peut varier selon les pays et même selon l'attachement que certains peuples, plus que d'autres, peuvent avoir pour leurs croyances. Mais on voit bien que dans une espèce comme *Otto Preminger-Institut c. Autriche*, rendue par la Cour européenne, au-delà de la condamnation de l'offense, les termes blessants utilisés par l'association requérante pour dépeindre sur le mode de la caricature les personnages bibliques — Dieu le Père, Jésus et Marie mère de Dieu — auraient pu avoir un dénouement plus tragique, dans le prétoire ou en dehors si la querelle s'était déroulée dans un espace théocratique comme il s'en trouve en Afrique et au sujet d'une religion autre que le christianisme. Comme l'écrit M. Yves Madiot, en ce domaine, « au-delà du juge, s'ouvre un inconnu qui peut aller de l'arbitraire au carnage »[971] ; et les dérives radicales auxquelles donne lieu l'islamisme[972] hors des prétoires ne sont pas le fruit de l'imagination. La Cour par principe ménage la liberté d'expression en ne condamnant que les propos volontairement offensants qui ne contribuent pas à l'avancée du débat démocratique. Il ressort de la jurisprudence de la Cour européenne, ainsi que celle des juridictions nationales des États comme la France où la défense du principe de laïcité est ancrée dans l'histoire et la culture, que se moquer d'une religion n'est pas injurieux ; ce qui l'est c'est l'injure faite aux adeptes d'une croyance[973]. La Cour africaine, si elle doit s'inscrire dans la droite ligne de la jurisprudence de la Cour européenne, doit s'attendre à affronter les protestations des États et des religions, sans compter les troubles sociaux que ses décisions causeront inévitablement.

---

970 CEDH, 13 septembre 2005, I. A. c. Turquie, req. 42571/98, *Recueil des arrêts et décisions de la Cour de Strasbourg*, 2005-VIII, p. 235.

971 Y. Madiot, « Le juge et la laïcité », *Pouvoirs*, n° 75, 1995, p. 73 et s.

972 R. Leveau, « Être musulman en Europe », *Pouvoirs*, 2013/1, n° 104, p. 111-120.

973 V. par exemple M. Leroy, « La parodie religieuse n'est pas une injure. Cour de cassation de France, 14 novembre 2006 », *RTDH*, 2007/71, p. 875.

2. Le blasphème entre exaltation de la liberté et de la laïcité, et obscurantisme religieux

L'éloge du blasphème ne serait pas en soi une atteinte aux droits des croyants[974], mais au contraire un hommage rendu à la liberté, pour avoir soustrait les hommes de la longue tyrannie que les religions ont exercée sur eux, usant et abusant à souhait de l'oppression et des condamnations injustes et disproportionnées[975]. Le blasphème devient par là même le mode d'expression démocratique par excellence ; « le bien [démocratique et laïque] le plus sacré »[976], qui marque son incompatibilité absolue avec l'obscurantisme des cultures théocratiques. Il serait ainsi représentatif de la lumière et du progrès de l'humanité, et le réprimer reviendrait à légaliser la terreur ; ce serait faire un saut en arrière, pour retomber à pieds joints dans la préhistoire de l'humanité. En outre, l'incertitude qui entoure le contenu de la notion de blasphème en ferait une infraction dangereuse en ce sens que son appréciation et sa perception comportent une part de subjectivité et d'abstraction, qui varient d'une religion à une autre ou même, au sein d'une même religion, d'une confession à l'autre[977], au risque de déboucher sur les stigmatisations les plus absurdes. Caricaturer une religion ou un personnage religieux n'est pas condamnable, au motif que « ces caricatures, qui visent clairement une fraction et non l'ensemble de la communauté [...], ne constituent pas l'injure, attaque personnelle et directe dirigée contre un groupe de personnes en raison de leur appartenance religieuse et ne dépassent pas la limite admissible de la liberté d'expression »[978]. Il n'empêche qu'une telle position, qui est appelée à prospérer sur le continent africain, sera une source permanente de tensions ; et on ne voit pas comment la Cour africaine pourra venir à bout de cette culture juridique nationale qui voit l'offense ou le blasphème même dans la conversion d'un citoyen à une autre religion[979]. Ici, en effet, contrairement à l'Eu-

974 C. Fourest, *Éloge du blasphème*, éd. Grasset, Paris, 2015, 186 p.

975 V. R. I. Moore, *La persécution. Sa formation en Europe. X^{e} – XIIe* siècle, éd. Les Belles lettres, 1987.

976 C. Fourest, *Éloge du blasphème*, *op. cit.*, p. 15.

977 V. C. Leveleux-Teixeira, « Ente droit et religion : le blasphème, du péché de la langue au crime sans victime », *Revue de l'histoire des religions*, 2001, p. 587-602.

978 V. Cour d'appel de Paris, 11e chambre section A, 12 mars 2008, Dossier n° 07/02873 ; Cass. crim., 7 juin 2017, req. 16-80322.

979 Au Maroc, la conversion des musulmans au christianisme peut valoir aux intéressés des peines de prison et des amendes largement supérieures à celles que prévoit l'article 220 du Code pénal. Un Marocain converti au christianisme a ainsi été condamné par le tribunal de Taounate à 36 mois d'emprisonnement et au paiement d'une amende de 5000 dirhams (450€) pour avoir exprimé ses convictions chré-

rope occidentale où les liens très distendus entre l'homme et Dieu autorisent des critiques acerbes et même la dérision, voire la moquerie à l'endroit des croyances[980], l'émotion déchaînée par les excès de la critique, se traduit par une sévérité accrue des tribunaux. Cette liberté propre à la culture occidentale, qui verse dans la satire, voire le mépris à l'égard des lieux de dévotion, de culte et des croyances, est étrangère à la culture africaine, et *a fortiori* celle du Maghreb. Au Maghreb, la vie tourne autour de la foi, qui est inséparable de l'être. C'est pour cette raison que des pratiques religieuses telles que le ramadan, ou le test de virginité pour les futures mariées qui n'a rien de religieux, mais correspond à une tradition méditerranéenne ayant des racines profanes très lointaines[981], qui peuvent légitimement intriguer, dans la mesure où elles méprisent la liberté des intéressés, sont considérées comme des prescriptions légales à la charge des citoyens[982]. Ici, l'atteinte à la croyance d'autrui peut être sanctionnée sévèrement comme s'il s'agissait du blasphème, parce que la sanction des discours offensants pour les convictions religieuses prend parfois en compte des considérations autres que celles qui se trouvent formulées dans les énoncés légaux[983]. En Occident, au contraire, le blasphème dans sa finalité morale n'existe pas et n'est pas davantage sanctionné, parce que la finalité de la sanction est laïque[984]. Par suite, il est inima-

tiennes : v. http://www.christianophobie.fr. Ce cas est loin d'être isolé dans ces pays.

980 A titre purement illustratif, on se contentera ici de citer quelques passages de l'ouvrage de J. Clair intitulé, *Malaise dans les musées*, éd. Flammarion, 2007, p. 115 et s. L'auteur y dépeint, en ces termes, la critique occidentale du christianisme : « L'Occident… prétend (à l'inverse) rabaisser cette représentation possible de Dieu, réduire cette christomorphie, la réduire dans une figure humaine et, de figuration en défiguration, anthropomorphiser Dieu [...] dans un film, ou dans une bande dessinée ». L'outrance et l'extravagance de ce comportement sont à la mesure de la rationalité occidentale, qui ne considère pas Dieu comme un souverain invisible capable d'agir sur le cours de la vie humaine. Il en résulte que l'Occident devient, aux yeux de beaucoup d'observateurs, le principal « pourvoyeur de diffamation des religions » (v. N. Haupais, « Sur de nouveaux concepts onusiens... », *op. cit.* La Cour africaine devra donc construire son propre raisonnement, reflétant son propre état d'esprit, pour régler les conflits religieux en Afrique, sans quoi elle risquerait de participer à cette diffamation préjudiciable à l'unité.

981 V. Z.-E. Zemmour, « Jeune fille, famille et virginité : approche anthropologique de la tradition », *Confluences Méditerranée*, 2002/2, n° 41, p. 65-76.

982 V. « Laïques en terre d'islam : comment défendre les libertés individuelles dans des pays où les lois sont issues d'un dogme religieux ? », *L'Obs*, n° 2745 du 15 au 21 juin 2017, p. 33.

983 V. P. Mbongo, *La liberté d'expression en France : Nouvelles questions et nouveaux débats*, éd. Mare et Martin, 2011, p. 157.

984 V. P. Mbongo, *La liberté d'expression en France...*, *op. cit.*, p. 154 à 158.

ginable qu'une consécration de la liberté religieuse comme celle qu'admettent les droits des États européens, pourtant indispensable à la cohésion et à l'unité du corps social, convienne à la culture et à la mentalité africaines. Cependant, nul ne peut dire avec certitude par quelles règles l'Afrique pourrait remplacer le droit d'inspiration occidentale en ce domaine. Le blasphème soulève des questions, au-delà de celle de sa possible incrimination par les systèmes répressifs africains. Les droits des États noirs africains qui promeuvent la laïcité depuis leur indépendance, en ont fait une règle indiscutable, et il semble impossible qu'elle soit remise en cause, au point d'ériger le blasphème en infraction, et encore moins de le sanctionner aussi sévèrement qu'au Maghreb, ce qui serait contraire aux usages et à la sensibilité profonde des populations par rapport à l'outrage fait à Dieu. Appliquer la peine de mort, peine suprême s'il en est, pour punir indifféremment l'apostat, l'idolâtre, le profanateur ou l'auteur d'insultes innommables envers Dieu en considérant que de tels agissements constituent des « atteintes à la sécurité de l'État »[985] ; ou infliger de longues peines de prison à leurs auteurs, voilà qui ne fera jamais l'unanimité, entre religieux et laïcs, entre religieux en fonction de leurs croyances ou entre populations et pays en fonction de leur plus ou moins fort attachement à une divinité. La liberté de parole et de ton qu'offre le cadre démocratique pour dire le mal que l'on pense de la religion et de Dieu est emprisonnée par un contexte social et culturel étouffant, qui veut l'uniformité absolue. Cela augure des difficultés à fédérer l'ensemble de la société africaine autour de la laïcité.

Section 2. L'impuissance de la laïcité à créer les conditions d'exercice des libertés religieuses et à construire l'unité africaine

La laïcité est un principe, un instrument permettant la construction du vivre-ensemble. Elle garantit à chaque citoyen, dans l'espace national, de vivre sa foi et sa croyance sans contraintes et sans entraves, mais aussi sans entraver la liberté religieuse d'autrui. C'est à l'autorité étatique qu'il revient de préserver la liberté de tous, par l'édiction des normes destinées à régir

985 En Mauritanie, note M. H. Nadafi (*La liberté de religion dans les États de droit musulman*, Thèse Droit, Université Jean Monnet, Saint-Étienne, 2013, p. 101), le blasphème est puni indirectement sous l'accusation d'atteinte à la sécurité de l'État. Cet auteur rapporte que le président du Mouvement abolitionniste mauritanien (IRA) avec quelques sympathisants ont été incarcérés pour avoir brûlé plusieurs ouvrages de référence sur les sciences islamiques ayant justifié l'esclavage. C'est cet acte qui serait constitutif du blasphème attentatoire à la sécurité de l'État.

cette liberté et d'en sanctionner les violations. Dans certains cas, c'est l'État qui restreint les libertés religieuses ; dans d'autres ce sont les religions qui se font la guerre, et mettent en péril, par des revendications extrémistes, l'unité et la stabilité de l'État. En Afrique, les deux cas de figure sont présents. La lutte se situe le plus souvent en amont pour le contrôle des institutions scolaires et universitaires qui sont les vecteurs de l'instruction. Plus tôt on a la maîtrise des programmes scolaires, plus tôt on peut semer les croyances que l'on veut voir prospérer dans le pays. Le rôle de l'école n'est pas perçu de la même façon dans tous les pays. Il en résulte une impossibilité de laïciser l'école et l'université (§1). Cet échec en amont se traduire par l'impuissance de la laïcité à construire les voies de l'unité politique et sociale (§2).

§1. L'impossible uniformisation de la laïcisation de l'école en Afrique

L'impossibilité d'uniformiser l'application du principe de laïcité à l'ensemble du territoire de l'Union découle du fait qu'à la diversité des croyances s'ajoute le refus de se plier au respect de ce principe. Du coup, même si tous les États acceptent de jouer le jeu, il est impossible de l'appliquer intégralement à tous les territoires, ne serait-ce que parce que tous n'ont pas les mêmes cultures (A). A cause du facteur culturel, aucun modèle étranger de laïcité ne semble convenir à l'Afrique, comme si la la laïcité ne peut pas adhérer à la diversité des cultures africaines (B).

A. L'IMPOSSIBILITÉ D'APPLIQUER ÉQUITABLEMENT LA LAÏCITÉ A L'ENSEMBLE DES PAYS AFRICAINS

Le domaine de l'éducation, en tant que vecteur de formation des consciences, de transmission des valeurs et de construction de l'identité nationale et lieu par définition de l'apprentissage du vivre ensemble[986], mais aussi celui où peut insidieusement se pratiquer l'endoctrinement idéologique ou religieux[987], est celui sur lequel devront se porter toutes les attentions si l'on tient à empêcher la mainmise d'une religion sur les libertés fondamen-

---

986 P. Jan, « La laïcité à l'école : le droit national contre le "droit local". La loi plutôt que la négociation. Question de valeurs », *RDP*, 2004, n° 2, p. 301 à 307.

987 C'est déjà un fait avéré dans les vieilles démocraties comme la France, que l'endoctrinement idéologique et religieux menace constamment l'école laïque, et la protection de la laïcité dans ces lieux est un combat de tous les instants, v. G. Le Guellec, « École : comment faire face aux revendications religieuses ? », *L'Obs*, n° 2770, 7 déc. 2017, p. 36.

tales[988]. Dans les démocraties occidentales, toutes les conquêtes culturelles ont eu pour point d'orgue l'école[989]. Or, il faut le concéder, la Cour africaine aura le plus grand mal à faire observer la stricte neutralité de l'État à l'égard des religions dans des États où les élèves issus des religions minoritaires ne constituent qu'une faible minorité invisible[990], surtout lorsque s'ajoute le parti-pris, voire la mauvaise foi des autorités. La Cour suprême américaine, elle, a précisé que « l'adhésion d'une école à un message religieux est interdite car elle communique aux membres de l'audience qui n'adhèrent pas à cette religion qu'ils sont des « outsiders » de la communauté, tout en faisant comprendre aux adhérents de cette religion qu'ils sont des membres favorisés »[991]. On peut mesurer combien le chemin est encore long et périlleux en Afrique où, contrairement à la Cour suprême américaine qui opère dans un pays où le brassage des cultures est relativement ancien, la Cour africaine va

988 Les systèmes éducatifs des pays tels que les Comores ou la Mauritanie sont propices à cet endoctrinement dont la conséquence immédiate est l'éclatement de la nation. Dans le cas de la Mauritanie, l'arabisation de l'enseignement avait à l'époque engendré des heurts intracommunautaires, v. A. Sow avec la contribution de C. Bieger-Merkli, *Dimensions culturelles des violations des droits de l'homme en Mauritanie, op. cit.*

989 Aux États-Unis, en dépit du premier amendement à la Constitution qui institue la « clause d'établissement », interdisant aux États fédérés comme à l'État fédéral d'aider ou de préférer une religion par rapport à une autre, la Cour suprême a souvent été confrontée aux sollicitations des *fondamentalistes* chrétiens qui veulent substituer l'enseignement de l'évolution [de l'homme] qu'ils considèrent comme une offense à la foi de leurs enfants dans les programmes scolaires, par la doctrine biblique du créationnisme. Mais elle a toujours repoussé toutes les tentatives allant dans ce sens, v. Th. Hochmann, « Constitution et religion : analyse de la jurisprudence américaine relative au créationnisme », *RFDC*, 2009/4, n° 80, p. 765-787. Sur l'ensemble de la question, v. D. Lacorne, *De la religion en Amérique*, Nouvelle éd. Gallimard, Paris, 2012, 464 p. ; D. Lecourt, *L'Amérique entre la Bible et Darwin*, éd. PUF, Paris, 1992, 228 p. Pour l'Europe, on peut s'intéresser au cas belge, pour bien montrer la complexité du problème, v. P. Blaise, V. de Coorebyter, « L'islam et l'école : anatomie d'une polémique », *Courrier hebdomadaire du CRISP*, 1990/5, n° 270-1271, p. 1-87.

990 Dans la plupart des pays d'Afrique de l'Ouest les pouvoirs publics réfléchissent sur la possibilité d'introduire l'enseignement arabo-islamique dans les programmes scolaires, v. R. D'Aiglepierre et A. Bauer, « Quantifier et qualifier le choix de l'enseignement arabo-islamique en Afrique subsaharienne », *Afrique contemporaine*, 2017, n° 257, pp. 25-40 ; H. Dia, C. Hugon et R. D'Aiglepierre , « États réformateurs et éducation arabo-islamique en Afrique », *Afrique contemporaine*, 2017, n° 257, pp. 11-23.

991 Th. Hochmann, « Constitution et religion... », *op. cit.*

devoir répondre à la question de savoir si la découverte et l'application d'un principe de justice tel que la laïcité doit nécessairement l'emmener à « raturer l'histoire »[992], en balayant rétroactivement les héritages religieux inscrits à l'actif culturel d'un pays. A ce titre, on est en droit de se demander comment serait-il possible à la Cour africaine d'interdire à une enseignante musulmane, dans un pays musulman, de porter le voile — symbole à la fois religieux et culturel — à l'école, en arguant comme cela se fait en Occident du fait que son droit à exprimer ses convictions religieuses heurte la liberté de pensée des élèves[993] non musulmans, en l'occurrence ; et comment par ailleurs pourrait-elle empêcher les connivences entre les mosquées devenues écoles et les écoles qui se sont transformées en mosquées, sous la pression des mouvements islamiques au Maghreb exerçant une véritable police des mœurs dans les établissements scolaires[994] face à des pouvoirs qui se trouvent dans l'incapacité d'endiguer leur influence quand ils ne les encouragent pas ouvertement ou discrètement ? Nous ne croyons pas à la capacité de la Cour africaine à dépassionner cette question de l'islamisation de l'enseignement, devenue hautement politique, dans des pays comme l'Algérie, le Maroc ou l'Égypte ; et plus largement elle n'a pas les moyens de contrer la propagation des enseignements fondamentalistes pratiquée par tous les pays musulmans dans les écoles[995]. Il est certain que les solutions européennes, se-

992 H. Pena-Ruiz, « Laïcité : principes et enjeux actuels », *Cités*, 2004/2, n° 18, p. 63-75.

993 V. J.-Ph. Derosier, « La Cour constitutionnelle allemande et le port du voile, commentaire de l'arrêt du 24 septembre 2003 », *RFDC*, 2004/2, n° 58, p. 439-447.

994 V. Y. Guillermou, « La mosquée dans l'école ou contre l'école ? Appareil éducatif, inégalités sociales et luttes idéologiques en Algérie », *Journal des Anthropologues*, n° 100-101, 1er juin 2005, p. 117-138.

995 V. S. Paivandi, « La religion d'État à l'école : l'expérience de l'islamisation de l'école en Iran », *Journal des anthropologues*, n° 100-101, 1er juin 2005, p. 183-211. Sur l'islamisation du système éducatif en Égypte, v. T. Aclimandos, « L'islam politique égyptien », *Confluences méditerranée*, 201/4/, n° 75, p. 167-179. Même dans les pays qui, pour tenter d'échapper au naufrage économique qui les pourchasse inlassablement depuis des décennies, ont choisi d'entraîner l'école dans un processus d'islamisation et d'arabisation accéléré en contrepartie des aides financières des puissances islamiques productrices du pétrole (v. C. Ahmed, « Tarîqa, État et enseignement islamique aux Comores. Réseaux d'hier et d'aujourd'hui », in *L'islam politique au sud du Sahara. Identités, discours et enjeux*, sous la direction de M. Gomez-Perez, Paris, éd. Karthala, 2005, p. 49 et s. ; R. Delval, *Les relations actuelles entre les îles de l'océan indien occidental et les pays arabes*, Paris, éd. Fondation nationale des sciences politiques et Cheam, 1982), où on peut supposer que la culture théocratique peut encore être contenue, la Cour africaine n'a pas la garantie que ses décisions seront suivies.

lon les situations, ne sont pas transposables à l'Afrique[996] pour des raisons culturelles et politiques. Et l'avenir même de l'unité du principe de laïcité en Afrique est encore très brumeux pour ne pas dire sombre, nonobstant son utilité. Dans certains pays musulmans, l'idée qu'un principe de laïcité vienne subitement interdire des pratiques anciennes et somme toute banalisées et intégrées dans l'ordre culturel local, telles que l'imposition de l'enseignement de l'islam dans les établissements scolaires, est contraire à toute logique. Le principe de laïcité ne peut pas prospérer dans cet univers où il est rejeté par une large partie de la population, et réduit à l'impuissance. Il n'a pas un avenir radieux dans l'Afrique intégrée telle qu'elle est projetée par les autorités politiques continentales, parce que, comme l'écrit très justement M. Jérôme Francis Wandji K., la configuration socioculturelle des États ainsi que les objectifs de ces États et les moyens mis en œuvre pour les atteindre n'offrent à l'État fédéral africain qu'un choix manichéen : « soit construire l'unité et la cohésion nationales sur la base de valeurs profanes... », soit faire de l'une des religions « un trait identitaire ou d'identification de l'État »[997]. Une large adhésion sociale à ce principe est indispensable pour qu'il trouve sa légitimité, qui seule peut conférer aux sentences de la Cour africaine leur légitimité. En revanche, ce droit fondamental, s'il admet des exceptions culturelles, sera exposé à des applications inégales sur l'ensemble du territoire de l'Union. C'est toute la difficulté d'unifier la règle de droit, et plus particulièrement celle de la signification de la sécularisation qu'il s'agit ici d'interroger dans un contexte où les facteurs historiques, sociaux et culturels imposent une diversité de conceptions de la laïcité. Il devient par conséquent difficile de procéder, par voie juridictionnelle, à l'élaboration et l'imposition d'une forme unique de laïcité sur l'ensemble du continent[998]. Les modèles politiques, libéral classique et multiculturel qui, seuls établissent une distinction nette entre les sphères publique et privée sont l'apanage de l'Occident[999]. Il s'ensuit que faute de les avoir assimilés, l'Afrique unifiée ne pourra pas, dans l'état actuel des choses, garantir au principe de laïcité une existence pérenne. Dans tous les cas, aucun des modèles étrangers connus n'est assimilable dans une Afrique culturellement éclatée.

996 Il n'est que de citer les exemples belge et français, deux pays limitrophes, et culturellement proches qui ont des pratiques opposées en matière de laïcité, v. S. Crépon, « La lutte pour la reconnaissance des signes religieux à l'école : une étude comparative France-Belgique », *Politique européenne*, 2008/1, n° 24, p. 83-101.
997 J. F. Wandji K., « La Déclaration française des droits de l'homme et du citoyen du 26 août 1789 et l'État en Afrique », *RFDC*, 2014/3, n° 99, p. 1-28.
998 V. C. Froidevaux-Metterie, « Comment l'esprit de religion défie l'esprit de laïcité ? », *Critique internationale*, 2009/3, n° 44, p. 9-17.
999 N. Rouland, « Le droit français devient-il multiculturel ? », *op. cit.*

B. PROTÉGER LES RELIGIONS CONTRE L'ÉTAT OU PROTÉGER L'ÉTAT CONTRE LES RELIGIONS : L'UNION AFRICAINE CONFRONTÉE AUX MODÈLES ÉTRANGERS

Deux modèles se présentent à l'Afrique : le modèle anglo-saxon qui vise à protéger les religions contre l'État, et le modèle français qui, lui, protège l'État contre les religions[1000] . Le premier admet des accommodements raisonnables. Confronté aux questions du terrorisme islamique ainsi qu'aux violences interreligieuses en milieu scolaire, le modèle anglais montre ses limites[1001] ; les écoles confessionnelles sont accusées d'être des pépinières du fanatisme religieux. Et l'Union africaine ne peut pas adopter ce modèle sans courir le risque de remettre en question ses politiques de lutte contre le terrorisme à l'échelle continentale. L'intérêt fédéral recommande que la Cour africaine s'oriente dans le sens des législations belge et française, non récusées par la Cour européenne des droits de l'homme, même si son raisonnement reste fortement nuancé[1002], qui mettent en avant une certaine conception du « vivre ensemble » pour interdire le port de vêtements qui dissimulent totalement ou principalement le visage[1003], ou pour approuver la dissolution d'un parti politique qui prône l'application intégrale de la charia dans un régime

---

1000 V. R. Letteron, « Droit européen et laïcité ... », *op. cit.*

1001 V. Ch. Sinclair, « État, religion et éducation en Angleterre : les limites du compromis », *Journal des anthropologues*, juin 2005, p. 75-95 ; V. Monnier, « Les limites du modèle anglais », *L'Obs*, n° 2744 du 8 juin 2017.

1002 CEDH, 30 juin 2009, Aktas c. France, *AJDA* 2009, 2077, note G. Gonzalez ; CEDH, 1er juil. 2014, S.A.S c. France, n° 43835/11, *AJDA*, 7 juil. 2014, p. 1348, note M.-Ch. de Montecler. v. aussi : C. Ruet, « L'interdiction du voile intégral dans l'espace public devant la Cour européenne : la voie étroite d'un équilibre », *La Revue des droits de l'homme*, 2014,http://revdh.revues.org/862 ; E. Bribosia, G. Cacérès et I. Rorive, « Les signes religieux au cœur d'un bras de fer : la saga singh », *RTDH*, 2014, 494 et s.

1003 En France, le droit a évolué dans le sens de l'interdiction des signes ostentatoires. L'article L. 141-5-1 du Code de l'éducation inséré par la vertu de la loi du 15 mars 2004, stipule que, « Dans les écoles, les collèges et les lycées publics, le port de signes ou tenues par lesquels les élèves manifestent ostensiblement une appartenance religieuse est interdit ». La loi du 11 octobre 2010 interdisant la dissimulation du visage dans l'espace public décide que « Nul ne peut, dans l'espace public, porter une tenue destinée à dissimuler son visage ». Cette législation condamne une jurisprudence administrative antérieure (v. M. Monot-Fouletier, « De la régulation du port de signes religieux... », *op. cit.*) qui avait pourtant le mérite de concilier l'expression religieuse et le principe de laïcité. En Belgique, la loi du 1er juin 2011 visant à interdire le port de tout vêtement cachant totalement ou de manière principale le visage, une fois adoptée, à été validée par la Cour constitutionnelle.

démocratique, la discrimination fondée sur l'appartenance à une religion et qui recommande la guerre sainte comme moyen d'imposer une vision islamique de la société[1004]. Le recours au vivre-ensemble aboutit précisément à cantonner l'utilisation des signes religieux dans des limites qui empêchent l'expression des différences communautaires au-delà de la norme admise par le corps social ; et la norme n'est pas sans rapport avec le mode de vie admis par la majorité de la population. Le langage conventionnel voulut que la Cour employât le terme plus indolore de « choix de société » que défendait le gouvernement français, pour nommer les choses. Et c'est sous la plume de Mme le professeur Burgorgue-Larsen que la question est formulée sans fioriture : « Ce dont il s'agit au fond, écrit-elle, concerne la question de savoir si une société occidentale, qui s'est bâtie sur des présupposés philosophiques et politiques donnés, peut décider de vouloir les préserver au détriment d'une pratique radicale et ultra-minoritaire de la religion musulmane par des femmes »[1005]. On peut le regretter[1006] ou s'en féliciter, cette législation, qui donne l'impression de marginaliser certaines communautés nationales[1007],

1004 CEDH, 31 juil. 2001, Affaire Refah partisi (Parti de la prospérité) et autres c. Turquie, req. 41340/98 ; 41342/98 ; 41344/98.

1005 L. Burgorgue-Larsen, « Actualité de la Convention européenne... », *op. cit.*

1006 R. Bistolfi, « La porte étroite : les musulmans dans la République », *Confluences Méditerranée*, 2015/4, n° 95, p. 13-27.

1007 C'est en tout cas sous cette forme que la question est formulée par le Haut Conseil à l'Intégration qui, présente les femmes voilées plus comme les victimes de la loi que comme les coupables. On ne peut que montrer notre perplexité lorsque ce Conseil défend l'opinion selon laquelle il n'appartient pas à l'institution scolaire de « s'ingérer dans le débat sur le caractère obligatoire ou non, pour une musulmane, du port du foulard, même si ce point est théologiquement discuté », v. Haut Conseil à l'Intégration, *L'Islam dans la République*, novembre 2000, p. 76. La suite de la démonstration montre la préférence du Haut Conseil pour un dialogue qui privilégierait la liberté du port du foulard pour ne pas traumatiser les jeunes filles. Ces arguments constituent bien des procédés détournés dont les motifs inavoués sont d'instituer un régime de liberté totale en matière de port du foulard. Les auteurs, à l'évidence, n'ont pas perçu le problème de fond, qui se ramène à un enjeu de domination culturelle et religieuse dans l'espace public. En assignant au foulard une signification religieuse, on assure son inviolabilité tout en garantissant par ce biais l'expansion à long terme de cette culture d'origine étrangère. La religion n'est peut-être dans l'affaire qu'un alibi. La marginalisation des minorités religieuses, dans notre hypothèse, n'est peut-être qu'une réaction contre le risque d'extinction progressive de la culture du pays. La dictature culturelle qui a pendant longtemps revêtu le manteau de l'assimilation et de l'intégration chez le colonisateur, opère à rebours sous nos yeux par le moyen d'un impérialisme rampant initié par l'ex colonisé, indolore et en apparence inoffensif, dont les conséquences ne pourront être évaluées que sur le long terme, lorsque la

constitue en réalité un acquis juridique et une victoire politique à mettre à l'actif des partisans de la laïcité qui s'est construite sur fond de tensions sociales graves dont l'enjeu était la sauvegarde du modèle républicain[1008] et au-delà l'unité nationale[1009]. Toutefois, dans le contexte africain, quel que soit le modèle adopté, on a l'impression d'être en présence d'une guerre des modèles, qui ne peuvent pas cohabiter, parce que le choix d'un modèle aboutit au rejet de l'autre. Dans les deux cas l'intégration se révèle impossible.

§2. L'impossible intégration par le principe de laïcité

La Cour africaine doit faire face à un défi de taille : ou elle réussit et elle sauve le projet fédéral, ou elle échoue et elle disparaît, discréditée en emportant avec elle le rêve panafricain. Dans cette hypothèse, sa « mort » symbolique laissera le champ libre à une compétition sauvage et impitoyable dans laquelle les acteurs n'hésiteront pas à utiliser les arguments extra juridiques pour tenter de s'imposer, à moins que les juridictions nationales, dans un dernier sursaut, ne parviennent à endiguer les ardeurs des protagonistes. C'est en considération de l'ensemble des ces éléments que l'on peut aujourd'hui apprécier la promotion et la défense du principe de laïcité sur le continent comme un principe pacificateur. Mais la Cour africaine doit apprendre et intégrer dans ses choix la cruelle réalité qui a façonné des communautés nationales durables dans les démocraties occidentales selon laquelle, la « laïcité n'est pas simplement l'aboutissement d'une querelle d'idées ; elle reste en France la blessure originelle d'une violence fondatrice »[1010] ; elle est aussi, comme l'a dit un auteur pour montrer la violence du choc de la séparation, « l'opération chirurgicale » qui permit de séparer l'église de la société[1011]. En Afrique, en dépit de sa consécration formelle (A), le principe de laïcité n'est pas en mesure d'endiguer les tensions ethniques (B).

---

conjonction des facteurs culturels et religieux aura parachevé son succès par la soumission inconditionnelle de toutes les femmes sans distinction de leurs origines au port du voile, et réduit au silence toutes les libertés.

1008 V. D. Pelletier, « L'école, l'Europe, les corps : La laïcité et le voile », *Vingtième siècle. Revue d'histoire*, 2005/3, n° 87, p. 159 à 176.

1009 V. S. Crépon, « La lutte pour la reconnaissance des signes religieux à l'école : une étude comparative France-Belgique », *Politique européenne*, 2008/1, n° 24, p. 83-101.

1010 E. Poulat, « Pour une véritable culture laïque », in *Le Conseil d'État : un siècle de laïcité, Rapport du Conseil d'État 2004*, éd. La Documentation française, 2004, p. 445.

1011 D. Martin, « Remise en question de la théorie de la sécularisation », in G. Devies et D. Hervieu-Leger, *Identités religieuses en Europe*, éd. La Découverte, Paris, 1996, p. 26.

A. LA CONSÉCRATION FORMELLE DU PRINCIPE PAR LES ÉTATS

Le principe de laïcité, il faut le dire en toute honnêteté, banni des législations de la quasi-totalité des pays musulmans d'Afrique malgré leur adhésion aux instruments internationaux et panafricains de défense des droits de l'homme, a été heureusement reçu par les États subsahariens. Mais a y voir de plus près, certains l'ont recueilli comme un legs juridique hérité de la colonisation, tandis que d'autres l'ont inséré dans leurs ordonnancements juridiques par nécessité. Dans la première catégorie de ces pays figurent notamment le Bénin, le Congo Brazzaville, la République démocratique du Congo, le Gabon ou la Guinée Équatoriale où les sociétés n'ont pas encore atteint le stade des tensions interreligieuses de nature à mettre en péril l'unité nationale, du fait de l'existence d'une religion dominante, qui ne connaît pas à proprement parler de concurrence, ou du fait que les religions ne constituent pas un élément d'identification ethnique, comme en Afrique de l'ouest[1012]. Dans la seconde catégorie, on peut mentionner le Sénégal qui l'a formulé dans les Constitutions de 1959 et 1960 à l'article premier, alors même que l'écrasante majorité de la population était et est toujours musulmane[1013] , le Tchad[1014], le Niger[1015] ou la Côte d'Ivoire. Dans la première catégorie de pays cités, l'absence de passions politiques et sociales autour de la laïcité en fait un principe virtuel. L'absence de régulation du champ religieux par l'État paraît favoriser la propagation des religions[1016]. Dans des pays comme le Sénégal en revanche, en dépit d'une formulation expresse dans les textes juridiques, au premier rang desquels figure la Constitution, qui renvoie à la Déclaration des droits de l'homme et du citoyen de 1789, le principe de laïcité est menacé par le souhait souvent formulé de l'avènement d'une société islamique qui faciliterait l'application intégrale de la loi islamique[1017]. Quand

---

1012 V. M. N. Le Blanc, « Les trajectoires de conversion et l'identité sociale chez les jeunes dans le contexte postcolonial Ouest-africain : Les jeunes musulmans et les jeunes chrétiens en Côte d'Ivoire », *Anthropologie et Sociétés*, vol. 27, n° 1, 2003, p. 85-110.

1013 Très tôt, la laïcité est pensée dans le débat sur la nation sénégalaise, comme « le cadre idéal dans lequel la complexité de la société peut s'épanouir », « comme le creuset idéal d'expression de la diversité », v. M. Brossier, *Les débats sur la réforme du Code de la famille au Sénégal : la redéfinition de la laïcité comme enjeu du processus de démocratisation*, Mémoire de D.E.A Études africaines, Université de Bordeaux, 2003-2004, p. 118-119.

1014 Article 1er de la Constitution.

1015 Article 3 de la Constitution.

1016 V. C. Mayrargue, « Les christianismes contemporains... », *op. cit.*

1017 V. Mame-Penda Bâ, « La diversité du fondamentalisme sénégalai... », *op. cit.*

bien même l'appel à la société islamique et à la conquête du pouvoir politique se fait de façon pacifique, il semble toutefois vrai que les minorités religieuses ou laïques n'aient rien à redire. Tout se passe à peu près comme si elles étaient exclues du débat sur l'identité nationale. Les islamistes ont donc gardé une égale hostilité à l'égard de la laïcité qu'ils ont toujours considérée comme une valeur étrangère à la culture sénégalaise[1018]. La violence symbolique d'une expression aussi agressive qui ignore l'altérité des autres ne peut pas ne pas ébranler durablement les fondations d'une nation qui se veut ouverte.

B. L'IMPUISSANCE DU PRINCIPE A ENDIGUER LES TENSIONS ETHNIQUES

C'est un sacré paradoxe que les violations dont la laïcité peut faire l'objet passent inaperçues. En réalité, ce principe qui est consacré par les textes est tenu pour inexistant dans beaucoup de pays. Le cas angolais où le gouvernement a interdit le culte musulman et saccagé les mosquées a été l'un des rares à être médiatisé. Il existe des cas plus subtils de discriminations et de marginalisation avérées des chrétiens, des musulmans ou des animistes par les frères Maçons, détenteurs des leviers du pouvoir politique, économique et financier dans les pays d'Afrique francophone, pour forcer ceux qui ne partagent pas leurs croyances à intégrer leurs obédiences. Ces incidents qui sont présentés comme marginaux cachent en réalité de graves discriminations, puisque c'est la religion dominante, ou celle qui a la préférence du pouvoir, qui est favorisée, en dépit de la formulation du principe de la liberté religieuse dans les textes fondamentaux. Ce climat n'est pas propice à l'apaisement. Cela est encore plus vrai dans les pays qui ont adopté la laïcité pour des raisons d'intérêt général. Si au Sénégal, pays à dominance musulmane, la laïcité et la liberté religieuse semblent respectées, il n'en est pas de même en Côte d'ivoire où la cohabitation des religions est source de graves tensions au préjudice de l'intérêt national. On y observe des crispations identitaires et même des discours "xénophobes"[1019]. La christianisation de la société commencée depuis le président Houphouët-Boigny et qui s'est poursuivie par l'appel à la « protestantisation » de l'État sous Laurent Gbagbo, s'est traduite

1018 V. M. M. Ndièye, *L'islamisme au Sénégal : crise de société et/ou dynamisme de l'islam,* Thèse 3e cycle Anthropologie, Université Cheikh Anta Diop, 1995-1996, p. 194-196.

1019 V. F. Roubaud, « La crise vue d'en bas à Abidjan : ethnicité, gouvernance et démocratie », *Afrique contemporaine,* 2003/2, n° 206, p. 57-86.

de facto par la marginalisation des musulmans[1020]. La Constitution contient un Préambule dans lequel le constituant affirme : « Nous, peuple de Côte d'Ivoire ; [...] instruit des leçons de notre histoire politique et constitutionnelle, désireux de bâtir une nation fraternelle, unie, solidaire, pacifique et prospère, et soucieux de préserver la stabilité politique ; tenant compte de notre diversité ethnique, culturelle et religieuse, et résolu à construire une nation pluriethnique et pluriraciale fondée sur les principes de la souveraineté nationale ». Force est de constater que, même dans les hautes sphères de l'État, ces résolutions n'ont jamais été prises au sérieux, en dépit du péril que la foi des uns et des autres fait peser sur l'avenir du pays[1021]. En effet, il est devenu évident au fil du temps que les identités religieuses et ethniques se sont renforcées, voire radicalisées dans ce pays, et se sont révélé être des facteurs de division sociale entre les chrétiens et les musulmans, y compris dans l'espace domestique où les cohabitations sont devenues rares à certains endroits[1022]. Cette issue avait déjà été entrevue par certains auteurs, qui ont observé que le couplage de la conscience ethnique et de la conscience religieuse dans un processus de mobilisation politique en Afrique pouvait se révéler détonant[1023]. Les violences politico-religieuses qui ont mis en lumière l'impuissance de l'État dans la gestion des diversités ethniques et religieuses dans des pays voisins comme le Nigeria[1024] étaient révélatrices du péril qu'encourt la Côte d'Ivoire, ou le Cameroun, où la présidence d'Amadou

1020 V. M. Miran-Guyon, « Gloire et déboires de la laïcité en Côte d'Ivoire au prisme de l'imaginaire social musulman », in *L'Afrique des laïcités..., op. cit ;* J.-P. Dozon, *La cause des prophètes. Religion et politique en Afrique contemporaine*, éd. du Seuil, 1995.

1021 Ainsi, pour reprendre les termes utilisés par Mme M. Miran-Guyon, les « compérages entre subjectivités pentecôtistes et militantisme patriotique » qui se sont manifestés sous la présidence Gbagbo jusqu'à la caricature en balivernes prophétiques, proclamant avec frénésie, dans un État multiconfessionnel, la messianité de la présidence Gbagbo, ont bien failli basculer le pays dans une guerre civile sans fin : v. M. Miran-Guyon, « Apocalypse patriotique en Côte d'Ivoire : Le pentecôtisme de la démesure », *Afrique contemporaine*, 2014/4, n° 252, p. 73-90.

1022 M. Nathalie Le Blanc, « Les trajectoires de conversion… », *op. cit.*

1023 V. R. Otayek, « Démocratie, culture politique, sociétés plurales. Une approche comparative à partir des situations africaines », *RFSP*, n° 6, 1997, p. 798-822.

1024 V. A. Higazy et A. Roger, « Violence urbaine et politique à Jos (Nigeria) , de la période coloniale aux élections de 2007 », *Politique africaine*, 2007/2, n° 106, p. 69 à 91. Les exemples sont très nombreux sur le continent : v. par exemple, C. Boudet, « Émeutes et élections à Maurice : la mort de Kaya, aléa ou échec de la construction nationale », *Politique africaine*, 2000/3, n° 79, p. 153-164 ; A. Oded, « Islam et politique en Afrique de l'Est (Kenya, Ouganda et Tanzanie) », *Outre-Terre*, 2005/2, n° 11, p. 189-194.

Ahidjo avait tout mis en œuvre pour islamiser le nord Cameroun dont le président espérait le soutien massif[1025]. Sur le long terme, ces politiques finissent par enfanter ressentiments, haines et violences mortelles, surtout à l'approche des échéances électorales. Au Nigeria, par exemple, cette issue était prévisible, notamment à cause de la politique dite d'« indigénéité » prônée par les autorités fédérales qui méprise royalement le principe de laïcité en ce qu'elle établit des discriminations entre les nationaux nigérians qui sont originaires d'un État et ceux dont les ascendants sont extérieurs à cet État. C'est le cas dans l'État du Plateau où les musulmans sont considérés comme des étrangers[1026]. Ces discriminations concernent le bénéfice des ressources de l'État, les écoles, l'octroi des bourses, les emplois, etc. Cette longue et pénible cohabitation a toujours donné lieu à des conflits désastreux aux conséquences incalculables[1027]. En définitive, la laïcité telle qu'elle est définie et appliquée en Occident reste une nouveauté, une découverte, voire un mystère pour les peuples d'Afrique qui, en dépit des bouleversements qui affectent le monde dans son rapport à l'au-delà, sont toujours en quête du divin. Dans cet univers, la laïcité ne peut apparaître que comme un carcan dont on doit se débarrasser, pour laisser libre cours à l'expression de la croyance de chacun, même dans l'espace public où en principe elle doit se taire. Les rédacteurs de la Charte africaine, ayant eu tout le mal à consacrer le principe de la liberté religieuse, n'ont pas voulu en tirer les conséquences en le bornant par le principe de laïcité qu'ils n'ont pas mentionné. En s'en remettant aux États pour le formuler, ils lui ont dénié sa fonction unificatrice, et ont ainsi minimisé le fait qu'aucune fédération ne saurait naître et prospérer sans l'acclimater et l'apprivoiser au préalable, en en faisant une valeur culturelle idoine. L'impréparation et l'improvisation du projet panafricain sont *ipso facto* mises à nu par ce déni de la réalité qui constitue une omission coupable, et porte, de fait, les germes du fiasco à venir.

Or, les systèmes juridiques nationaux ont à plusieurs reprises montré leur partialité. Si cela s'est révélé évident dans l'Afrique islamique, les pays non-islamiques n'ont pas été en reste. La laïcité en tant que norme et règle de droit n'aura pas plus de succès que celles qui l'ont précédée ; elle souffre déjà

1025 V. Ch. Seignobos, « Boko Haram : innovations guerrières... », *op. cit.*
1026 V. A. Higazy et A. Roger, « Violence urbaine et politique à Jos... », *op. cit.*
1027 *Revenge in the name of religion : The cycle of violence in Plateau and Kano states*, Human Right Watch, vol. 17, n° 8 (A), may 2005,bwww.hrw.org/. C'est la même problématique qui se pose en Éthiopie où l'hégémonie Amhara se matérialise par des discriminations économiques, politiques et culturelles au détriment des ethnies périphériques : v E. Ficquet, « Fonder un régime sur le recensement ethnique : le fédéralisme éthiopien », *Critique internationale*, 2009/4, n° 45, p. 37 à 57.

d'un manque d'effectivité face aux réalités culturelles qui ne lui accordent pas la moindre importance. Bien plus, elle est victime de l'état de non-droit qui caractérise par définition les sociétés africaines. Cette faiblesse qui affecte durablement l'effectivité de ce principe si nécessaire est accentuée par l'amer constat qui a été fait sur le terrain selon lequel l'espace politique n'est plus le lieu de l'intégration nationale[1028]. Il faut y remédier, car sans laïcité, l'État africain est impuissant et les nations se meurent inexorablement. Mais ce principe ne peut revêtir son effectivité et son efficience dans le contexte africain que si deux conditions sont réunies : la stricte neutralité de l'État d'une part, et d'autre part le renforcement de la puissance de l'État, en termes d'accroissement du pouvoir juridictionnel et de la force coercitive. C'est loin d'être gagné.

1028 C. Boudet, « Émeutes et élections à Maurice... », *op. cit.*

CONCLUSION DE LA SECONDE PARTIE

Les droits fondamentaux de la personne humaine offrent un tableau saisissant de l'éclatement des systèmes juridiques africains, qu'il n'est pas possible d'unifier, et moins encore de supplanter par une conception des droits fondamentaux étrangère aux réalités culturelles proprement africaines. A ce titre, ils constituent sans aucun doute possible le talon d'Achille longtemps occulté de la construction d'un État supranational sur le continent. L'Union africaine et la Cour africaine des droits de l'homme qui ont la lourde charge d'unifier le droit africain dans la perspective de l'intégration politique ne peuvent pas y parvenir sans remettre en cause des spécificités culturelles essentielles pour l'existence et la cohésion des États qui composent l'Union. La peine de mort, le libre usage du corps, l'euthanasie ou l'avortement, la liberté de croyance ou de conscience, pour ne s'en tenir qu'à ceux-là, constituent potentiellement des sujets de discorde et d'affrontement. Il faut donc conclure que la construction d'un État fédéral africain est frappée d'une impossibilité absolue, faute pour les États de trouver un système de valeurs et des principes juridiques qui fassent l'unanimité.

CONCLUSION GÉNÉRALE

La construction du fédéralisme africain est une entreprise qui comporte beaucoup de paradoxes. Les uns viennent de la confrontation des choix politiques avec les réalités tenaces du terrain, les autres sont dus aux influences politiques et juridiques extérieures au continent ; d'autres enfin sont liés aux choix des modèles institutionnels qui ne correspondent pas toujours aux objectifs à atteindre. Tous ces facteurs que nous avons développés tout au long de ce travail rendent improbable la réalisation d'un État fédéral pérenne sur le continent. On peut facilement identifier et recenser en quelques idées les points de torsion qui sont susceptibles de faire vaciller l'ensemble du projet, et qui le retardent à coup sûr.

1. La contradiction entre le modèle de fédération et les choix institutionnels

Il convient de noter de prime abord la contradiction entre le modèle fédératif proposé par les pères fondateurs et les choix institutionnels qui ont été retenus par la suite. A l'origine, les leaders politiques africains tels que Kwamé Nkrumah ou Barthélemy Boganda ne concevaient l'unité continentale qu'en termes d'États-Unis d'Afrique, une réplique politique et juridique du modèle américain. Cette conception impliquait le renoncement des États à leur souveraineté au profit de l'État central, seul garant de l'unité nationale et seul habilité à assurer la représentativité internationale de l'État. Le discours de Nkrumah à la tribune de l'OUA réunie à Addis-Abeba le 24 mai 1963 ne fait certes pas référence à la souveraineté de l'État central. Mais l'idée d'un gouvernement africain fort était sous-jacente ; elle existait dans l'esprit du discours. Des termes forts tels que « la puissance politique créée par notre unité » faisaient allusion à la souveraineté supranationale. C'est surtout dans la pensée de Cheikh Anta Diop que l'idée de la souveraineté de l'État central africain est formulée de façon claire et précise, avec des propositions visant la mise en place d'une Constitution fédérale, l'unification linguistique du continent par le choix d'une langue commune à tous les États, la création d'un parlement et d'une armée au service de l'État panafricain et d'une diplomatie commune[1029]. Pour lui donc, comme pour l'ensemble des leaders panafricains, il n'était pas judicieux, au risque de compromettre la souveraineté africaine, de laisser les compétences régaliennes aux mains des minuscules

1029 C. A. Diop, *Les fondements économiques et culturels…*, *op. cit.*, p. 121 et s.

États fédérés sans envergure internationale. Ce n'est pourtant pas ce modèle qui fut choisi par les fondateurs de l'Organisation de l'Unité Africaine. Ces derniers optèrent pour une Afrique des États, à l'image de ce qu'est devenue l'Union européenne aujourd'hui. Ce choix, contrairement à ce que l'on pourrait penser, n'était pas un pur hasard de l'histoire. La proximité géographique et les liens historiques, politiques et juridiques avec les anciennes métropoles l'expliquent amplement, sans oublier, en Afrique francophone, la passion française de certains dirigeants, qui avaient milité en faveur du maintien des colonies dans la communauté française. L'orientation politique de la Communauté européenne vers une Europe confédérale avait sans aucun doute eu une influence décisive sur le destin politique de l'OUA.

Mais sur le plan technique rien n'est plus éloigné de la construction fédérale que le modèle sur lequel est conçue l'Union européenne. En apparence, elle semble destinée à trouver son achèvement dans un État fédéral. En réalité, elle participe au renforcement des souverainetés nationales[1030], et un chassez croisé s'est instauré entre la primauté accordée à l'Union et les spécificités nationales; il témoigne des divergences existant entre les fédéralistes et les souverainistes depuis les origines[1031], comme le reconnaît la doctrine[1032]. Car, dit un auteur, « l'Union européenne oscille entre deux difficultés existentielles : une dissolution des souverainetés (des États), mais sans reconstitution d'une souveraineté (de l'Union) »[1033]. C'est une construction *sui generis* ; un objet politique non-identifié[1034]. Les souverainetés nationales se raidissent au nom d'identités constitutionnelles opposables à l'Union, au mépris de la primauté du droit de l'Union[1035]. L'éventuel abandon par les

1030 N. Schmitt, « Le fédéralisme : plus fragile et plus nécessaire que jamais. Quelques réflexions illustrées par la Suisse et les pays d'Afrique », *L'Europe en formation*, 2012/1, n° 363, p. 143-168.

1031 Manifeste de Ventotene, *Pour une Europe libre et unie*, 1941, https.www.cvce.eu ; *L'Europe de demain*, éd. de la Baconnière, Neuchâtel, 1945,

1032 V. Constantinesco, « La souveraineté est-elle soluble dans l'Union européenne ? », *L'Europe en formation*, 2013/3, n° 368, p. 119-135. Il écrit que « l'Union semble bien être une manifestation des souverainetés conjointes de ses membres, sans nullement paraître les menacer de dissolution ».

1033 *Ibid.* ; v. aussi L. Siedentop, *La démocratie en Europe*, Paris, éd. Buchet Chastel, 2003, p. 17-18.

1034 N., « Le fédéralisme : plus fragile et plus nécessaire que jamais... », *op. cit.*

1035 V. R. Bieber, « La perception allemande de la notion de souveraineté », *L'Europe en formation*, 2013/3, n° 368, p. 61-77 ; P. Diop, « La souveraineté, pierre d'achoppement pour une fédération politique européenne », *L'Europe en formation*, 2012/1, n° 363, p. 63-71 ; A. Levade, « Identité constitutionnelle et exigence existentielle : comment concilier l'inconciliable », in *Mélanges en l'honneur de Philippe*

États de leurs attributs de puissance au profit de l'Union est parfois assimilé à de la forfaiture[1036] ; et l'identité européenne est aussi souvent opposée à l'identité républicaine[1037]. Ce modèle ressemble à s'y méprendre à celui de l'Union africaine, un modèle hésitant, par nature indécis et stagnant, ne sachant dans quelle direction avancer[1038], à cette différence près que, dans l'Union européenne, le primat du droit de l'Union est consacré et est juridiquement sanctionné[1039], tandis qu'en Afrique, non seulement il dépend du sort que chaque État réserve aux engagements internationaux auxquels il est partie, mais au surplus la souveraineté des États est formellement consacrée[1040]. Ce faisant, on en a fait une spécificité constitutionnelle dont le maintien sur le long terme engendre au profit des États une tradition constitution-

Manin – L'Union européenne : Union de droit, Unions des droits, Paris, Pedone, 2010, p. 109 et s ; F. Fines, « Souveraineté étatique et primauté européenne », *Politéïa*, décembre 2004, n° 6 ; L. Dubouis, « Le Juge français et le conflit entre norme constitutionnelle et norme européenne », in *L'Europe et le Droit, Mélanges en hommage à Jean Boulouis*, Paris, Dalloz, 1992, p. 205 et s.

1036 V. B. Lavergne, « L'escroquerie de l'Euratom, nouvelle CED », *L'année politique et économique*, janvier-mars 1956, p. 30.

1037 V. B. Brunneteau, « L'identité européenne contre l'identité "républicaine" ? », *Relations internationales*, 2009/4, n°140, p. 73-81.

1038 De l'Union européenne, E. Dékány-Szénási (v. « La question de la souveraineté et la construction européenne », *Le Portique* [En ligne], 5-2007, mis en ligne le 5 décembre 2007, http://leportique.revues.org/1385) fait la réflexion suivante qui pourrait s'adresser à la construction africaine sans être amputée d'aucun membre : « Le rythme et la dynamique du développement de l'union ont été déterminés par une succession de ralentissements et de progressions rapides derrière lesquels gisaient les intérêts des gouvernements nationaux et les débats entre fonctionnalistes et fédéralistes [...] une asynchronie de plus en plus visible se montre entre l'intégration économique et politique [...] L'intégration économique se trouve dans un stade bien plus avancé que l'intégration politique. »). v. aussi, M. Rambour, « Analyse comparée du débat sur la structure politique future de l'Europe : vers une "fédération d'États-nations" ? », *RIPC*, 2003/1, vol. 10, p. 51-60.

1039 Encore que le primat du droit européen est contesté par les juridictions constitutionnelles nationales : v. F. Chaltiel, « Droit constitutionnel européen 2004-2006 », *RFDC*, 2007/1, n° 69, p. 161-173.

1040 Il n'y a guère qu'en Suisse où l'État fédéral résulte du regroupement des États souverains qui n'ont jamais voulu abdiquer leurs compétences au profit de l'État central. Il ne semble pas que ce type de fédéralisme convienne à l'Afrique, car le fédéralisme suisse « représente un système particulièrement complexe et peu transparent qui, dans une large mesure, a été conditionné par son passé historique » : K. Pfeiffer, L. Weber, « Le fédéralisme suisse à l'épreuve du temps : un modèle pour l'Europe ? », *Politiques et management public*, vol. 9, n° 2, 1991, p. 103-138.

nelle opposable à l'Union. Les juridictions continentales ne trouveront probablement pas d'obstacles à entériner la nature islamique des régimes, ou même le caractère absolu et sacré de la monarchie marocaine qui en est issue[1041] comme étant des éléments caractéristiques des identités nationales, après les avoir condamnés sur le terrain des droits de l'homme[1042]. La transformation du régime en une monarchie constitutionnelle par la vertu de la Constitution de 2011 après que maintes violations des droits de l'homme fussent commises en toute impunité pendant plusieurs décennies, n'a qu'un caractère formel, et n'a pas substantiellement changé l'état des libertés dans ce pays[1043]. L'antinomie entre les droits humains et la monarchie absolue est pourtant notoire[1044]. On est à peu près certain que l'invocation de la notion d'identité nationale va contribuer à éroder davantage la souveraineté de l'Union et à renforcer celles des États au détriment des libertés.

Il en résulte que la création de l'État fédéral en Afrique a partie liée avec la protection des droits de l'homme, dont l'effectivité ne peut dépendre que de l'abandon ou de la limitation de leur souveraineté par les États au profit de l'État central. Les institutions politiques et juridiques de l'Union européenne dans leur forme actuelle ne sont pas aptes à servir de modèle de référence à l'Afrique pour la construction d'un État fédéral[1045]. Elles ont été conçues à l'origine avec la volonté manifeste de ne pas donner suite aux velléités fédéralistes[1046]. Les Africains de même les ont recueillies pour les mêmes motifs.

1041 V. A. Benchemsi, « Mohamed VI, despote malgré lui », *Pouvoirs*, n° 145, 2013, p. 19-29.

1042 V. E. Dubout, « "Les règles ou principes inhérents à l'identité constitutionnelle de la France" : une supra-constitutionnalité ? », *RFDC*, 2010/3, n° 83, p. 451-482. L'institution monarchique semble bénéficier d'un caractère fondamental dans le système politique marocain, qui lui confère cette supra-constitutionnalité dont la particularité est de la placer hors du contrôle du droit communautaire.

1043 O. Bendourou, « Les droits de l'homme dans la Constitution marocaine... », *op. cit.*

1044 V. L. Addi, « L'impunité au Maroc. Entretien avec Fouad Abdelmoumni », *Confluences Méditerranée*, 2004/4, n° 51, p. 69-73. Dans cette monarchie, il n'y a pas si longtemps le roi exerçait un pouvoir absolu et, parfois, tyrannique. Le roi actuel, même s'il semble plus clément que ceux qui l'ont précédé, conserve l'essentiel des attributs attachés à son statut de monarque.

1045 L'Europe elle-même a été tentée par le modèle américain. La motion de politique générale du Congrès de Monteux des 27-31 août 1947, préconisait entre autre la création d'une Cour suprême.

1046 V. J.-P. Gouzy, « La dérobade des souverains et la construction européenne », *L'Europe en formation*, 2013/3, n° 368,p. 137-165.

L'Union européenne n'est pas un État fédéral[1047], mais elle peut être qualifiée de Fédération : La Fédération n'est pas souveraine ; « ses membres ne sont pas soumis à un rapport de type hiérarchique, tandis que dans l'État fédéral, le pouvoir constituant impose unilatéralement sa volonté aux entités fédérées par une décision prise à la majorité. La fédération repose au contraire sur un « Pacte constitutionnel fédératif » négocié entre les entités nationales codétentrices du pouvoir constituant. Ce pacte est inconciliable avec l'unité de l'État et se situe entre le traité interétatique et la Constitution ordinaire »[1048]. La confédération est une association d'États qui sont liés par traité, et elle n'est pas fondée sur une Constitution[1049]. Sur la foi de ces travaux, il apparaît que l'Afrique a entrepris de bâtir en toute insouciance une Fédération en lieu et place d'un État fédéral impossible à réaliser. Le modèle américain seul donc convient aux objectifs d'intégration politique que se sont fixés les Africains selon l'intuition des précurseurs de l'unité africaine. Il contient certes de nombreuses imperfections qui rendent son transfert difficile et même aléatoire, mais il a le mérite d'exister. Cependant, à l'observation, il constitue un produit de luxe pour les pays africains dont l'univers social et culturel n'est pas imprégné de juridisme[1050].

2. Le défaut de démocratie et l'inobservation de la règle du droit

C'est par le débat juridique et démocratique que le fédéralisme américain doit sa survie dans un contexte où l'exacerbation des communautarismes — dont l'esclavage, le racisme et le ségrégationnisme ont été les manifestations les plus sordides — a failli conduire à l'éclatement de la nation. Assurément, seul le fédéralisme « a la particularité rare d'être un système politique exigeant en termes de démocratie et de bonne gouvernance, et qui au surplus rapproche le pouvoir des populations »[1051] . Ces facteurs font défaut en Afrique, en dépit de la profusion des règles juridiques, et des décisions de justice savamment construites ; Il faut y ajouter la quasi-inexistence du débat démocratique. En effet, pour que la greffe fédérale prenne sur le continent, il faut que soient abordés sur la place publique des sujets aussi tabous que sui-

1047 V. O. Beaud, *La puissance de l'État*, éd. PUF, Paris, 1994 ; L. Le Fur, *État fédéral et Confédération*, Thèse, Paris, réédition, éd. Panthéon-Assas, 2000.

1048 B. Nabli, « L'Union des États et les États de l'Union », *Pouvoirs*, 2007/2, n° 121, p. 113 à 120.

1049 V. Ph. Ardant, *Institutions politiques et droit constitutionnel*, 13e éd., LGDJ, Paris, 2001, p. 37.

1050 En Amérique au contraire, il existe une vraie culture de la démocratie et du droit, v. L. Cohen-Tangui, *Le droit sans l'État. Sur la démocratie en France et en Amérique*, éd. PUF, Paris, 1985, p. 41 et s.

1051 N. Schmitt, « Le fédéralisme : plus fragile et plus nécessaire... », *op. cit.*

cidaires pour l'Union, tels que l'existence des régimes dictatoriaux sur l'ensemble du continent, le rôle de l'armée en politique, l'alternance politique avec l'épineux problème des pouvoirs dynastiques qui se succèdent par effraction au pouvoir (et qui constituent une offense à la liberté des peuples et un mépris du pacte républicain), sans obtenir les suffrages du peuple, la gestion patrimoniale des ressources collectives, la privatisation de l'État, la mauvaise gouvernance, les crimes économiques et politiques, les discriminations fondées sur les appartenances ethniques, l'ethnicisation des régimes politiques[1052] ou le problème des connivences entre les religions et la politique, les deux derniers sujets relevant de la métaphysique juridique[1053]. Sur toutes ces questions, il est indispensable que l'Union, ou les instances qui l'incarnent, intègrent les choix des peuples[1054].

L'Union africaine continue d'entretenir dans l'esprit la flamme du fédéralisme comme si le projet était réalisable à moyenne échéance. C'est de la supercherie ! A-t-on jamais vu une entreprise fédérale couronnée de succès sur le continent ? Toutes se sont soldées par des échecs cuisants[1055]. Et que dire de l'État importé dont l'échec érige sur le chemin de l'État supranational une difficulté supplémentaire[1056] et oblige à faire le constat d'une entreprise bâclée de la part de l'Union africaine, qui semble mettre la charrue avant les

---

1052 Ce problème est à l'origine de la transformation des États unitaires en États fédéraux ou l'inverse (v. J. Abbink, « Ethnicité et "démocratisation" : le dilemme éthiopien », *Politique africaine*, 1995, p. 135-141) ; mais il est aussi responsable de l'échec de plusieurs États fédéraux sur le continent.

1053 Aux États-Unis, la vitalité de la démocratie a permis à la Cour suprême de trancher librement des questions très délicates, qui l'ont placée au centre du système fédéral américain, v. G. Scoffoni, « La légitimité du juge constitutionnel en droit comparé : les enseignements de l'expérience américaine », *RIDC*, n° 2, 1999, p. 245 à 280 ; G. Scoffoni, « Le congrès des États-Unis et la remise en cause des interprétations constitutionnelles de la Cour suprême. Sur la conciliation entre justice constitutionnelle et théorie démocratique », *RFDC*, 1993, p. 682-692 ; E. Lambert, *Le gouvernement des juges et la lutte contre la législation sociale aux États-Unis. L'exemple américain du contrôle judiciaire de constitutionnalité des lois*, Paris, 1921.

1054 Pour ne citer que l'exemple américain, les juges de la Cour suprême se réfèrent même aux sondages, pour prendre la décision qui soit la plus proche de l'opinion majoritaire, v. S. Kauffmann, « Les flèches de la Cour suprême contre l'État fédéral », *Le Monde*, 2 juillet 1997, p. 1.

1055 Ce constat très cinglant, ne peut pas être nuancé en raison. Le fédéralisme reconnaît-on, « n'a pas beaucoup prospéré en Afrique [...]. Les chances de réussite du fédéralisme en Afrique sont donc minimes » : J. Djoli Eseng'Ekeli, *Le constitutionnalisme africain...,op. cit.,* p. 371.

bœufs[1057] ? Or, il faut que les mentalités et les pratiques changent, afin que se crée entre les populations et les dirigeants un climat de confiance propice à la mise en place du cadre fédéral. Cependant, les réalités n'ont pas fondamentalement changé. Incapable de défendre les alternances au pouvoir sur l'ensemble du continent, l'Union africaine ferme les yeux sur les élections truquées[1058], quand elle ne s'emploie pas à soutenir, contre les évidences, les potentats qui s'accrochent au pouvoir. « Les membres d'une communauté politique et eux seuls sont en droit d'élire librement leurs représentants ; ces derniers et eux seuls sont en droit de contrôler l'action des gouvernants et, si nécessaire, de les renvoyer ». Cette règle évidente de la démocratie que rappelle, à juste titre, M. Delpérée à propos de la Belgique[1059], est méprisée sur le continent africain. Manifestement, l'Union africaine est souvent du mauvais côté de l'histoire, réagissant toujours à contre-sens ou laissant agir les grandes puissances qui sont moins concernées qu'elle dans les problèmes du continent[1060]. Étant anti-démocratique, ne serait-ce que parce que nombre de leaders qui la composent n'ont pas la légitimité dans leurs pays respectifs, mais participent néanmoins à ses délibérations, elle n'est pas en situation d'incarner la démocratie et le changement, faute de légitimité.

3. L'absence des conditions de la citoyenneté fédérale

Un troisième obstacle qui est consubstantiel à l'État de droit, et qui menace dangereusement le projet panafricain, est celui de la citoyenneté fédérale. Il se trouve, dans des proportions variables dans tous les États fédéraux, et même dans les États unitaires. Tandis que dans les démocraties occidentales des mécanismes juridiques permettent de fixer et de faire observer les conditions de la citoyenneté, de la construire par l'adhésion à des valeurs communes dont le droit permet la sanction, en Afrique domine le régime des inégalités qui est l'opposé de la citoyenneté. La citoyenneté en Afrique n'est

---

1056 G. Nicolas, « Crise de l'État et affirmation ethnique en Afrique noire contemporaine », *RFSP*, n° 5, 1972, p. 1017-1048 ; J.-F. Médard, « L'État patrimonialisé », *Politique africaine*, 1982, p. 25-36 ; B. Badié, *L'État importé : l'occidentalisation de l'ordre politique*, éd. Fayard, Paris, 1992, 334 p.

1057 V. M. Tshiyembé, « Ethnies : restons aussi nous-mêmes ! », *Outre-Terre*, 2005/2, n° 11, p. 33-40.

1058 Comme au Gabon où Ali Bongo perdant aux dernières élections face à Jean Ping s'est néanmoins autoproclamé vainqueur, non sans avoir au préalable massacré l'électorat de son adversaire à balles réelles.

1059 F. Delpérée, « Belgique. La nouvelle vague fédéraliste », *RFDC*, 2001/4, n° 4, p. 675-686.

1060 S. Nguembock, « L'Union africaine : une puissance diplomatique ? », *Après-demain*, 2014/3, n° 31-31, p. 13-14.

pas détachable de l'appartenance ethnique[1061] . Dans certains États comme le Nord et le Sud Soudan, « la citoyenneté n'est plus un droit mais un privilège attribué de manière arbitraire et révocable à toute occasion »[1062] sur des bases ethniques ; et les lois de la citoyenneté « constituent une tentative très subtile de nettoyage racial »[1063]. La participation citoyenne au processus électoral est tributaire du clivage ethnique dont profite largement la classe politique. L'ajout d'une citoyenneté transnationale aura pour conséquence de compliquer davantage la définition de la citoyenneté. La citoyenneté commune constitue l'amorce du processus conduisant à l'État fédéral ; c'est pourquoi elle suscite beaucoup de méfiance des États, qui manifestent quelques réticences envers le fédéralisme. Aussi, sa matérialisation dans l'Union européenne n'est pas allée de soi, et les négociations interétatiques témoignent surabondamment de la difficulté de faire accepter l'idée[1064]. En Afrique, les choses sont encore plus complexes. Pendant longtemps, l'Afrique s'est vantée d'être le continent de la fraternité, de la solidarité, de l'égalité et de la justice[1065]. Mais la conjugaison des facteurs politiques, économiques et sociaux d'une part, et d'autre part des facteurs culturels, religieux et identitaires, ont progressivement entamé le socle de valeurs sur lequel elle pouvait fonder son unité présumée. L'Afrique devient ainsi le lieu géographique où s'affrontent des identités façonnées dans des moules culturels très différents les uns des autres, et qui ne partagent entre elles quasiment aucune valeur commune. En effet, il est tout autant difficile de trouver des valeurs communes entre musulmans et chrétiens qu'entre les dictatures et les démocraties continentales. Aucune conciliation n'est possible entre les principes défendus par les États théocratiques et ceux qui sont portés par les régimes démocratiques, de même la patrimonialisation voire la privatisation de l'État africain avec tout ce qu'elle induit en termes d'appropriation privative du patrimoine pu-

---

1061 V. Th. J. Bassett, « "Nord musulman et Sud chrétien". Les moules médiatiques de la crise ivoirienne », *Afrique contemporaine*, 2003/2, n° 206, p. 13-27.

1062 E. Vezzadini, « État, nationalité et citoyenneté au Sud-Soudan », *Afrique contemporaine*, 2013/2, n° 246, p. 123-124.

1063 *Ibid.* L'opposition entre autochtones et allogènes débouche un peu partout sur des scènes de purification ethnique d'une excessive brutalité: v. J.-F. Bayart, P. Geschière et F. Nyamnjoh, « Autochtonie, démocratie et citoyenneté en Afrique », *Critique internationale*, n° 10, janvier 2001, p. 177 à 194.

1064 V. P. Magnette, *La citoyenneté européenne, droits, politiques, institutions*, Éditions de l'Université de Bruxelles, 1999, p. 135 et s.

1065 V. Th. Obenga, *La philosophie africaine de la période pharaonique : 2780-330 avant notre ère*, éd. L'Harmattan, 1996, p. 510 ; J. Nyerere, *Socialisme, démocratie et unité africaine*, éd. Présence africaine, 1964.

blic est incompatible avec les principes de justice et de solidarité[1066] ; elle est aussi contraire aux valeurs essentielles de la citoyenneté que sont l'intérêt général, le principe d'égalité et l'exigence de responsabilité[1067]. Enfin, les discriminations ethniques et toutes les formes d'exclusion condamnent définitivement le principe d'égalité. Ce sont toutes ces contradictions que l'Union africaine entend aplanir en les dissolvant dans une citoyenneté africaine qui se substituerait aux citoyennetés nationales défaillantes. Eu regard à la difficulté de la tâche, on est bien loin de l'affirmation défendue à l'article 5 de la Charte de la renaissance culturelle africaine selon laquelle la diversité culturelle et les identités nationales contribuent à l'édification du panafricanisme. Les valeurs d'emprunt, en ce qu'elles convergent vers la démocratie et la protection des droits fondamentaux de l'individu, ne font pas non plus l'unanimité ; elles ne sont pas partagées par l'ensemble des États membres, qui leur opposent leurs spécificités culturelles, ce qui pose la question de la méthode utilisée.

4. Les limites de la méthode utilisée

Celle-ci met en avant les critères géographique et culturel, en posant que l'intégration africaine est justifiée par le fait que tous les États de l'aire géographique africaine ont une histoire commune et des affinités culturelles qui

1066 Comment, en effet, ne pas s'indigner lorsque des richesses comme le pétrole et le bois, qui génèrent beaucoup d'argent, ne profitent qu'à une minorité appartenant aux cercles du pouvoir ? Il convient en outre de mentionner Julius Nyerere, qui avait perçu ce problème au début des années 1960 et avait compris que la richesse accumulée était un instrument de prestige et de domination au service de l'ambition et du pouvoir (J. Nyerere, « L'unité africaine », *Présence africaine*, 1961/4, p. 5-11). Ce constat est plus que jamais actuel, même à l'aune des régimes dits démocratiques, qui instrumentalisent la démocratie pour couvrir et perpétuer les faits de corruption. Le sentiment qui en ressort est que le clientélisme politique s'est accéléré sous l'ère des démocraties, et la fortune, même acquise illicitement, est devenue un attribut de l'autorité (v. P. Jacquemot, « Comprendre la corruption des élites en Afrique subsaharienne », *RIS*, 2012/1, n° 85, p. 125-130). Il va sans dire que ces pratiques sont incompatibles avec le socialisme africain que défendait Nyerere, et partant avec les règles élémentaires de la solidarité africaine. En conséquence, elles ne faciliteront pas la mise en place de l'État fédéral ; elles constituent la négation de l'État comme l'a si bien montré M. J.-F. Médard dans « Les paradoxes de la corruption institutionnalisée », *RIPC*, 2006/4, vol. 13, p. 697-710. L'absence de l'étique dans la gouvernance a compromis pour longtemps la réalisation de l'unité africaine (v. A. E. Kane, « Éthique, culture, éducation et renaissance africaine », *Après-demain*, n° 31-32, oct. 2014, p. 35-36). Et quel peuple peut-il se targuer d'avoir une civilisation si ses valeurs ne sont pas soutenues par la morale et par une éthique rigoureuse ?

1067 V. A. Le Pors, *La citoyenneté, valeur dépassée* ?, éd. PUF, Paris, 1999.

seraient de nature à favoriser l'unité de fait. L'Unité africaine serait ainsi dans la nature des choses. De ce fait, ils acceptent collectivement d'intégrer une organisation continentale qui serait supranationale pour certains, et inter-étatique pour d'autres[1068], mais dont les objectifs fédéraux ne sont pas partagés par l'ensemble des acteurs. Mais ce postulat erroné, comme cela a été montré tout au long de ce livre, est l'un des facteurs explicatifs des errements de cette Union africaine dépourvue d'âme, de vitalité et privée de puissance par des États dont elle espère toujours subvertir les ordres intérieurs pour les subsumer.

Cette méthode ne peut aboutir à aucun résultat probant, on peut le constater. En revanche, l'Union africaine dispose d'au moins deux méthodes efficaces susceptibles d'engendrer un embryon d'État fédéral sur le long terme. La première consiste à formuler explicitement les valeurs et principes communs aux États, à l'exclusion de toute référence à une quelconque unité culturelle — l'homogénéisation culturelle n'est pas un modèle adapté pour la construction d'un État fédéral[1069] —, et proposer à ceux qui le désirent une libre adhésion à l'Union assortie d'une déclaration de reconnaissance du caractère supranational du droit fédéral. Cela implique une mise à plat des textes existants — y compris les Actes constitutifs (tels que la Charte de l'OUA) — qui, pour avoir été adoptés dans des contextes différents, défendent parfois des valeurs et principes contradictoires. Une harmonisation devrait ainsi s'opérer en accord avec les principes universels de la démocratie. Une telle démarche[1070] devrait avoir pour effet immédiat d'empêcher l'adhésion à l'Union des États dont les régimes politiques ne remplissent pas les conditions requises. Il en est ainsi des États dictatoriaux, mais aussi des

1068 V. D. Lecoutre, « Vers un gouvernement de l'Union africaine ? Gradualisme et statu quo v. immédiatisme », *Politique étrangère*, 2008/3, p. 629-639.

1069 V. J.-M. Ferry, « Dix thèses sur "la question de l'État européen" », *Droit et société*, 2003/1, n° 53, p. 13-26. Les anciens s'étaient donc trompés en voulant à tout prix fonder l'intégration sur un hypothétique principe de l'unité culturelle, qui n'a pas lieu d'être exigé dans ce type de structure. Ce qui est indispensable dans la construction fédérale c'est l'unité des valeurs et principes au-delà de la diversité des identités culturelles ; c'est « la communauté morale ». Les Anciens ont succombé aux idées de Tocqueville sur le fédéralisme. Le professeur Olivier Beaud en pointe les faiblesses, que l'auteur de *La démocratie en Amérique* ne pouvait pas anticiper à son époque : O. Beaud, « La question de l'homogénéité dans une fédération », *Lignes*, 2014/1, n° 13, p. 110 à 129. Quoiqu'il en soit, l'unité culturelle comme l'unité des valeurs manquent à l'Afrique.

1070 En ce qui concerne l'Europe, l'identité du continent est une construction volontariste à laquelle les États participent depuis au moins la Déclaration de Copenhague de 1973, qui avait commencé à façonner les principes d'une identité commune.

États théocratiques. Cela trancherait avec le mode d'adhésion actuel qui fait de l'Union africaine un fourre-tout, une organisation rendue moribonde à cause de ses propres contradictions, et qui est dans l'incapacité de véhiculer ce que M. Ferry appelle une culture politique partagée[1071], qui devrait être le gage d'une identité commune par la construction d'une « communauté morale »[1072].

La seconde méthode déjà mise à exécution consiste à construire la puissance économique des États africains par la promotion de l'intégration sous-régionale. Le but étant de bâtir des organisations et des États suffisamment forts pour supporter la concurrence que le marché et le capitalisme international imposent à l'Afrique depuis plusieurs décennies. Il ne pourrait y avoir des démocraties respectueuses des libertés fondamentales dans des États économiquement faibles aux structures sociales délabrées. De l'impossibilité de garantir le développement collectif et l'épanouissement individuel de l'ensemble des membres du corps social naissent souvent les dictatures. L'intimidation, la violence et la répression deviennent ainsi des réponses permanentes aux problèmes économiques et sociaux que les pouvoirs politiques sont incapables de résoudre. Avec des États économiquement puissants, on peut créer les conditions de la démocratisation des États africains, et être en situation de proposer un État fédéral durable sur le continent. Mais cette alternative est pleine d'incertitudes, et très longue à mettre en place. En outre, elle a toutes les chances de déboucher sur un fédéralisme purement économique qui érigera une cloison étanche entre la protection des droits de l'homme adossée aux questions culturelles et la construction de l'intégration économique. Dans une large mesure, l'Union africaine a opté pour cette solution car les juges de la Cour africaine des droits de l'homme, bien qu'ils aient conscience de participer à la construction d'un espace commun de libertés par la défense et la promotion des valeurs démocratiques, ne se considèrent pas comme impliqués dans le lent processus d'édification d'un État fédéral. Ils découvrent, au détour du contentieux dont ils ont à connaître, le piège du

1071 Jean-Marc Ferry, « Dix thèses sur "la question de l'État européen" », *op. cit.* Cette culture politique partagée qui, en Afrique, se décline en la culture de la loyauté et de la sincérité des élections, en la culture de l'alternance politique pacifique ou en la culture de la non-violence, n'en est à ce jour qu'au stade des balbutiements, dont la Cour africaine a fait le pari d'assurer la promotion, la protection et l'affermissement par le contrôle juridictionnel des ordres juridiques nationaux : v. Alain Didier Olinga, « La promotion de la démocratie et d'un ordre constitutionnel de qualité par le système africain des droits fondamentaux : entre acquis et défis », *AADH*, 2017, vol. 1, p. 221-243.

1072 J.-M. Ferry, « Face à la question européenne, quelle intégration postnationale ? », *Critique internationale*, 2004/2, n° 23, p. 81-96.

contrôle de constitutionnalité et de conventionalité avec le risque qu'il représente de transformer la nature de leur office et de faire d'eux ce que les dirigeants politiques africains n'ont jamais imaginé qu'ils pussent être un jour : d'une part, des censeurs de gouvernements et, d'autre part, des artisans du fédéralisme. Seules leur manquent, l'audace et la témérité. Ce faisant, ils cautionnent malgré eux le système confédéral qui se met sournoisement en place sur le continent, ce qui est une trahison de l'esprit des textes constitutifs de l'OUA et de l'Union africaine et des conventions subséquentes. Car, il faut bien s'interroger sur l'utilité d'un système fédéral si celui-ci ne se préoccupe essentiellement que d'économie, et ne l'indexe pas au système de garantie des droits fondamentaux. L'Europe, elle, a pu s'autoriser une telle séparation jusqu'à la Charte européenne des droits fondamentaux[1073], mais les circonstances historiques propres à l'avènement d'une organisation politique continentale en Afrique, les violations massives des droits de l'homme qui y ont eu cours malgré la création de l'OUA, ainsi que le règne de l'autoritarisme en lieu et place des systèmes démocratiques, prédisposaient l'Union africaine à ériger la protection des droits de l'homme en une condition essentielle de l'édification de la fédération, et la Cour africaine des droits de l'homme en un organe de sanction de ses résolutions, en accord avec cet objectif. Il n'en fut rien. C'est pourtant dans cet esprit que les normes conventionnelles panafricaines ont été adoptées depuis la création de l'OUA[1074]. Décidément, l'his-

1073 V. Les analyses de Patrick Gaïa dans « La Charte des droits fondamentaux de l'Union européenne », *RFDC*, 2004/2, n° 58, p. 227-246. Pour cet auteur, il ne fait guère de doute que la Charte avait pour objectif de pallier le « déséquilibre récurrent entre la dynamique de l'intégration d'une part et la relative atonie dans laquelle les États persistent à tenir les droits fondamentaux d'autre part ». C'est progressivement que la protection des droits fondamentaux a été insérée dans le dispositif des traités communautaires : v. Jean-Paul Jacqué, « Droit constitutionnel national, droit communautaire, CEDH, Charte des Nations-unies : l'instabilité des rapports de système entre ordres juridiques », *RFDC*, 2007/1, n° 69, p. 3-37.

1074 L'Acte constitutif de l'Union africaine, dans son Préambule, met l'accent sur « l'affirmation d'une identité commune et la réalisation de l'unité de notre continent ». La Charte africaine de la démocratie, des élections et de la gouvernance, instrument par excellence de promotion de la culture et des valeurs démocratiques sur le continent africain, quant à elle, affirme bien que les États membres sont guidés par la mission commune « de renforcer et de consolider les institutions de bonne gouvernance, l'unité et la solidarité à l'échelle continentale ». Pour parvenir à son objectif final qui est l'harmonisation des règles en matière de gouvernance et de démocratie, qui préfigure la réalisation de l'unité politique et culturelle, elle se donne les moyens juridiques de contrôler les pratiques des États dans la limites de ses attributions, y compris la prise des sanctions à l'encontre des États indélicats. Il y a là incontestablement l'ébauche d'une politique fédérale dans les domaines visés, et il est

toire politique est un éternel recommencement sur le continent africain. C'est faute de vision que l'Afrique a été prise sous les fourches caudines de l'esclavage, de la colonisation et du néocolonialisme ; c'est malheureusement encore par manque de vision qu'elle se trouve dans l'incapacité de penser un État supranational dont la force et la puissance pourraient changer le cours d'un destin voué à finir sa course dans les abîmes de l'histoire. Dans les conditions actuelles telles que nous les avons décrites, la construction fédérale, pour reprendre la célèbre formule de René Dumont, est mal partie.

---

proprement incompréhensible que les organes juridictionnels chargés de sanctionner ces règles ne fassent pas mention des objectifs fédéraux dans leurs sentences.

BIBLIOGRAPHIE

I. OUVRAGES

Aïvo Frédéric Joël, *Le juge constitutionnel et l'État de droit en Afrique : l'exemple du modèle béninois*, éd. L'Harmattan, 2006, 222 p.

Akindès Francis, *Les mirages de la démocratie en Afrique subsaharienne francophone*, éd. Karthala, 1996.

Andrew Caroline, *Dislocation et permanence : l'invention du Canada au quotidien*, éd. Les Presses universitaires d'Ottawa, 1999, 357 p.

Ardant Philippe, *Institutions politiques et droit constitutionnel*, 13è éd., LGDJ, Paris, 2001.

Baudoin Dupret (sous la direction de), *La charia aujourd'hui*, éd. La Découverte, 2012.

Bayart Jean-François, Ellis Stephen et Hibou Béatrice, *La criminalisation de l'État en Afrique*, Bruxelles, éd. Complexe, 1997, 167 p.

Boulouis Jean, Chevallier R.-M., *Les grands arrêts de la Cour de justice des communautés européennes*, tome 1, éd. Dalloz, 1994.

Brossier Marie, *Les débats sur la réforme du Code de la famille au Sénégal : la redéfinition de la laïcité comme enjeu du processus de démocratisation*, Mémoire de D.E.A Études africaines, Université de Bordeaux, 2003-2004.

Cappello Aurélie, *La constitutionnalisation du droit pénal : pour une étude du droit pénal constitutionnel*, Thèse, LGDJ, 2014, 506 p.

Carbasse Jean-Marie, *Histoire du droit pénal et de la justice criminelle*, éd. PUF, 2000.

Carré de Malberg Raymond, *Contribution à la théorie générale de l'État*, tome 1, Paris, Librairie de la Société du Recueil Sirey, 1920, p. 73.

Chantebout Bernard, *Droit constitutionnel*, 29è éd., Sirey, 2012.

Choquet Sabine, *Identité nationale et multiculturalisme. Deux notions antagonistes ?*, Paris, éd. Classiques Garnier, 2015.

Conac Gérard (sous la direction de), *L'Afrique en transition vers le pluralisme politique*, Actes du Colloque de Paris Sorbonne des 12 et 13 décembre 1990, éd. Économica, Paris, 1993.

Coulibaly Abdou Latif, *Une démocratie prise en otage par ses élites. Essai politique sur la pratique de la démocratie au Sénégal*, éd. L'Harmattan, 2006.

Croisat Maurice, *Le fédéralisme dans la construction européenne*, IEP de Grenoble, Barcelone 1996.

Dia Daouda, *Les dynamiques de démocratisation en Afrique noire francophone*, Thèse droit, Université de Lyon III, 2010.

Delafosse Maurice, *Les civilisations négro-africaines*, Paris éd. Librairie Stock, 1925.

Diagne Pathé, *L. S. Senghor ou la Négritude Servante de la Francophonie au Festival Panafricain d'Alger 30 ans après*, éd. L'Harmattan, 2006.

Dieckhoff Alain, *La nation dans tous ses états : Les identités nationales en mouvement,* Paris, éd. Flammarion, Nouvelle édition, 2012.
Diop Cheikh Anta, *Nations nègres et culture,* éd. Présence africaine, 1954.
Diop Cheikh Anta, *L'unité culturelle de l'Afrique noire. Domaines du patriarcat et du matriarcat dans l'antiquité classique,* éd. Présence africaine, 1959.
Diop Cheikh Anta, *Les fondements économiques et culturels d'un État fédéral d'Afrique noire,* éd. Présence africaine, 1960.
Diop Cheikh Anta, *L'Afrique noire précoloniale : Étude comparée des systèmes politiques et sociaux de l'Europe et de l'Afrique Noire, de l'Antiquité à la formation des États modernes,* éd. Présence africaine, 1987.
Djoli Eseng'Ekeli Jacques, *Le constitutionnalisme africain : entre la gestion des héritages et l'invention du futur. Contribution à l'émergence d'une théorie africaine de l'État,* Paris, éd. Connaissances et Savoirs, 2006, 492 p.
Dozon Jean-Pierre, *La cause des prophètes. Religion et politique en Afrique contemporaine,* éd. du Seuil, 1995.
Duguit Léon, *Traité de droit constitutionnel. Le problème de l'État,* tome 2, 3è éd., éd. Paris de Boccard, 1928.
Eboussi-Boulaga Fabien, *La crise du Muntu. Authenticité africaine et philosophie,* éd. Présence africaine, 1977, 239 p.
Forrester Viviane, *Le crime occidental,* Paris, éd. Fayard, 2004.
Fourest Caroline, *Éloge du blasphème,* éd. Grasset, Paris, 2015, 186 p.
Gningue Djibril et Maurouard Elvire, *Les grandes figures du panafricanisme,* éd. Diaspora africaine, 2008.
Gomez-Perez Muriel (sous la direction de), *L'islam politique au sud du Sahara. Identités, discours et enjeux,* Paris, éd. Karthala, 2005.
Histoire générale de l'Afrique, Vol V. L'Afrique du XVIè au XVIIIè siècle, éd. UNESCO, 1999.
Histoire générale de l'Afrique. Vol. VI : L'Afrique au XIXè siècle jusque vers les années 1880, sous la direction de J. F. Ade Ajayi, éd. Unesco, 1996.
Histoire générale de l'Afrique, Vol. VII, Les relations historiques et socioculturelles entre l'Afrique et le monde arabe de 1935 à nos jours, éd. de l'Unesco, 1984.
Histoire générale de l'Afrique. L'Afrique depuis 1935, Vol. VIII, sous la direction de A. A. Mazrui, éd. Unesco, 1998.
Kamto Maurice, *Pouvoir et droit en Afrique noire. Essai sur les fondements du constitutionnalisme dans les États d'Afrique noire francophone,* éd. LGDJ, 1987.
Koki Kouamé Hubert, *Les droits fondamentaux des personnes morales dans la convention européenne des droits de l'homme,* Thèse droit, La Rochelle, 2012.
Lekene Donfack Étienne Charles, *L'expérience du fédéralisme camerounais. Les causes et les enseignements d'un échec,* Thèse droit, Université de Clermont I, 1979.
Likibi Romuald, *La Charte africaine pour la démocratie, les élections et la gouvernance : "Analyse et commentaires",* éd. Publibook, 2012.
Lochak Danièle, *Les droits de l'homme,* Paris, éd. La Découverte, 2009.

Madzou Gabriel, *Le pouvoir ethnique en Afrique : autopsie de la violence hiérarchique*, éd. L'Harmattan, 2005.
Magnette Paul, *La citoyenneté européenne, droits, politiques, institutions,* Éditions de l'Université de Bruxelles, 1999.
Marchésin Philippe, *Tribus, ethnies et pouvoir en Mauritanie*, éd. Karthala, 2010.
Mbem André Julien, *Mythes et réalités de l'identité culturelle africaine*, éd. L'Harmattan, Paris, 2006.
Mbongo Pascal, *La liberté d'expression en France : Nouvelles questions et nouveaux débats,* éd. Mare et Martin, 2011.
Mécay Caroline, *Droit et homosexualité*, éd. Dalloz, Paris, 2000.
Médard François (sous la direction de), *États d'Afrique noire. Formation, mécanismes et crise*, éd. Karthala, 1991.
Mourgeon Jacques, Théron Philippe, *Les libertés publiques,* éd. PUF, 2015.
Nkrumah Kwamé, *L'Afrique doit s'unir*, éd. Présence africaine, 1960, traduction de Lionel Jospin.
Nyerere Julius, *Socialisme, démocratie et unité africaine*, éd. Présence africaine, 1964.
Obenga Théophile , *L'État fédéral d'Afrique noire, la seule issue*, éd. L'Harmattan, 2012.
Oloa Zambo Anicet, *L'intégration africaine en question*, éd. L'Harmattan, 2011.
Pactet Pierre et Mélin-Soucramanien Ferdinand, *Droit constitutionnel,* 25è éd. Sirey, 2006.
Parent Christophe, *Le concept d'État fédéral multinctional : essai sur l'union des peuples*, éditions scientifiques internationales, Bruxelles, 2011.
Pontier Jean-Marie, *Droits fondamentaux et libertés publiques*, 5è éd. Hachette.
Pourtier Alain, *Le Gabon : État et développement*, tome 2, éd. L'Harmattan, 1989.
Remillard G., *Le fédéralisme canadien, éléments constitutionnels de formation et d'évolution*, Québec/Amérique, 1980.
Ringelheim Julie, *Diversité culturelle et droits de l'homme. L'émergence de la problématique des minorités dans le droit de la Convention européenne des droits de l'homme,* éd. Bruylant, Bruxelles, 2006.
Robert Jacques, Duffar Jean, *Droits de l'homme et libertés fondamentales*, 8è éd., Montchrestien, 2009.
Rousseau Dominique, *Droit du contentieux constitutionnel*, 7è éd. Montchrestien, 2006.
Rouvillois Frédéric, *Libertés fondamentales*, éd. Flammarion, 2016.
Siedentop Larry, *La démocratie en Europe*, Paris, éd. Buchet Chastel, 2003.
Senghor Léopold Sédar, *Nation et voie africaine du socialisme*, Liberté, Tome 2, éd. Du Seuil, 1971.
Senghor Léopold Sédar, *Pour une voie africaine du socialisme* (Rapport sur la doctrine et le programme présenté au congrès constitutif du parti de la fédération africaine), in Afrique nouvelle, Dakar, 10 et 17 juillet 1959.
Tonda Joseph, *Le souverain moderne. Le corps du pouvoir en Afrique centrale (Congo Gabon)*, éd. Karthala, 2006, 297 p.

Tchikaya Blaise, *Le droit de l'Union africaine : Principes, institutions et jurisprudence*, éd. Berger-Levrault, 2014, 247 p.
Thiam Doudou, *Le fédéralisme africain. Ses principes et ses règles*, éd. Présence africaine, 1971.
Triaud Jean-Louis (sous la direction de), *Islam, sociétés et politique en Afrique subsaharienne : Les exemples du Sénégal, du Niger et du Nigeria*, éd. Rivages des Xantons, 2007.
Triaud Jean-Louis (sous la direction de), *Islam & Sociétés au sud du sahara, 2. Diversité et habits singuliers*, Paris éd. Rivages des Xantons, 2010.
Tsarapatsanis Dimitrios, *Les fondements éthiques des discours juridiques sur le statut de la vie humaine anténatale*, éd., Presses universitaires de Paris Ouest.
Wachsmann Patrick, *Libertés publiques*, 8è éd., Dalloz, Collection "Cours", 2005.
Zoller Élisabeth, *Les grands arrêts de la Cour suprême des États-Unis*, 1ère éd. Dalloz, 2010.

II. ARTICLES

Abbink J., « Ethnicité et "démocratisation" : le dilemme éthiopien », *Politique africaine*, 1995, p. 135-141.
Adam-Ferreira Béatrice, « Le droit à la liberté de religion, un droit à géométrie variable. Analyse comparée de l'étendue de la reconnaissance du droit à la liberté religieuse dans les systèmes régionaux de protection des droits de l'homme », *Revue juridique de l'Ouest*, 2003/3, pp. 283-313.
Addi Lahouari, « Pluralisme politique et islam dans le monde arabe », *Pouvoirs*, n° 104, 2003, p. 85.
Addi Lahouari, « La torture comme pratique d'État dans les pays du Maghreb », *Confluences Méditerranée*, 2004/4, n° 51, p. 143 à 153.
Alvergne Christel, « Quelles politiques territoriales pour inscrire l'Afrique dans la mondialisation ? L'aménagement du territoire en Afrique subsaharienne », *Les Cahiers d'Outre-Mer*, n° 238, 2007, p. 203-216.
Amiji Hatim M., « La religion dans les relations afro-arabes : l'islam et le changement culturel dans l'Afrique moderne », in *Histoire générale de l'Afrique, vol. 7, Les relations historiques et socioculturelles entre l'Afrique et le monde arabe de 1935 à nos jours*, éd. de l'Unesco, 1984, p. 107 et s.
Arlettaz Jordane, « L'incompétence négative à l'étranger », *NCCC*, 2015/1, n° 46, p. 55-75.
Arnold Rainer, « Développements majeurs en droit allemand en 1998 », *RIDC*, 1999, vol. 51, n° 1, p. 135-152.
Arnold Rainer, « L'État de droit comme fondement du constitutionnalisme européen », *RFDC*, n° 100, 2014, p. 769-776.
Arnold Rainer, « Le fédéralisme renforcé : la jurisprudence de la Cour constitutionnelle fédérale en 2004 », *RIDC*, n° 4, 2004, p. 917-927.
Ayissi Anatole, « Crises et rébellions dans le "pré carré" français : ordre militaire et désordre politique en Afrique », *Le Monde diplomatique*, janv. 2013.

Bâ Mame-Penda, « La diversité du fondamentalisme sénégalais. Éléments pour une sociologie de la connaissance », *Cahiers d'études africaines*, 2012, n° 206-207, p. 575-602.
Bach Daniel C., « Application et implications de la charia : fin de partie au Nigeria », *Pouvoirs*, 2003/1, n° 104, p. 121-133.
Bach Daniel C., « Fédéralisme et modèle consociatif : l'expérience nigériane », in *États d'Afrique noire. Formation, mécanismes et crise*, sous la direction de François Médard, éd. Karthala, 1991, p. 117-140.
Bach Daniel c., « Les dynamiques paradoxales de l'intégration en Afrique subsaharienne : le mythe du hors-jeu », *RFSP*, n° 6, 1995, p. 1023-1038.
Barjon Carole, Sara Daniel, Nathalie Funès et Audrey Salor, « La Gauche et l'islam : autopsie d'un malaise », *L'Obs*, 3 nov. 2016, p. 31-40.
Bassett Thomas J., « "Nord musulman et Sud chrétien". Les moules médiatiques de la crise ivoirienne », *Afrique contemporaine*, 2003/2, n° 206, p. 13-27.
Bayart Jean-François, Geschière Peter et Nyamnjoh Francis, « Autochtonie, démocratie et citoyenneté en Afrique », *Critique internationale*, n° 10, janv. 2001, p. 177 à 194.
Bayart Jean-François, « Le crime transnational et la formation de l'État », *Politique africaine*, 2004/1, n° p. 93 à 104.
Bayart Jean-François , « La démocratie à l'épreuve de la tradition en Afrique subsaharienne », *Pouvoirs* 2009, n° 129, p. 27.
Beaud Olivier, « L'Affirmative action aux États-Unis : une discrimination à rebours », *RIDC*, vol. 36, n° 3, 1984, p. 503-521.
Beaudouin G. A., « Réflexions sur la crise constitutionnelle canadienne », *Revue générale de droit*, vol. 8, 1977, p. 237-247.
Beauté Jean, « Le partage des compétences entre les États et la fédération », *Pouvoirs*, 1991, n° 59, p. 85.
Bédzigui Yann, « Les conflits en Afrique : une résolution improbable », *AFRI*, 2008, vol. IX, p. 161 à 176.
Bélal Youssef, « L'islam politique au Maroc », *Pouvoirs*, n° 145, 2013, p. 71-81.
Bénétullière Sébastien, « Justice sociale et espace public : l'exemple de l'affirmative action », *RFDC*, 2007, p. 57.
Ben Jémia Monia, « Le juge tunisien et la légitimation de l'ordre juridique positif par la charia », in *La charia aujourd'hui*, sous la direction de Baudoin Dupret, éd. La Découverte, 2012, p. 153-165.
Bergounioux Alain, « La laïcité, valeur de la République », *Pouvoirs*, n° 75, 1995, p. 17-26.
Bernard-Maugiron Nathalie, « La place de la charia dans la hiérarchie des normes », in *La charia aujourd'hui*, sous la direction de Baudoin Dupret, éd. La Découverte, 2012, p. 51-64.
Berthelot Pierre, « Les relations entre les États du Maghreb arabe et l'Union africaine : coopération ou confrontation ? », *Géostratégiques*, n° 32, 3e trimestre 2011, p. 119 et s.

Bieber Roland, « La perception allemande de la notion de souveraineté », *L'Europe en formation*, 2013/3, n° 368, p. 61-77.

Blaise Pierre, Coorebyter Vincent (de), « L'islam et l'école : anatomie d'une polémique », *Courrier hebdomadaire du CRISP*, 1990/5, n° 270-1271, p. 1-87.

Bossuroy Thomas, « Déterminants de l'identification ethnique en Afrique de l'Ouest », *Afrique contemporaine*, 2006/4, n° 220, p. 119.

Bostanji Sami, « Turbulences dans l'application judiciaire du Code tunisien du statut personnel : le conflit de référentiels dans l'œuvre prétorienne », *RIDC*, vol. 61, n° 1, 2009, p. 7-47.

Bourgeois Isabelle, « Solidarité financière — L'expérience allemande », *Bulletin économique du CIRAC*, 102/2011, p. 15-28.

Bourgi Albert, « L'évolution du constitutionnalisme en Afrique : du formalisme à l'effectivité », *RFDC*, 2002/4, n° 52, p. 721-748.

Bourmaud Daniel, « Aux sources de l'autoritarisme en Afrique ; des idéologies et des hommes », *RIPC*, 2006/4, p. 625 à 641.

Bousta Rhita, « Contrôle constitutionnel de proportionnalité. La spécificité française à l'épreuve des évolutions récentes », *RFDC*, 2011/4, n° 88, p. 913-930.

Boutros-Ghali Boutros, « Les relations entre la Ligue arabe et l'OUA », *AFDI*, vol. 23, 1977, p. 175-186.

Boyon Jacques, « Une idéologie africaine : le Nkrumaïsme », *RFSP*, n° 1, 1963, p. 66 à 87.

Bréchon Pierre, « Les valeurs des Européens et leur degré de polarisation politique », *Politique européenne*, 2014/3, n° 45, p. 26-59.

Breton Jean-Marie, « Le sacré et le constitutionnalisme. De la légitimation à la disqualification du pouvoir », *Droit et Cultures*, n° 12, 1986, p. 105.

Breton Jean-Marie, « Légalité et État de droit. Statut et perception du juge de l'administration (contribution à une réflexion transversale) », *Afrilex*, n° 03, p. 69.

Bribosia Emmanuelle et Rorive Isabelle, « Le voile à l'école : une Europe divisée », *RTDH*, 60/2004, p. 951.

Brossier Marie, « Les débats sur les droits de la famille au Sénégal, une mise en question des fondements de l'autorité légitime ? », *Politique africaine*, 2004/4, n° 96, p. 78-98.

Burgorgue-Larsen Laurence, « Les concepts de liberté publique et de droit fondamental », in *L'influence du droit européen sur les catégories du droit public*, sous la direction de Jean-Bernard Auby, éd. Dalloz, p. 389 et s.

Burgorgue-Larsen Laurence, « De l'internationalisation du dialogue des juges : Missive doctrinale à l'attention de Bruno Genevois », in *Le dialogue des juges, Mélanges en l'honneur du président Bruno Genevois*, Paris, Dalloz, 2009, p. 95 et s.

Burgorgue-Larsen Laurence et Dubot Édouard, « Le port du voile à l'université. Libres propos sur l'arrêt de la Grande chambre Leyla Sahin c. Turquie du 10 novembre 2005 », *RTDH*, 2006, p. 183.

Burgorgue-Larsen, « La jurisprudence des cours constitutionnelles européennes en droit des personnes et de la famille », *NCCC*, 2013/3, n° 39, p. 227-250.

Cahen Michel, « L'État ne crée pas la nation : la nationalisation du monde », *Autrepart*, n° 10, 1999, p. 151-170.
Cappelletti Mauro, « Nécessité et légitimité de la justice constitutionnelle », *RIDC*, vol. 23, n° 2, 1981, p. 625-657.
Cart Henri-Philippe, « Guerres africaines en perspective : refondation ardue d'États en plein désarroi », *Cités*, 2005/4, n° 24, p. 63 à 84.
Cesari Jocelyne, « Le multiculturalisme mondialisé : le défi de l'hétérogénéité », *Cultures & Conflits*, n° 33-34, 1999, p. 14.
Chaltiel Florence, « La citoyenneté européenne », *CCC*, n° 23, 2007, p. 64.
Charles Bernard, « Le socialisme africain ; mythes et réalités », *RFSP*, n° 5, 1965, p. 856-884.
Chebel Malek, « Civilisation islamique et stratégies identitaires », *Confluences Méditerranée*, n° 41, 2002, p. 123 à 134.
Clinchamps Nicolas, « L'échec du pluralisme politique dans le monde arabe », *RJPEF*, 2010, n° 4, p. 391 à 409.
Combaz Émilie, « Sanctions politiques internationales et crimes de torture : entre (il)légitimité et (dé)politisation, effets et paradoxes », *Raisons politiques*, 2005/1, n° 17, p. 65-79.
Conac Gérard, « Le processus de démocratisation en Afrique », in *L'Afrique en transition vers le pluralisme politique*, Actes du Colloque de Paris Sorbonne des 12 et 13 décembre 1990, sous la direction de Gérard Conac, éd. Économica, Paris, 1993, p. 11-41.
Conac Gérard, « Succès et crise du constitutionnalisme africain », in *Les constitutions africaines, publiées en langue française*, éd. La Documentation française, tome 2, 1998, p. 14.
Coorebyter Vincent (de), « La Belgique entre compromis et ambiguïté », *Pouvoirs*, 11/1, n° 136, p. 87-96.
Coquery-Vidrovitch Catherine, « Histoire et historiographie du politique en Afrique. La nécessité d'une relecture critique (à propos de la démocratie) », *Politique africaine*, n° 46, 1992, p. 31-32.
Corm Georges, « Le difficile voyage de la liberté hors d'Occident », *Pouvoirs*, n° 84, 1998, p. 111-129.
Coulon Christian, « Système politique et société dans les États d'Afrique noire », *RFSP*, n° 5, 1972, pp. 1049-1073.
Coulon Christian, « Les dynamiques de l'islam d'Afrique noire : entre le local et le global. L'islam « branche » », in *L'islam de l'Afrique noire*, sous la direction de Ferran Iniesta, éd. L'Harmattan, p. 73.
Crépon Sylvain, « La lutte pour la reconnaissance des signes religieux à l'école : une étude comparative France-Belgique », *Politique européenne*, 2008/1, n° 24, p. 83-101.
Croisat Maurice, « Le fédéralisme asymétrique », *RFDC* 1999, p. 49.
Dakhilia Jocelyne, « Islam et nationalisme : la fin des états de grâce » », *Le Genre humain*, 1991, n° 23, p. 19-32.

Dakho Papa Oumar, « Quelle justice pour la démocratie en Afrique ? », *Pouvoirs*, 2009, p. 57.

Darracq Vincent et Magnani Victor, « Les élections en Afrique : un mirage démocratique? », *Politique étrangère*, 2011/4, p. 839-850.

Delavallade Clara, « Lutte contre la corruption au Burkina Faso et réformes de la gestion budgétaire », *Afrique contemporaine*, n° 223-224, 2007/3, p. 271-288.

Deloche Gaudez Florence, Vigniolles de Chantal François, « Citoyenneté et fédéralisme aux États-Unis et en Europe », *Critique internationale*, 2003/4, n° 21, p. 118-120.

Delpérée Francis, « Belgique. La nouvelle vague fédéraliste », *RFDC*, 2001/4, n° 4, p. 675-686.

Delpérée Francis, « La complexité fédérale » in *L'esprit des institutions, l'équilibre des pouvoirs, Mélanges en l'honneur de Pierre Pactet*, Dalloz 2003, p. 117.

Delpérée Francis, « La Belgique existe-t-elle ? », *Pouvoirs*, 2011/1, n° 136, p. 9-19.

Delvolvé Pierre, « L'autonomie constitutionnelle des États dans les droits européens », *RFDC*, 2014, p. 887-906.

Dembélé Ousmane, « Côte d'Ivoire : la fracture communautaire », *Politique africaine*, 2003, n° 89, p. 34.

Diaw Moussa, « Élections et pouvoir tribal en Mauritanie », *Politique africaine*, n° 71, 1998, p. 156-163.

Dieckhoff Alain et Jaffrelot Christophe , « Résilience du nationalisme face aux régionalismes et à la mondialisation », *Critique internationale*, 2004/2, n° 23, p. 125 à 139.

Diop Abdou-Khadre, « La Cour africaine des droits de l'homme et des peuples ou le miroir stendhalien du système africain de protection des droits de l'homme », *Cahiers de droit*, vol. 55, n° 2, 2014, p. 529.

Dosso Karim, « Les pratiques constitutionnelles dans les pays d'Afrique noire francophone : cohérences et incohérences », *RFDC*, 2012/2 n° 90, p. 57-85.

Dozon Jean-Pierre, « La Côte d'Ivoire entre démocratie, nationalisme et ethnonationalisme », *Politique africaine*, 2002/2, n° 78, p. 45-62.

Droz-Vincent Philippe, « Quel avenir pour l'autoritarisme dans le monde arabe », *RFSP*, 2004/6, vol. 54, p. 945-979.

Dubouis Louis, « Le Juge français et le conflit entre norme constitutionnelle et norme européenne », in *L'Europe et le Droit, Mélanges en hommage à Jean Boulouis*, Paris, Dalloz, 1992, p. 205 et s.

Dubout Édouard, « "Les règles ou principes inhérents à l'identité constitutionnelle de la France" : une supra-constitutionnalité ? », *RFDC*, 2010/3, n° 83, p. 451-482.

Emmanuel Adouki Delphine, « Contribution à l'étude de l'autorité des décisions du juge constitutionnel en Afrique », *RFDC*, 2013 n° 95, p. 611-638.

Essono Ovono Alexis, « Armée et démocratie en Afrique, une relation ambivalente à normaliser », *Afrique contemporaine*, 2012/2, n° 242, p. 120-121.

Etoughé Dominique, « Les discriminations ethniques au Gabon », in *Refonder l'État au Gabon. Contributions au débat*, éd. L'Harmattan, 2003, p. 59.

Favoreu Louis, « La légitimité du juge constitutionnel », *RIDC*, vol. 46, n° 2, 1994, p. 557-581.
Ferry Jean-Marc, « Face à la question européenne, quelle intégration postnationale ? », *Critique internationale*, n° 23, 2004, p. 81.
Filali-Ansary Abdou, « Islam, laïcité, démocratie », *Pouvoirs*, n°104, 2003, p. 5 et s.
Fleiner Thomas, Hottinger Julian Thomas, « La pertinence du fédéralisme dans la gestion des diversités nationales », *RIPC*, 2003/1, vol. 10, p. 79-90.
Foucher Vincent, « Difficiles successions en Afrique subsaharienne : persistance et reconstruction du pouvoir personnel », *Pouvoirs*, n° 129, 2009, p. 127.
Fourchard Laurent, « Violences et ordre politique au Nigeria », *Politique africaine*, 2007/2, n° 106 p. 4 à 27.
Froidevaux-Metterie Camille, « Comment l'esprit de religion défie l'esprit de laïcité ? », *Critique internationale*, 2009/3, n° 44, p. 9-17.
Fromont Michel, « La réforme du fédéralisme allemand de 2006 », *RFDC* 2007, p. 227-248.
Galletti Florence, « Existe-t-il une obligation de légiférer ? Propos sur "l'incompétence négative du législateur" dans la jurisprudence du Conseil constitutionnel », *RFDC*, 2004/2, n° 58, p. 387-417.
Galloux Jean-Christophe et Gaumont-Prat Hélène, « Droits et libertés corporels », *D*. 7 avril 2016, n° 13, p. 752 et s.
Garay Alain, « La laïcité, principe érigé en valeur de la Convention européenne des droits de l'homme », *D*. 2006, p. 103.
Garcin Thierry, « Les droits de l'homme à l'épreuve de l'universalité », *Relations internationales*, 2007/4, n° 132, p. 41-50.
Ghérari Habib, « La Charte africaine des droits de l'homme et du bien-être de l'enfant », *Études internationales*, vol. 22, n° 4, 1991, pp. 735-751.
Goesel-Le Bihan Valérie, « Le contrôle de proportionnalité exercé par le Conseil constitutionnel », *CCC*, n° 22, juin 2007.
Goesel-Le Bihan Valérie, « Le contrôle de proportionnalité dans la jurisprudence du Conseil constitutionnel. Figures récentes », *RFDC*, 2007, /2, n° 70, p. 269-295.
Gonidec Pierre-François, « A quoi servent les Constitutions africaines ? Réflexions sur le constitutionnalisme africain », *RJPIC*, octobre-décembre 1988, n° 4, p. 849.
Grewe Constance, « La circulation des droits fondamentaux ou l'impact du pluralisme culturel en Europe », in *Le dialogue des juges, Mélanges en l'honneur du président Bruno Genevois*, Paris, Dalloz, 2009, p. 506-517.
Grewe Constance, « Contrôle de constitutionnalité et contrôle de conventionalité : à la recherche d'une frontière introuvable », *RFDC*, n° 100, 2014, p. 961-970.
Guèye Babacar, « La démocratie en Afrique : succès et résistances », *Pouvoirs*, n° 129, 2009, p. 5.
Guichaoua André, Ntakarutimana Emmanuel et Straus Scott, « Aspirations démocratiques et "démocraties autoritaires" en Afrique centrale », *Tiers-Monde*, 2016/4, n° 228, p. 9-21.

Guihéry Laurent, « Fédéralisme fiscal en Allemagne. Quelle réforme de la péréquation financière allemande ? », *Économie publique*, 2001/2, p. 61-95.
Guillermou Yves, « La mosquée dans l'école ou contre l'école ? Appareil éducatif, inégalités sociales et luttes idéologiques en Algérie », *Journal des anthropologues*, n° 100-101, 1er juin 2005, p. 117-138.
Haupais Nicolas, « Sur de nouveaux concepts onusiens : la diffamation des religions et la lutte contre les "phobies" religieuses », *Société, droit et religion*, 2011/1, p. 29-43).
Hergenhan Jutta, « Le fédéralisme allemand et la construction européenne », *Problématiques européennes*, n° 5, janvier 2000, p. 14
Hochmann Thomas, « Constitution et religion : analyse de la jurisprudence américaine relative au créationnisme », *RFDC*, 2009/4, n° 80, p. 765-787.
Holo Théodore, « Émergence de la justice constitutionnelle », *Pouvoirs*, n° 129, 2009, p. 101-114.
Huet Véronique , « Vers l'émergence d'un principe de légitimité démocratique en droit international », *RTDH* 2006, p. 547.
Huon de Kernadec Jean Michel, « La persistance de la crise du fédéralisme canadien », *RDP* 1982, p. 1601.
Jahel Selim, « Les droits fondamentaux en pays arabo-musulmans », *RIDC*, vol. 56, n° 4, 2004, p. 787-796.
Jallamion Carine, « Entre ruse du droit et impératif humanitaire : la politique de la torture judiciaire du XIIè au XVIIIè siècle », *APC*, 2003/1, n° 25, p. 9-35.
Jan Pascal, « La laïcité à l'école : le droit national contre le "droit local". La loi plutôt que la négociation. Question de valeurs », *RDP*, 2004, n° 2, p. 301 à 307.
Janin Pierre, « L'Afrique est-elle soluble dans la violence ? », *Tiers-Monde*, tome 45, n° 180, 2004, p. 889-896.
Jorion Benoît, « La dignité de la personne humaine ou la difficile insertion d'une règle morale dans le droit positif », *RDP*, 1999, p. 197.
Juillard Patrick, « Le mythe de la stabilité constitutionnelle aux États-Unis », Pouvoirs, n° 29, 1984, p. 5.
Kauffmann S., « Les flèches de la Cour suprême contre l'État fédéral », *Le Monde*, 2 juillet 1997, p. 1.
Kaya Ayhan, « Les Français musulmans : enquête sur une rébellion républicaine », *REMI*, 2006, vol. 22, n° 3, mis en ligne le 31 déc. 2009. URL. Http ://remi.revues.org
Keutcha-Tchapnga Célestin, « Droit constitutionnel et conflits politiques dans les États francophones d'Afrique noire », *RFDC*, 2005/3, n° 63, p. 451 et s.
Kian-Thiébaut Azadeh, « L'islam, les femmes et la citoyenneté », *Pouvoirs*, n° 104, 2003, p. 71.
Kodjo Edem, Chanaiwa David, « Panafricanisme et libération », *Histoire générale de l'Afrique. L'Afrique depuis 1935*, Vol. VIII, sous la direction de A. A. Mazrui, éd. Unesco, 1998, p. 779.
Kokoroko Dodzi, « Souveraineté étatique et principe de légitimité démocratique », *RQDI*, vol. 16-1, 2003, p. 37-59.

Kokoroko Dzodzi, « Les élections disputées : réussites et échecs », *Pouvoirs*, n° 129, 2009, p. 115-125.

Koskenniemi Martti, « L'affaire du différent territorial Tchad/Libye (arrêt de la Cour internationale de justice du 3 février 1994 », *AFDI*, vol. 40, 1994, p. 442-464.

Kovler Anatoly, « La Cour européenne des droits de l'homme face à la souveraineté d'État », *L'Europe en formation*, 2012/1, n° 363, p. 209-222.

Kowouvih Sitsofé, « La Cour africaine des droits de l'homme et des peuples : une rectification institutionnelle du concept de "spécificité africaine" en matière des droits de l'homme », *RTDH*, 2004, p. 757.

Kymlicka Will, « Le mythe de la citoyenneté transnationale », *Critique internationale*, 2004/2, n° 23, p. 97-111.

Lafitte Maria, « L'islam au miroir de son voile », *Autres temps. Cahiers d'éthique sociale et politique*, n° 56, 1997, p. 111-125.

Laffaille Franck, « Traditions culturelles religieuses versus dignité de la personne ? A propos de quelques décisions du juge italien », *CRDF*, n° 7, 2009, p. 161-164.

« Laïques en terre d'islam : comment défendre les libertés individuelles dans des pays où les lois sont issues d'un dogme religieux ? », *L'Obs*, n° 2745 du 15 au 21 juin 2017, p. 33.

Lambert Abdelgawad Élisabeth, « L'harmonisation des sanctions pénales en Europe : Étude comparée de faisabilité appliquée aux sanctions applicables, au prononcé des sanctions et aux mesures d'aménagement des peines privatives de liberté », *APC*, 2002/1, n° 24, p. 177-194.

Lamchichi Abderrahim, « L'islam de France à l'épreuve de la laïcité et du "vivre ensemble" », *Confluences Méditerranée*, 2002/2, n° 41, p. 141 à 160.

Larralde Jean-Manuel, « L'article 8 de la Convention européenne des droits de l'homme et la protection de l'identité sexuelle », *RTDH*, 65/2006, p. 35-54.

Last Murray, « La charia dans le nord-nigérian », *Politique africaine*, oct. 2000, p. 141-152.

Le Blanc Marie Nathalie, « Les trajectoires de conversion et l'identité sociale chez les jeunes dans le contexte postcolonial Ouest-africain : Les jeunes musulmans et les jeunes chrétiens en Côte d'Ivoire », *Anthropologie et Sociétés*, vol. 27, n° 1, 2003, p. 85-110.

Legeay Hélène, « La liberté religieuse au miroir de l'unité nationale égyptienne : le cas des procès des chrétiens convertis à l'islam et revenus au christianisme », *Journal des anthropologues*, hors-série, 2007,http://jda.revues.org/2957.

Le Guellec Gurvan, « École : Comment faire face aux revendications religieuses ? », *L'Obs*, n° 2770, 7 déce. 2017, p. 36.

Lemaire Félicien, « Propos sur la notion de « souveraineté partagée » ou sur l'apparence de remise en cause du paradigme de la souveraineté », *RFDC*, 2012/4, n° 92, p. 821-850.

Le Roy Thierry, « Le constitutionnalisme : quelle réalité dans les pays du Maghreb ? », *RFDC*, 2003/3, n° 79, p. 543 à 556.

Leservoisier Olivier, « Démocratisation et renégociations sociales. Les enjeux de la participation politique des groupes d'origine servile haalpulaaren en Mauritanie », *Politique africaine*, 2009/2, n° 114, p. 24-43.
Leton André, « Les conflits communautaires : facteurs de tensions et facteurs d'apaisement », *Pouvoirs*, n° 54, 1990, p. 73 et s.
Letteron Roseline, « Droit européen et laïcité : la diversité des modèles », *AJDA*, n° 24, 10 juil. 2017, p. 1368-1374.
Leveau Rémy, « Être musulman en Europe », *Pouvoirs*, 2013/1, n° 104, p. 111-120.
Lévinet Michel, « La convention européenne des droits de l'homme socle de la protection des droits de l'homme dans le droit constitutionnel européen », *RFDC*, n° 86, 2011, p. 227-263.
Lombard Jacques, « Tribalisme et intégration nationale en Afrique noire », *Sociologie et tiers-monde*, n° 12, 1969, p. 69.
Madiot Yves, « Le juge et la laïcité », *Pouvoirs*, n° 75, 1995, p. 73 et s.
Maffesoli Sarah-Marie, « Le traitement juridique de la prostitution », *Sociétés*, 2008/1, n° 99, p. 33-46.
Marie Alain, « La tradition africaine face à la modernité occidentale », *Le Genre humain*, 1986/1, n° 14, p. 175-190.
Marguenaud Jean-Pierre, « Liberté sexuelle et droit de disposer de son corps », *Droits*, 2009/1, n° 49, p. 19-28.
Martin David, « Remise en question de la théorie de la sécularisation », in Grace Devies et Danièle Hervieu-Leger, *Identités religieuses en Europe*, éd. La Découverte, Paris, 1996, p. 26.
Martin Guy, « L'affirmative action dans la fonction publique sud-africaine », Tiers-monde, juil-sept 1999, p. 625.
Martin Sébastien , « L'identité de l'État dans l'Union européenne : entre "identité nationale" et "identité constitutionnelle" », *RFDC*, 2012/3, n° 91, p. 13-44.
Martinez Luis, « Le cheminement singulier de la violence islamiste en Algérie », *Critique internationale*, 2003/3, n° 20, p. 165 à 177.
Mathieu-Izorche Marie-Laure, « La marge nationale d'appréciation, enjeu de savoir et de pouvoir, ou jeu de construction ? », *RSC*, janv./mars 2006, p. 25 et s.
Mayer Valérie, « La Cour suprême du Canada et le processus démocratique : redéfinition et impact », *Pouvoirs*, n° 59, 1991, p. 143-157.
Mayrargue Cédric, « Pluralisation et compétition religieuse en Afrique subsaharienne. Pour une étude comparée des logiques sociales et politiques du christianisme et de l'islam », *RIPC*, 2009/1, vol. 16, p. 83-98.
Mayrargue Cédric, « Les christianismes contemporains au Bénin au défi de la pluralisation », *Afrique contemporaine*, 2014/4, n° 252, p. 91-108.
Mbaye Kéba, « Le concept africain des droits de l'homme », *BADH*, vol. 3, p. 3.
Mbaye Kéba, « L'Afrique et les droits de l'homme », *RJPIC*, 1994, p. 1-16.
Mbaye Ravane, « L'islam noir en Afrique », *Tiers-Monde*, tome 23, n° 92, 1982, p. 831-838.
Mbokolo Elikia, « L'Afrique et le XXᵉ siècle : dépossession, renaissance, incertitudes », *Politique étrangère*, n° 34, 2000, p. 717-719.

Mecheri Aïcha, « La lutte contre la torture au Maghreb », *RTDH*, 2004/59, p. 791.

Médard Jean-François, « La spécificité des pouvoirs africains », *Pouvoirs*, n° 25, 1983, p. 5-22.

Médard Jean-François, « Les paradoxes de la corruption institutionnalisée », *RIPC*, 2006/4, vol. 13, p. 697-710.

Mehdi Rostane, « L'Union européenne et le fait religieux ; éléments du débat constitutionnel », *RFDC*, 2003/2, n° 54, p. 227 à 248.

Meledje Djédjro Francisco, « Le contentieux électoral en Afrique », *Pouvoirs*, n° 129, 2009, p. 139-155.

Mélin-Soucramanien Ferdinand, « Les adaptations du principe d'égalité à la diversité des territoires », *RFDA.*, 1997, p. 906.

Mélin-Soucramanien Ferdinand, « Le principe d'égalité entre collectivités locales », *Les Cahiers du Conseil constitutionnel*, n° 12, 2002, p. 147.

Mérabti Bélaïd, « L'abolition de la peine de mort dans les pays musulmans : engager la réflexion », *RTDH*, 2005/62, p. 563.

Méric Edouard, « Le conflit algéro-marocain », *RFSP*, n° 4, 1965, p. 743 à 752.

Michalon Thierry, « La République française, une fédération qui s'ignore ? », *RDP* 1982, p. 625.

Michelot Vincent, « La Cour suprême des États-Unis durant la présidence de Georges W. Bush. Un nouvel équilibre des pouvoirs ? », in *Vingtième siècle. Revue d'histoire*, 2008/1, (n° 97), p. 117 à 129.

Miran-Guyon Marie, « Apocalypse patriotique en Côte d'Ivoire : Le pentecôtisme de la démesure », *Afrique contemporaine*, 2014/4, n° 252, p. 73-90.

Miran-Guyon Marie, « Gloire et déboires de la laïcité en Côte d'Ivoire au prisme de l'imaginaire social musulman », in *L'Afrique des laïcités. État, religion et pouvoirs au sud du Sahara*, sous la direction de G. Holder et M. Sow, IRD et Ed. Tombouctou, 2014, 13 p.

Monnier Vincent, « Les limites du modèle anglais », *L'Obs*, n° 2744 du 8 juin 2017.

Monot-Fouletier Marjolaine, « De la régulation du port de signes religieux dans les établissements et l'espace public — L'exemple français ? », *RTDH*, 2016/105, p et s.

Mouton J.-D., « Vers la reconnaissance de droits fondamentaux aux États dans le système communautaire ? », *Mélanges Jean-Claude Gautron, Les dynamiques du droit européen en début de siècle*, éd Pedone, Paris, 2004, p. 466 et s.

Moyrand Alain, « Réflexions sur l'introduction de l'État de droit en Afrique noire francophone », *RIDC*, vol. 43, n° 4, p. 853-878.

Mubiala Mutoy, « Les droits des peuples en Afrique », *RTDH*, 2004, p. 985.

Mubiala Mutoy, « Chronique de droit pénal de l'Union africaine. Vers une justice pénale régionale en Afrique », *RIDP*, 2012/3, vol. 83, p. 547 à 557.

Nabli Béligh, « L'Union des États et les États de l'Union », *Pouvoirs*, 2007/2, n° 121, p. 113 à 120.

Najm Marie-Claude, « Le sort des répudiations musulmanes dans l'ordre juridique français. Droit et idéologie (s) », *Droit et Cultures*, 2010-1, p. 209 à 229.

Natale Virginie, « Le droit à des élections libres ou la construction d'un véritable ordre démocratique européen », *RTDH* 2006, p. 939.

N'Diaye Marième, « Ambiguïtés de la laïcité sénégalaise : la référence au droit islamique », in *La charia aujourd'hui : usages de la référence au droit islamique*, sous la Direction de Baudouin Dupret, Editions La Découverte, 2012, p. 209-222.

Ndiaye Mouhamadou, « La stabilité constitutionnelle, nouveau défi démocratique du juge africain », *AIJC*, XXXIII, 2017, p. 668-688.

Ndimina-Mougala Antoine-Denis, « Les conflits africains au XXe. Essai de typologie », *Guerres mondiales et conflits contemporains*, 2007/1, n° 225, p. 121 à 131.

Neuman Gerald L., « Fédéralisme et citoyenneté aux États-Unis et dans l'Union européenne », *Critique internationale*, 2003/4, n° 21, p. 151-169.

N'Gouah-Beaud Paul, « Les accords de délimitation des espaces maritimes africains, leur partage et leurs typologie : vers une reconnaissance internationale », *Présence africaine*, n° 161-162, 2000, p. 104.

Nguembock Samuel, « L'Union africaine : une puissance diplomatique ? », *Après-demain*, 2014/3, n° 31-31, p. 13-14.

Nicolas Guy, « Islam et État au Sénégal », *Pouvoirs*, 1983, p. 141 à 147.

Niyungéko Gérard, « La Cour africaine des droits de l'homme et des peuples : défis et perspectives », *RTDH*, 2009, n° 79, p. 731-738.

Nyerere Julius, « L'unité africaine », *Présence africaine*, 1961/4, p. 5-11.

Nyerere Julius, « Les fondements du socialisme africain », *Présence africaine*, 2012, n° 185-186, p. 273-281.

O'Brien Susan M. et Smith Étienne, « La charia contestée : démocratie, débat et diversité musulmane dans les "États charia" du Nigeria », *Politique africaine*, 2007/2, n° 106, p. 46-68.

Olinga Alain Didier, « Les emprunts normatifs de la commission africaine des droits de l'homme et des peuples aux systèmes européen et interaméricain de garantie des droits de l'homme », *RTDH* 2005, p. 499.

Olinga Alain Didier, « La promotion de la démocratie et d'un ordre constitutionnel de qualité par le système africain des droits fondamentaux : entre acquis et défis », *AADH*, 2017, vol. 1, p. 221-243.

Ondo Télesphore, « La jurisprudence de la Cour africaine des droits de l'homme et des peuples : entre particularisme et universalité », *AADH*, 2017, vol. 1, p. 244-262.

Otayek René, « L'Islam dans son miroir ou comment des journaux égyptiens voient l'islam en Afrique noire », *Politique africaine*, 1988, n° 30, p. 32-49.

Otayek René, « Démocratie, culture politique, sociétés plurales. Une approche comparative à partir des situations africaines », *RFSP*, n° 6, 1997, p. 798-822.

Otayek René, « Pluralisme culturel et régime(s) politique(s) : un essai de comparaison Afrique/monde arabe », *RIPC*, 2013/2, vol. 20, p. 101 à 123.

Otayek René, « Religion et globalisation : l'islam subsaharien à la conquête de nouveaux territoires », *RIS*, 2003/4, n° 52, p. 51-65.

Ouguergouz Fatsah, « La Commission africaine des droits de l'homme et des peuples : Présentation et bilan d'activités (1988-1989) », *AFDI*, 1989, p. 557-571.

Parizot Raphaële, « Le droit pénal français doit-il prendre en compte les particularités culturelles ? », *APC*, n° 36, 2014/1, p. 9-22.

Pelletier Denis, « L'école, l'Europe, les corps : La laïcité et le voile », *Vingtième siècle. Revue d'histoire*, 2005/3, n° 87, p. 159 à 176.

Pérouse de Montclos Marc-Antoine, « Le fédéralisme au secours de l'Afrique ? Du Nigeria au Soudan, des expériences contrastées », *Afrique contemporaine*, n° 208, 2003, p. 101.

Philippe Xavier, « La démocratie constitutionnelle sud-africaine : un modèle ? », *Pouvoirs*, n° 129, 2009, p. 157.

Pinto Roger, « La mort devant la Cour suprême : Peine capitale et avortement », *Pouvoirs*, n° 59, 1991, p. 101.

Poirier Jean, « L'avenir des droits de l'homme unité juridique et pluralité culturelle », *RJPIC*, janv-avril 2001, p. 3-8.

Pontier Jean-Marie, « De la solidarité nationale », *RDP*, 1983, p. 899.

Pontier Jean-Marie , « Les données juridiques de l'identité culturelle », *RDP* 2000, p. 1271.

Pontier Jean-Marie, « Solidarité nationale et indemnisation », *RDP*, 2013, n° 5, p. 1099.

Poulat Émile, « Pour une véritable culture laïque », in *Le Conseil d'État : un siècle de laïcité, Rapport du Conseil d'État 2004*, éd. La Documentation française, 2004, p. 445.

Pourtier Roland, « Reconstruire le territoire pour reconstruire l'État : La RDC à la croisée des chemins », *Politique africaine*, 2008/3, n° 227, p. 23-52.

Quantin Patrick, « La démocratie en Afrique à la recherche d'un modèle », *Pouvoirs*, n° 129, 2009, p. 65-75.

Quilleré-Majzoub Fabienne, « Le protocole à la Charte africaine des droits de l'homme et des peuples relatif aux droits de la femme en Afrique : un projet trop ambitieux ? », *RTDH*, 73/2008, p. 127-162.

Ramdan Haïmoud, « L'éradication des séquelles de l'esclavage en Mauritanie », *RJPEF*, 2007, n° 2, p. 211-229.

Renaut Marie-Hélène, « L'ordre public et la prostitution ou l'Histoire n'est qu'un perpétuel recommencement », *RSC*, avril/juin 2006, p. 293.

Rifkind Malcolm, « L'État-nation et la construction européenne », *Politique étrangère*, n° 1, 1997, p. 177-184.

Robert Philippe, « Du droit comme contexte ou de la considération du droit dans l'étude sociologique du crime », *Revue interdisciplinaire d'études juridiques*, 2013/1, vol. 70, p. 172 à 179.

Rochat Daniel, « L'identité européenne : du déterminisme historique à une objectivité culturelle », *Études internationales*, vol. 32, n° 3, 2001, p. 455-473.

Rosenfeld Michel, « La philosophie de la liberté d'expression en Amérique, la liberté d'expression en théorie et en pratique », in *L'architecture du droit, Mélanges en l'honneur de Michel Troper*, éd. Économica, 2006, p. 883.
Rosenfeld Michel, « Les décisions constitutionnelles de la Cour suprême américaine pour la session 1998-1999 : redéfinir les limites du fédéralisme au détriment des droits individuels », *RDP* 2000, p. 1329-1342.
Rossatanga-Rignault Guy, « Identités et démocratie en Afrique : entre hypocrisie et faits têtus », *Afrique contemporaine*, 2012, n° 12, p. 59-71.
Rude-Antoine Edwige, « Le mariage et le divorce dans le Code marocain de la famille. Le nouveau droit à l'égalité entre l'homme et la femme », *Droit et Cultures*, n° 59, 2010/1, p. 43-57.
Ruet Céline, « L'interdiction du voile intégral dans l'espace public devant la Cour européenne : la voie étroite d'un équilibre », *La Revue des droits de l'homme*, 2014, http://revdh.revues.org/862
Rycx Jean-François et Blanchi Gilles, « Références à l'islam dans le droit public positif en pays arabes », *Pouvoirs*, n° 12, 1983, p. 57
Sanson Henri, « La laïcité dans l'Algérie d'aujourd'hui », *Revue de l'Occident musulman et de la Méditerranée*, 1980, vol. 29, pp. 55-68.
Saudubray Francis , « Les vertus de l'intégration régionale en Afrique », *Afrique contemporaine*, 2008/3, n° 227, p. 175-185.
Schmitt Nicolas, « Le fédéralisme : plus fragile et plus nécessaire que jamais. Quelques réflexions illustrées par la Suisse et les pays d'Afrique », *L'Europe en formation*, 2012/1, n° 363, p. 143-168.
Schmitter G., « L'incompétence négative du législateur et des autorités administratives », *AIJC*, vol. V, 1989, p. 137-176.
Scoffoni Guy, « La légitimité du juge constitutionnel en droit comparé : les enseignements de l'expérience américaine », *RIDC*, n° 2, 1999, p. 245 à 280.
Scoffoni Guy, « Le congrès des États-Unis et la remise en cause des interprétations constitutionnelles de la Cour suprême. Sur la conciliation entre justice constitutionnelle et théorie démocratique », *RFDC*, 1993, p. 682-692.
Seck Abdourahamane, « Politique et religion au Sénégal : contribution à une actualisation de la question », in *Islam, sociétés et politique en Afrique subsaharienne : Les exemples du Sénégal, du Niger et du Nigeria*, Présentation de Jean-Louis Triaud, éd. Rivages des Xantons, 2007, p. 23.
Seignobos Christian, « Boko Haram : innovations guerrières depuis les monts mandara. Cosaquerie motorisée et islamisation forcée », *Afrique contemporaine*, 2014/4, n° 252, p. 149-159.
Sidhoum Salah-Eddine et Algeria Watch, « La torture, antichambre de la mort », *Confluences Méditerranée*, n° 51, 2004, p. 23 à 38.
Sinclair Christopher, « État, religion et éducation en Angleterre : les limites du compromis », *Journal des anthropologues*, juin 2005, p. 75-95.
Sindjoun Luc, « Les nouvelles constitutions africaines et la politique internationale : contribution à une économie internationale des biens politico-constitutionnels », *Études internationales*, 1995, vol. 26, n° 2, p. 329-345.

Sindjoun Luc, « La civilisation internationale des mœurs : éléments pour une sociologie de l'idéalisme structurel dans les relations internationales », *Études internationales*, vol. 27, n° 4, 1996, p. 841 à 859.

Souley Hassane, « Le Nigeria, entre la sharī'a et la démocratie », in *Islam, sociétés et politique en Afrique subsaharienne : Les exemples du Sénégal, du Niger et du Nigeria*, Présentation de Jean-Louis Triaud, éd. Rivages des Xantons, 2007, p. 75.

Stengers Jean, « La déconstruction de l'État-nation, le cas Belge », *Vingtième siècle, revue d'histoire*, n° 50, avril-juin 1996, p. 36-54.

Strogovich M. S, « La protection des droits des citoyens en URSS », *RIDC*, vol. 16, n° 2, 1964, p. 297-306.

Tétang Franc De Paul, « De quelques bizarreries constitutionnelles relatives à la primauté du droit international dans l'ordre juridique interne : La Côte d'Ivoire et "l'affaire de l'élection présidentielle" », *RFDC*, 2012/3, n° 91, p. 45 à 66.

Thiam Assane, « "Une constitution ça se révise !". Relativisme constitutionnel et État de droit au Sénégal », *Politique africaine*, 2007 n° 108, p. 145-153.

Thiriot Céline, « La place des militaires dans les régimes post-transition d'Afrique subsaharienne :la difficile resectorisation », *RIPC*, 2008/1, vol. 15, p. 15-34.

Toinet Marie-France et Kempf Hubert, « La fin du fédéralisme aux États-Unis ? », *RFSP*, n° 4, 1980, p. 735-775.

Traoré Bakary, « A la recherche d'une voie africaine de la laïcité. Islam et pluralisme religieux au Burkina Faso », in *Islam & Sociétés au sud du sahara, 2. Diversité et habits singuliers*, sous la direction de Jean-Louis Triaud, Paris éd. Rivages des Xantons, 2010, p. 9 à 50.

Triaud Jean-Louis, « L'islam au sud du Sahara : pistes de réflexion », in *Islam, sociétés et politique en Afrique subsaharienne : Les exemples du Sénégal, du Niger et du Nigeria*, Présentation de Jean-Louis Triaud, éd Rivages des Xantons, 2007, p. 9 et s.

Troper Michel, « Justice constitutionnelle et démocratie », *RFDC*, n° 1, 1990, p. 38.

Tshibangu Tshishiku en collaboration avec J. F. Ade Ajayi et Lemin Sanneh, « Religion et évolution sociale », in *Histoire générale de l'Afrique : l'Afrique depuis 1935*, vol VIII, p. 533 et s.

Tshiyembe Mwayila, « État multiethnique en tant que modèle de nouvelle gouvernance en Afrique noire de ce début de XXIe siècle », *Présence africaine*, n° 173, 1er trimestre 2006, p. 341.

Tully James, « La conception républicaine de la citoyenneté dans les sociétés multiculturelles et multinationales », *Politique et sociétés*, n° 1, 2001, p. 123-146, http://id.erudit.org.

Vandelli Luciani, « La fin de l'État-nation ? », *RFAP*, 2003/1, n° 105-106, p. 183 à 192.

Van Gehuchten Pierre-Paul, « La question de l'État européen, le juriste et la ruse de la construction communautaire », *Droit et société*, 2003/1, n° 53, p. 73-87.

Vaughan Sarah et Le Marcis Frédéric, « Identité ethnique et fédéralisme en Éthiopie du Sud », *Politique africaine*, 2005/3, n° 99, p. 22-42.

Vezzadini Elena, « État, nationalité et citoyenneté au Sud-Soudan », *Afrique contemporaine*, 2013/2, n° 246, p. 123-124.

Vital Mara, « Trajectoires d'évolution de l'islam au Burkina Faso », *Cahiers d'études africaines* [En ligne], n° 206-207, 2012, mis en ligne le 1er juil. 2014, http://journals.openedition.org/etudesafricaines/17052.

Wandji .k Jérôme Francis, « L'Afrique dans la lutte contre l'impunité des crimes internationaux », *CRDF*, n° 11, 2013, p. 89-103.

Watts Ronald L., « Les principales tendances du fédéralisme au XXè siècle », *RIPC*, 2003/1, vol. 10, p. 11-18.

Werner Alain, « Le Conseil constitutionnel et l'appropriation du pouvoir constituant », *Pouvoirs*, 1993, p. 117.

Wieviorka Michel, « Laïcité et démocratie », *Pouvoirs*, n° 75, 1995, p. 61 et s

Wodié Francis, « Régimes militaires et constitutionnalisme en Afrique », *Penant*, 1990, p. 196.

Yacoub Joseph, « Les droits de l'homme : une œuvre collective de l'humanité », *Aspects*, Hors série, 2008, p. 31-43.

Zeghal Malika, « État et marché des biens religieux. Les voies égyptienne et tunisienne », *Critique internationale*, Vol. 5, 1999, Mémoire, justice et réconciliation, p. 75-95.

Zerbo Yacouba, « La problématique de l'unité africaine (1958-1963 », *Guerres mondiales et conflits contemporains*, 2003/4, n° 212, p. 113-127.

Zoller Élisabeth, « La dignité de la personne humaine dans la jurisprudence de la Cour suprême des États-Unis », in *La dignité de la personne humaine*, 7è conférence débat du CDPC, sous la présidence de Bruno Genevois, 30 oct. 2014, *Revue générale du droit*, www.revuegeneraledudroit.eu.

Zoller Élisabeth, « L'américanisation du droit constitutionnel : préjugés et ignorances », *APD*, 2001, vol. 45, p. 77-87.

Zoller Élisabeth,, « Le réalisme dans la jurisprudence constitutionnelle de la Cour suprême des États-Unis », *Les Cahiers du Conseil constitutionnel*, n° 22, 2007, p. 216.

Zoller Élisabeth, « Considérations sur les causes de la puissance de la Cour suprême des États-Unis et de sa retenue », *NCCC*, 2011/4, n° 33, p. 231-251.

III. RAPPORTS ET COLLOQUES

Ambassade des États-Unis au Niger, *Rapport 2015 sur la liberté de religion dans le monde*,https://ne.usembassy.gov/.../niger

Amnesty International, *La torture ou l'humanité en question*, Paris, Éditions francophones d'Amnesty International, 2000.

Amnesty International sur les prisons tchadiennes (*Tchad : « Nous sommes tous en train de mourir ici ». Les violations des droits humains dans les prisons*, Rapport, sept. 2012.

Amnesty International, *La situation des droits humains dans le monde*, Rapport, 2015/2016, 482 p.

Amnesty International, *République du Congo . Les expulsions collectives des ressortissants de la RDC pourraient constituer des crimes contre l'humanité,* Rapport Amnesty International, http//www.amnesty.fr.

Commission économique pour l'Afrique, *Rapport sur la gouvernance en Afrique*, vol. II, Addis-Abeba, 2009.

Commission nationale consultative des droits de l'homme (CNCDH), Avis sur les mutilations sexuelles féminines, *JORF*, n° 0287 du 11 déc. 2013, texte n° 81.

Conférence régionale, *La torture en Afrique : Le droit et la pratique*, Redress Trust, septembre 2012, p. 8, info@redress.org.

Étude sur la question de la peine de mort en Afrique, présentée par le Groupe de travail sur la peine de mort en Afrique, et adoptée par la Commission africaine des droits de l'homme et des peuples lors de sa 50è Session ordinaire, 24 octobre au 7 novembre 2011, Banjul Gambie, www. Achpr.org,

Fonds africain de développement, P*rojet d'appui à la réforme des systèmes des marchés publics dans l'espace UEMOA, Phase II*, Rapport d'évaluation, septembre 2006, p. 11 et s., www.afdb.org.

Le mouvement panafricaniste au vingtième siècle, Recueil des textes, Contribution à la Conférence des intellectuels d'Afrique et de la diaspora (CIADI), organisée par l'Union africaine en partenariat avec le Sénégal, Dakar, 7-9 octobre 2004, 645 p.

Les relations historiques et socioculturelles entre l'Afrique et le monde arabe de 1935 à nos jours, Documents de travail et compte rendu des débats du colloque tenu à Paris du 25 au 27 juil. 1979, Études et documents, Unesco, éd. PUF, 1984.

Kossou Basile T., *La dimension culturelle du développement en vue d'intégrer les facteurs socio-culturels dans le plan d'action de Lagos*, Organisation de l'unité africaine, Rapport technique, Unesco, Paris, 1985.

Nations-unies, MIONUC, Division des droits de l'homme, *Rapport sur les conditions de détention dans les prisons et cachots de la RDC*, oct. 2005.

Rapport politique consolidé de la Tunisie aux termes de la Charte africaine des droits de l'homme et des peuples (1995-2006).

IV. NOTES, CONCLUSIONS ET OBSERVATIONS

Aubert, Note sous Cass. civ., 17 décembre 1997, Vilela, *D.* 1998, Jur., p. 111.

Bribosia E., Cacérès G. et Rorive I., « Les signes religieux au cœur d'un bras de fer : la saga singh », *RTDH*, 2014, 494 et s.

Burgorgue-Larsen Laurence, « Actualité de la Convention européenne des droits de l'homme (janvier – juillet 2014) », *AJDA*, 22 sept. 2014, p. 1768 et s.

Burgorgue-Larsen Laurence et Ntwari Guy-Fleury, « Chronique de jurisprudence de la Cour africaine des droits de l'homme et des peuples (2015-2016) », *RTDH*, 2018, 150 et s.

Candela Soriano Mercedes, « La liberté d'expression face à la morale et à la religion : analyse de la jurisprudence de la Cour européenne des droits de l'homme », *RTDH*, n° 68, 2006, p. 817.

Carbonnier Jean, « Note sur l'arrêt de la Cour d'appel de Metz du 3 septembre 1998 (homicide involontaire) », *L'année sociologique*, 2007/2, vol. 57, p. 519-525.

Derosier Jean-Philippe, « La Cour constitutionnelle allemande et le port du voile, commentaire de l'arrêt du 24 septembre 2003 », *RFDC*, 2004/2, n° 58, p. 439-447.

Docquir Pierre-François, « La Cour européenne des droits de l'homme sacrifie-t-elle la liberté d'expression pour protéger les sensibilités religieuses ? (note sous l'arrêt *Geniewski c. France,* 31 janvier 2006, de la Cour européenne des droits de l'homme) », *RTDH*, 68/2006, p. 839.

Duffuler-Viale Hélène, « La difficile articulation des libertés publiques et des politiques de la prostitution – perspective diachronique XX[è] -XXI[è] siècles . Conseil constitutionnel, 1er février 2019, n° 2018-761 QPC », *Constitutions*, 2019, p. 89.

Durand-Prinborgne Claude, « Le port de signes extérieurs de convictions religieuses à l'école : une jurisprudence affirmée..., une jurisprudence contestée », *RFDA*, 1997, p. 151.

Dutheillet de Lamothe L. et Odinet G., Chronique sur CE, ass., 9 novembre 2016, Fédération départementale des libres penseurs de Seine-et-Marne, n° 395122 et Fédération de la libre pensée de Vendée, n° 395223, *AJDA* 2016, p. 2375.

Falxa Joana, Comm. sur CEDH, 5[è] sect., 2 oct. 2014, n° 2871/11, *D*. 23 octobre 2014, p. 2050.

Favoreu Louis, Observations sur C. cons., déc. -359 DC, 19 janvier 1995, Diversité de l'habitat, p. 176 ; *D*. 1995, som. , p. 299.

Flauss Jean-François, Chronique sur CEDH, 13 décembre 2001, Église métropolitaine de Bessarabie et autres c. Moldova, § 111 ; *AJDA*, 2002, p. 500.

Frumer Philippe, « La discrimination fondée sur l'orientation sexuelle dans les relations de partenariat ou de cohabitation : une question d'intérêt général devant la Cour européenne des droits de l'homme (l'arrêt Karner c. l'Autriche du 14 juillet 2003) », *RTDH*, 2003/59, p. 663.

Georgopoulos Théodore, « La charia en droit européen et la protection des minorités : l'arrêt de la Cour européenne des droits de l'homme du 11 décembre 2018, Molla Sali c/ Grèce », *RFDA* 2020, p. 485-495.

Garcia Kitera, « Le droit au logement décent et le respect de la vie familiale : Cour européenne des droits de l'homme (5e section) Wallovā et Walla c. République tchèque du 26 octobre 2006 », *RTDH*, 72/2007, p. 1221.

Gonzalez G., Note CEDH, 30 juin 2009, Aktas c. France, *AJDA* 2009, p. 2077.

Lemouland, Observations sur CE, 15 déc. 2000, *D*. 2000, 1, p. 533.

Leroy Michel, « La parodie religieuse n'est pas une injure. Cour de cassation de France, 14 novembre 2006 », *RTDH*, 2007/71, p. 875.

Lévinet Michel, Note sous CEDH, 30 juil. 1998, *Sheffield et Horsham contre Royaume-uni*, *RTDH*, p. 637.

Lévinet Michel, « Droit constitutionnel et Convention européenne des droits de l'homme. L'incompatibilité entre l'État théocratique et la Convention européenne des droits de l'homme / A propos de l'arrêt rendu le 13 fév. 2003 par la Cour de

Strasbourg dans l'Affaire Rafah Partisi et autres c/ Turquie », *RFDC*, 2004/1, n° 57, p. 207 à 221.

Marguénaud Jean-Pierre, « L'inconventionnalité de l'application de la charia dans les affaires de succession », note sous CEDH, gr. ch., 19 déc. 2018, n° 20452/14, *Molla Sali c. Grèce, RTDCiv.*, 2019, p. 281.

Morange Jean, Note sous CE, ass., 9 nov. 2016, Fédération départementale des libres penseurs de Seine-et-Marne, n° 395122 et Fédération de la libre pensée de Vendée, n° 395223, *RFDA* 2017, p. 127.

Moron-Puech Benjamin, « L'identité sexuée des personnes intersexuées : les difficultés psychologiques d'un changement de paradigme », note sous CA d'Orléans, ch. Réun, 22 mars 2016, *D.*, 28 avril 2016, n° 16, p. 904 et s .

Montecler (de) Marie-Christine, Note sous CEDH, 1er juil. 2014, S.A.S c. France, n° 43835/11, *AJDA,* 7 juillet 2014, p. 1348.

Nicolas Guylaine, Commentaire de la décision Cons. cons., 1er août 2013, Décision 2013-DC, Loi tendant à modifier la loi n° 2011-814 du 7 juil. 2011 relative à la bioéthique en autorisant sous certaines conditions la recherche sur l'embryon et les cellules souches embryonnaires, *RFDC* 2014, p. 5 et s.

Olinga Alain Didier, « Vers un contentieux objectif à Banjul ? L'affaire Lawyers for Human Rights contre Royaume de Swaziland devant la Commission africaine des droits de l'homme et des peuples », *RJPEF*, 2007, n° 1, p. 28 à 52.

Olinga Alain Didier, « La première décision au fond de la Cour africaine des droits de l'homme et des peuples (Arrêt du 14 juin 2013 sur les affaires jointes Tangayika Law Society & The legal and human rights centre c. Tanzanie et Révérend Christopher R. Mtikila c. Tanzanie », *La revue des droits de l'homme*, 6/2014, http/revdh.revues.org/953.

Ondoua Alain, « Abolition de la peine de mort et Constitution, note sous Conseil constitutionnel, 13 octobre 2005 », *D.* 2006, n° 9, p. 634 à 637.

Pamboukis Charalambos (Haris), « La charia, le droit successoral et les droits fondamentaux », *RCDIP*, oct-déc. 2019, p. 102-11.

Reigné Philippe, « L'intersexuation et la mention du sexe à l'état civil », note sous CA d'Orléans, ch. Réun, 22 mars 2016, *D.* 29 sept. 2016, n° 32, p. 1915 et s.

Sottiaux Stefan et Prins (de) Dajo, Note sous CEDH, 3è section, 31 juil. 2001. Refah partisi – partie de la prospérité c. Turquie, *RTDH*, 2002, p. 983 et s.

Sudre Frédéric, Observation sur CEDH, 12 juillet 2005, Moldovan et autres c. Roumanie, *JCP*, 2006, éd. G I 109, n° 1.

« Chronique de jurisprudence de la Cour européenne des droits de l'homme en matière pénale. Les quatre saisons de la Cour : printemps – été 2009, 1er avril 2009 – 30 sept. 2009 », *RIDP*, 2009/3, Vol. 80, p. 609-636.

Véron Michel, Observation sur crim., 3 sept. 1996, *Droit pénal,* com.

Zoller Élisabeth, « Cour suprême des États-Unis : Session d'octobre 2017 », *RDP*, n° 6, p. 1761.

TABLE DES MATIÈRES

INTRODUCTION GÉNÉRALE..11
PREMIÈRE PARTIE. L'INCOMPATIBILITÉ ENTRE LES DROITS FONDAMENTAUX DES ÉTATS ET LE PRINCIPE DE L'UNITÉ AFRICAINE 27
TITRE I. LA FICTION DE L'ÉGALITÉ OU LES INFORTUNES DE LA SOLIDARITÉ..31
CHAPITRE I. L'AFFIRMATION PROGRESSIVE DE LA RÈGLE DE L'ÉGALITÉ..33
Section 1. Le rejet du principe de la souveraineté de l'Union africaine : les obstacles culturels...34
§1. Les conceptions occidentales de la souveraineté...................35
A. La souveraineté une et indivisible......................................37
B. La souveraineté partagée...40
§2. Les motifs culturels de l'opposition des États au principe de la souveraineté de l'Union africaine..43
A. L'obstacle religieux..43
B. L'obstacle politique de la représentativité...........................47
Section II. Le fondement juridique de l'égalité................................50
§1. L'affirmation imprécise de la solidarité et de l'interdépendance 51
A. La traduction concrète de la solidarité en droit comparé : les péréquations verticales et horizontales..................................51
B. L'absence de péréquations fiscales, talon d'Achille de l'égalité réelle...53
§2. Les tentatives sectorielles d'établissement des solidarités par l'aménagement intégré des territoires : L'UEMOA......................57
A. Les risques de faillite du mécanisme des discriminations positives..58
1. Les intérêts nationaux, obstacle à l'expression d'un intérêt sous-régional sociologiquement incertain..........................59
2. Le caractère imprécis et obscur de la règle communautaire 60
B. L'existence de carcans culturels, obstacle à la réalisation de l'unité par le développement intégré des territoires.................62
CHAPITRE II. L'ASSOMPTION DES DISCRIMINATIONS SOCIOCULTURELLES RÉCURRENTES...65
Section 1. L'ethnicisme et le tribalisme, antithèse de l'État fédéral....66

§1. Le contrôle des libertés ethniques..67
A. L'interdiction du tribalisme et de l'ethnicisme par les droits nationaux des États..67
B. La lutte contre le tribalisme et l'ethnicisme à l'échelon continental..69
§2. L'impuissance de l'Union face au pouvoir ethnique...............72
A. La persistance des conflits ethniques sur le théâtre politique 72
B. Ethnicisme, communautarisme et éclatement de l'unité dans les États fédéraux..74
Section 2. Le nationalisme et les atteintes aux devoirs qu'impliquent la solidarité et la fraternité entre les États..75
§1. L'expression violente des nationalismes contre l'identité africaine..76
A. Conflits territoriaux, désir d'hégémonie et prédation..........77
B. Conflits raciaux et atteinte à l'égalité fraternelle et à la dignité humaine..79
§2. La méfiance à l'égard de la construction fédérale..................82
A. La tendance centralisatrice de l'État et le risque d'accaparement des ressources au niveau fédéral..82
B. Le chauvinisme et le nationalisme ethnique dans l'arbitrage des intérêts..84
TITRE II. UN USAGE EXCESSIF DE LA LIBERTÉ PRÉJUDICIABLE A L'UNION..89
CHAPITRE I. LE REPLI IDENTITAIRE DES PAYS ARABO-MUSULMANS..93
Section 1. Tentative d'intégration culturelle par l'idéologie de l'africanité..94
§1. L'africanité, productrice de valeurs communes et d'une culture unique..94
§2. L'Africanité, constructivisme et artifice de l'État fédéral africain..97
Section 2. L'Affirmation de la différence culturelle des pays arabo-musulmans..101
§1. La culture islamique comme référentiel et ciment de la nation arabo-musulmane..101
§2. La violation de l'ordre démocratique africain par le droit et la culture islamiques..104
B. Un modèle d'États théocratiques anti-démocratiques sous le manteau du droit et des libertés: les États du Maghreb..........107

1. Islamisation de la société et violation des droits attachés à la citoyenneté........108
2. Favoritisme envers l'islam et discriminations à l'encontre des autres confessions........109
CHAPITRE II. MŒURS ANTI-DÉMOCRATIQUES ET MAUVAISE GOUVERNANCE EN AFRIQUE NOIRE........115
Section 1. Résistances à l'autorité de la règle de droit........116
§1. Le formalisme de la règle de droit, une valeur étrangère à la culture africaine........116
A. L'absence de sanctions juridiques des règles électorales...117
B. La nécessité de créer la nation africaine par le contrat social........119
§2. L'existence de pratiques anti-démocratiques........124
A. Coups d'État institutionnels........124
B. Perte de légitimité de l'Union africaine et discrédit sur ses résolutions........125
Section 2. L'indifférence de l'Union africaine à l'égard de la gestion économique et financière des États et l'absence des sanctions........129
§1. L'institution d'un principe de transparence continentale dans la gestion du patrimoine national des États........130
A. La lutte contre la corruption........130
B. Un texte limité pour un projet ambitieux........131
C. L'impuissance de l'Union africaine à lutter contre la criminalisation et la privatisation des États........133
§2. La nécessité de renforcer la justice supranationale........135
A. Pallier les carences de la justice fédérale........136
B. Élever la Cour africaine au rang de Cour suprême chargée du contrôle de constitutionnalité des lois des États........139
C. Clarifier l'orientation fédérale et dégager les principes fondamentaux de l'État fédéral........142
D. Délivrer le juge fédérale de la tutelle politique et culturelle........144
CONCLUSION DE LA PREMIÈRE PARTIE........149
SECONDE PARTIE. L'INCOMPATIBILITÉ ENTRE LES DROITS FONDAMENTAUX DES INDIVIDUS PROCLAMÉS PAR L'UNION ET LES IDENTITÉS NATIONALES........151
TITRE I. L'IMPOSSIBILITÉ DE REVENDIQUER LES DROITS PHYSIQUES........157
CHAPITRE I. LA LIBRE DISPOSITION DU CORPS........159

Section 1. La reconnaissance limitée par le droit africain du libre usage du corps....160
§1. L'encadrement par les bonnes mœurs et la morale....161
A. Le contrôle par les lois religieuses....162
1. L'égalité juridique menacée....162
2. La liberté contestée....165
B. La morale au soutien de la répression pénale....169
§2. L'ambivalence du droit africain....170
A. La diversité des sources du droit....170
B. Le dilemme des États africains....171
Section 2. La tendance à la libéralisation des différents usages du corps par le droit de l'Union africaine....174
§1. La fidélité initiale de la Charte aux idéaux moraux de la société africaine traditionnelle....175
A. Une conception culturelle de la morale assumée par le droit 175
B. Le libéralisme du droit européen, source de légitimes inquiétudes pour l'unité du droit africain....177
C. L'imposition sur le continent africain de la conception occidentale des droits de l'homme....180
§2. Le renoncement de l'Union africaine à la conception culturelle des droits au profit de l'universalisme occidental....183
A. La marche hésitante de la Cour européenne vers la libéralisation des mœurs....183
B. L'alignement in abstracto de la Commission africaine sur la jurisprudence de la Cour européenne....185
1. La condamnation de la violation de la liberté sexuelle des homosexuels comme une ingérence dans leur vie privée..186
2. La méconnaissance du contexte culturel africain....187
3. Un contrôle de conventionalité limité par des considérations politiques....189
C. La réprobation par l'Union africaine des traditions et coutumes contraires au libre usage du corps....190
1. Consécration de la liberté de la femme....190
2. Tentative d'universalisation des mœurs sexuelles et résistances nationales....192
CHAPITRE II. LES DIFFÉRENTES ATTEINTES A L'INTÉGRITÉ CORPORELLE....195
Section 1. L'avortement....197

§1. L'indécision du droit International sur le droit à l'avortement 198
A. Les contradictions du droit des États européens...............198
B. L'inexistence en droit international d'un droit à l'avortement 200
§2. La consécration par le droit international africain du droit à l'avortement..201
A. Les motifs avancés...201
1. La prise en compte de la détresse de la femme............202
2. Le rejet des spécificités culturelles et religieuses au profit de la rationalité occidentale...204
B. Nécessité de revenir aux valeurs culturelles africaines, gage d'unité du droit africain...207
Section 2. Les mutilations corporelles, les actes de torture et la peine de mort...209
§1. L'excision..210
A. La condamnation de l'excision par le droit international. .210
B. L'impuissance des normes conventionnelles face aux traditions nationales d'excision...212
1. Insuffisance et /ou permissivité des législations nationales et des normes communautaires africaines.......................212
2. La minoration des conséquences de l'excision : Les conclusions opportunes de la CNCDH............................215
3. La méfiance atavique de l'Union africaine vis-à-vis des droits des femmes...217
a. L'excuse culturelle non-invoquable.............................217
b. Incertitude sur le sort des décisions de la Cour africaine condamnant les États pour manquement..........................218
§2. Les actes de torture..219
A. La torture, une pathologie culturelle et politique généralisée 220
B. L'exemple des pays du Maghreb....................................222
1. Les manifestations politiques et sociales de la violence en violation de la dignité humaine.......................................222
2. L'impossibilité pour la Cour africaine de garantir l'effectivité du droit continental relatif à la protection de la dignité humaine...224
3. La difficulté pour la Cour africaine d'exercer un contrôle de proportionnalité entre la gravité de la faute et la gravité de la peine...225

C. L'exemple de l'Afrique noire..230
1. La substitution de la violence généralisée à l'humanisme initial..231
2. L'impuissance de l'Union africaine à bannir la violence de l'espace public...234
D. La minoration par la Cour africaine de son rôle créateur dans le contentieux des droits de l'homme................................234
1. La retenue du juge dans le maniement du principe de proportionnalité...235
2. Une carence congénitale : l'interdiction d'exercer un contrôle de constitutionnalité des lois nationales..............236
§3. La peine de mort...239
A. L'interdiction de la peine de mort, valeur fondatrice de la société occidentale...239
B. L'impossibilité de faire de l'interdiction de la peine de mort une valeur commune aux États africains..............................242
1. Les fondements historiques et culturels de la peine de mort...242
2. La dysharmonie entre la peine de mort et les infractions justifiant le recours à son usage : l'impossible harmonisation des politiques répressives..248
TITRE II. LA DIFFICILE MISE EN ŒUVRE DES LIBERTÉS DE L'ESPRIT..253
CHAPITRE I. LA NÉGATION DE LA LIBERTÉ D'EXPRESSION........257
Section1. La consécration formelle de la liberté d'expression..........257
§1. Une proclamation à contre-courant des réalités nationales....257
A. Une formulation tardive et ambiguë par le droit de l'Union 258
B. Une consécration restrictive par le droit des États.............260
1. Au lendemain des indépendances.................................260
2. Les années 1990, la démocratisation des régimes politiques africains..263
§2. Des résistances politiques et culturelles à l'implantation de la liberté d'expression...267
A. Le poids de l'autoritarisme politique et religieux sur la liberté d'expression..267
B. Les palliatifs procéduraux de la justice panafricaine 269
Section 2. Le difficile enracinement de la liberté d'expression : la permanence et l'uniformité de la violence politique............................273

§1. Le fossé entre la jurisprudence libérale de la Cour européenne des droits de l'homme et les pratiques politiques africaines........273
A. La jurisprudence de la Cour européenne confrontée au contexte africain..274
B. L'ouverture libérale de la jurisprudence libérale de la Cour africaine: *L'arrêt Lohé Issa Konaté*.......................................277
§ 2. La Cour africaine et les défis de la liberté d'expression........279
A. La protection de la liberté d'expression dans le contexte de l'exercice tyrannique du pouvoir..279
B. La Cour africaine face à la dénonciation des génocides et crimes contre l'humanité, et du terrorisme religieux..............285
CHAPITRE II. LA NÉGATION DES LIBERTÉS RELIGIEUSES. 293
Section1. La négation de la liberté de croyance..............................293
§1. Les termes de la problématique d'une cohabitation difficile entre les religions..293
A. L'éviction des religions traditionnelles africaines.............294
B. La réception du principe de la liberté religieuse par le droit africain..295
C. Exposé de la problématique de la cohabitation aujourd'hui 297
§2. L'uniformité de la croyance dans les pays théocratiques contre le principe de la liberté...302
A. La sanctuarisation des territoires musulmans...................303
B. La proclamation officielle de la suprématie de l'islam......306
C. La consécration juridique de la suprématie de l'islam.......311
§3. La violation des principes démocratiques............................314
A. Violation du principe du pluralisme religieux...................315
B. Des variations dans l'appréciation des susceptibilités religieuses...317
1. L'offense à une religion...317
2. Le blasphème entre exaltation de la liberté et de la laïcité, et obscurantisme religieux..319
Section 2. L'impuissance de la laïcité à créer les conditions d'exercice des libertés religieuses et à construire l'unité africaine....................321
§1. L'impossible uniformisation de la laïcisation de l'école en Afrique...322
A. L'impossibilité d'appliquer équitablement la laïcité à l'ensemble des pays africains..322

B. Protéger les religions contre l'État ou protéger l'État contre les religions : l'Union africaine confrontée aux modèles étrangers....326
§2. L'impossible intégration par le principe de laïcité....328
A. La consécration formelle du principe par les États....329
B. L'impuissance du principe à endiguer les tensions ethniques 330
CONCLUSION DE LA SECONDE PARTIE....335
CONCLUSION GÉNÉRALE....337
BIBLIOGRAPHIE....351

Structures éditoriales du groupe L'Harmattan

L'Harmattan Italie
Via degli Artisti, 15
10124 Torino
harmattan.italia@gmail.com

L'Harmattan Hongrie
Kossuth l. u. 14-16.
1053 Budapest
harmattan@harmattan.hu

L'Harmattan Sénégal
10 VDN en face Mermoz
BP 45034 Dakar-Fann
senharmattan@gmail.com

L'Harmattan Cameroun
TSINGA/FECAFOOT
BP 11486 Yaoundé
inkoukam@gmail.com

L'Harmattan Burkina Faso
Achille Somé – tengnule@hotmail.fr

L'Harmattan Guinée
Almamya, rue KA 028 OKB Agency
BP 3470 Conakry
harmattanguinee@yahoo.fr

L'Harmattan RDC
185, avenue Nyangwe
Commune de Lingwala – Kinshasa
matangilamusadila@yahoo.fr

L'Harmattan Congo
67, boulevard Denis-Sassou-N'Guesso
BP 2874 Brazzaville
harmattan.congo@yahoo.fr

L'Harmattan Mali
ACI 2000 - Immeuble Mgr Jean Marie Cisse
Bureau 10
BP 145 Bamako-Mali
mali@harmattan.fr

L'Harmattan Togo
Djidjole – Lomé
Maison Amela
face EPP BATOME
ddamela@aol.com

L'Harmattan Côte d'Ivoire
Résidence Karl – Cité des Arts
Abidjan-Cocody
03 BP 1588 Abidjan
espace_harmattan.ci@hotmail.fr

Nos librairies en France

Librairie internationale
16, rue des Écoles
75005 Paris
librairie.internationale@harmattan.fr
01 40 46 79 11
www.librairieharmattan.com

Librairie des savoirs
21, rue des Écoles
75005 Paris
librairie.sh@harmattan.fr
01 46 34 13 71
www.librairieharmattansh.com

Librairie Le Lucernaire
53, rue Notre-Dame-des-Champs
75006 Paris
librairie@lucernaire.fr
01 42 22 67 13

www.ingramcontent.com/pod-product-compliance
Lightning Source LLC
LaVergne TN
LVHW011145061026
849535LV00003B/610